PARAPHRASE DE M. GILLES BOVRDIN

PROCVREVR GENERAL EN la Cour de Parlement de Paris, sur l'Ordonnance de l'an mil cinq cens trente-neuf.

Traduicte en François par A. Fontanon, & illustré par le traducteur de nouuelles Additions sur chacun article.

En ceste quatriesme & derniere Edition est adiousté,

LE COMMENTAIRE Sur l'article LIIII. des Estats tenus à Moulins, contenant, Que la preuue par tesmoins ne sera plus receuë en chose qui excede cent liures, Par IEAN BOISSEAV, sieur de la Borderie Iurisconsulte Poicteuin.

TRADVICT

Par GABRIEL MICHEL Angeuin, Aduocat en Parlement.

A PARIS,

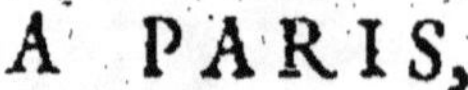

Chez IEAN HOVZE' Libraire tenant sa boutique au Palais allant à la Chancellerie.

1606.

AVEC PRIVILEGE.

Char. du Chemin.

ÆGIDIVS BOVRDINVS LECTORIB. S.

VETERES Iuriſconſultorum familiæ, Iuris Ciuilis ſacroſanctum Corpus, & ex auguſtis ac intimis Philoſophiæ adytis depromptum, in duo potiſſimum diduxere, in Iuris ſcripti, quod ἔγγραφον vocatur, & ἄγραφον, hoc eſt non ſcripti rationē. Nam ius ipſum ſcriptum certis regulis & cancellis circumſcriptum exiſtimauerunt. Non ſcripti porrò hos fines eſſe latos cenſuerunt, vt quibus in cauſis ſcriptis legibus non vteremur, aut cùm de interpretatione legis quæreretur, ad inueteratæ cōſuetudinis norma & regulã esset decurrendũ. Quò factũ est [illegible]i legum fontes & capita omnia animo cõtineret, si in moribus, in legibus, in consuetudine ciuitatis suæ essent peregrini & hospites; in litibus disceptandis & iure reddendo tanquam in sole caligarent. Subacto enim ingenio opus est, vsu & exercitatione confirmato, & sepius arato ac renouato, quod vsum illum forensem planè imbiberit & concoxerit. Nam vt ἐν ἠθικοῖς testatur acutissimus ille & acerrimus Philosophiæ antistes Aristoteles, artium omnium ratio in Theoricæ & practicæ partes distributa est. Sed practicæ, quæ non nisi ex assidua & multa exercitatione gignitur, potissima ac maxima pars est; ὁ δὲ χρόνος ἐμποιεῖ ἐμπειρίαν. Ratio itaque conscribendæ παραφράσεως hęc fuit, quòd cum permulta legibus, permulta Constitutionibus regiis prescripta sint, quę, vt inquit Iuriscõsultus κατὰ ῥητὸν & ex prescriptis legum formulis obseruãda esse videntur, ta-

men contrario vsu & moribus recepto obsoleuerũt. Quę quidẽ omnia cùm scripti iuris non sint, nisi Flauiana quadam industria compilentur, & in lucem erũpant, iurisprudentissimus quisq;, cui ex vmbraculis in puluerẽ, in aciem illam forensem & castra prodeundum erit, vt stupidus & legum & sui penitùs obliuiscetur: nec vnquam ad se redire poterit, nisi hũc sibi forensem vsum cõciliarit & cum illo gratiam inierit. Quamobrem non abs re esse duximus, vt Constitutionibus his regiis quæ passim in foro agitãtur, breuis aliqua interpretatio adderetur, nõ quæ auidas illas & capaces aures eorũ impleret, qui quidem primas inter Pragmaticos partes obtinent, sed iuniorum studiis faueret & eos adiuuaret, qui nondum in hoc forensi strepitu sunt versati. Itaque hoc quantulumcumque sit munusculum, æqui bonique consulite, nec tam operis ipsius quàm propensi erga vos animi rationem habete. Valete, Nonis Octobris M. D. XLIX.

ÆGIDII BVRDINI ELOGIVM, AVCTORE SCÆVOLA *Sammarthano.*

IN Ægidij Burdini Parisiensis obeso grauiq; corpore viuidum & velox ingenium licebat admirari, vel ob id maximè, quòd sepultis, vt quidem videbatur, altissimo semper sopore sensibus, cùm indesinenter sterteret, nihilominus & loquentes probè audiret & illis appositissimè responderet. Disciplinas certè omnes tanta celeritate hauserat, vt puer ipsos linguarum & Philosophiæ magistros lacesseret ac propè superaret. Quotus verò quisque potuit è nostratibus reperiri, qui ad eum Græcæ linguæ peruenisset vsum, vt, quod vis ille maximus in Aristophanem egregiè molitus est, antiquos Græciæ auctores sua ipsorum lingua explicandos enarrandósque susciperet? Præcipuum tamen ei studium fuit Iurisprudentia, cuius auspicijs forum ingressus qualem se quantúmque gesserit ex eo potuit intelligi, quòd vnus inter tot excellentes causarum patronos electus est, qui grauissimum Regij Cognitoris munus in supremo regni Senatu sustineret. Est enim ea dignitas apud Gallos amplissima, feréque summis viris à Principe delata, qua nunc quoque Iacobum Guellæum genere, doctrina, virtute conspicuum integerrimè fungentem vniuersa meritò suspicit Gallia. Burdinus eo quem dixi corporis habitu in apoplexiã facilè incidit, qua repente opressus anno supra sesqui millesimum septuagesimo tres & quinquaginta natus annos expirauit. Cæterùm ex tanti viri laboribus, præter Græcos illos commentarios, leguntur pauca tantùm, quibus nonnullam iuris Gallici partem interpretatus est. Adeò lectissimis illis hominibus, qui maxima Reipublicæ negotia gerunt, parum vel otij vel etiam animi superest ad scribendum & commentandum.

AVTRE ELOGE DE M. BOVRDIN PRIS DES ELOGES DES HOMMES illustres du dernier siecle.

MESSIRE Gilles Bourdin Parisien, Seigneur d'Assy, issu d'vn Secretaire des Commandemens, & de la sœur de Messire Iean Brinon Chancelier d'Alencon & premier President au Parlement de Rouën, fut Aduocat au Parlement de Paris, puis Lieutenãt General des Eaux & Forests de Frãce au siege de la Table de Marbre du Palais, par apres Aduocat General audit Parlement en l'an 1555. Et en fin Procureur General du Roy en l'an 1558. Dont il fut pourueu par le Roy Henry II. apres le deces de defunct Messire Nouel Brulart, qui en toute integrité auoit exercé ceste importante charge depuis l'an 1541. & mourant l'auoit laissee à iceluy Bourdin son beaufrere, duquel il auoit es-

pousé la sœur Dame Isabeau Bourdin, le recognoissant trescapable de luy succeder en ce grand office, auquel il se comporta tresdignement par l'espace de 12. ans, mais en fin il mourut d'vne apoplexie le 23. Ianuier 1570. aagé de 53. ans ou enuiron, au grand regret de tous les gens de bien. Il estoit fort sçauant és langues Hebraique, Arabesque, Grecque, Latine & autres plus prisees en l'Europe, & en l'aage de 28. ans il fist vn Cõmentaire Grec sur la dixiesme Comedie d'Aristophane intitulee Θεσμοφοριάζουσαι, qui est en termes Latins Cerealia seu Cereris sacra celebrantes, qu'il dedia au Roy François I. Pere des Lettres des l'an 1545. Il auoit parfaicte cognoissance de toutes sciẽces outre la iurisprudẽce & la routine du Palais. Il a commenté en langage Latin l'ordonnance de l'an 1539. touchant le reglement de la iustice & abbreuiation des procés, dix ans apres la publication d'icelle, lors qu'il estoit Aduocat en la Cour. Il a vescu sous les regnes de 4. Roys, François I. Henry II. François II. & Charles IX. remply d'vn grand zele enuers Dieu, d'vne singuliere integrité pour le faict de la iustice, & d'vne ardente affection en ce qui concernoit le public, qui rendront sa memoire à iamais recommandable à la posterité.

ROB. HAYVS LECTORI,
De hac Ægidij Bourdini Paraphrasi.

Ex scriptis breuibus breuis viri sit
Quantum iudicium, videto lector:
Vt qui paruus homo est breuisq; dici,
Magnus debeat hoc breui libello.

DE D. ÆGIDIO BOVRDINO Regio Cognitore.

SVstinuisse diu tam multa negotia mirum est
Corpore tam crasso, tam modicóq; virum.
Corporeo sed mens viuax inclusa sepulchro
Res potuit tantas sustinuisse diu.
Audijt, & legit, momento & scripsit eodem,
Et responsa pari sedulitate dedit.
Pace vir & bello bonus, aptus & vtilis vrbi,
Commodus ille foro, commodus ille domi.
Quem modo res, causas modò curia vidit agentẽ,
Sollicitísque domus semper aperta reis.
Siccine tam vigiles, quos hæc tam mœsta tulerũt
Secula, ne quod agant desit, agunt animam?

Claudius Espencæus Theol. Paris.

EIVSDEM D. BVRDINI Epitaphium.

QVi patriæ vigil vsque fuit, dormiuit & vsque,
Nunc obitu verè dormijt ecce suo.
Vix differt à morte sopor, nam visus vbique
Hîc dormire, ferè visus vbique mori est:
Quin subitò somnóque cadens fatóq; soporem
Esse putet potius, quàm putet esse necem:
Quæsitúmq; suis (nec enim tunc æger habetur)
Dormiat an vigilet, viuat an ille cadat.
At longum nobis vigilat per scripta, per acta
Supremus nequijt quæ sepelire sopor:
Semper & extinctus credetur viuere, viuus
Qui falsò nobis creditus vsque mori.

St. Iodellus.

ALIVD EIVSDEM
Epitaphium.

Carcere Burdinus dudum conclusus iniquo
Optarat vita liberiore frui.
Ast animum superas certantem euadere ad auras
Dura affligerat sarcina carnis humo.
Vix tandem est inuenta fugæ via, vincláque molis
Clàm demum licuit rumpere corporeæ.
Dum consanguineus lethi sopor occupat artus,
Custodem fallens spiritus astra petit.

Barn. Brissonius I. C.

BRIEFVE RECOLLECTION PAR ALPHABET DV CONTENV *és Ordonnances de l'an 1539.*

A

D

E

F

G

En

I

L

M

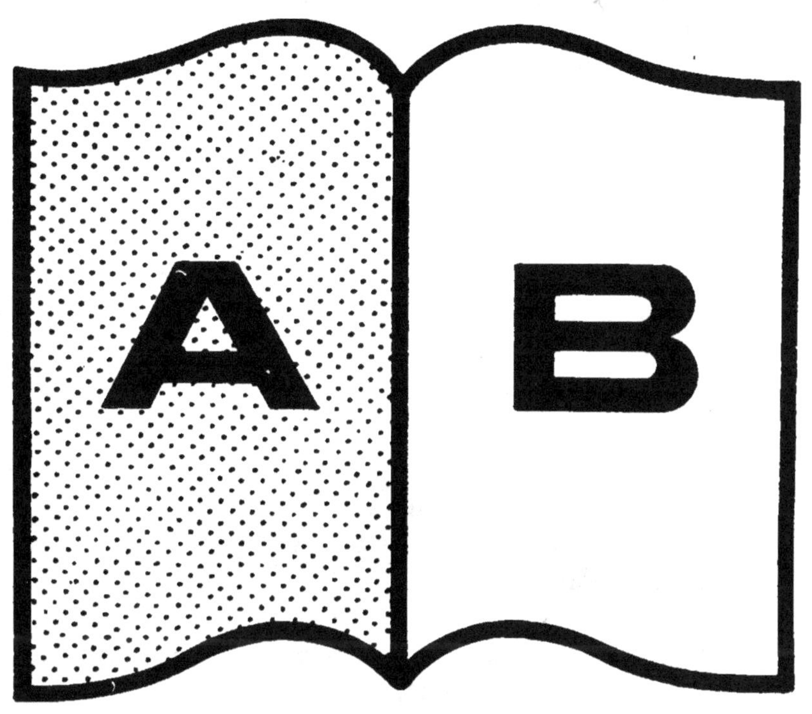

Contraste insuffisant

NF Z 43-120-14

N

O

O

S

T

Fin de la Table.

TABLE DES AVTHEVRS citez en diuers endroicts de ce Liure.

Fin de la Table des Autheurs.

TABLE DES MATIERES ET CHOSES PLVS REMARQVABLES CONTENVES en la Paraphrase de M. Bourdin, & és Additions de A. Fontanon.

A

L

M

N

FIN.

Extraict du Priuilege du Roy.

LE Roy par ses lettres patentes donnees à Paris le 24. iour de Nouẽbre 1599. a permis à IEAN HOVZE libraire Iuré à Paris d'imprimer ou faire imprimer vn liure intitulé *Paraphrase de Bourdin sur l'ordonnance trente neuf, & de nouueau adiousté le commentaire par M. Iean Boisseau Aduocat sur l'article 54. de l'Ordonnance de Moulins nouuellement fait François*, pendant le temps de dix ans: Et deffence à tous autres Libraires, Imprimeurs d'en imprimer ny faire imprimer, vẽdre ny distribuer autres que ceux que ledit HOVZE aura faict imprimer à peine de cent escus d'amende, la moitié appartiendra audict exposant & l'autre moitié applicable aux pauures, & ce sur peine de confiscation des exemplaires qui se trouueront estre faicts par autre, & sans le consentement dudit exposant, comme plus amplement est declaré en ses lettres.

Donné à Paris l'an & iour que dessus & signé.

PAR LE CONSEIL

DE LAVEZ.

PARAPHRASE DE M. GILLES BOVRDIN, PROCVREVR GENERAL en la Cour de Parlement de Paris, sur l'Ordonnance de l'an mil cinq cens trente-neuf: Auec les Additions faites de nouueau sur chacun Article, par A. Fontanon Aduocat en Parlement.

Ordonnance du Roy François I. faicte à Villiers-Costerests au mois d'Aoust l'an 1539. sur le faict de la Iustice, & abbreuiation des proces.

FRançois par la grace de Dieu Roy de France, Sçauoir faisons à tous presens & aduenir, Que pour aucunement pourueoir au bien de nostre Iustice, abbreuiation des proces, & soulagement de nos subiects: Auons par Edict perpetuel & irreuocable statué & ordonné, statuons & ordonnons les choses qui s'ensuiuent.

De ne faire citer gens laiz en actions pures personnelles. art. 1.

C'est à sçauoir que nous auõs defendu & defendõs à tous nos subiects de ne faire citer ne conuenir les laiz pardeuant les Iuges d'Eglise ès actions pures personnelles, sur peine de perdition de cause, & d'amende arbitraire,

1 *Les laiz ne peuuent consentir au Iuge d'Eglise*, nec è contra.

2 *Les Iuges Ecclesiastiques n'ont iurisdiction que sur les Clercs.*

3 *Les Iuges laiz ne peuuent entreprendre sur les choses Ecclesiastiques.*

4 *Il n'est loisible disputer contre les principes.*

5 *Comme se doit entendre ce terme*, pures personnelles.

6 *Le Iuge Ecclesiastique quand cognoist seul des decimes.*

7 *Quand le Iuge lay peut cognoistre des causes matrimoniales, & num. 9.*

8 *Le Iuge lay quand peut cognoistre des decimes.*

10 *En quel cas le Iuge lay peut cognoistre des choses dependantes de cause spirituelle.*

11 *L'Eglise ne se doit impliquer des affaires du mõde.*

CE premier article de l'Ordonnance se resout principalemẽt en deux axiomes, si clairs & manifestes, voire si cognus par nostre vsage, qu'il n'est besoin d'y rechercher aucun nœud ou difficulté : si est-ce que ie crains, en quelle part cela pourra estre prins, des censeurs de nostre droict. En premier lieu, cest axiome est receu par nostre vsage, qu'vn lay ne peut consentir au Iuge d'Eglise, ny (cõme l'on dit vulgairement) proroger la iurisdictiõ Ecclesiastique aux choses pures personnelles:

pareillement aussi par vne mesme & reciproque raison, il est receu & obserué pour maxime & axiome certain, que le Clerc aux choses pures personnelles, ne peut consentir au Iuge lay. Car comme on dict d'ancien Prouerbe, L'EMPIRE DE CÆSAR N'A RIEN DE COMMVN AVEC CELVY DE IVPITER. A ceste occasion le Iuge Ecclesiastique, qui exerce seulement ce qui appartient au droict diuin, & canonique, ne peut exercer sa iurisdiction sur autres, que sur les Clercs, & sur 2
ceux qui pour l'impression d'vn sacro-sainct charactere, sont consacrez, & du tout reduits à ceste auguste, diuine, & pontificale authorité, & puissance: veu que comme il est escrit és liures de l'Ancien Testament, l'Archileuite pouuoit seulement dire droict, & faire iustice entre les seuls Leuites. Pour ceste raison il est bien certain, qu'il ne peut rien entreprendre sur la iurisdiction Royale & seculiere, ny occuper l'office du Iuge lay: lequel entre les laiz, qui par aucune marque ou impression de charactere ne sont soluz ou emancipez de ceste pure & Royale puissance, peut pleinement exercer son office iuridique en leur disant droict, & faisant iustice. Mais aussi par ceste mesme & reciproque raison il est receu, que le Iuge lay ne peut entreprēdre sur ce qui appartient, & est de la seule cognoissance du Iuge Ecclesiastique: d'autāt que les Clercs par 3
vne diuine & commune raison en cōsequen-

ce de l'impression, & consecratiõ de ce sacrosainct charactere, sont vendiquez de l'Empire des laiz : & ont d'autant plus acquis quelque chose d'auguste, & vn nom plus religieux, que la diuine main est plus excellente, que l'infirmité des humains. Doncques ce pre-
4 mier article se resoult : en ces deux axiomes, contre lesquels comme vrais principes, selon que dict Aristote, il n'est licite de disputer: toutes-fois nous circonscrirons ceste constitution par vne brefue exposition, & interpre-
5 tation: car ce terme (*en choses pures personnelles*) se doit entendre seulemẽt des choses qui touchent les biens, & comme l'on dict le temporel, & non de celles qui respectẽt, & regardẽt quelque chose mystique ou diuine, cõme s'il s'agissoit des Sacremens, ou du droict des decimes. Car n'estans les decimes, (cõme choses sacrées) au cõmerce des hommes laiz, au-
6 tre que le Iuge spirituel & Ecclesiastique ne peut cognoistre de ce droict : Ou bien quand il est question de la validité ou inualidité d'vn mariage, * ou de la separation d'entre mary & femme, qui est chose pure spirituelle, quand il n'y a rien de temporel qui y soit mixte, & adioinct. Car si la question de faict se presentoit deuãt le Iuge lay, de sçauoir si le mariage auoit esté contracté ou non, & non pas du droict matrimonial, ne s'il a esté legitimement, & deuëment contracté, il est certain que le Iuge lay en pourroit cognoistre: & ainsi a esté deci-

* *c. ex literis, ext. de consang. & affinit. c. inter corporalia, in principio. de transl. st. Episcopo.*

dé par la raison de la loy. Aussi ne faut obmet- 7
tre que si pour le droit des decimes nous vsõs
de l'interdict possessoire, appellé VTI POS-
SIDETIS, lors le Iuge lay (duquel c'est l'interest, & office de tellemẽt composer les parties
qu'ils ne puissent venir aux armes) pourra cognoistre lequel des deux sera tenu subir le
nom des parties de possesseur ou petiteur par
deuant le Iuge Ecclesiastique, mais il ne pourra passer outre. La raison est parce que la cause n'eust peu estre autremẽt expediée, ne plus
commodément par le Iuge Ecclesiastique. Au 8
reste si on pretend les decimes estre infeodées
ou comme l'on dict reuestuës du droit de patronnage ou clientele, lors d'autant qu'elles
sont estimées estre au commerce des laiz, le
Iuge lay aussi en peut cognoistre, comme de
choses prophanes & spoliées de leur marque spirituelle, & auguste qualité, estant leur
representatiõ, & simulacre du tout esteinct &
effacé. En consequence dequoy l'on a accoustumé obseruer cecy, que si le proces pour
raison de decimes est pendant pardeuant le
Iuge d'Eglise, & que l'on die qu'elles sont infeodées, lors on euocque le tout par lettres
Royaux pardeuant le Iuge lay. Et en cela gist
double question: La premiere est de sçauoir si
ceste infeodation est tellemẽt prouuée, & verifiée, que le Iuge lay en soit competãt, & lors
par sa sentence il prononcera sur la compe-
tance ou incompetãce, & aura ceste sentence

effect de diffinitiue. La seconde est, que s'il est prononcé competant sur ceste question principale, il peut cognoistre de la proprieté des decimes, veu qu'il est iuge competant. Le mesme estimons nous auoir lieu aux causes matrimoniales.
9 Que s'il s'agissoit de la validité du mariage spirituel, & consequemment la question fust de droict, la cause en ce cas doit estre traictee pardeuant le Iuge Ecclesiastique. Au contraire s'il estoit question des conuentions matrimoniales ou dotales, lors le Iuge lay en cõsideration de ce que telles manieres de conuentions, ressentent quelque chose de temporel & ont cause mixte, temporelle, & reelle, pourra par vne mixte raison, & comme l'on dict vulgairement (*Pour cause*) prononcer sur le mariage, non pas à effect de la cause spirituelle, mais de la temporelle seulement: comme il a esté confirmé par plusieurs arrests, entre Claude Argenton, & Iehanne du Bellay, veufue de deffunct Tristan de Chastillon: & le sieur de Mesieres, & la Dame de Beau-jeu, comme nous dirons plus amplement en l'article suiuant. Nous dirons doncques que le Iuge d'Eglise ne peut cognoistre entre les laiz des choses pures personnelles, qui regardent l'acquisition, conseruation, ou diminution des biens temporels (ausquels comme dict Papinian, consiste tout le droict ciuil) & qui ne ressentent aucunement les choses pures spirituelles.

ADDITION.

De ne citer. Cela a esté introduict pour retrancher la licence des Officiaux, & Iuges Ecclesiastiques, qui le plus souuēt soubs pretexte de quelque bien petit faict spirituel, pre-
noient & tiroient à eux la cognoissance de
plusieurs matieres profanes: estimans en pouuoir incidemment cognoistre, ainsi qu'il sembloit leur estre de faict permis par le droict
canon. * En quoy il y pouuoit auoir quelque
apparence, par vne identité de raison, prinse
sur ce que les Iuges temporels peuuent prendre cognoissance des choses qui sont dependantes de la cause spirituelle, pourueu
qu'ils ne prononcent sur le spirituel, selon
l'opinion des Docteurs. * Ce que l'ordonnance n'a toutesfois voulu admettre, pour
oster la confusion qui en suruenoit, & pour
mieux limiter, borner, & distinguer la iuris- 10
diction Ecclesiastique de la temporelle, à laquelle elle reserue ce qui est nuëment spirituel : pour estre chose indigne de l'Eglise de
s'impliquer des affaires du monde : * & au cōtraire chose bien seante & propre de traicter 11
les spirituelles. En quoy ne faut estimer estre
derogé aux priuileges de l'Eglise, par ce que
c'estoit plustost vn abus, & mauuaise coustume, que quelque prerogatiue: laquelle n'a peu
estre corroborée par quelque laps de temps
que ce soit.

** c. de prudentia. de donat. int. vir. c. ex conquæstione. de restit. spoliat. c. final. ext. de foro compet.*

** In can. quo iure. 8. distinct.*

** c. l. repetita. C. de episcop. & cler.*

De ne decerner telles citations. art.2.

Et auons defendu à tous Iuges Ecclesiastiques de ne bailler ne deliurer aucunes citations verbalement, ou par escript, pour faire citer nosdicts subiects purs laiz esdictes matieres d'actions pures personnelles, sur peine aussi d'amende arbitraire.

---

1 *La confusion, & perturbation des iurisdictions digne de coertion.*

2 *Le Iuge lay cognoit du possessoire matrimonial.*

3 *Item du possessoire decimal.*

4 *La seule allegation d'infeodation, lie les mains au iuge d'Eglise.*

5 *Par la censure canonique la cognoissance d'insinuer appartient au Iuge d'Eglise.*

6 *En quel cas le Iuge lay prend cognoissance sur les personnes Eccesiastiques.*

7 *Le Iuge Ecclesiastique ne se peut attribuer la cognoissance des choses layes.*

8 *Le iuge Ecclesiastique ne peut cognoistre des actiõs hypothecaires, ou reelles.*

9 *Asçauoir si l'hypothecaire peut estre diuisee de la personnelle.*

10 *En quels cas doiuent estre renuoyees les personnes Ecclesiastiques.*

11 *Le Iuge la doit assister au proces pour le delict priuilegié.*

12 *En quel cas les Ecclesiastiques ne peuuent estre renuoyez.*

13 *Personnes Ecclesiastiques sont tenues souffrir l'in-*

terrogatoire pardeuant le Iuge lay.

14 *Reigle generale sur la forme des renuoys des personnes Ecclesiastiques.*

15 *Comme l'on procede par saisie sur leur temporel, & reuenu de leurs benefices.*

CEste reigle qui est prohibitiue est fort briefue, & si ne desire plus longue interpretation. Car estant certain que le Iuge Ecclesiastique, en consequence de la maxime deuant proposee, ne peut exercer sa iurisdiction entre les laiz, en choses pures personnelles: aussi demeure-il sans doubte, que l'on leur a peu iustement prohiber par ceste ordõnance, de ne bailler ou deliurer aucunes citations ou commissions, pour faire appeller par deuant eux les personnes layes, pour les adstraindre de respõdre & proceder en leur iurisdiction. La raison de ce est tirée du droict commun, parce que le Iuge qui calomnieusement, ou pour vexer celuy qu'il sçait n'estre son iusticiable, decerne plusieurs fois sa commission pour le faire appeller deuant luy, est tenu des despẽs enuers celuy qu'il a molesté & inquieté si souuent sans occasion, voire est equitable d'vser contre luy de coertion penale & iudiciaire, pour ainsi molester & trauailler autruy par despenses du tout vaines, & inutiles, & peruertir l'ordre iudiciaire. Car il n'y a rien tant digne de coertion, que la confusion & perturbation des iurisdictions. Or

est-il certain qu'il y a deux sortes de iurisdictions, qui estans diuisees, ne doyuent estre conioinctes ny confondues, comme ne pouuans souffrir aucune commixtion ou confusion, sinon que pour se prester vn mutuel secours, & non pas pour troubler la vraye reigle, & ordre des iurisdictions. Toutesfois il ne faut obmettre comme nous auõs dict cy dessus, que si pour conuentions matrimoniales & dotales, la cause estant pendante & intentee pardeuant le Iuge lay, incidemment suruient la question du mariage, le Iuge lay ne laissera lors pour tout cela de pronõcer, *Pour cause:* & ainsi a esté receu, & iugé par plusieurs arrests en ceste Cour. Et s'il s'agissoit du pos-
2 sessoire matrimonial, cõme si pendant la question matrimoniale, le mary requeroit que sa femme luy fust reintegree & mise en sa possession, alleguãt sur ce la possession du mariage: le Iuge lay, duquel c'est l'interest de composer les parties par vne certaine equité naturelle, pourra aussi cognoistre de ce possessoire : à fin que plus facilement les parties estant certaines & sans contention pour la possession, la question du mariage puisse estre demeslee & decidee par le Iuge Ecclesiastique. Le mesme se doit obseruer s'il s'agist du droict des decimes, car lors d'autant que ce sont choses spirituelles, c'est au Iuge d'Eglise de cognoistre de ceste cause & de ce negoce, duquel le Iuge lay ne se peut attribuer au-

cune iurisdiction, comme estant Iuge incompetant de toutes parties. Toutes-fois il ne sera hors de propos dire encores icy, que s'il est question du possessoire decimal, de la possession de decimes, ou que l'on mette en auant, qu'elles ont esté infeodees & passees en droict de patronnage, le Iuge lay en pourra cognoistre, lequel en cela nous estimons estre competant: car si tost que l'on dict les decimes estre infeodees, la diffinition & decision de ce negoce appartient au Iuge lay. Encores que veritablement elles ne soyent reuestuës du droict de clientele, & comme
l'on dict vulgairement infeodees. D'autant 4
que la seule allegation d'infeodation lie les mains au Iuge d'Eglise, & luy retranche & empesche toute authorité & licence d'en cognoistre, par ce que ceste espece d'infeodation, constituë les decimes au commerce des laiz. Le mesme se peut dire s'il s'agissoit d'vsures, parce qu'encores que par la censure canonique, la cognoissance en doiue appartenir au Iuge d'Eglise : toutes-fois il est 5
receu par nostre vsage, que le Iuge lay peut reprimer & punir telle maniere de vices, & les punir selon les loix. Car la raison & cause des vsures ne doit estre tellement entenduë, que la licence de cognoistre d'icelle soit ostee au Iuge lay : ains que la coërtion luy en
est permise & de droict, & par la loy. D'a- 6
uantage il y a vne autre espece, en laquelle le

Iuge lay prend iuriſdiction ſur la perſonne Eccleſiaſtique, comme ſi le Clerc eſtoit obligé, s'il eſtoit Procureur ou tuteur: ou s'il s'entremettoit aux autres affaires ſeculiers, & en cela la raiſon eſt treſ-euidente & tres-equitable, ſçauoir eſt que puis qu'ils ſont entrez en la queſtion des affaires ſeculiers, ils doyuent auſſi ſubir la iuriſdiction ſeculiere, attendu que le Iuge Eccleſiaſtique ne ſe peut attribuer
7 la iuriſdiction & cognoiſſance des choſes layes. En quoy l'on ne conſidere tant la qualité de la perſonne, que la qualité de la choſe ſubiette, qui eſt temporelle. Eſtāt bien certain qu'en ces formes & actions, qui ſont reelles, & auſquelles il s'agiſt de l'hypothecaire tacite ou expreſſe, le Iuge Eccleſiaſtique n'en peut cognoiſtre en façō quelconque. Car la reigle
8 eſt generale & certaine, qu'vn Iuge Eccleſiaſtique, ne peut cognoiſtre des actions hypothecaires ou reelles. Mais la queſtion a eſté doubteuſe de ſçauoir, ſi vn Clerc eſtant perſonnellement & hypothecairement obligé,
9 l'hypothecaire peut eſtre diuiſee de la perſonnelle: Et ſi pour cauſe de l'hipothecaire, il peut eſtre tiré deuant le Iuge lay, attendu que veritablement la perſonnelle eſtant eſteinte, la reelle dure encores par raiſon de droict. Ceſte queſtion a eſté diuerſement agitée en ce Parlement par Meſſieurs les Gens du Roy, & à ceſte fin pluſieurs choſes par eux diſertemēt & doctement alleguées & miſes en auant: où

plusieurs estoyent d'aduis, qu'elle se pouuoit diuiser, ce que toutes-fois n'a esté encores decidé par arrest, ainsi est encores ceste doubteuse question pendante, & indecise. Neantmoins i'ay cogneu plusieurs praticiens estre d'aduis, que ceste diuisiō ne doit estre receue aux personnes Ecclesiastiques, pour les distraire de leur iurisdiction. Et par là se void comment, en quelle forme, & en quelle hypothese, le Iuge lay peut exercer sa iurisdiction entre les personnes Ecclesiastiques, & le Iuge d'Eglise entre les laiz. Reste de voir quand & comment le Iuge lay peut exercer sa iurisdiction contre vn Ecclesiastique, és causes ausquelles le crime se trouue mixte: Enquoy nous dirons que si le Clerc, auquel ce premier charactere seulemēt a esté imprimé, est accusé de crime capital, & le delict soit commun, cōme s'il estoit accusé d'auoir commis imprudemmēt & par mesgarde vn homicide, ou d'auoir blessé & vulneré quelqu'vn, ou d'autre delict par luy perpetré: lors il doit estre renuoyé par deuant le Iuge Ecclesiastique pour luy faire son proces. Mais si le delict estoit tel que cōme l'on dict vulgairement, il fust priuilegié, il faudra subdistinguer, & dire que pour le regard du delict commun, il doit estre renuoyé pardeuant le Iuge Ecclesiastique, à la charge toutes-fois du cas & crime priuilegié, & à la confection du proces assistera le Iuge lay pour iuger, & estimer la coërtion, & amende du cri-

me priuilegié: comme si vne sauuegarde publique ou Royale auoit esté enfrainte, ou si le delict auoit esté commis au mespris, & contempt du procés pendant pardeuant le Iuge lay. Car lors ceste cause ainsi pendante pardeuant le Iuge lay, induiroit la cause & faueur du crime priuilegié, & comme dict est, ils doyuent assister tous deux ensemble à la cõfection du proces. Toutes-fois le Iuge Ecclesiastique comme plus digne, doit proceder à l'instruction entiere du proces, par interrogatoires, recolemens, confrontations de tesmoins, en la presence & assistance du Iuge Royal, qui iugera sur le crime priuilegié par iugement, & sentence diuerse & separée. Et est grandement considerable qu'il y a quelques especes de delicts si graues, & atroces, que pour raison de ce, le Clerc ne doit estre renuoyé par deuant son Iuge, voire mesmes
12 à la charge du cas priuilegié: comme s'il estoit accusé d'auoir fait vn meurtre de propos deliberé, ou bien d'auoir violé & rauy auec armes quelque fille: d'autant que lors estant par le seul ministere du droict deuestu & despoüillé de son priuilege clerical, il est du tout delaissé au Iuge lay pour luy faire son proces, & le punir; & est du tout forcloz & priué de pouuoir requerir le renuoy de la cause pardeuant son Iuge: par ce qu'en choses si atroces, il est escript estre licite, voire necessaire de tirer vn criminel de l'autel du sei-

gneur. Et ne faut obmettre qu'en tous crimes
qui ont espece mixte, & priuilegiée, le Clerc
criminel est tousiours tenu respondre par 15
interrogatoire pardeuant le Iuge lay, & ainsi
a esté iugé par plusieurs arrests. Vray est
qu'il n'est tenu de passer plus outre pardeuant luy, ains doit estre incontinent renuoyé & delaissé à son Iuge : la raison est, par
ce que s'il confesse le crime priuilegié, le Iuge lay le peut punir & mulcter. Mais s'il le denie, il est equitable de le remettre & renuoyer
pardeuant le Iuge Ecclesiastique comme plus
digne, à fin que tous deux ensemble exercent
leur iurisdiction, & par vn commun cõsente-
ment aspirans à mesme chose, ils procedent à
l'instruction de son proces. Au reste la reigle 14
generale sera telle, que quant aux Prestres, qui
ne sont pas seulement reuestuz du seul charactere clerical, mais qui ont aussi fait professiõ
des grands ordres, ils doiuent tousiours estre
renuoyez pardeuant leurs Iuges Ecclesiastiques, lesquels, s'ils voyent iceux estre chargez
d'vn si grand delict, qu'ils meritent estre degradez, le pourrõt faire selon la reigle prescripte, & ordonnée par les canons: & estans ainsi
degradez, seront par eux delaissez à la iurisdiction seculiere pour les punir, d'autant qu'en
ce cas, elle a sur eux pleine puissance & authorité Royale, sans estre besoin leur faire le
proces de nouueau : ains pourront estre condamnez sur le proces qui aura esté instruict

pardeuant le Iuge Ecclesiastique.

ADDITION.

Pures personnelles. Comme sont celles qui procedent de contract, ou de chose equipollente à contract, obligation, sentence, iugemẽt, cedule, recognoissance, testamẽt, doüaire, arrerages de rente: & comme dict tresbien M. Bourdin en l'article precedent, tout ce qui depend de realité, c'est à dire qui n'est spirituel: ou pour parler plus auant, tout ce qui gist en fait, selon l'opinion de Bartole,* encore qu'il soit dependant de chose spirituelle. Et c'est pourquoy il appartient au Iuge Royal de cognoistre du possessoire des benefices, des dismes, dommages, & interests, mesmes procedans des causes traictées par deuant l'Official, & autres semblables matieres. Combien que Guydo Pape en sa questiõ premiere, Dec. 152. aye remarqué, cela auoir esté octroié, quãt à la cognoissance du possessoire des benefices par le Pape Martin au Roy de France particulieremẽt, & par forme de priuilege. Quant aux matieres hypothecaires, desquelles est faict icy mention, elles lient tellement les Ecclesiastiques, qu'on pourroit non seulement proceder sur eux par saisie de leur tẽporel & immeuble, mais aussi du reuenu de leurs benefices, ainsi qu'a voulu Benedictus en la repetition du cha. *Rainutius, in verbo, & vxorem nomine Adelasiam num, 45.* en leur laissant toutesfois

*In l. omni nouatione. C. de sacr. Eccl.

tresfois quelque portion pour viure. Et semble que la prohibition de les executer en leurs meubles, ait esté restraincte par l'Ordonnance d'Orleans aux liures & ornemens presbyteraux: Ainsi qu'on peut voir par l'article 28. de ladite Odonnance.

L'imitation de l'article precedent. art. 3.

Et ce par maniere de prouision, quant à ceux dont le faict a esté receu sur la possession d'en cognoistre, & iusques à ce que par nous autrement en ait esté ordonné. Et sans en ce comprendre ceux qui en auroient obtenu arrest donné auec nostre Procureur general, si aucuns y a.

---

1 *Le supplice de mort, ou mutilation de membres, n'est licite au Iuge Ecclesiastique.*
2 *Pairs de France s'attribuent droict de haute iustice contre les laiz.*
3 *Iugemens donnez sans legitime contradiction sont nuls.*
4 *Anciennement n'y auoit qu'vn ordre, & espece de iurisdiction.*
5 *Loix qui empeschent la liberté de l'Eglise abrogees.*
6 *Les choses jugées equipollent à verité.*

LA reigle generale susdite se confirme par l'exception contenue en cest article, laquelle certes a grande raison, & equité en soy. Car encores que la punition, & supplice

de mort ou mutilation de membres, ne ſoit
licite, ne permiſe au Iuge Eccleſiaſtique, qui
1 doit touſiours produire & reſpirer choſes di-
uines, & qui ne peut licitement entreprendre quelque choſe cruelle ou ſanguinaire:
toutes-fois ſi ceſte puiſſance leur eſtoit attribuée ou concedée par le Roy, ou autre Prince
auquel elle appartient, ou qu'elle fuſt annexée
à leur dignité afin de la rendre plus excellente, comme nous voyons en pluſieurs Pairs de
France, lors ils la peuuent librement faire
exercer par perſonnes layes, & executer ce
droict imperial, comme ne ſouſtenans ou re-
preſentans en cela leur perſonne, ains celle de
celuy qui leur a donné ce mandement, & authorité. De là eſt venu qu'en France, pluſieurs des ſuſdicts Pairs de France, ont accouſtumé s'attribuer contre les perſonnes layes,
2 ce droict de haute Iuſtice, comme à eux concedé par le Roy, ou autre Prince: tellement que ceſte difficulté a eſté referee au con-
ſeil priué, ſans auoir eſté encores decidee n'y
debatuë. Cependant, conſideré que la commune raiſon monſtre aſſez, que le Iuge Eccleſiaſtique ne peut exercer ſa iuriſdiction,
contre les perſonnes layes, pendant la queſtion, & allegation de ce pretendu priuilege ſpecial, dont il n'a eſté encores pleinement
cogneu, on ne doit trouuer eſtrange ſi ceſte
puiſſance & authorité d'auoir droict de haute Iuſtice ſur les perſonnes layes, eſt retran-

chée, & ostée aux Iuges Ecclesiastiques, & que les choses soyent reduictes à la disposition du droict commun. Autre chose est de ceux qui par iugement contradictoire ont obtenu ce droict de Iustice, pourueu que ce soit auec legitime contradicteur, comme s'il auoit esté donné auec Monsieur le Procureur general du Roy, lequel a accoustumé de defendre, & conseruer estroictement les droicts du Roy.
Car quand les iugemens ne sont donnez auec 5
iuste, & legitime contradicteur, la Loy dict que tels iugemens sont de nul moment. Si doncques ils auoyent ce droict de iustice confirmé par arrest, ils seroyent exceptez de la reigle cy dessus constituée, comme leur estant autre chose concedée par priuilege special, qu'aux autres personnes Ecclesiastiques.

ADDITION.

Du premier temps, & sur la naissance de l'Eglise, les Empereurs auoyent non
seulement iurisdiction sur les laiz, mais aussi 4
sur les Clercs, & Prestres : tellement qu'il n'y auoit qu'vn ordre, & espece de iurisdiction. Depuis lesdicts Empereurs voyant la saincteté des Euesques, permirent de pouuoir plaider pardeuant eux, tant en matiere spirituelle que prophane, non toutes-fois comme Iuges, mais comme arbitres seulement: com-

me on peult colliger de plusieurs lieux du droict.* D'où suruint la premiere liberté de l'Eglise, qui depuis s'accreut en plusieurs choses, & fut si fauorablemét receue desdits Empereurs, qu'ils abrogerent toutes loix, qui pouuoient empescher la liberté des Eglises.* Ce qui par succession de temps, donna occasion aux Prelats d'vsurper ainsi, & entreprendre sur la iurisdiction temporelle : tellement que partie par la negligence des Officiers, partie aussi par conniuence des Princes, ils prescrirent & firent passer par forme de coustume de conuenir les laiz pardeuant eux: cõme il a esté receu en France en plusieurs lieux. Pour raison de quoy il a esté necessaire que le Roy y aye pourueu expresséměnt, comme il a faict par cest article. Ie ne m'amuseray icy à disputer, si le droict de Iustice a peu estre prescript contre le Roy : mais ie diray seulement qu'on a toleré ceste prescription de Iustice, quant à ceux qui en ont obtenu arrest contradictoire donné auec monsieur le Procureur general: pour ce que les choses contradictoirement iugées equipollent à verité:* tellement qu'il n'est licite de le rendre en controuerse aprés vn arrest donné. Qui est à mon iugement l'occasion pourquoy l'Ordonnance a vsé de l'exception portée par cest article.

* L. si quis consensu. C. de episcop. aud.

5 * Antho. Cassa. C. de sacro. Eccl.

6 * L. 1. de re iud.

En quoy l'Eglise a iurisdiction sur les gens laiz, & les Iuges laiz sur les gens d'Eglise. art. 4.

Sans preiudice toutesfois de la iurisdiction Ecclesiastique és matieres de Sacremens, & autres pures spirituelles & Ecclesiastiques, dont ils pourront cognoistre contre lesdits purs laiz, selon la forme du droict. Et aussi sans preiudice de la iurisdiction temporelle, & seculiere contre les Clercs mariez, & non mariez, faisans & exerçans estats ou negotiations: pour raison desquelles ils sont tenus, & ont accoustumé respondre en Cour seculiere, où ils seront contraints de ce faire tant és matieres ciuiles que criminelles, ainsi qu'ils ont faict par cy deuant.

---

1 *La Iustice est diuisée en l'Ecclesiastique, & la seculiere.*
2 *En quels cas le iuge d'Eglise a cognoissance sur les laiz, & è contra.*
3 *Le iuge lay pour choses temporelles, en peut cognoistre entre personnes Ecclesiastiques.*
4 *L'imitation de ceste reigle.*

ENcores que comme a esté dict & monstré cy dessus, l'Empire de Cæsar soit diuisé de celuy de Iupiter, & que la Iustice qui est procedée de Dieu, comme d'vne sacrée fontaine, soit aussi diuisée & distribuée en l'Ecclesiastique & la seculiere, afin

que toutes fussent plus facilement distribuées chacune par son ordre : toutesfois pour obuier aux fraudes, & cautelles des hommes, & afin de plus asseurément pouruoir au salut & vtilité du public, il a esté constitué & ordonné par raison tirée du distributif, que le iuge Ecclesiastique puisse dire droict & exerçer sa iurisdiction entre les laiz en choses pures spi-
2 rituelles. Et par reciproque raison, le iuge lay entre les Ecclesiastiques en choses pures layes & seculieres, soit à l'egard de la chose, ou de la qualité subiette : d'autant qu'en cela l'on ne considere pas tant la qualité des personnes, que la nature de la chose subiecte. Ce qu'estant subtilement & soigneusement consideré, nous trouuerons l'ordre du droict estre deuement obserué : à sçauoir qu'ayant esgard que la cognoissance des choses spirituelles, ne peut appartenir sinon aux hommes spirituels, c'est à dire aux Ecclesiastiques, il est equitable que le Iuge Ecclesiastique cognoisse de la chose subiecte & spirituelle. Par mesme & semblable raison, quand il s'agist de biens ou choses temporelles, lors le Iuge lay, qui est le vray & naturel Iuge ancien, en doit cognoistre entre les personnes Ecclesiastiques. Mais parce que souuentes-fois on a cy deuant doubté, en quelle espece, ou en quelle hypothese, le Iuge Ecclesiastique peut exercer sa iurisdiction entre les laiz, & le Iuge lay entre les Ecclesiastiques, il ne se-

ra ennuyeux de l'expliquer briefuement en ce
lieu. Or nous distribuërons ceste question pre- 3
mierement en deux poincts : en apres nous la subdiuiserons en ses formes & especes: car où il s'agist de chose ciuile & ordinaire, ou de chose criminelle. Quant aux questions ciuiles, il faudra auoir esgard, à sçauoir s'il s'agist de choses pures spirituelles, ou temporelles: si des pures spirituelles, il est certain & tenu pour chose resoluë, que le Iuge Ecclesiastique en peut cognoistre, voire entre les personnes layes, comme s'il estoit question d'vn mariage, ou de decimes, car ce sont choses pures spirituelles. Au contraire, s'il s'agissoit de choses temporelles ou hypothecaires, le Iuge lay en pourra cognoistre entre les Ecclesiastiques : car le Iuge Ecclesiastique n'a aucune faculté ne puissance d'en cognoistre. Mais si la question est criminelle ou extraordinaire, il faudra subdiuiser selon l'ordre cy dessus deduict au premier & second article, & poursuiure plus auant selon ceste reigle, qui est veritable & confirmee par plusieurs arrests. Doncques par ce qui a esté dict, il appert clairement la iurisdiction seculiere se confondre auec l'Ecclesiastique, & l'Ecclesiastique auec la seculiere, auec obseruation de l'ordre de droit cy dessus representé.

ADDITION.

Combien que la iurisdiction seculiere, & Ecclesiastique soient distinctes, & separees,
4 tant à raison des matieres dont elles cognoissent ordinairement, que des personnes sur lesquelles s'estend leur puissance: toutesfois pour l'inseparable conionction qui est entre les matieres & les personnes, il n'a esté possible de si bien separer la iustice temporelle de l Ecclesiastique, que les mesmes personnes ne leur demeurassent subiectes chacune en son regard, & en consequence des matieres de l'vn attribuees à l'autre: comme en matiere mixte ou hypothecaire, ainsi que l'a marqué M. Bourdin, pour raison de laquelle le Iuge lay prend incidemment cognoissance de la personnelle, combien qu'il ne doiue par sa sentence prononcer sur la personnelle, ainsi que le tient Benedict.* D'auantage, il se peut remarquer plusieurs cas, ausquels les Clercs tant mariez que promeuz aux ordres, sont tenus de respondre en Cour seculiere & prophane pour causes pures personnelles, selon qu'il est amplemẽt discouru par le mesme Benedictus au lieu preallegué, où tu pourras recourir pour plus facile intelligence de ce lieu.

* *In repet. c. Rainut. in verbo, vxorem nomine Adelasia, num. 122.*

En quoy & contre qui les Iuges d'Eglise pourront passer oultre, nonobstant appel comme d'abus. art. 5.

Que les appellations comme d'abus interiectees par

...s prestres & autres personnes Ecclesiastiques és matieres de discipline & correction, ou autres pures personnelles & non dependantes de realité, n'auront aucun effect suspensif, ains nonobstant lesdictes appellations & sans preiudice d'icelles pourrõt les iuges de l'Eglise passer outre contre lesdictes personnes Ecclesiastiques.

---

1 *Le Iuge Ecclesiastique a tout droit de coertion entre les siens.*

2 *Iuges Ecclesiastiques peuuẽt exercer leur iurisdictiõ nonobstãt l'appel en matiere de correctiõ & discipline*

3 *On ne peut apeller de correction sinõ qu'en certains cas.*

4 *En matieres reelles le Iuge Ecclesiastique a les mains liees par le moyẽ de l'appel comme d'abus.*

5 *Appel comme d'abus que c'est.*

6 *Toutes appellations comme d'abus ressortissent directement à la Cour.*

7 *L'Eglise n'exerce aucun iugement de sang.*

8 *Communes peines des Iuges Ecclesiastiques.*

CEste reigle est soustenue & appuyee d'vne grande equité : car c'est chose fort equitable, que soubs pretexte d'vne friuole appellation le Iuge Ecclesiastique qui exerce sa iurisdiction sur les siens & qui a tout droict de coertion, ne soit repulsé & empesché de passer outre & faire iustice, sans auoir les mains liees. Dautant que si cela auoit lieu, il seroit loisible aux prestres & autres personnes Ecclesiastiques eluder la iurisdiction Ec-

clesiastique & abuser d'icelle. Et afin que personne ne pense que cela ait esté temerairemēt introduict & ordonné, il est prescript par les ordōnances Royaux, que le Iuge seculier ou Royal peut exercer sa iurisdiction cōtre ceux qui sont subiects à icelle, nonobstant l'appel, quel qu'il puisse estre iusques à sentence diffinitiue: sans preiudice toutes-fois dudict appel & sans qu'il puisse executer sa sentence s'il y a appel d'icelle. Ce qui se doit entendre quand l'appel n'est interiecté du Iuge, comme de Iuge incompetant ou recusé.
2 Doncques par ceste mesme raison, nous cōclurons auoir esté bien ordonné, que le Iuge Ecclesiastique peut exercer sur les Ecclesiastiques toute iurisdiction, és matieres de discipline & correction, nonobstant toutes appellations & sans preiudice d'icelles : afin que soubs pretexte d'vne friuole appellation, l'effect de ceste sacro-saincte iurisdiction ne soit suspēdu & retardé. Et sans aller plus loing l'exemple en est prompt : comme si vn Prestre estoit accusé d'homicide, de rapt, ou de poison, & que pour decliner la iurisdiction Ecclesiastique, ou rendre illusoire son effect, il appellast de la citation, de l'executiō d'icelle, de la confrontatiō & recolemens des tesmoings, ou qu'il interiectast telle friuole appellation, nonobstāt icelle le Iuge d'Eglise en pourra cognoistre & passer outre iusques à sentence diffinitiue, hors-mis quant à l'executiō. Mais afin qu'on n'esti-

me ceste interpretation legere, faut cõsiderer qu'il a esté ainsi ordõné par ceste ordõnance, & ces mots (*Matieres de discipline & correction*,) auoir esté adioustez non sans grande raison. Car il en a fallu vser pour plus claire & dilucide interpretatiõ & intelligẽce, veu que tout cela se doit entẽdre & des clercs, & des moynes & des Prestres : car il est receu de disposition & censure canonique, qu'on ne peut appeller de la correction, ayant esgard que le remede d'appel n'est inuenté pour estre vn lien d'iniquité, mais pour seruir de consolation & soulagement aux oppressez. Toutesfois si elle estoit oultre mesure, il seroit loisible d'en appeller: mais soubs ce pretexte, l'effect de la iurisdiction Ecclesiastique ne doit estre ce pendant suspendu ne intermis, & voila la vraye intẽtion de l'ordõnance. Quant aux questiõs 3
ciuiles & persõnelles, on peut dire le mesme, à sçauoir que le iuge Ecclesiastique en pourra cognoistre entre les Ecclesiastiques, nonobstant oppositiõs ou appellations quelscõques & sãs preiudice d'icelles. Toutesfois nous exceptõs les matieres reelles & hypothecaires, 4
pour lesquelles le Iuge Ecclesiastique ne pourroit estre competant: ains en auroit les mains liees par le moyen de l'appel comme d'abus & effects d'iceluy.

ADDITIOE.

Comme d'abus. Abus en ce lieu se prend pour 5

tout ce qui est faict par le Iuge Ecclesiastique contre les saincts decrets, ordonnances
Royaux & arrestz de la Cour. Mais cela a
double cōsideration de personnes, à sçauoir
des Ecclesiastiques & des layes, & des dernieres parle seulement cest article. Et fault
6 remarquer que par ordonnance faicte par le
Roy François premier, du douziesme Iāuier,
1542. toutes appellations comme d'abus doiuent directement ressortir & estre releuees
en la Cour. Au reste par ce que ces mots (*Discipline & correction*) desirent quant & soy l'intelligence des peines, dont on a accoustumé
d'vser contre les personnes Ecclesiastiques,
lors qu'elles ont delinqué, ne sera hors de
propos traicter en ce lieu de quelles peines
se seruent les Euesques & autres qui ont puis-
7 sance en l'Eglise, pour la correction & repri-
mende de ceux desquels ils ont charge. Surquoy faut noter que l'Eglise n'exerce aucun
iugement de sang, mesme quand il ne seroit
question que d'vne moyenne affliction de
corps, comme du fouët, lequel à ceste cause
ils doiuent tellement moderer, qu'il soit *citra
sanguinis effusionem*: * partant ne peuuent aucunes peines estre par eux irrogees, où il soit
question de la mort, non pas mesmes cōdam-
ner aux galeres. Mais leurs communes peines
sont le ieusne, l'infamie, interdiction & sus-
8 pension du seruice diuin, priuation de benefices, relegation & la prison perpetuelle, ou

* *c. In archiepiscopa tu de rapt. extra. c. e.n: te omnia. 33. dist c conspiratione. 11. q. 1. c. 1. 32. q. c his à quib. 32. q. 8.*

à temps: laquelle combien qu'entre les anciens ayt esté moins vsitee & du tout incongneuë quant aux personnes de libre condition, (comme le tesmoigne l'Empereur Constantius*) est neantmoins és crimes atroces frequente & visitee en l'Eglise*. Ils ont aussi pouuoir de condamner en quelque amende, qu'ils doiuent adiuger aux pauures & non à l'Euesque: *quia Ecclesia fiscum non habet*, & s'ils le faisoient ils commettroient abus.

*l. 1. C. de custodia reorum.

*c. Quamuis de pœn. lib. 6. Fab. in l. si ricis. C. de aud.

Amende de fol appel comme d'abus enuers le Roy, ores que ledit appel ne soit soustenu. art. 6.

Que les appellans comme d'abus qui se departiront en iugement de leurs appellations releuees, payeront l'amende ordinaire du fol appel, & hors iugement la moitié de ladicte amende & plus grande si mestier est, à l'arbitration de nosdictes cours souueraines, eu esgard à la qualité des matieres & des parties.

Autre amende enuers partie. art. 7.

Et en amende vers la partie pour leur subterfuges, delais & proces retardé, c'est à sçauoir de vingt liures parisis en iugement, & hors iceluy de dix liures parisis.

Autres amendes en cas de soustenement de tel appel, & qu'il ne soit trouué bon. art. 8.

Et quant aux appellations plaidees & soustenuës par lesdicts appellans, ils soient condamnez outre l'amende ordinaire en vne amende extraordinaire enuers nous & la partie, selon l'exigence du cas si la matiere y est trouuee disposee.

---

1 *D'où l'appel comme d'abus a esté appellé.*
2 *En quels cas on peut appeller comme d'abus.*
3 *Forme de prononcer sur l'appel comme d'abus. & num. 6*
4 *Qu'on ne se peut desister de l'appel comme d'abus, etiam hors iugement, sans encourir l'amende.*
5 *Voye d'appel fauorable.*

AFIN que le chemin à tous propos ne fust indiscretement ouuert aux appellans, & que leur temerité & grande enuie de plaider, ne print vne trop immoderee licence, l'ordonnance a excogité des peines condignes par le moyen desquelles, ceux qui ne par raison, ne par l'auctorité des loix ne pourroient estre mattez & retenus en leur deuoir, fussent repoussez de telle maniere d'appellations temeraires & calomnieuses, par la grandeur de la peine & de l'amende. Or l'appel cōme d'abus a esté ainsi appellé, parce que le iuge Ecclesiastique s'efforce vendiquer à soy les parties du iuge lay, contre l'intention de la loy & de l'ordonnance. Et de là est deriué Appel comme d'abus : d'autant qu'en ce faisant, il abuse de sa iurisdiction. Au reste cest appel se peut interjecter, principalement en trois manieres: comme si le proces estant pẽdant pardeuãt le Iuge lay, le Iuge Ecclesiastique au preiudice d'iceluy vouloit entreprendre quelque chose, car lors on appelle de luy comme d'abus. En second lieu, quand le iuge Ecclesiastique attente quelque chose contre les loix & ordonnances royaux & la forme prescripte par icelles. En troisiesme lieu quãd il donne quelque iugement contre les saincts decrets & constitutions canoniques, ou contre les arrests de la cour & prohibitions y cõtenuës. Et si l'appellant gaigne sa cause, lors l'on prononce en ces mots, *Mal, nullement & abusiuement iugé & ordonné*: Au contraire si l'appellant se desiste de son appel, ce qui luy est permis s'il perd sa cause, lors on prononce par ces mots, *la Cour l'a declaré non receuable appellant*. Et voila les formules desquelles l'on a accoustumé vser en l'ordre de ces iugemens, & qui ont accoustumé d'estre obseruees. Or en l'explication & interpretation de ces articles, les practiciens ont inuenté ce moyen: à sçauoir si la cause n'ayant point esté encores mise au roolle, & q̃ l'appellãt se desiste de son appel, ce neantmoins l'amende prescripte par ceste ordonnance doit estre declaree contre luy encouruë: plusieurs estans d'opinion que la contumace & calomnie semble beaucoup plus grande & plus insigne en celuy, qui a esté si obstiné de faire mettre la cause au roole,

telle qu'elle eſt, & quaſi ſouffert d'entrer au peril de la plaidoyrie, que non pas en celuy qui s'eſt deſiſté de ſon appel hors iugement. Toutesfois il eſt ainſi obſerué, que celuy qui ſe deſiſte de telle maniere d'appel, voire hors iugement & encores que la cauſe n'ayt eſté miſe au roolle, porte neātmoins la peine pre-
4 ſcripte par ceſte ordonnance comme calomnieux & temeraire litigateur. A laquelle opinion il ſe faut arreſter comme receuë par vſage. Et n'eſt pas de merueille ſi la peine de celuy qui eſt vaincu en ſes appellations deuāt le iuge eſt plus grande, comme eſtant ſa contumace plus grande & plus inſigne: tout ainſi que de celuy qui en l'accuſation de faux perſiſte iuſques à ſentence diffinitiue. Car lors il eſt iuſtement & auec raiſon puny, comme calomniateur par la peine de faux.

ADDITION.

5 LA voye d'appel a eſté de tout temps fauorablement receuë, comme eſtāt le ſeul refuge de ceux qu'on a iniuſtement condamnez: * & par le moyen de laquelle on peut pourſuiure la reparatiō du tort qu'on a receu par la ſentence du iuge inferieur. Toutesfois pource que par la malice des hommes, qui de leur nature ſont enclins & procliues à proces, on s'en ſeruoit bien ſouuent à couurir vne mauuaiſe foy, les legiſlateurs ordonnerent

* c fin. §. Porrò extra. de appel. l. præfecti. C. de minorib. 25. annis.

rent des peines à ceux, qui seroient trouuez auoir calomnieusement, ou par temerité appellé, *afin de ne permettre que ce qui auoit esté inuenté pour le soulagement des bons, ne fust conuerty en vn manteau & couuerture d'iniquité. * Ce qui se peut principalement dire és appellations comme d'abus, dont parle l'ordonnance: Car en icelle on peut communément iuger vne notoire ignorance ou iniustice des iuges, ou vne euidente calomnie des parties. A quoy ayant esgard le Roy, il auroit voulu qu'ils fussent plus rigoureusement mulctez, que les autres appellans és causes ciuiles: ainsi qu'il est clair par la lecture des trois articles precedens. Au reste la forme de prononcer sur lesdites matieres, est icy fort obscurement traictée. Laquelle est telle, que si l'appel est receuable, on dict qu'il a esté mal & abusiuement iugé & bien appellé, au contraire s'il est mal fondé, la Cour le declare non receuable appellant, le condamne en l'amende ordinaire enuers le Roy & és despens enuers la partie, & bien souuent en vne autre amende extraordinaire. Et si l'appellant se desiste en iugement, elle luy permet de renoncer à son appel: mais on le condamne en l'amende de soixante liures parisis: & si ladicte Cour veoit que l'vne partie ny l'autre n'y aye pas grand interest, elle les met hors de Cour & de proces, sans despens d'vn costé & d'autre: mais s'il se trouue quelque difficulté

* *L. eos qui. §. ne autem. C. de appel.*

* *C. speciali. §. Porro. de appel. extra.*

notable, pour laquelle la cause ne puisse estre vuidée sur le champ, elle dit qu'on en deliberera au conseil, qui est l'entiere forme que ladicte Cour garde esdictes prononciations.

De la forme des adiournemens. art. 9.

Que suiuant nos anciennes ordonnances, tous adiournemens seront faicts à personne, ou à domicile, en presence de records & tesmoins, qui seront inscrits au rapport & exploict de l'Huyssier ou Sergent, sur peine de dix liures parisis d'amende, cōtre ceux qui seront trouuez en faute.

---

1 *Sergens sont naturellement peruers & malicieux.*
2 *Forme de faire adiournemens.*
3 *L'adiournement est nul s'il n'est confirmé de deux tesmoins.*
4 *Adiournemens en matiere beneficiale se doiuent faire au domicile.*
5 *Reigle sur la constitution des domiciles.*
6 *Adiournement quand a effect d'interrompre la prescription.*

L'ADIOVRNEMENT ou citation qui prepare l'entrée du proces & instance, doit estre faict deuëment & auec ses solennitez, autrement plusieurs de ceux qui sont appellez & adiournez, seroient circonuenus: parce qu'estans par le dol & surprinse des ser-

gens de leur nature peruers & malicieux, in- 1
certains du iour & du temps, auquel ils deuroient comparoir en iugement, ils tombe-
roient en defaut & inconuenient. Quant à
la forme, elle est prescripte en ceste sorte, que
le Sergent doit appeller deux tesmoings, qui 2
attestent la verité de l'adiournement, & ainsi
est-il porté par nos ordonnances: autrement
l'adiournement n'est valable, & d'iceluy ne
peut sortir, & estre produict vn vray effect de
contumace. Le mesme a esté ordõné par plusieurs arrests aux citations qui se font deuant
les iuges Ecclesiastiques, voire qu'elles sont
nulles si elles ne sont confirmées par le tesmoignage de deux tesmoins. Et pour ceste 3
cause, s'il'on a declaré quelque cõtumace sur
telle maniere de citations, il est loisible d'en
appeller comme abusiue & comme chose du
tout faicte & prononcee contre l'intention
des arrests & des ordonnances. Mais il suffit
de faire l'adiournement au domicile de celuy
que nous voulons faire appeller, en laissant
coppie de l'adiournement & exploict: Et ainsi
le fault mesmes obseruer aux adiournemens 4
qui se font és matieres beneficiales: de sorte
qu'encores qu'il s'agist de la possession, toutesfois l'adiournement faict au lieu du benefice contentieux ne seroit valable, ains est
requis & necessaire qu'il soit faict au domicile de celuy, auec lequel on agist, & ainsi a e-
sté decidé par plusieurs arrests. Et faut enten-

dre, que pour le defaut & contumace de celuy qui est appellé en iugement, comme aux
autres causes, il faut afficher la copie de l'adiournement & exploicts à la porte de sa maison, comme dit la loy ciuile. Nous pourrions
en cest endroict nous arrester plus longuement, & diffusément traicter l'interpretation
de ce mot (*domicile*) assauoir, que c'est que domicile, & en quel lieu quelqu'vn est dict &
entendu l'auoir constitué, enquoy toutes-fois
5 il suffira d'apporter ceste reigle, sçauoir est,
vn chacun estre veu auoir constitué son domicile au lieu, auquel il a constitué sa principale residence, & où il a accoustumé demourer auec sa famille, selon les reigles du droict
ciuil. Et ne faut obmettre qu'il est loisible à
vn chacun de constituer son domicile en plusieurs lieux, & l'adiournement faict en l'vn
d'iceux estre valable. Doncques quand quelqu'vn a demeuré en quelque lieu, ou en quelque ville par an & iour, lors de disposition de
droict il est veu y auoir constitué son domicile & auoir esté faict citoyen de la ville. Mais
afin que quelqu'vn n'estime l'effect de l'adiournement & citation de petite consequence, il fault entendre que s'il ne contenoit la
forme de la demande, c'est à dire, s'il n'estoit
libellé, il ne pourroit estre valable, non pas
seulement pour interrompre la prescription.
6 Au contraire si l'adiournement estoit libellé,
& qu'en iceluy fust enclose la forme de la de-

mande, lors il eſt certain qu'il ſeroit valable & ſuffiſant, meſmes auroit effect d'interrompre la preſcription de trente ans, d'autant que la preſcription tricenaire s'interrompt par le moyen de ceſte citation ou adiournement libellé, contenant en ſoy la forme de l'action & demande de celuy qui veut agir.

Idem en l'ar. 16. vide locum

ADDITION.

Ce que dict icy M. Bourdin de l'effect de l'adiournement libellé doit eſtre ſainement entendu, & à la charge qu'il ſoit ſur iceluy interuenu quelque acte iudiciaire, comme de defaut, appoinctement ou ſemblable: par ce que la ſeule preſentation faicte ſur ledict adiournement, ne pourroit perpetuer l'action ou interrompre & empeſcher le cours de la preſcription. * Semblablement ſi par la diſcontinuation de l'inſtance faite par trois ans, elle demeuroit perie, ſuyuant l'ordonnance de Roſſillon, fondee ſur la commune diſpoſition de droict, * auquel cas l'adiournement ne pourroit auoir aucun effect d'empeſcher le cours de ladicte preſcription. Quant à la peine de dix liures dont faict mention l'ordonnance, elle n'empeſche que d'abondant le ſergent ne deuſt, le cas aduenant, eſtre tenu aux dommages & intereſts de la partie qu'elle ſouffriroit pour la nullité de l'exploict. Car

** l. properandũ §. & ſi quidem. in verbo, inca- ſinte. C. de iudi. Bar in l. ſiſtinita. §. Iul. circa princ. D. de damno inſect. * in l. grecè D. de fideiuſſ.*

il est tenu du faict de sa charge s'il l'exerce mal, aussi bien que le Procureur qui laisse tomber en defaut sa partie est tenu des despens, dommages & interests, qui se trouueroient auoir esté faicts pour raison de ladicte faute, ainsi qu'il est expresséement porté par l'Ordonnance.

Touchant les recusations. art. 10.

Quand les recusations proposees ou baillées par escrit seront friuoles & non receuables, le Iuge recusé les pourra telles declarer & ordonner que nonobstant icelles il passera outre selon la forme de droict.

---

1 *Causes de recusation se doiuent proposer deuant la contestation de la cause.*
2 *Forme de proposer causes de recusation.*
3 *Il y a plusieurs especes de recusations.*
4 *Simples executeurs ne peuuent prononcer sur les causes de recusation.*
5 *Causes de recusation doiuent estre specifiques.*

IL y a plusieurs especes de recusations, & est pareillement la forme de les proposer diuerse & variable, tellement qu'elles ne se peuuent bonnement circonscrire & limiter par vne reigle certaine & definie. Toutesfois il suffira d'aduertir le Lecteur, que toutes causes de recusation selon l'intention des loix, & de nostre vsage, doiuent estre

proposees deuant la defense & contestation 1
de la cause, autrement elles ne sont reçeuables ne admissibles. Mais il faut exçepter de ceste reigle deux cas : l'vn quand le moyen de recusation est suruenu apres la cause contestée: l'autre quand lors de la recusation il a esté seulement cogneu à la partie recusante, auquel cas il faut demourer à la religion de son serment. Car il est besoing confirmer par serment que telles causes de recusation ne sont venuës à la cognoissance, qu'apres la cause cõ-
testée. Au reste les causes de recusation se pro- 2
posent verbalement deuant le Iuge, ou par escript : & lors elles luy sont presentées par la partie soubsignées de sa main. Il y a doncques plusieurs especes de recusations, comme si
le Iuge recusé estoit allié ou consanguin de 3
l'vne des parties litigantes, s'il estoit ennemy de celuy qui le recuse, & autres causes, qui sont notoires à vn chacun, principalement si le Iuge poursuyuoit mesme cause en son nom que celle qu'il doit iuger entre les parties, qui est vne cause receuë par le droict & des plus abstruses. Or quand l'on propose ces causes de recusation, c'est lors de l'office du Iuge, s'il ne les treuue legitimes, de les declarer inadmissibles & non receuables, & cognoistre de la cause comme Iuge legitime & entier. Toutes-fois ce que dessus se doit entendre des Iuges qui ont iurisdiction contentieuse, & non pas de ceux

qui sont nuds executeurs, ou simples examinateurs qu'on appelle *Enquesteurs*: car n'avans point de iurisdiction contentieuse, & estans
4 comme dit est, simples executeurs, si l'on propose contre eux des causes de recusation, ils ne peuuent prononcer de la verité ou ciuilité d'icelles, ains doiuent le tout remettre au Iuge superieur, afin de prononcer sur icelles, & ainsi a esté iugé par arrest.

ADDITION.

Pour la matiere des recusations il faut encores noter, que toutes recusations doiuent estre particulierement & specifiquement baillées, autrement le Iuge ne seroit tenu les rece-
5 uoir: pour ce que, comme dict Cepola* l'on ne doit auoir aucun esgard aux recusations vagues & generales. Au demeurant, pource que la preuue de telles choses est grandement fauorable, la partie peut requerir que le Iuge soit interrogé sur icelles, * lequel ne peut refuser ledict interrogatoire, sauf si c'estoit pour faict qui touchast à son honneur. Car alors on ne le pourroit contraindre à subir ledict interrogatoire: * ce qui estoit digne d'estre remarqué en ce lieu.

v. cautela 250.

** gl. in c. i. in verbo. siue confes. de Except.*

** Accur in l. cum apertissimo, C. de iudic.*

De passer outre nonobstant l'appel de sentence donnée sur causes de recusation, pourueu, &c. art. 11.

Et s'il y en a appel, sera nonobstăt iceluy passé outre non pas par le Iuge recusé, mais par celuy qui a accoustumé tenir le siege en son absence, soit Lieutenant particulier, ou le plus ancien Aduocat, tellement que pour la proposition de ladicte recusation & appellation sur ce interiectée, la poursuyte & procedure ne soyent aucunement retardées ou delayees.

---

1 *Qui doit cognoistre de la cause principale lors qu'il y a appel, sur les causes de recusation.*

2 *Aduocat & Procureur du Roy ne peuuent tenir l'audience encores qu'ils soyent plus anciens.*

TV voy doncques par cest article, comment les causes de recusation doyuent estre proposees, & si elles ne sont trouuées legitimes, comment le Iuge doit pouruoir à la decision de la contention, & controuerse des parties, qui bien souuent prend accroissement & longueur par le dol & circonuention des parties litigantes, soubs pretexte de telles friuoles & futiles recusations. Si doncques le Iuge declare les causes de recusations illegitimes, & non admissibles, & qu'il soit appellé de ceste sentence, lors le Iuge plus prochain en degré, comme le Lieutenant particulier, ou plus ancien Aduocat non suspect, pourra cognoistre de la cause. 1

ADDITION.

Par cest article de l'ordonnance, est abolie l'ancienne forme de nommer arbitres sur la preuue & instance des causes de recusation, introduictes par la disposition du droict canon, qui vouloit que la cause demeurast en surseance pendant la cognoissance d'icelles & iusques à ce qu'il en fust decidé: * mais cela est pareillement abrogé, & n'est le cours de la cause aucunement retardé, estant par l'ordonnance subrogé au lieu & place du Iuge, qui est par le moyen desdictes recusations rẽdu suspect, le Lieutenant ou plus ancien Aduocat ou Practicien du siege, autre toutesfois que les Aduocat ou Procureur du Roy audict siege: car il ne leur est permis en aucune cause quelle qu'elle soit, de tenir le siege & audience, ainsi qu'a remarqué Imbert en ses Institutions forenses *libro primo cap.* 18. disant auoir esté ainsi iugé par arrest du treiziesme Mars, 1552.

* *glo. in c. quod suspecti. 2. c. 5. & in c. quoties episcopi. 2. q. 6. Bart. in l. qua poterat. D. ad Trebel.*

Amendes de fol appel interiecté par le recusant. art. 12.

Et s'il a esté sur ce friuolement appellé & la partie vueille acquiescer, si c'est hors iugement, sera condamné en quarante liures parisis d'amende, moytié à nous, & moytié à la partie: & la moitié plus, si c'est en iugement. Et s'il plaide & succombe en l'amende ordinaire, qui ne pourra estre moderee, & en la moytié d'icelle enuers la partie.

CEst article ne desire autre interpretation, car à fin d'empescher telle maniere de friuoles recusations, & retrancher la facilité de les proposer & de rendre les iugemens illusoires, l'ordonnance a constitué & ordonné de grandes peines à ceux qui les proposeroiét faulsement & contre verité.

ADDITION.

Il faut prendre cecy ciuilement, c'est à dire, au cas que la partie eust calomnieusemẽt proposé lesdictes recusations : car si c'estoit par faute de preuue parfaicte, causée de la crainte, malice ou faueur des tesmoings, ladicte amende pourroit estre non seulement moderée, mais aussi du tout remise : ainsi qu'il est porté par la declaration, & ampliation du Roy Charles 9. sur son Edict publié le 19. iour de Septembre, 1564.

Forme de proceder sur recusation admise. art. 13.

Et si lesdictes causes de recusation sont trouuees legitimes, sera baillé vn seul delay pour les prouuer & verifier, non pas par le Iuge recusé, mais par celuy qui doit tenir le siege en son lieu, comme dict est : lequel à faute de ladicte verification au dedans dudit delay, & apres iceluy escheu & passé & sans autre declaration ne forclusion, deboutera le proposant desdictes causes de recusation.

Amende de calomnieuse recusation. art. 14.

Et lequel proposant sera pour chacun faict de recusation calomnieusement proposé en nos cours souueraines condamné en xx. liures parisis d'amende, moytié enuers nous, & moytié enuers la partie, & de dix liures aussi par moytié comme dessus en nos iustices inferieures.

---

1 *Proposant causes de recusation non veritables, doit estre puny comme calomniateur.*

2 *Recusans doyuent nommer tesmoins dedans trois iours.*

PAr les articles precedens, a esté seulemẽt pourueu à la forme, par laquelle l'on pourroit preuenir la facilité, & temerité de ceux, qui font estat de proposer des recusatiõs impertinentes, & qui par les friuoles appellations, ou sous vn faux pretexte de recusation & autres voyes frauduleuses par trop ouuertes & patentes, retardoyẽt le iugement d'vne cause. Car celuy qui propose des causes de recusation fausses, & ineptes, & qui se defend d'vne temeraire appellation s'il ne tomboit en la peine de l'ordonnãce, ou qu'il ne se veist griefuemẽt mulcter, il chercheroit vne autre voye, en proposant des causes de recusation legitimes, qui toutesfois ne seroyent veritables, & ne pourroyent par luy estre verifiees pour ceste seule raison, d'auoir moyen par là de decliner la iurisdiction du Iuge faussemẽt recusé. A ceste occasion a esté besoin d'y pouruoir en la forme prescripte par les deux articles precedens, comme si l'on proposoit des causes de recusation legitimes, qui toutesfois ne fussent veritables, celuy qui les proposé doit estre puny comme vn pernicieux calomniatenr des peines prescriptes par ceste ordonnance; à fin de reprimer ceste audace & temerité de proposer des causes de recusation vaines & inciuiles. 1

ADDITION.

Auiourd'huy par edict du Roy Charles publié le 19 iour de Septembre 1564. article 12. les recusans doyuent nommer dans trois iours leurs tesmoins, par lesquels ils entendent prouuer & verifier leurs faicts de recusations, & par faute de ce peut estre passé outre par le Iuge recusé, & le recusant condamné en l'amende de soixante liures parisis: lequel au contraire nommant iceux tesmoins doit estre procedé suyuant le reglement de 2 ceste ordonnance en l'article suyuant : sauf à faire au Iuge recusé, s'il le requiert, telle reparation d'honneur, que la qualité du faict le requerra, si les causes de recusation sont iniurieuses : comme il est dict par le 13. article de l'edict du Roy Charles cy dessus mentionné.

De passer outre par le Iuge de la recusation admise nonobstant icelle art. 15.

Et voulons en outre que nonobstant ladicte recusation & delay baillé pour verifier, soit passé outre au principal pardeuant le Iuge non recusé, qui aura baillé ledict delay, & qui a accoustumé tenir ledict siege au lieu dudict recusé.

---

1 *Pendant la question des causes de recusation, le principal ne peut estre retardé.*

ENcores que de disposition de droict il soit autrement pourueu, & qu'il faille
1 premierement cognoistre & decider des causes de recusation par les arbitres, que de cognoistre ou decider du principal. Toutesfois afin de coupper chemin aux proces, il a esté statué par ceste ordonnance que pendant la question de recusation, le principal ne pourra estre retardé ; ains qu'il pourra prendre son traict, & par ainsi ne sera empesché le cours legitime de la cause.

ADDITION.

Cest article reçoit la mesme limitation que l'article treiziesme de la mesme ordonnance, où tu pourras auoir recours, & à ce que i'en ay dict en l'addition precedente.

Que tous adiournemens seront libellez. art. 16.

Que tous adiournemens pour faire & intenter nouueaux proces, seront libellez sommairement, & contiendront la demande & moyen d'iceluy en bref, pour en venir prest à defendre par le defendeur au iour de la premiere aßignation.

1 *Auparauant l'ordonnance les adiournemens estoiēt conceuz en termes generaux.*

2 *Adiournement libellé profite pour interrompre la prescription.*

3 *Prescription doit tousiours auoir bonne foy pour son fondement.*

4 *Trois choses necessaires au libellé.*

CEste reigle monstre manifestement l'intention de l'ordonnance auoir esté de restraindre le long circuit des proces, à vne plus briefue & precise maniere de proceder ; par ce que selon la forme ancienne & auparauant ceste ordonnance tous adiournemens estoyent conceuz en termes generaux,& paroles confuses:tellement que celuy qui estoit adiourné & appellé en iustice, estoit en tout incertain de ce qu'on luy pretendoit demander, & de la forme de l'action qu'on vouloit intenter à l'encontre de luy: de façon qu'il ne pouuoit comparoir au iour assigné à effect de defendre precisément, & par ce moyen estoit contrainct demander delay. A quoy l'ordonnance a voulu pouruoir pour resequer & abolir toutes ces dilations,& longueurs: d'autant qu'elle a voulu qu'en faisant l'adiournement, il en soit incontinent laissé coppie à la partie adiournee, qui contienne la demande, & forme de l'action: à fin qu'elle soit certaine pour quelle cause elle est appellee; & qu'au iour assigné elle ne puisse s'excuser de n'auoir comparu & proposé ses exceptions & defenses, sur ce

2 que l'adiournemēt n'auroit esté libellé: ioinct que l'adiournement libellé, profite aussi pour interrompre la prescription de trēte ou quarante ans: estant le defendeur ja certain par iceluy de l'action contre luy proposee, & cōmence à estre par ce moyen de mauuaise foy,

3 qui empesche du tout l'effect de la prescription, laquelle doit tousiours auoir pour son fondement la bonne foy. Au demeurant ceste reigle a seulement lieu aux negoces ciuiles

Idem en l'ar. 9. sup. vid. locum. & ordinaires, & non aux criminelles & extraordinaires, ausquelles l'ordre de proceder est autre:

est autre ; d'autant que toutes choses y sont proposées & decernées extraordinairement, comme il sera dict en son lieu.

ADDITION.

Libellez. Auant qu'on puisse dire vn adiournement libellé, trois choses sont necessairement requises, qui sont de la substance & nature du libelle ou demande: le nom du demãdeur & du defendeur, le nom du Iuge pardeuant lequel on est appellé, auec le lieu où l'on doit comparoir, & la chose contentieuse & qui est deduite en iugement. *Car autrement la partie defenderesse pourroit & deuroit estre excusee s'il ne comparoissoit pour estre en doubte du lieu, & pardeuant qui il se doit presenter : & quant à la chose contentieuse elle y doit estre contenuë, afin d'estre faict certain de ce qu'on luy demande, & qu'il se puisse preparer en ses exceptions & defenses, & en venir prest au iour de l'assignation, comme porte l'ordonnance.

** L. edita. & ibi notatur. C. de edendo.*

De defendre au iour de l'adiournement ou au plus dedans vn seul delay apres. art. 17.

Ce qu'il sera tenu de faire, sinon que pour grande & euidente cause luy fust baillé vn delay pour tous, pour venir defendre.

d

1 *Cognoissance des causes requises en la concession des delais.*

CEst article a esté prins, & tiré de l'equité du droict commun, parce qu'en la concession des delais est requise grande cognoissance de cause, & que cela depend entieremẽt du vray & equitable office du Iuge, lequel s'il cognoist y auoir quelque iuste cause & occasion, peut pouruoir d'vn delay à la partie ce requerant pour proposer ses exceptions & defenses.

ADDITION.

Pour grande, & euidente cause. Ce mot d'euidente cause, semble entierement requerir vne parfaicte preuue de la cause alleguée, tellement que selon les termes de ceste ordonnance deux choses y sont requises, la grandeur de la cause, & l'euidence d'icelle. Ce que ie ne voudrois prendre si estroictement, mais le laisser à la discretion du Iuge, qui pourra sur vn empeschement probable donner vn delay & admettre la preuue d'iceluy par le serment de celuy qui requiert ledict delay, ainsi que nous auons dict cy dessus.

Vn seul delay de garand & tous autres auant contestation abolis. art. 18.

Et defendons tous autres delais accoustumez d'estre prins auparauant la contestation, soit d'aduis, absence, attente de conseil, ou autres, fors seulement le delay d'amener garand, si la matiere est disposee: auquel cas aura vn seul delay pour amener ledict garand, qui sera adiourné à ceste fin par adiournement libellé cõme dessus.

---

1 *Quand la sentence donnée contre la principale partie ne peut faire preiudice au garand.*
2 *Deux sortes de garands.*
3 *Garand formel a lieu és actions reelles & aux actions hypothecaires, si vn tiers poursuit l'hypotecque.*
Garands simples en quel cas ont lieu, au mesme.
4 *Garand formel pourquoy est ainsi appellé.*
5 *Garands ne peuuent decliner le premier Iuge.*
Garand formel est tenu prendre la cause & la soustenir en son nom, au mesme
6 *L'on peut faire appeller son garand en quelque estat que soit la cause.*
7 *Garands simples comme doyuent estre appellez.*

8 *Garands simples peuuent demander renuoy.*
9 *Forme d'appeller garands & conclure contre iceux.*
10 *Veue se doit faire deuant que defendre.*

POur coarcter, & restraindre ce grand & spatieux circuit des proces, il falloit aussi retrancher vne infinité de dilations, par lesquelles les proces estoyent tirez en longueur: & delaisser seulement celles qui estoyent necessaires à la forme & substance de l'instru-
1 ction, comme pour amener garand. Car ceste dilation est iuste & necessaire, ayant esgard que s'il s'ensuiuoit sentence contre celuy qui auroit demandé delay de garand iceluy non appellé, il seroit certain que tel iugement ne pourroit faire preiudice au garand. Mais à fin que cecy soit plus exactement entendu, il
2 faut sçauoir qu'il y a deux sortes & manieres de garands. L'vne de ceux que nous appellons garands formels, l'autre des garands simples.
3 Les garands formels ont lieu aux actiõs reelles: comme si on m'a vendu vn heritage, & que Seius le veiille vendiquer & m'en euincer, lors il est loisible de demander garãd formel: semblablement aux actions hypothecaires, si vn tiers poursuit l'hypothecque, car aussi lors garand formel a lieu: & faut entendre l'action reelle au respect du demandeur originaire qui l'intente, & non pas au respect de celuy qui veut appeller son garand. Car quãd vn fonds m'a esté vendu i'ay mon ven-

deur obligé personnellement par le contract: mais si vn tiers me veut euincer ou poursuiure vn droict hypothecaire, il faut que necessairement il agisse par action reelle, & en ceste espece est loisible d'appeller garand formel: quant aux garands simples, ils ont lieu aux actions personnelles. Doncques en premier
lieu ce genre de garands qui sont appellez 4
formels ont esté ainsi nommez, parce qu'ils sont appellez à la charge non seulement d'assister au proces, mais bien pour prendre nostre cause & defense & entrer en nostre place. Et pour ceste occasion ils sont contraincts 5
proceder pardeuant le Iuge ordinaire de celuy qui les a appellez, encores qu'ils eussent special priuilege comme entrans en sa place & soustenans sa personne, & ainsi a esté iugé par arrest. Toutes-fois il fault entendre que tels garands ainsi appellez, sont seulement contraincts prendre la cause & defense de ceux qui les sot appeller, pourueu que ce soit deuant la contestation de la cause. Car estans tels garands ainsi appellez, ils sont veritablement tenus prendre la cause, & la soustenir en leur nom. Et la raison est euidente, par ce qu'encores que le garand apres la cause contestée puisse assister à la cause, toutesfois il ne la peut prendre pour vn autre, encores qu'il le puisse faire deuant la contestation de la cause. Neantmoins faut entendre qu'en
quelque estat de la cause que ce soit, il est loi- 6

sible de faire cõuenir, & appeller son garand, lequel estant appellé sera seulement excusé des despens faicts auparauant qu'il eust esté appellé, & quant aux autres, il doit estre tenu de les faire & prester, s'il est contumax. Autre
7 chose est en ceux que nous appellons vulgairement garands simples: car ceux-là peuuent seulemẽt estre appellez, & admenez ès actiõs personnelles deuant & apres la contestation de la cause, voire en cause d'appels & en quelque estat que soit le proces pour apporter & fournir de ses exceptions & defenses, & pour voir & entendre l'issuë & euenement de la cause, afin que le iugement ne puisse estre dict auoir esté donné eux non ouys, & non pas pour entrer au lieu & place du defendeur originaire. Lesquels garands simples ainsi appellez selon l'opinion d'aucuns peuuent demander le renuoy de la cause pardeuant le Iuge, s'ils denient estre autheurs de
8 ceux qui les ont faicts appeller, ou qu'ils dient n'en estre tenus comme garands. Et ainsi a esté iugé par quelques arrests. Autre chose est de celuy que nous appellons garand formel. Quant à la forme d'appeller garand, elle est telle que contre les garands formels, il faut
9 aussi intenter nostre action, & comme l'on dict, requeste formelle, c'est à sçauoir en ceste forme, qu'ils ayẽt à prẽdre nostre cause & defẽse, entrer en nostre place, & nous mettre hors de proces, & par faute de ce faire, & pour leur

dol & contumace qu'ils soient condamnez enuers nous en tous nos despens, dommages & interests. Et pour le regard de garands simples, qu'ils ayent à nous garantir & defendre, & consequemment à nous subministrer d'exceptions & defenses necessaires à ceste fin; & au deffaut de ce qu'ils soyent pareillement condamnez en tous nos despens, dommages & interests.

ADDITION.

Combien que cest article soit generalement conceu, pour abolir, & abroger tous delais accoustumez d'estre donnez auant cõtestation en cause : toutesfois il est vray-semblable par la raison mesme de l'Odonnance, que soubs ceste forme generale de parler, elle aye entendu comprendre le delay de veuë: car puis qu'il faut cognoistre, sçauoir & estre asseuré de la chose qu'on nous demande, & pour raison de laquelle on nous poursuyt, on nous en doit faire veuë, auant qu'entrer en cõtestation. Ce qui a esté aussi receu par cõmun 10
vsage & stil de ce Royaume: comme dit Imbert en ses Institutions forenses, lib. 1. cap. 19. Au demeurant sur ce que dict M. Bourdin, que le garand est tenu suiure le iuge du garanty, se peut mouuoir vne question nota-

ble, ſçauoir eſt, ſi l'on agiſſoit contre le locataire & qu'il appellaſt à garand ſon locateur, s'il peut decliner & demander le renuoy pardeuant ſon Iuge? Il ſemble de prime face quo non, toutesfois la verité eſt qu'il le peult: Car ce n'eſt vne vraye forme de garantie, ains la propre cauſe du locateur, cõme l'a dict Ramberge en ce lieu. Pour conclure la matiere de cet article, nous pourrons encores demander à ſçauoir ſi le defendeur deuroit point auoir encore vn delay, pour r'appeller ſon garand qui a fait default. Surquoy y a reſponſe que non, tant par les termes de l'ordonnance qui n'en donne qu'vn ſeul, que par la diſpoſition de droict, *ex quo alia via ſibi poteſt eſſe conſultum*, par le moyen de l'action qu'il a contre ſon vendeur.

N'aura le garand aucun delay ſinon vn ſeul pour amener vn autre garand s'il l'a.

art. 19.

*Et ſi ledit garand compare, & vent prendre la garantie, il ſera tenu de ce faire au iour de la premiere aßignation & conteſter, ſinon * qu'il vouſiſt amener autre garand pourquoy luy ſeroit pourueu d'vn autre ſeul delay, & de commißion libellée comme deſſus.*

CEſt article ne merite autre interpretation. Car il eſt equitab le qu'vn eſtãt appellé à garand, en puiſſe pareillement appeller vn autre. Mais afin que la chose ne soit tiree à infinité, on doit seulement donner vn delay. Et partant le dernier garand pourra prendre la cause & entrer en la place de celuy qui l'a faict appeller.

ADDITION.

* SINON. Ce mot (sinon) pour la relation qu'il peut auoir aux mots precedens, sçauoir est (prendre la garātie, & contester) rend l'article obscur: par ce qu'il sēble que la loy veult permettre au garand, de ne prendre la garantie sur le champ, au cas qu'il voulust faire vne contre-sommation, ce qui est contre la raison du droict & de l'ordonnance: attendu que comme dict Io. Gall. en sa question le 160. garād ne doit estre ouy, qu'il n'ayt prins la cause & defense du garanty. Parquoy fault referer ce mot tant seulement au plus proche, qui est contester, & non à l'autre precedent.

De l'execution des iugemens qui seront donnez contre les garands. art. 20.

Que les sentences & iugemens donnez contre les garands, seront executoires cōtre les garantis, tout ainsi que contre les condamnez, sauf des despens, dommages & interests, dont la liquidation & execution se fera contre le garand seulement.

1 *Sentences sont executoires tant contre le garand, que le garanty.*

2 *Le garand est tenu és dommages & interests du garanty.*

3 *Le garanty quand est tenu des despens, dommages & interests.*

CESTE reigle a esté constituee par vne tres-juste occasion : car comme ceste question fust grandement agitee en droict par les diuerses responses des Iurisconsultes:
1 à sçauoir si la condãnation estoit executoire aussi bien contre l'echepteur, que contre le vẽdeur, & si l'execution s'en deuoit faire seulement sur les biens de l'acheteur. Plusieurs estimoient que l'executiõ se deuoit faire sur les biens du vendeur, & qu'ils deuoient estre saisis, & non ceux de l'achepteur. Toutesfois en exceptoient de ceste reigle les fruicts & expenses, si le garand appellé n'estoit soluable. Et d'autant que par les raisons de droict plusieurs fraudes estoient entretenuës & construictes, par ce que le plus souuẽt l'achepteur estant appellé en iustice, pour eluder le iugement faisoit appeller vn garand pauure & insoluable, lequel par sa pauureté eludoit le iugement donné contre luy & l'achepteur : à ceste occasion pour obuier à toutes ces fraudes, il a esté ordonné par cest article que les sentences & iugemens donnez contre les ga-

rands seront executoires contre les garantis,
sauf des despens, dommages & interests, dont
la liquidation & execution se fera seulement 2
contre le garand : Faut aussi aduertir que l'a-
chepteur ou autre ayant faict appeller son garand, doit obtenir semblable condamnation
contre luy, tellement qu'il est tenu & ad-
strainct au remboursement de tous les despẽs,
dommages & interests par luy soufferts &
soustenus par les mesmes coërtions qu'il auroit esté contrainct.

ADDITION.

Il est bien raisonnable que l'execution
soit faicte contre celuy qui tiẽt la chose contentieuse, comme est le garanty, & qui comme on dict en termes de droict, *est in rem suam
procurator aduersus quem solet regulariter iudicium
exequi.* * Mais on a faict doute si lõ ne pourroit faire pareillement poursuyte de despens,
dommages & interests, principalement quand
le defendeur perçoit les fruicts de la chose.
On a faict quelque distinction là dessus, disant 3
qu'il y doit estre tenu, discussion preallablement faicte du garand. Mais de ma part i'estimerois le contraire, sinon que le demandeur
preuoyant l'insoluabilité & pauureté du garand, eust protesté contre le garanty & ice-

* *auth. quam in prouincia. §. eo autem absente C. ubi de cri. agi oportet.*

luy faict conuenir pour assister à la taxe desdits despens : auquel cas il pourroit, apres auoir discuté le garand, agir & diriger ses actions pour raison desdicts frais contre le garanty.

Deux defauts contre le garand & profit d'iceux. art. 21.

Qu'en vertu de deux defauts biē & deuement obtenus contre le garand, sera donnee sentence ou arrest apres la verification deuement faicte par le demandeur en matiere de recours de garantie du contenu sa en demande.

---

1 *Il suffit d'obtenir deux defauts contre le garand.*
2 *L'euincé prouuant la collusion du demandeur & garand doit estre restitué.*
3 *L'euincé ne doit laisser de defendre pour la contumace du garand.*

PARCE que celuy qui est appellé comme garand, doit incontinent recognoistre bonne foy, à ceste cause sa cōtumace ou mau-
1 uaise foy, s'il y en auoit, a deu estre reprimee, restraincte & coarctée par vne briefue expedition : comme par deux defaults, ayant le demandeur en garantage, preallablement verifié sa demande, tant par tiltres que tesmoins, d'autant que ceste question se peut facilement

& par vn traict fort brief decider & vuider, à sçauoir si le garãd est tenu de prendre la cause & defense de celuy, à la requeste duquel il est appellé, ou non : au moyen dequoy il n'a esté besoin, y desirer de plus longs defaults.]

ADDITION.

La difficulté qui a peu donner lieu à cest article, est que la sentence donnée contre le garand est executoire contre le garanty, à raison dequoy il semble qu'on y doiue plus meurement proceder, par ce que *eo modo, res inter alios acta* semble porter preiudice au tiers contre la reigle commune. Toutesfois ayant esgard à l'indemnité qu'a le garanty de ses dommages & interests, ceste raison ne peut auoir grand' apparẽce, sinon que *soluendo non esset is, qui de euictione tenetur* : auquel cas il y pourroit auoir plus de difficulté. Au reste si la collusion d'entre le demandeur & le garand estoit 2
plainemẽt descouuerte, il y auroit grand' raison que le defendeur & euincé, fust receu à venir par voye de restitution *ex clausula generali.*
Au demeurant quand le garand est de- 3
faillant, l'euincé ne doit pour cela delaisser de bailler les defenses qu'il verra estre pertinentes : autrement il ne seroit receu à poursuyure son vendeur pour l'euiction, d'autant qu'on presumeroit plustost que le iugement fust interuenu pour raison de la contumace du garand, que par faute de bon droict.*

** l. 1. in fi. C. de peric. & commo. rei vend. & ibi plenè Bal.*

De laisser copie des commissions & adiournemens. art. 22.

Que de toutes commissions & adiournemens seront tenus les Sergens laisser la copie auec l'exploict aux adiournez, ou à leurs gens & seruiteurs, ou les attacher à la porte de leurs domiciles, encores qu'ils ne fussent point demandez, & en faire mention par l'exploict, & ce aux despens des demandeurs & poursuiuans, & sauf à les recouurer en fin de cause.

CEste reigle a en soy vne grande equité, car comme il eust esté ordonné par les premiers articles de ceste ordonnance, que la citation ou adiournement deuoit comprendre la forme & substance de l'action que l'on vouloit intenter, afin que le defendeur peust venir prest & comparoir au iour de l'assignation, il est certes equitable, que le Sergent laisse copie de son exploit à la maison, ou pour le moins qu'il l'attache à la porte d'icelle, aux despens du demandeur: afin que le defendeur auquel appartient la charge de defendre au iour prescript & assigné, estant incertain de ce qu'on luy demande, ne demeure sans responce, & ne puisse tomber en default. Cela doncques est conuenable & decent, d'auoir constitué & ordonné, que tousiours l'on doit bailler & delaisser copie de l'adiournement, à celuy qui est adiourné & appellé en iustice.

ADDITION.

Cecy estoit long temps auparauant introduit par la disposition du droict canon, comme il est porté par le texte *in can. indicio 3. q. 3.* qui astrainct le demandeur de bailler copie de son exploict à sa partie aduerse, & de la clemẽtine *causam* auec sa glose *in verbo porrecto*, qui faict expresse mention de bailler le double de la cõmission. Ce qui est introduit afin que le demandeur puisse venir prest & aduiser tant sur l'exploict que sur la commission, en quoy il les veut debatre, sans esperance d'auoir sur ce aucun delay, cõme il est porté par les precedens articles de la mesme ordonnance. Mais il ne faut (comme semble l'induire cest article) pour cela estimer, que l'adiournement auquel on auroit obmis de bailler copie, fust nul pour cela: car il ne laisse d'estre bon, selon l'opinion d'Imbert, qui le tient ainsi formellement au premier chapitre du Liure premier de ses Institutions forenses, sur la fin de la glose: & comme aussi il semble qu'il se peut recueillir des propres termes de l'ordonnance, en ces mots (seront tenus les Sergens.) Mais le sergent exploictant seroit punissable pour la faute commise en son estat contre l'ordonnance. Et en ce cas me semble qu'on pourroit bien suyuant l'ancienne forme donner au defendeur vn delay de defendre : autrement il en aduiendroit vne absurdité manifeste. Car la faute du Sergent seroit nuisible & preiudiciable à la pauure partie, qui le plus souuent ne sçait que c'est d'adiournement, ne à quel propos il est tiré en iugement.

Que les parties eliront domicile dés la premiere assignation. art. 23.

Nous ordonnons que tous plaidans & litigans seront tenus au iour de la premiere cōparition en personne, ou par Procureur suffisamment fondé, declarer ou elire domicile au lieu où les proces seront pendans : autrement, & à faute de ce auoir deuement fait, ne seront receuables : & seront deboutez de leurs demandes, defenses ou oppositions respectiuement.

---

1 *Election de domicile pourquoy requise.*
2 *Contumace d'elire domicile qu'emporte.*
3 *Dispute des Docteurs sur l'election du domicile.*

CEST article ne requiert plus longue interpretation, car il est equitable d'elire domicile, afin que les proces soient plustost finis & terminez, & que s'il est besoin de faire
1 quelque nouueau adiournement, le lieu soit plus prompt, auquel l'vn & l'autre des parties litigan-

litigantes, puisse faire poser & executer son adiournement. Toutesfois nous ne voulons si estroictement interpreter cela, que si l'vne des parties n'a eleu domicile, il soit pour cela incontinent priué de son action ou exception: mais bien au cas, que l'vn des litigans seroit contumax en l'election du domicile. 2
Au reste, encores que le domicile ait esté eleu, toutesfois s'il suruiẽt quelques causes & raisons de nouueau, ausquelles soit requis l'office, la presence, ou la science de l'vne des parties, sera donné tel delay, ayant esgard à la qualité des personnes & distance des lieux, qu'il seroit donné à celuy qu'on auroit fait adiourner & appeller en iustice, s'il n'y auoit eu election de domicile. Comme quand il est question d'examiner, ou reprouuer & reprocher tesmoins de nouueau, respondre à faicts nouueaux, ou produire & cõtredire quelques tiltres & productions nouuelles: car lors la presence & science de la partie y est requise.

ADDITION.

La dispute a esté anciennement fort grande entre Ie. de Imola, *Innocent, *& Balde, 3
si les parties pouuoyent estre contrainctes d'esire domicile ou non? Imola estimoit ceste partie plus saine & fauorable pour l'abreuiation des proces. Les autres au con-

**l. peremptorias C. sent. rescindi non posse.*

**Innoc. in c. pastoralis.*

extra de causa poss. & proprie.

traire soustenoyent qu'il n'estoit raisonnable: disant qu'on auoit moyen de pouruoir à l'abreuiation des proces, leur faisant par vn mesme adiournement donner assignation, pour comparoir en tous actes concernans la cause, & aux iours & heures iuridiques. Toutesfois l'ordonnance a suiuy la premiere opinion, comme plus saine, de laquelle se peut encore tirer vn doubte: à sçauoir si elle doit estre precisément entenduë du lieu où est le siege ou de son ressort. Imbert a traicté ceste question au second liure de ses Institutions forenses: en la decision de laquelle il vse de ceste distinction: que si la partie qu'on veut contraindre d'elire domicile, demeure pres du lieu, où la Iustice en laquelle il est appellé, est exercée, cõme à trois ou quatre lieuës de delà, il ne doit estre contrainct d'elire domicile au lieu où il est conuenu. Mais s'il estoit demeurãt loing de là, il le deuroit estre. Laquelle distinction semble fort conuenable aux termes de l'ordonnance.

De deux defaults en tout où l'on souloit vser de quatre. art. 24.

Qu'en toutes matieres ciuiles & criminelles où l'on auoit accoustumé vser de quatre defaults, suffira d'y en auoir deux bien & deuement obtenus par adiournement faict à personne ou à domicile; sauf que les iuges ex officio *en pourront ordonner vn troisiesme, si lesdicts adiournemens n'ont esté faicts à personne, & ils voyent que la matiere y fust disposee.*

---

1 *Contumace est punie par la decheance de la cause.*
2 *Deux defaults sont suffisans, au lieu de quatre.*
3 *Tiers default doit estre quelquefois ordonné.*
4 *Contumaces sont de trois sortes.*
5 *La contumace ne se peut acquerir deuant vn iuge incompetant.*
6 *Contumace quand est excusable.*

IL est bien certain que ceste ordonnance n'a esté promulguée à autre intētion sinon afin que les proces immenses & infinis fussent terminez par vne plus briefue circonscription de temps. Or cōme les iugemēs ne doyuent seulemēt estre dōnez contre les presens, mais aussi contre les defaillans, & contumax: & que de disposition de droit, la contumace est punie & reprimée par la decheance de la cause, il estoit necessaire prescrire vne reigle certaine, non seulement aux negoces ciuiles & ordinaires, mais aussi aux extraordinaires, par laquelle il seroit loisible instruire le proces dans vn brief temps. Doncques en toutes causes ciuiles ou criminelles ausquel- 2

les par l'ancien styl & ordre iudiciaire, estoyét requis quatre defaults, suffira d'en obtenir deux tant seulement, pourueu qu'il y ait adiournement precedent fait deuement & legitimemẽt à personne, ou domicile en presence de tesmoins. Et partant ces quatre defaults ont esté restrainćts à deux: toutesfois parce
3 qu'en l'ordre iudiciaire, plusieurs choses sont laissees à l'arbitrage du Iuge & qu'en l'octroy & concession des delaiz & de telle maniere de defaults, l'equité d'iceluy a beaucoup de lieu, les choses ne se doyuent traicter si rigoureusement: parce que quelquefois il peut prononcer & ordonner, meu de quelque equité, vn tiers default; afin que plus seurement les choses puissent estre traictees, comme a estimé la Loy ciuile, & de ceste equité vse pareillement la Cour.

ADDITION.

4 Les contumaces sont de trois manieres en droict, l'vne vraye, l'autre notoire, & la troisiesme feincte ou presumee. * La premiere & vraye contumace est, quand l'adiourné declare de bouche qu'il ne comparoistra pas. La seconde quand l'adiournement est faict à sa personne, sans qu'il face aucune response: & en ces deux cas il n'est besoing obtenir que deux defaults; car ils sont equiparez par

** gl. in cl. 1. de dolo & contum.*

l'ordonnance. La troisiesme est, quand l'adiournement est faict au domicile tant seulement, & en ce cas pource que la contumace ne semble si grande, il est permis au Iuge d'ordonner que le defaillant sera readiourné. Au demeurant, pource que l'Ordonnance parle des defaults deuëmēt obtenus, il faut sçauoir quand on les peut dire tels. Car il y a plusieurs cas esquels l'adiournement est inualide, & consequemmēt le defaut ne peut subsister par la commune reigle de droict, qui veut que d'vn acte nul ne se puisse ensuyure aucun effect. * De là vient qu'en termes de droict l'on dict, qu'on ne peut bien & deuëment contumacer sa partie, pardeuant vn Iuge notoirement incompetant, estant l'adiournement nul de droit, ainsi que l'enseigne Bartole, & les Docteurs, *in l. 2. D. si quis in ius. voc. non ierit. & not. in l. D. de iurisdi. omnium iud.* Cela pourroit auoir pareillement lieu, s'il suruenoit vn iuste ou necessaire empeschement, qui l'empeschast de comparoir : tellement qu'en ces cas s'ils estoyent leuez, ils deuroient estre mis au neant, sans que le defaillant deust à raison d'iceux aucuns despens : comme l'a fort bien remarqué *Mattheus ab afflict.* en ses Decisiōs de Naples, * où il discourt fort amplement des empeschemens legitimes qui rendent les defaillans excusables. Il faut donc dire, que les defaults sont reputez bien obtenus quand la partie adiournee pardeuant son

** c. gratum. de of. deleg. Bal. in c. in nemine 3. not. de testi.*

5

6

** Decisione 289.*

Iuge, en lieu & par delaiz competens, (car la precipitation pourroit induire vne excuse) n'a tenu cōpte de comparoir & venir en Iustice, pour retarder & s'opposer à la poursuite du demandeur: auquel cas l'ordonnance doit auoir lieu & non autrement.

Des defaults en matiere criminelle, & du profit d'iceux. art. 25.

Qu'és matieres criminelles par vertu du premier default donné sur adiournement personnel, sera decerné prinse de corps: & s'il y a deux defaults, sera dict qu'à faute de pouuoir apprehender le defaillant, il sera adiourné à trois briefs iours, auec annotation & saisie de ses biens, iusques à ce qu'il ait obey.

---

1 *Contumax en matiere criminelle doit estre prins au corps.*
2 *Item appellé à trois briefs iours s'il est encores defaillant.*
3 *Forme de l'adiournement à trois briefs iours.*
6 *Contumace rigoureusement punie par les loix.*

EN cest endroit faut attendre & considerer l'ordre iudiciaire des iugemens & negoces extraordinaires. Quand doncques l'accusé est adiourné ou appellé en Iustice, s'il se rend contumax & defaillant il doit estre
1 prins au corps, non à raison du delict, mais à

cause de sa contumace : car il n'appartient à celuy qui est appellé en Iustice de contemner ceste sacro-saincte authorité du Iuge: mais de comparoir & ester en iugement. Et s'il faict encores default estant r'appellé, lors il doit estre appellé à trois briefs iours & ses biens saisis & annotez, lesquels seront adiugez & 2
confisquez selon la grauité & atrocité du delict, apres que les tesmoins auront esté recolez, ou pour le moins sera adiugee & irrogee quelque amende pecuniaire à la prendre sur les biens saisis.

ADDITION.

La forme de l'adiournement à trois briefs iours est, qu'il faut que le Sergent auec deux records se transporte en la maison du delin- 3
quant, & en vertu de sa prinse de corps face deuoir de le saisir, & à faute de le trouuer le doit adiourner à comparoir en personne à trois briefs iours, parlant au plus apparant de la maisō s'il le trouue: ou à quelque autre domestique ou proche voisin, ne trouuant personne, & attacher le double à la porte. Et faut qu'il prenne garde de bailler vn delay suffisant pour le luy pouuoir faire sçauoir. Quant à l'annotation des biēs dōt parle l'ordonnance, & que c'est, il faut entendre, que les loix ont tousiours fort rigoureusement poursuiuy les defaillans tant ciuils que cri- 4

minels, c'est à sçauoir les ciuils, *per missionem in possessionem bonorum, ut tandem tædio affecti cõparerent:* * leur estant permis de recouurer leur possession dedans l'an, en refundant les despens contumaciaux: & les criminels par saisie & annotation de leurs biens,* lesquels leur estoyent pareillement rẽdus & restituez, s'ils venoyent dans l'an apres la saisie faicte: & est ceste saisie appellée annotation, qui est auiourd'huy practiquée *in odium deficientis accusati.* Combien que la mission *in possessionem bonorum in iudicium vocati* soit de present abrogee, & autres moyens introduicts pour plus briefuemẽt auoir raison & iustice de ce qu'on poursuit, comme il est cy dessus, & encores aux articles suyuans fort amplement deduict par M. Bourdin, où le Lecteur pourra auoir recours.

l. 2. & 3. c. de requ. reis l. fi. D. eodem l. si quis C. de bo. prescrit.

L. 2. C. si pend. appe.

Le ny que l'on souloit permettre aux defaillans aboly. art. 26.

En toutes actions ciuiles où y aura deux defaults, sera par vertu du second le defendeur debouté de ses defenses & par mesme moyen permis au demandeur de verifier sa demande: & apres l'enqueste faicte, sera la partie adiournee pour voir produire lettres & tiltre, & bailler contredits, si bon luy semble, & prẽdre appoinctement en droict, sans ce qu'il soit necessaire ordonner que le defaillant soit adiourné pour bailler son ny.

1 *Contumace geminee qu'emporte en matiere ciuile.*
2 *Lettres du demandeur doiuent estre communiquees au defendeur.*

APRES auoir prescript vn ordre certain aux negoces & iugemens extraordinaires, il a esté necessaire de pouruoir aussi aux choses ciuiles & qui sont conduictes & dressees par raison ciuile & ordinaire. Donc és causes ciuiles, si la contumace du defendeur se
trouue double & geminee, lors il sera exclus 1
& descheu de ses exceptions, & permis au demandeur de verifier son intention & demande. Toutesfois afin qu'on ne pense les proces estre reglez & conduicts temerairement & sans aucune raison, il faut que les instrumens & productions sur lesquels le demandeur fonde sa demande, soient communiquez au defendeur, à fin qu'il les puisse impugner &
contredire & repousser le demandeur de son 2
intention par faute de preuue : d'autant qu'il est trescertain, que n'ayant vn demandeur verifié son intention, le defendeur encores qu'il ne produise aucune chose doit neantmoins estre enuoyé absoult des fins & conclusions contre luy prinses.

ADDITION.

Es matieres ciuiles nous vsons communement en France de deux manieres de defaults, qui estoient toutes deux de mesme effect. Car bien que le defaillant fust contumax à faute de comparoir, ou par faute de defendre & fournir aux autres expeditions de iustice, il estoit entierement priué de cela dont il estoit forclos: mais il est autrement obserué en France, mesmement és cours souueraines, esquelles on est receu à bailler & fournir de ce dont on est forclos, iusques à ce que le proces soit sur le bureau. Aussi ne parle l'ordonnance de ceste maniere de defaults: mais seulemēt de ceux qui sont obtenus à faute de comparoir, esquels la contumace est beaucoup plus apparente qu'en l'autre. Quant au mot (ciuiles) il est industrieusemēt mis en l'ordonnance, pour exclure les matieres criminelles, esquelles l'accusé est tousiours receu à deduire & alleguer ses defenses, quelque contumax qu'il se soit auparauant monstré: comme dit Imbert au 4. des Institutions forenses.

De ne donner sentence par contumace sans preuue de la demande. art. 27.

Qu'auparauant que donner aucunes sentences contre les defaillans contumax & non comparans, le demandeur sera tenu faire apparoir du contenu en sa demande.

---

1 *Anciennement on ne consideroit que la seule con-*

tumace.

2 L'acteur doit prouuer & verifier son intention.

CEst article exclud & abroge la vieille dispute & antique façon de proceder en l'ordre iudiciaire. Car par l'ancien stil, encores qu'vn demandeur n'eust verifié sa demande, toutesfois le defaillant & contumax estoit puny & perdoit tousiours sa cause: en- 1
quoy l'on ne consideroit autre chose que la contumace. Ce que toutesfois a esté trouué inique, parce que le plus souuent il aduenoit qu'vn calumnieux & temeraire acteur ayant affaire à quelque pauure homme timide & craintif, l'estonnoit & esbranloit de telle sorte, que pour quelque iniuste crainte il n'osoit comparoir en iugement: de façon que par ce moyen il estoit iniquement mulcté en sa vie & en ses biens. Pour ceste cause a esté ordonné que l'acteur doit prouuer & verifier son intention, autrement qu'il en doit estre debouté & 2
exclus, principalement aux causes ciuiles.

ADDITION.

CEst article abrogatif de l'ancien droict est fondé sur vne singuliere raison. Car encore que le defaillant soit punissable à raison de sa contumace, si est il beaucoup plus raisonnable de s'arrester à l'equité & iustice de la cause, qu'à la faute du defaillant.* Ioint que par la cōmune disposition de droit le defendeur est en

**l. Papinianus exuli D. de mino. c. quia diuersitatem. de concess. preb.*

voye d'absolution, si le demandeur ne faict suffisamment apparoir de sa demande, quād bien il ne prouueroit son exception. * Parquoy il semble que le demandeur soit astraint par ceste raison à la preuue de sa demande & qu'à faute de la verifier le iuge auroit cause de prēdre opiniō de luy cōme d'vn calomniateur. Ie voudrois toutesfois croire que si le demādeur faisoit prompte declaration au iuge qu'il n'a aucune preuue, mais qu'il s'en rapporte au sermēt du defendeur, qu'il pourroit obtenir à ses fins, apres l'auoir sur ladicte dilatiō deuëment contumacé & que le iuge admettroit la preuue de la demande par le serment du demādeur.

*l. Actor. C. de prob.

Vray contumax ne sera receu comme appellant. art. 28.

Que les vrais contumax ne seront receuz cōme appellans, ainçois quand par la deduction de leurs causes d'appel & defenses au contraire, il appert que par vraye desobeissance & contemnement de iustice ils n'ayent voulu comparoir, seront declarez non receuables comme appellans, & ordonné que la sentence dont a esté appellé sortira son plain & entier effect & executee, nonobstant oppositions ou appellations quelconques.

1 *Contumax ne doit estre ouy ne receu comme appellant.*

2 *Vray contumax comment se peut dire*, & numero 3.
4 *En France l'on est receu par lettres Royaux contre la contumace.*
5 *En contumace les despens doiuent estre refondez.*
6 *Despens preiudiciaux quand ont lieu.*

LE contenu en cest article est tiré de la reigle de droict, qui dict, qu'vn vray contumax ne doit estre ouy ou receu comme appellant. Or nous dirons en briefues paroles celuy estre vray contumax, qui admonnesté personnellement par le iuge a declaré d'vne parole superbe & contumaciale, qu'il ne comparoistra en iugement. Car lors la faculté de se defendre doit estre precisément & du tout deniee à tel contumax : par ce que celuy qui admonnesté par le iuge n'a voulu comparoir en iugement, a deu (comme dict la loy) meritoirement estre exclus, & ainsi auons-nous estimé ce poinct deuoir estre entendu. Toutesfois l'opinion d'aucuns a esté telle, celuy estre vray contumax lequel admonnesté par quelque default, commission ou interpellation que ce soit, n'est seulement venu comparoir en iugement vne seule fois, mais celuy n'estre vray contumax, qui a quelques fois comparu, encores qu'au iour prescript il n'aye tousiours esté present, ou comparant. Quant à moy, veritablement ie n'ay veu obseruer cela : car si ceste derniere definition estoit celle de la vraye contumace, ie pourrois asseurer qu'elle n'est obseruee en France : veu que mesmes ceux qui n'ont iamais comparu en iugement sont receuz comme appellans & par lettres Royaux restituez contre la contumace.

ADDITION.

PAR les loix Romaines, auant qu'estre restitué de telle contumace, il estoit besoin de faire apparoir de cause pour laquelle la restitution deust estre admise : mais auiourd'huy on n'a esgard à toutes ces raisons, ains en impetrant lettres on est indifferemment receu, & sont les defaults & cõtumaces mis au neant:
4 mais aussi sans lesdites lettres n'y seroit-on receuable, comme il est porté par le sixiesme article de l'ordonnance du Roy François premier, publiee en l'an mil cinq cẽs vingt-huict.
5 Au demeurant par lesdites lettres il y a tousiours clause, de refonder les despens.
Ce qui * est fondé en la commune disposition de droict & en vne fort equitable raison: car comme le defaillant ne doit rapporter profit de sa contumace le demandeur & poursuyuant n'en doit receuoir aucun interest & dommage. C'est pourquoy en France on a
6 voulu que ces despens fussent preiudiciaux, & que le demandeur ne fust tenu de proceder

* in l. sancimus. C. de iudic.

auparauant que d'en estre entierement payé. Toutesfois cela n'est obserué en la Cour, en laquelle on ne permet pour chose legere, & de petite importance suspendre & arrester le cours des proces, mais peut le demandeur en vertu de son executoire proceder par execution sur les biens du defaillant.

Remede en cause d'appel au contumax s'il y a doute en la contumace, & il a apparence de bon droict.
art. 29.

Et s'il y auoit quelque doute sur la contumace, & que l'appellant allegast aucunes defenses peremptoires dont il fist promptement apparoir, à tout le moins sommairement, luy sera donné vn seul delay pour informer plainement de sesdictes defenses, tant par lettres, que par tesmoings, & sa partie au contraire à ses despens: pour le tout rapporté leur estre faict droict sur la cause d'appel sans autre delay ne forclusion.

---

1 *La contumace se peut purger par beaucoup de causes.*
2 *Les preuues sont artificielles, ou inartificielles.*
3 *Quand on peut proposer defenses en l'execution de la sentence.*

1 D'AVTANT que la contumace pour la faueur de la defense se peut purger par beaucoup de raisons, & que les iugemens donnez par contumace contre les defaillans ne sont estimez de si grande authorité que s'ils estoient donnez auec partie presente & defenduë. A ceste cause si quelques fois l'effect de la contumace est reuoqué en doute, ou quand le contumax met en auant de nouueau quelques instrumens ou preuues, soit qu'elles soient artificielles ou inartificielles, comme quand il veut defendre sa cause par tesmoins ou par instrumens, lors il doit estre ouy en cause d'appel, à la charge toutesfois
2 que la partie aduerse les puisse contredire & impugner à ses despens. Ce qui est obserué en la cause d'appel, principalement quand il s'agist de la reformation & retractation des iugemens mal & nullement donnez.

ADDITION.

LA defense & tuition des droicts d'vn chacun est si naturelle, que tousiours elle a esté fauorablement receuë du droict Ciuil & iusques là qu'il a permis aux parties de les pouuoir proposer, iusques à la conclusion du proces: * c'est à dire que les parties eussent renoncé à toute autre production & allegation de faict ou de droict, * (car nous n'entendons icy

* l. peremptoriis C. senten. rescindi non posse.
* Inno. in c. pastoralis extra de cau. poss. & propriet.

icy parler des conclusions és causes d'appel) ou comme disent les autres, iusques à sentence exclusiuement. Ce qui toutesfois a esté limité suyuant ce que nous en venons de dire. Et mesmes ont les loix voulu, qu'on peust en l'execution des sentences en plusieurs cas proposer lesdictes defenses, comme il appert par plusieurs lieux du droict. * Laquelle faueur l'ordonnance a pareillement receuë en ce lieu & icelle augmentee pardessus le droict ciuil, lequel estoit si seuere à l'endroit des defaillans, qu'il leur refusoit toute audience: tellement que pour y pouuoir estre receus apres les delaiz & defaults ordonnez de droict, il y faloit venir bien souuent par voye de restitution, ainsi qu'il est amplement traicté, *l. si. D. in integ. rest.* Laquelle rigueur est vn peu r'adoucie, en ce que l'Ordonnance reçoit les defenses, *etiam non plenè probata absentia, aut impedimenti causa.* Mais elle semble de prime face induire sur la fin vne chose fort abhorrente & alienee du droict, à sçauoir que le demandeur puisse informer aux despens du defendeur: toutesfois la raison & motif de l'ordonnance est bien equitable & conforme à la raison du droict, parce que le contumax doit tousiours les despens de l'instance: * en consideration dequoy, & qu'ils luy sont pour ce regard remis, il ne faut trouuer mauuais si en recompense elle permet au demandeur de pouuoir informer aux despens du defendeur.

3

** in l. 1. D. de ven. insp. l. 2. C. de except. rei iudi. & plenè ne. in l. 1. C. de iu. & facti igno.*

** l. contumacia. D. & properandum. c. de iudi.*

contre les defenses qu'il a esté receu de proposer & produire.

Sentences par contumace qui seront executoires nonobstant l'appel. art. 30.

Que les sentences par contumace donnees apres la verification de la demande seront executoires nonobstant l'appel, és cas esquels elles sont executoires selon nos ordonnances, quand elles sont donnees parties ouyes.

---

1 *Iugements contumaciaux non executoires au pardessus l'appel par l'ancien stil.*
2 *Le contumax est de pire condition que celuy qui a comparu.*
3 *Entre defaut & forclusion y a difference.*
4 *Difference sur leurs effects.*
5 *L'appel suspend l'effect du iugement.*

CESTE reigle semble comprendre, & inferer quelque chose merueilleuse, & nouuelle, car par l'ancien stil & maniere de proceder, les iugemens donnez contre les contumax & defaillans n'auoient iamais telle authorité, que s'ils eussent esté donnez contre presens & defendus, & n'estoient executoires s'il en estoit appellé, encores que de
1 disposition de droict & de l'ordonnance,

la sentence donnee contre presens & defendus soit executoire pendant l'appel & sans preiudice d'iceluy, ce que mesmes enseignoient les anciens arrests. Toutesfois non sans grande raison il a esté ordonné, que les iugemens de contumace donnez contre les defaillans seront executoires pendant la cause d'appel, & tout ainsi que s'ils auoient esté donnez contre presens, & defendus. Car celuy qui est contumax, doit estre de pire condition que celuy qui est comparu en iugement & qui a obey au mandement & iussion du magistrat. Quant aux causes & especes 2
esquelles pendant la cause d'appel, les sentences sont executoires nonobstant iceluy, elles seront cy apres colligees par ordre & conferees en vn chapitre. Et en cela nous ne distinguerons point, si les iugemens sont donnez par contumace ou par forclusion: car encores qu'il y ait difference entre default & forclusion, laquelle nous expliquerons icy en passant, toutesfois elle ne peut de gueres seruir à l'explication de cest article. Deuant la 3
contestatiō de la cause on les appelle defaults, apres icelle contestee on les appelle forclusions, encores que improprement elles soient appellees defaults par aucuns practiciens. Mais la raison de la substance est diuerse, d'aultant qu'auant la cause contestee la contumace estant multipliee ou geminee elle apporte & adiuge gain de cause,

ou de la part du defendeur ou de celle du demandeur, ayant prealablement verifié son intention s'il veut obtenir à ses conclusions.
4 Au contraire l'effect des forclusions includ seulement cela, que le defendeur ou demandeur soient forclos de satisfaire à l'ordonnance & inionction du iuge, ou à son iugement interlocutoire. Toutesfois combien que le iugement soit donné par contumace ou par defaut & forclusions, neantmoins selon la reigle de l'ordonnance proposee en cest article, ils pourront tousiours estre mis à execution.

ADDITION.

5 L'Appel pour estre vne voye ordinaire de iustice inuentee pour le soulagement de ceux qui sont opprimez par l'iniustice des Iuges, a eu de tout temps ceste force & credit que de suspendre le iugement duquel l'on a appellé,* tellement que si l'on passoit outre, cela deuroit estre reuoqué comme attentat, & comme tel estre casé, quand bien d'ailleurs l'appellant auroit mauuaise cause, à laquelle on ne doit toucher que l'attentat ne fust premierement vuidé, pourueu que l'appel fust de sentence diffinitiue. Car pour le regard des interlocutoires, les attentats qui ont esté faicts se vuident ordinairement

* tit. vt lit. pend.

auec la cause d'appel & par mesme iugement. Toutesfois comme le droict ciuil a donné quelques exceptions à ceste reigle ainsi generale, aussi nos Roys l'ont voulu temperer & restraindre pour la commodité des matieres, comme il appert par l'Ordonnance du Roy Charles huictiesme, art. 51. 52. & 88. & Louys douziesme article 72. Et depuis par le Roy Henry en l'Edict des presidiaux. Ce qui a esté introduict à bonne & iuste raison, d'autant que les appellans voyans que l'execution du iugement estoit suspenduë n'eussent autrement tenu compte de venir à raison, & les intimez pour peu de cas eussent autant aimé perdre leur droit, que de se mettre à faire vne poursuitte qui leur eust peu couster plus que la chose contentieuse ne se montoit: * dont il fust suruenu que le bon droict, qui est presumé estre de la part de l'intimé fust demeuré enseuely & supprimé, & que l'appellant eust rapporté profit de sa mauuaise intention. Ce qui ne doit estre toleré en vne Republique bien ordonnee.

* *in l. Ang. per hanc C. de tep. appel. L. decurione. C. Quorum appel. non reci.*

* *Authen vt omnes obed. §. quid enim dubius.*

Contre les sentences donnees par forclusions n'y aura remede que par appel.
art. 31.

Et quant aux sentences donnees par forclusion ne seront mises au neant : mais se vuideront les appelations an benè vel malè, *par appellation verbale ou proces par escrit, selon ce que la matiere y sera trouuee disposee.*

CEst article est hors d'vsage & est obseruee la forme ancienne par vne certaine equité, tellement qu'en refondant les despens des forclusions l'appellant pourra soustenir & deduire son droict en iugement: & ainsi a esté iugé par les arrests de la Cour.

ADDITION.

CEst article semble estre entierement tiré de la raison de la Loy: car il est certain que *lapsus termini dati* induict vne tacite & presumee renonciation : * consequemment qu'ayant vne personne renoncé à toutes allegations & productions, il ne seroit iustement ny raisonnablement receuable à vouloir reuoquer ce qu'il a desia approuué: * ains que le proces doit estre iugé *an bene vel male* sur les seules pieces qui ont esté produictes pardeuant le Iuge *à quo* & non autres. Qui seroit entrer en la dispute, si ceste renonciation *quæ ex præsumpta legis mente videtur descendere*, pourroit estre reuoquee par

**l. quandiu in fi. D. de acq. hæred.*

**Vulgata regula. quod semel placuit & ibi not.*

vn acte contraire: à laquelle ie ne m'arresteray pour le present, pour estre cest article abrogé en France, ainsi que recite M. Bourdin. Ce qu'il faut entendre sainement, c'est à dire à la charge d'auoir lettres pour mettre les forclusions au neant en refondant les despens, ainsi qu'on a de coustume de l'obseruer és defaults & autres contumaces.

Vn seul delay pour informer ou faire enqueste. art. 32.

Que tous delays de prouuer & informer seront peremptoires pour tous, ainsi qu'ils seront arbitrez par les Iuges tant de nos Cours souueraines qu'autres selon la qualité des matieres & distance des lieux, lors que les parties seront appoinctees à informer.

Prouision d'autre delay en cas de diligence sommairement verifiee. art. 33.

Et n'y aura qu'vn seul delay pour informer ainsi moderé & arbitré comme dict est, fors que si dedans ledict delay il estoit trouué que les parties eussent faict leur deuoir & diligences & n'eussent esté en contumace & negligence, on leur pourra encores donner & moderer autre delay pour tous, faisant prealablement apparoir à tout le moins sommairement & en premiere apparence de leursdictes diligences, & purgeans leursdites contumaces & negligences.

1 *Tous delais sont peremptoires en faict de preuues.*
2 *La faculté des preuues ne doit estre restraincte.*
3 *Le Magistrat est l'ame de la Loy.*
4 *La Cour de Parlement represente immediatement la Maiesté du Prince.*

1 PAR nostre vsage il est certain que tous delaiz sont peremptoires, lors qu'il est question de l'examen ou interrogatoire de tesmoins. Et partant pour obtenir vn second delay, il est necessaire de faire apparoir de diligences par escript, à tout le moins sommairement, quoy faisant l'on dõne vn second delay. Que si dans le second delay, l'vne des deux parties litigantes, quelque diligẽce qu'il aye faite, n'a peu faire examiner plainement & parfaitement ses tesmoins, il luy sera dõné encores vn troisiesme delay pour vne trescertaine raison
2 de droit, qui veut la faculté des preuues comme fauorables ne deuoir estre restraincte ou coangustee. Qui est l'occasion que le Iuge deniãt ce troisiesme delay. on a accoustumé d'en appeller le plus souuent, & est obserué en la decision de la cause d'appel de donner ce troisiesme delay: vray est que si l'appellant se trouue contumax ou negligent, il est condamné és despens de la cause d'appel, & ne s'obseruent ces articles de l'ordonnance si rigoureusement & estroictement, qu'il ne soit loisible quelquesfois de s'en retirer. Car commé nous

auons dict cy dessus, ceste souueraine Cour & supreme tribunal qui a l'equité du tout inclusé en soy, a accoustumé donner souuentefois auec cause vn troisiesme & quatriesme delay. Et si en cela il ne s'esgare aucunement de la raison du droict ou de la Loy.

ADDITION.

Le droict escrit iugeant le Magistrat estre la vraye ame de la Loy, a delaissé & remis beaucoup de choses à la conscience & discretion des Iuges, leur permettãt tãt par la voye ordinaire que extraordinaire & de leur office r'adoucir ce que les occurẽces pouuoyẽt rẽdre trop seuere & rigoureux en la loy. Ce que notamment elle a pratiqué és delais mesmes ordinaires & prefix, qui selon les sens d'icelle deuoyẽt demeurer immuables & sans renouuellement, prorogation ou restriction quelconque.* Ce qui a esté ainsi introduict pour vne fort equitable raison, encore que les delaiz qui sont prefix & ordonnez precisément par la Loy, soyent competans & en assez suffisant nõbre; de peur que les parties aduerses ne vinssent à opposer des obstacles, par lesquels leurs aduersaires se trauaillassent vainement sans pouuoir, pour raison des menées de leursdictes parties, faire leur enqueste, ayans esté leurs tesmoins subornez ou ne voulans

* *Alciat. in l. verbum. D. de verb. signif.*

de certaine malice comparoir pour estre interrogez, & infinis autres moyens & empeschemens tant de faict que de droict : à raison desquels, elle a laissé & reserué aux Iuges, d'y pouruoir selon la grãdeur du faict & distance des lieux. * Ce que nostre ordõnance a pour ce regard fort biẽ suiuy quant aux deux premiers delaiz, car la Loy n'en permettoit ordinairement d'auantage: mais elle n'a permis de passer outre, *etiam ex quacũque causa*, ce qui est contre la raison du droict, * & toutesfois fort conuenable aux mœurs & practiques de France. Car estant ce troisiesme delay *species quaedam restitutionis, quae sola aequitate nititur*, & n'estant en France ceste faculté és mains des Iuges, mais seulement du Prince, auquel seul il appartiẽt de dispenser & remettre la rigueur du droict & de ses ordonnances, il ne se faut estonner si cela n'est permis aux Iuges.

* *l.1.C.de dilat.*

* *in l.fin.ibi Bart.D.de feriis*

4 Toutesfois la Cour de Parlemẽt qui iuge d'equité en tout, & qui represente immediatement la Maiesté du Prince, n'est subiecte à ceste Loy. Aussi voyons nous qu'elle baille bien souuent vn troisiesme delay, si elle cognoist que la matiere y soit disposee, & qu'il n'y aye point de negligence au cõtumace en la partie qui l'en fist debouter. Ce que a tresbien remarqué M. Bourdin en ce lieu. Et s'octroyẽt tels delaiz toutes fois & quãtes, qu'il y a quelque cause legitime & pertinente : de laquelle i'estimerois estre raisonnable que le deman-

deur feist plainement apparoir, & non sommairement & en simple apparence, comme on a accoustumé de faire és autres delaiz: * ayant esgard que cela se fait *contra constitutionis rationem*, & consequemment qu'il fault que l'empeschement soit verifié.

* *Iuxta l. à procedente. C de dilat.*

Aucun autre delay de faire enqueste ne sera baillé apres ledict second delay, soit par relief ou autrement. art. 34.

Apres lequel second delay passé ne sera permis aux parties de faire aucunes preuues par enqueste ne tesmoins, & ne leur en pourra estre baillé ne dõné delay pour quelque cause ne occasion que ce soit par reliefuement ne autrement.

---

1 *Aliud est prorogare, aliud de nouo dare.*
2 *Prorogation de delay comme se doit faire.*
3 *Il suffist de faire iurer & receuoir les tesmoins dans le delay.*

CEst article, comme il a esté dict cy dessus, n'est obserué par nostre vsage: mais le plus souuent l'on a accoustumé auec raison & equité de s'en departir. Et en cela a de coustume vser de la reigle d'equité ce sacro-sainct & supreme Tribunal.

ADDITION.

Faut noter sur cest article, qu'encor que les Iuges ne puissent selon la rigueur de l'ordonnance donner nouueau delay, il ne leur est prohibé de proroger le precedent, * *Cum sit aliud prorogare & aliud de nouo dare*, & que l'ordonnance qui doit estre prinse estroictemẽt, *tantum valet quantum cantat*, sans receuoir extension à ladicte prorogation de delay: mais ladicte prorogation doit estre faicte partie presente ou deuëment appellée, autrement elle seroit nulle, & telle en fut declaree vne par arrest des grands iours de Moulins le 7. iour de Septembre 1540. comme recite Rebuffe en ses commentaires sur l'ordonnance. Au demeurant, par le commun stil fondé sur la disposition de droict, * il suffit de faire receuoir & iurer les tesmoins dãs le delay, apres lequel ils pourront estre valablement examinez & auront leurs depositions mesme vertu que s'ils auoyent esté ouys dans le delay. Est notable toutesfois en ce lieu que si le demandeur proposoit quelque faict nouueau & dont il eust fraischement eu cognoissance, il le pourroit articuler & auoir delay pour le verifier, selon l'opinion de Dynus au vingtiesme de ses conseils, commençant *super quæstione*.

** l. sed si manẽte D. de precario.*

1

2

3

in l. si quando. & ibi Iacob Butri. C. de testib.

Defense de ne bailler ne impetrer lettres au contraire sur certaines amendes. art. 35.

Et defendons à tous gardes de seaux de nos Chancelliers de n'en bailler aucunes lettres, & à tous nos Iuges tant de nos Cours souueraines qu'autres de n'y auoir aucun regard : ains les impetrans estre promptement deboutez & condamnés en l'amende ordinaire telle que du fol appel enuers nous, & en la moytié moins enuers la partie.

---

1 *Les Iuges ne peuuent proceder à aucune restitution en France.*

2 *En tous reliefuemens & restitutions se faut pouruoir à la Chancellerie.*

PAr semblable raison n'est aussi obserué cest article : car le plus souuent tels delais sont concedez par lettres Royaux & sont du tout laissees ces choses à l'arbitrage du Iuge.

ADDITION.

Nous auons receu par commun vsage de ce Royaume, que les Iuges ne peuuent de leur office proceder à aucune restitution, ains que cela est seul reserué au Prince, lequel s'est retenu priuatiuement tout ce qui estoit octroyé par la seule faueur & benefice de la loy, & qu'elle dõnoit aux Iuges auec la puissance de iuger, cõme recite Imbert en son enchiridion *iuris Gallia* *, cõsequemment faut-il de necessité en tout relief & restitutiõ recou- 1

* *In verbo error.*

rir à la Chancellerie du Roy, lequel en donne
2 ses lettres s'il veoit qu'elles soyent fondees en equité & iustice, reseruãt aux Iuges le surplus, & de proceder à l'entherinemẽt d'icelles selõ la forme de droict, & aussi de mulcter les impetrans s'ils trouuent qu'ils soyent inciuils en leurs demandes:* notãment quand elles sont trouuées auoir esté obtenues cõtre la disposition de droict *in dispendium alicuius*, cõme au cas present, auquel si elles estoyent obtenuës, on ne pourroit nier estre obtenuës contre la loy Françoise, ayant esté expressement defendu par l'ordõnance. Parquoy ne se faut dõner de merueille si le Roy a voulu que les impetrans en fussent deboutez & condamnez en l'amende enuers luy & enuers la partie, pour la recompense des frais, pertes & trauaux esquels elle est cõstituee par la calomnie & tergiuersation de sa partie aduerse. Toutesfois la rigueur de ceste ordonnance n'est entierement suyuie, comme dict fort bien M. Bourdin; & ne laissent les Iuges *etiam* sans lettres de bailler encores vn nouueau delay, s'ils voyent qu il y ait iuste occasion de ce faire.

* *Iuxta l. rescripta. C. de leg.*

Responses par credit vel non, & contredicts aux depositions de tesmoins aboliz. art. 36.

Qu'il n'y aura plus de responses par credit ne contredicts contre les dicts des tesmoins. Et defendons aux

Iuges de ne les receuoir, & aux parties de ne les bailler sur peine d'amende arbitraire.

---

1 *Les parties peuuent estre mutuellement interrogeés par le Iuge.*

2 *L'office du Iuge au faict d'enqueste consiste principalement en deux choses.*

CEcy est exactement obserué, parce qu'au lieu de ceste maniere de responses 1
les parties peuuent estre interrogees mutuellement par le Iuge auec serment; & par leurs interrogatoires reciproques la verité peut estre tiree & descouuerte. Quant à la confutation des depositions des tesmoins appellee vulgairement contredicts, il est fort equitable d'auoir resequé & obmis telle maniere de contredicts superflus & inutiles; d'autant que s'il y a quelque cõtradiction elle se peut facilement colliger de la façe & contexte des depositions des tesmoins.

ADDITION.

L'office du Iuge sur le faict des enquestes
consiste principalement en deux choses : à 2
iuger de la foy qu'on doit adiouster aux tesmoins, eu esgard à leurs qualitez & personnes, & à prẽdre garde à la validité, raison & preuue de l'enqueste. Ce qui a tousiours esté reserué

l. 3. in magis D. de testib.

par la loy à son iugement & arbitre: * tellement qu'il pourroit n'adiouster foy aux depositiõs des tesmoins qui de soy sembleroyẽt bõnes & receuables, s'il iugeoit que pour certaine cause à luy particulierement cõgneuë il ne le deust faire. * C'est pourquoy les contredicts contre les depositions des tesmoins ont esté ostez par l'ordõnance, cõme estant chose qui est du deuoir du Iuge & à quoy il doit singulierement prendre garde & non la partie. Toutesfois il n'est par ceste ordonnance defẽdu aux parties de debatre l'enqueste de nullité, car c'est vn poinct necessaire: comme si le Iuge auoit en actiõ personnelle & en faict auquel il fust question de somme excedant cent liures receu les parties à faire enqueste, on pourroit tousiours la contredire, encore que toutes les formalitez de l'enqueste y fussent tresbien obseruees & les tesmoins sans aucun reproche, y resistant formellement l'ordonnance * qui ne peut estre alteree ou negligee.

*Bart. in l. Lucius. D. de his qui not. inf.

* de Moulins art. 54.

Permission aux parties de se faire interroger. art. 37.

Et neantmoins permettons aux parties se faire interroger l'vne l'autre pendant le proces & sans retardation d'iceluy par le iuge de la cause ou autre plus prochain des demourances des parties qui à ce seront commis, sur faicts & articles pertinens & concernãs la cause & matiere dont est question entre elles.

Affer-

Afermeront les parties leurs faicts, & interrogez sur les faicts l'vne de l'autre respondront cathegoriquement sur certaines amendes. art. 38.

Et seront tenues les parties affermer par serment les faicts contenus en leurs escriptures & additions, & par icelles, ensemble par les responses ausdits interrogatoires, confesser ceux qui seront de leur science & cognoissance, sans les pouuoir denier ou passer par non sçauance.

---

1 *Les parties ne sont tenues de respondre sur tous faits indifferemment.*
2 *La memoire des hommes est labile & errante.*
3 *A sçauoir si les parties doyuent subir l'interrogatoire en personne.*
4 Pœnæ legalis purgatio admittitur vsque ad sententiam.

CEste reigle est grandement equitable & digne de recommandation: car qu'est-ce qu'on eust peu plus sainctement ou religieusement ordonner, que de tirer la verité par la confession d'vn chacun, & que les parties fussent conuaincues & condamnées par leur propre confession? Toutesfois ceste reigle doit estre tellemẽt moderée, que la partie litigante ne soit tenuë respondre par serment & estre interrogee sur tous faicts & articles 1 indifferemment, encores qu'ils n'appartiennent à la cause, mais seulement sur ceux qui appartiennent à la decision d'icelle ou qui en dependent. Car si ce sont articles ne seruans à la cause, qu'on appelle impertinens, & qu'ils ne facent aucunement à la decision d'icelle, lors le defendeur estant interrogé sur iceux, n'est tenu de respondre comme si la science & cognoissance de quelque faict estoit de luy requise, la confession duquel faict n'appartient en rien à la cause, & ne luy apportast decision quelconque. Autre chose seroit si c'estoient faicts pertinés, la science & cognoissance desquels dependist du faict de celuy qu'on voudroit faire interroger, & que la confession d'iceux seruist grandement à la cognoissance de la verité & decision de la cause: car lors il seroit tenu de respondre sur iceux, comme appartenans à la cause, principalement si la memoire du faict peut estre recente. Autre chose seroit, si c'estoient quelques faicts antiques, & repetez de longue main, parce que lors en cõsideration de ce que le plus souuẽt nostre memoire nous trompe & deçoit, cõme estant debile & errante il est certain qu'il est loisible de douter sur tels articles, si nous n'en auõs certaine science ou cognoissance, & que nous ne deuons estre adstraints respondre precisémẽt sur iceux, sinõ que les faicts soient simplemẽt par nous alleguez & confirmez comme veritables: d'autant que lors nous deuons necessairemẽt confesser telle maniere de faits estre veritables, ausquels il n'est loisible de douter ou hesiter, cõme n'estant ceste ignorance probable ny veritable, & aussi que nous ne deuõs rien affermer ou confirmer par sermẽt qui ne soit tiré de la pure verité, principalemẽt quãd elle depend de nostre faict & volonté.

ADDITION.

On peut icy traicter deux questions notables. La premiere, si les parties sont tenuës de faire ceste affirmation ou subir l'interrogatoire en personne: la seconde, au cas que les parties ne fissent compte de comparoir pour subir l'interrogatoire, qu'emportent les defauts sur ce obtenus. Quãt à la premiere plusieurs ont esté d'auis, que les parties deuoient en personne comparoir pour estre interrogées, & qu'elles n'y pouuoient respondre par procureur fondé de procuration sans empeschement necessaire, ayant esgard qu'il est icy question du faict particulier des parties, & qu'en ces termes l'on n'a de coustume de receuoir vn procureur: toutesfois la plus grand partie a tenu l'opinion contraire, * qui est fondée sur le chapitre final *De confess. in 6.* mais la premiere est plus saine. Quant à la seconde question l'effect du defaut obtenu contre la partie qui ne tient cõpte de comparoir pour estre interrogee sur faits & articles pertinens est qu'on tient les faits pour confessez; cõme a remarqué Masuer en sa practique au

** ad hoc f. gl. fi. in l. egregias. D. de iureiur. C. pastoralis. & ibi doct. extra de iud.*

** Bar. Bal. & Alex. D. de procur.*

tiltre *de probat.* * *Matthaus ab afflict* sur les cõstitutions de Naples: * toutes-fois le defaillant pourra purger ceste faute & contumace iusques à sentence diffinitiue en se faisant interroger, pource que c'est vne chose receuë en droict, que *penes legatos purgatio admitti solet vsque ad sententiam.*

*vers. item coram iudice.

*lib. 2. c. 26.

*l. Papinianus. §. meminisse. D. de inoff. test. l. alia. C. de his quib. vt indi.

L'amende qu'emporte chacun faict calumnieusement denié en toutes Cours. art. 39.

Et ce sur peine de dix liures parisis d'amende pour chacun faict denié calomnieusement en nos Cours souueraines, & cẽt sols parisis és iurisdictiõs inferieures, esquelles amendes seront lesdictes parties condamnées enuers nous, & en la moytié moins enuers les parties pour leurs interests.

---

1 *Comme peut estre cogneue vne calomnie.*
2 *Peine de l'inficiation & denegation calomnieuse.*

IL nous faut veoir comme vne calomnie peut estre cognuë & manifestee. Et certes
1 nous entendons & cognoissons vne calomnieuse denegation ou inficiation, lors que le demandeur ou defendeur estans interrogez denient ce que par vray semblable raison de droit ils sont entendus & reputez sçauoir & cognoistre, & en quoy il n'y a ignorance veritable ou vray semblable: comme s'ils estoyent

interrogez de quelque faict & negoce recent & dependant de leur faict, car par quelle raison pourriõs-nous lors colliger en cela quelque iuste ignorance, & comment dirons-nous celuy n'auoir calomnieusemẽt denié vn faict certain & verifié & dependant de sa volonté?

ADDITION.

Les loix & les ordonnances ont tousiours recherché tous les moyens dont on s'est peu aduiser pour ramener les hommes à la recognoissance d'vne bonne & entiere foy, & à ceste fin ont introduit plusieurs peines contre ceux qui se retiroient de ceste bonne voye, a mesmement contre ceux qui contre verité nient quelque chose: & de là est venu que l'on a dict *in lege Aquilia, condemnationem ex inficiatione crescere*, ainsi qu'il est porté par la loy *contra negantem, C. de lege Aquilia*, & plusieurs autres lieux de droict, esquels pour la negation est irrogee quelque peine ou plus grande condãnation. *Suiuant cela aussi le Roy Charles par son Edict publié le dix neufiesme Decembre 1564. a voulu que ceux qui nieroient leurs cedules fussent condamnez au double, & la presente ordonnance a mulcté la negation & inficiation d'amende. Sur quoy se pourroit demander & rendre en controuerse si elle est commise *ipso facto*, & si la partie ne pourroit estre receue peu de temps apres & auant qu'il s'ensuiuist iugement, à la purger, & confessant

aut contrà qui propriam. C. de non num. pec. l. Neratius. § hac actio. D. ad leg. Aquil. & inst. de pœnarum litis circa princ.

liberalement la verité du faict euiter l'amēde? Ceste question a esté diuersement agitée par les docteurs, les vns estimans qu'il ne deuoit estre condamné à raison de sa negatiō depuis qu'il l'auoit purgée par vne confession volontaire, comme l'ont tenu Iason & Balde. * En-quoy toutesfois l'opinion de Bartole * est toute contraire à cela, estant d'aduis qu'il a par son faict encouru la peine, laquelle estant iuridique il n'a peu euiter, *ex quo semel commissa est facto suo*. Laquelle opiniō i'aimerois mieux suiure, encore que l'autre soit soustenuë de plusieurs bonnes raisons & considerations.

* *in l. eum qui D. de iureiur.*
* *vbi supra.*

Amende de faicts calomnieusement proposez. art. 40.

Et semblable peine voulons encourir ceux qui auront posé & articulé calomnieusement aucuns faux faicts, soit en plaidant ou par leurs escritures ou autres pieces de procés.

1 *Parties de l'aduocat quelles sont selon Ciceron.*
2 *Peines pecuniares comme sont applicables.*

CEST article ne desire plus longue interpretatiō, car la peine doit estre seulemēt indicte & imposee contre ceux qui calomnieusement auroient posé & articulé aucuns

faux faits, soit en plaidant ou par escript. Car nous deuons suiure la verité tout ainsi que les Iuges; enquoy nous ne serons de l'aduis de Ciceron, lequel attribuë seulement à l'aduocat les parties de dire choses vray-semblables. Car quelle peine peut estre plus digne, 1
que de rigoureusement punir & mulcter celuy qui impudemment & tresmauuaisement a afferme ou posé quelque chose contre verité?

ADDITION.

CEST article semble receuoir mesme raison que le precedent, & n'y a que ceste seule difference, que le precedent parle de celuy qui a calomnieusement denié quelque faict, & cestuy-cy de l'aduocat ou la partie qui l'a posé, articulé & mis en auant: en consequence dequoy i'estimerois qu'il doit estre prins comme le precedent, & que l'amende 2
procedant de ceste calomnie doit estre appliquée moitié au fisque, & moictié à la partie. Car estant ceste amende penale & la nature des peines pecunaires de tel effect, qu'elles sont applicables à la partie * lors qu'elle la regarde & qu'elle y est principalement offensee, comme il est au cas de l'ordonnance pour l'interest qu'elle a au retardement du procés: il est tres-equitable, tant par la

** L. extat. D. quod met⁹ causa. l. 3. in princ. D. de sepul. viol. glo. in l. pe. D. de inius voc.*

raison de la loy, que par l'interpretation de l'article precedent, que telle amende soit appliquable à la partie interessee comme nous auons touché.

Autre amende de calomnieux faicts de reproches. art. 41.

Que pour chacun faict de reproche calomnieusement proposé, qui ne sera verifié par la partie, y aura condamnation: c'est à sçauoir en nos Cours souueraines de vingt liures parisis d'amende, moitié à nous & moitié à la partie, ou de plus grand' peine pour la grandeur de la calomnie desdits proposans, à l'arbitration de iustice: & en la moitié moins en nos iustices inferieures.

---

1 *Questions de faict sont tousiours obscures & ambigues.*

2 *La loy tasche de conseruer aux hommes leur reputation.*

3 *Peines sont de soy odieuses.*

CEST article a vne claire & prompte interpretation, car comme il n'y ait rien qui puisse estre plus occulte, caché & difficile que de tirer la cognoissance de la verité aux proces qui consistent en question de faict:
1 toutesfois quand la verité du faict a commencé d'apparoir, le plus souuent elle est supprimee & obscurcie pour les fausses, controu-

uees & feintes refutations des teſmoins, chacun s'efforçant d'aneantir & ſupprimer le teſmoignage & depoſition d'iceux par des faux faicts inuentez à plaiſir. A ceſte occaſion l'ordonnance irroge peine contre ceux qui fauſſement propoſent & mettent en auant telle maniere de faicts, quand il appert qu'ils les ont mis en auant calomnieuſement & contre verité, pour empeſcher la cognoiſſance d'icelle & y apporter confuſion & obſcurité.

ADDITION.

POVRCE que la pluſpart des proces naiſſent pluſtoſt de l'affection calomnieuſe des parties, que de la difficulté des cauſes, à ceſte cauſe a-il eſté fort neceſſaire d'y pouruoir, comme eſtant l'vne des choſes qu'on doit le plus retrancher. * A ceſte cauſe le Roy congnoiſſant qu'elle eſtoit fort frequente ſur le faict des reproches, il y a voulu pouruoir par ceſt article, mulctant d'vne bonne amende les calomniateurs. Au demeurant on peut demander en ce lieu, comment ſe doit verifier ceſte calõnie, pour ce que c'eſt vne choſe de faict, de laquelle il n'eſt aysé de iuger, & qu'il eſt vray ſemblable, attendu le ſerment de calomnie que les parties font au commencement de la cauſe, que perſonne n'y procede de mauuaiſe foy : autrement ce ſeroit in-

* cl. i. de re iudic.

duire presumption de delict & de faux serment, qui est entierement condamnee des loix, au cas qu'on en puisse tirer vne plus douce & benigne. * Car la loy qui tasche de conseruer les hommes en leur honneur & reputation, prend les choses de la meilleure part.

* l. meritò D. pro socio.

2 * Toutesfois on peut respondre, que c'est vne maxime resoluë en droict, que celuy qui met quelque chose en auant la doit prouuer, & qu'à faute de ce faire il est estimé l'auoir faussement posee : tellement qu'on prend coniecture de calomnie, si le recusant ne faict apparoir de ses reproches par preuue legitime & concluante, & par faute de ce faire doit estre condamné en l'amende portee par l'ordonnance. Ce qui neantmoins reçoit le temperament que nous auons donné à l'article douziesme. Il se pourroit pareillement mouuoir vne autre difficulté, comment on doit entendre ces mots (*pour chacun faict*) & si au cas qu'on eust faict deux articles d'vn mesme obiect, ou bien que l'vn fust dependant de l'autre, comme bien souuent on le faict, si lon deuroit condamner la partie qui n'auroit verifié lesdicts articles en deux amendes, ou bien en vne seulement? De ma part, encore que ceste consideration soit laissee à l'arbitre du iuge, qui en doit donner iugement, eu esgard aux circonstances du proces, i'aymerois mieux suyure l'opinion moins

* l. 1 C. de dolo. l. fi. C. de acq. poss.

3 rigoureuse, estant la peine de soy odieuse,

encore que necessaire pour la correction des mauuais, & plustost restraindre ceste ordonnance, que de l'estendre pour ce regard.

Defenses de n'alleguer raisons de droict, où il ne gist qu'à faire enqueste. art. 42.

Nous defendons aux parties, leurs aduocats & procureurs d'alleguer aucunes raisons de droict par leurs interdits, escritures, additions & responsifs fournis és matieres reiglees, en preuues & enquestes: mais seulement leurs faits positifs & probatifs, sur lesquels ils entendent informer & faire enqueste.

---

1 *En question de faict est frustratoire d'alleguer raisons de droict.*

2 *Toutes coustumes sont de faict.*

CERTES cest article de l'ordonnance est grandement equitable, car quand la question estoit seulement de faict, Gallus souloit dire qu'il faloit recouurir à Ciceron, & non pas quand il s'agissoit d'vne question de droict. Car si l'estat de la cause est seulement negatif & qu'il se doiue vuider par coniectures, & consequemment que ce soit vne pure question de 1 fait qui retombe du tout en ce poinct de sçauoir, si cela a esté faict ou non, & qui consiste és parties de vray ou faux, frustratoirement l'on allegueroit des raisons de droict qui dependent de l'estat iuridique ou de qualité: attendu qu'il n'est besoin d'autre chose, que de la verité, & vraye indagation du faict. Toutesfois on n'a accoustumé obseruer ces choses si estroictement, ayant esgard qu'il n'est pas seulement difficile, mais du tout impossible, que la question de faict n'aye quelque chose de droict mixte & impliqué en soy. Et partant s'il se fait quelque allegation de droict, c'est pour tirer & confirmer la verité.

ADDITION.

LA distinction des choses differentes apporte vne grande clarté, & lumiere aux causes, Suyuant cela le Roy a fort prudemment voulu qu'on ne disputast de droict, où il n'est question que du faict, *& contrà.* En quoy doit l'industrieux Aduocat diligemment prendre garde de bien distinctement & alternatiuement les poser, à fin qu'ils soient plus clairs & puissent estre plus facilement cogneus au Iuge. Et faut noter que lors qu'il est question de quel-
2 que coustume elle doit estre pareillement articulee, car toutes coustumes sont de faict que les Iuges sont presumez ignorer, encore

qu'elles soient auiourd'huy mises & redigees par escript en France.

Briefueté commandee. art. 43.

Et que lesdicts faicts soient succinctement posez & articulez sans redicte ne superfluité.

LA briefueté & Laconisme sont grandement recommandables, parce que la superfluité & longueur de langage offense le plus souuent l'oreille des Iuges, & comme dict Ciceron, leur opprime la memoire.

Vnes additions ou deux au plus. art. 44.

Ne respondront les parties que par vne seule addition ou deux au plus en quelque matiere que ce soit.

LA raison d'auoir ordonné le contenu en cest article a esté, par ce qu'anciennement le plus souuent les parties respondoient l'vne à l'autre par troisiesme ou quatriesme additions, & produisoient presque infinies escritures. Pour ceste cause à fin de resequer & abolir telle maniere de longueurs & superfluitez au proces, l'ordonnance a voulu, que les parties ayent à respondre par vn seul & vnique responsif. Neantmoins cela est pour cause quelquesfois immué par l'equité du Iuge & consentement des parties.

ADDITION.

ENCORE que cest article soit contraire à la commune disposition de droict, qui permettoit, * de faire autant de repliques qu'on vouloit : si est-ce qu'elle est fondee sur vne bonne raison, voire plus equitable que celle que le droict a eu en cela, attendu qu'il faut principalement aduiser que les proces ne soiẽt rendus immortels, comme ils seroient par le moyen de tant de repliques, & qu'il ne faut riẽ admettre de superflu. * Ce qui est necessaire d'aduenir aux escritures, ausquelles cõmunément par vne infinie multitude de cauillatiõs qui ne doiuẽt estre aucunemẽt tolerées *etiã* par le Iuge, quãd biẽ l'ordõnance n'en feroit aucune mention:* Partant l'ordõnance à bon droit a voulu, qu'on n'vsast que d'vne additiõ. Toutesfois cela n'est obserué à la rigueur comme dict M. Bourdin, ains est remis à la discretion du Iuge, comme sont presque toutes autres choses qui consistent és actes iudiciaires.

** §. & ibi. Faber de repli c. Inst.*

** c dilecti de except. gl. §. si per vim vel alio mo. & l. ad probationem. C. de probat.*

** l. ita nobis cordi. C. de aduoc. Bal. in l. de crimine eodem.*

Peines contre les Aduocats & Procureurs contreuenans. art. 45.

Et voulons que les Aduocats, & Procureurs contreuenans à ce que dessus soient pour la premiere fois punis enuers nous d'vne amende de dix liures parisis, pour la seconde fois de la suspension de leur estat pour vn an, & pour la troisiesme priués à tousiours de leur dict estat & office de postulation & sans déport.

CEST article est seulement comminatoire à fin que ceste briefueté & succinct ordre iudiciaire soit obserué & entretenu.

ADDITION.

CESTE ordonnance est conforme à la disposition de droict, en ce qu'elle procede *gradatim* en la correction des fautes, & fondee sur grande raison: car il n'est raisonnable, que celuy qui a failly pour la premiere fois, soit si seuerément puny, que celuy qui en a faict coustume & s'est endurcy en son mal & pertinacité. * Aussi est ce chose indigne d'vn Aduocat, lequel doit auoir la conscience saine & entiere, de se monstrer languart & prolixe tant en disant qu'en escriuant, & contre tels Aduocats se sont les loix monstrees fort rigoureuses, permettant aux Iuges de les priuer de leur postulation. A l'exemple & imitation desquelles il semble que ceste ordonnance ait esté publiée & introduicte.

l. capitalium. §. grassatores. de pœnis. l. seruos 8. C. ad l. Iul. de vi publ.

** c. si. de consuet. can. cristina. 24. qu. 1. gl. f. in can. ij qui 15. q. 8.*

De communiquer tiltres en matiere beneficiale, & de la peine en default de ce faire. art. 46.

Qu'es matieres possessoires beneficiales l'on communiquera les tiltres dés le commencement de la cause. Pour quoy faire le Iuge baillera vn seul delay competant, tel qu'il verra estre à faire selon la distance des lieux, & par faulte d'exhiber se fera adiudication de recreance ou maintenue sur les tiltres & capacitez de celuy qui aura fourny, qui sera executee nonobstant l'appel, quand elle sera donnee par nos Iuges ressortissans sans moyen en nosdictes Cours souueraines.

---

1 *La conference des tiltres apporte decision au different.*
2 *Recreance se peut adiuger sur les seuls tiltres du produisant.*
3 *Benefices ne peuuent estre possedez sans tiltres,* & numero 5.
4 *Restitution de fruicts quand ne se doit faire en matiere beneficiale.*

CESTE ordonnance a esté faicte & promulguee en intention de preuenir & obuier aux fraudes de ceux qui par certaine malice & astuce taisant & suprimant les instrumens de la cause tentoient l'vne de ces deux choses: ou de vexer & molester la partie aduerse

uerse par longueur de proces & le rendre im-
mortel, ou d'occulter & obscurcir la verité
qui pourroit estre cognuë par la collation &
conference des instrumens cogneus. Car
quand le temps est conferé auec le temps, &
les tiltres auec les tiltres, les differens le plus 1
souuent sont vuidez & decidez par la seule
circonstance du temps: parce qu'en telles matieres la priorité du temps & la iustice du tiltre, decident entierement la question. Si dõcques l'vn des litigans est contumax, & qu'il ne
vueille iustifier ses tiltres, il pourra estre tellement astrainct, que sur la seule production & 2
tiltres du produisant, l'on luy pourra adiuger
la recreance: comme pour exemple, s'il faisoit
legitimement apparoir de la qualité deüe &
requise pour obtenir tel benefice & de ce
sainct charactere imprimé sur luy, & s'il pro-
duisoit tiltre legitime à tout le moins coloré.
Car s'il ne faisoit apparoir qu'il fust capable
& muny de tiltre legitime ou du moins coloré, la contumace de sa partie ne le pourroit faire capable, & ne luy seroit adiugée la
recreance : attendu qu'vn benefice ne peut
estre possédé sinon auec legitime & canoni- 3
que institution. Mais ce iugement de recreance est seulement executoire, si la forme de l'ordonnance anciennement prescripte y est obseruee, comme si les appellations du Iuge
viennent mediatement à la Cour, comme du
Magistrat & Iuge immediat, & que la sentẽce

ſoit ſignée du Iuge, & de ſix aſſeſſeurs ou conſeillers. Car en ceſte forme ſeulemẽt ſont executoires les ſentences de recreance, nonobſtant l'appel & ſans preiudice d'iceluy.

ADDITION.

Le poſſeſſoire és matieres beneficiales eſt
4 de grande conſequẽce, tant pour la perceptiõ des fruicts, à la reſtitution deſquels on n'eſt tenu depuis qu'on a obtenu la maintenuë, que pour eſtre les cauſes rendues immortelles pardeuant les Iuges d'Egliſe. Voyla pourquoy il eſt bien raiſonnable, qu'on y procede autrement qu'en matiere prophane, en laquelle il ſuffiroit d'auoir eſté poſſeſſeur par an & iour
5 pour obtenir au poſſeſſoire. Mais en matiere beneficiale, quand bien la poſſeſſion ſeroit de trente ans, on ne s'y arreſteroit ſi elle n'eſtoit fondée en tiltre. A raiſon dequoy, encore que le tiltre *de pacificis*, conſerue communément les pourueus en leurs benefices, tellemẽt qu'il faut ſe pourueoir contre eux au petitoire: ſi toutes-fois il n'y auoit tiltre precedent, ou qu'il fuſt notoiremẽt nul, on ne pourroit agir au poſſeſſoire, *cum beneficium eccleſiaſticum non poßit ſine canonica inſtitutione obtineri, nec poßideri*: ſuyuant l'interpretation & extenſiõ que font les Docteurs de ce mot *obtineri*. * Au demeurant la communication dont parle l'ordon-

* *in c. beneficium. de regul. iur.*

nãce, s'entend seulemẽt des tiltres de la prouision, car s'il estoit question d'autres tiltres cõme sont dispenses, la chose ne seroit sans difficulté. Et à ce propos en recite Carondas vn faict notable d'vn, qui estant en contention d'vn benefice auec vn autre, luy allegue incapacité, & partant soustient la prouision de son aduersaire nulle, qui pour monstrer de la validité de son tiltre allegue dispense. *Quæritur*, s'il doit auoir cõmunication de la dispense, à fin que colligeant de ladite dispense la validité ou inualidité du tiltre & prouisiõ de sa partie aduerse, il puisse cognoistre *an cedere, an verò vlterius contendere debeat.* Surquoy il recite auoir esté dict par arrest, qu'il en seroit faict vne copie collationnée par le Greffier, qui seroit mise en vn sac à part pour en iugeant le proces: ordonner, si ladicte copie seroit veuë & ioincte audict proces au non.

Vn seul brief delay pour escrire & produire esdictes matieres. art. 47.

Et apres que les parties auront contesté & esté appoinctées en droict, leur sera baillé vn seul brief delay pour escrire & produire, qui ne pourra estre prorogé pour quelque cause que ce soit.

CEST article dict & rechante le mesme que les precedés, à sçauoir de resequer &

couppet chemin aux immenses longueurs & destours des proces. Et pour ceste cause, quād le droict des parties est seulement constitué sur la question de droict, est donné vn seul & vnique delay, qui ne peut estrè prorogé sinon auec cause, d'autant que ces delaiz doiuent principalement estre ordonnez auec cognoissance de cause, & reposent du tout en l'equité & arbitrage du Iuge.

ADDITION.

La raison de l'ordonnance est fondée sur la commune maxime de droict, qui dict que les delais ordonnez par la Loy & statuts sont peremptoires, * mesmement les delais de prouuer. * Tellement qu'il ne faut esperer prorogation d'iceux sans bonne & legitime occasion, dequoy il a esté plus amplement parlé cy dessus en l'article trente-troisiesme, auquel pour la modification du present le Lecteur pourra auoit recours.

* *l. peremptorias, C. sent. rescindi non posse.*
* *l. 1. & ibi Bart. C. de dilat. c. 2. vbi gl. eodem tit. extra.*

Delays pour veoir par les parties leurs productions & les contredire & sauuer. art. 48.

Et aurent communication de leurs productions dedans trois iours, & d'huictaine en huictaine apres pourront bailler contredicts & saluations, autre-

ment n'y seront plus receuz : ainçois sera le proces iugé en l'estat sans autre forclusion ne signification de requeste, & sans esperance d'autre delay par lettres de reliefuement ne autrement.

---

1 *Iours feriez ne sont compris au deláy de produire.*
2 *On est receu à produire iusques à ce que le proces soit sur le bureau.*

EN cest endroict est composé & prescript ce qui reste de l'ordre iudiciaire en telle maniere de questiõs & matieres beneficiales, pource qu'en plusieurs lieux tels proces duroient trois ou quatre âges, voire surpassoient & surmontoient plusieurs siecles. Au moyen dequoy vn plaideur, quand il estoit hors de ces ennuys & fascheries & qu'il commençoit vn peu de reuenir à soy, la mort venoit à le saisir & luy trancher le filet de sa vie auant qu'il peust iouyr & vser de ses biens.

ADDITION.

CEST article qui contient le reiglement des causes possessoires en matiere beneficiale peut receuoir deux limitations. La premiere, que ces delais doiuent estre communément prins des iours iudiciaires & non feriez : ou au-moins que si les iours feriez absorboient 1 la plus grande partie du delay ils n'y deuroient estre comprins. * L'autre qu'on est d'equité receu à produire tout ce que bon semble aux parties iusques à ce que le proces soit sur le bureau encores que la rigueur de droict y soit repugnante. Et peut on pendant le delay faire plusieurs productions si bon semble aux parties, tout ainsi qu'il est permis dans le delay de faire plusieurs enquestes si le Iuge ne le limite. *

* *Host in c. licet causam. de probat.*

* *Bart. in D. l. Titia, de Accus.*

De ne poursuiuir le petitoire que le possessoire ne soit entierement vuidé & executé. art. 49.

Apres le possessoire intenté en matiere beneficiale, ne se pourra faire poursuite pardeuant le Iuge d Eglise sur le petitoire, iusques à ce que le possessoire ait esté entierement vuidé par iugement de plaine maintenue, & que les parties y ayent satisfaict & fourny tant pour le principal que pour les fruicts, dommages & interests.

---

1 *Il faut vuider le possessoire auant qu'entrer au petitoire.*

2 *Quand par faute de ce il y a lieu d'appel comme d'abus.*

3 *Quand le Iuge Ecclesiastique peut cognoistre de ce petitoire.*

CEST article est totalement tiré des propres sources & seminaires de droict. Car c'est vne chose ordinaire en droit, qu'il faut premierement & preallablement vuider & decider le possessoire auant que d'entrer au petitoire, & ainsi a esté receu par nostre vsage. 1
Par ainsi si le Iuge Ecclesiastique veut cognoistre du petitoire ou du negoce, auant que la cause possessoire soit vuidee & decidee par le Iuge lay, lors on a accoustumé d'appeller à la Cour comme d'abus. Le mesme cõstituerons-nous, si c'est auparauant que celuy qui a succombé au possessoire aye restitué les fruits & remboursé les dommages & interests, voire que le iugement possessoire ait esté entierement executé. Car autrement il n'est loisible d'entrer au petitoire, & partant il a esté iugé par plusieurs arrests, que le Iuge Ecclesiastique ne peut aucunemẽt cognoistre de la question petitoire, sinon qu'il aye esté cogneu du possessoire par le Iuge lay qui en est Iuge legitime, ou que ce iugement possessoire ait esté executé. 2 3

ADDITION.

LA raison de cest article est pour tousiours retrancher les proces. Car il fust autrement aduenu que pour auoir les dommages & interests il eust falu faire vne nouuelle instãce, au lieu que la partie qui a succombé est contraincte de se renger à vne raison volontaire, pour l'enuie qu'il peut auoir de venir au petitoire du benefice contentieux. Au demeurant ce que dict M. Bourdin que les Iuges Royaux ne peuuent cognoistre du petitoire des benefices n'est absoluëment entretenu, car le Roy de France qui a par vn special priuilege droit sur les benefices qui tumbent en regale, en a commis la cognoissance à la Cour de Parlement priuatiuement à tous autres Iuges tant Ecclesiastiques que laiz, comme il a esté iugé par plusieurs arrests. Il y en a vn autre cas remarqué par M. Bourdin cy dessous en l'article cinquante six, où le lecteur pourra auoir recours.

De faire registres des sepultures. art. 50.

Que des sepultures des personnes tenans benefices sera faict registre en forme de preuue par les Chapitres, Colleges, Monasteres & Cures, qui fera foy, & pour la preuue du temps de la mort, duquel sera fait expresse mention esdicts registres, pour seruir au iugement des proces, où il sereit question de prouuer ledict temps de la mort, à tout le moins quant à la recreance.

---

1 *Ecclesiastiques quand sont tenus de respondre deuant le iuge lay.*
2 *Le Iuge lay cognoist du possessoire en matiere beneficiale.*
3 *Forme de proceder sur le registre des sepultures.*

NOVS estimons la cause pour laquelle le contenu en cest article a esté ordõné estre assez cognuë à vn chacun. Car plusieurs embaumoyent les corps de ceux qui estoient pourueuz de quelques benefices, & les gardoient & recelloient cachez & absconsez longuement en leurs maisons, afin que leur mort ne vint en euidence, & cependant qu'ils peussent obtenir & impetrer les benefices. Or ceux qui commettent telles fraudes sont griefuement punissables par les ordonnãces, & encourent la peine qui a esté instituée & irrogeee par l'edict, & de telle sorte, qu'encores que tels receleurs de corps morts soient Ecclesiastiques, toutesfois ils sont tenus de subir quant à ce la iurisdiction seculiere, & doiuent estre condamnez comme pour cas priuilegié. Et en cela ne peuuent decliner la iurisdiction laye, car pour ceste seule raison, qu'ils ont violé l'ordõnance, ils sont subiects à la Cour seculiere comme pour delict priuilegié, & y peuuent estre puniz : & ainsi a esté iugé n'agueres par arrest en vne cause pendante en la Cour pour vne Chanoinye de Langres. Adioustant vne autre raison qui est, par ce que celuy des litigans, qui est trouué auoir violé & enfrainct ceste ordonnance doit estre décheu de la possession du benefice, & de tout le droict par luy pretendu en iceluy, & ne peut plus rien quereller ou questionner au possessoire, ce qui ne peut

2 estre decidé que par la sentence du Iuge lay, qui cognoist du possessoire. Et parce que par les precedens articles on auoit suffisamment obuié & pourueu à la fraude de ceux, qui de fois à autre receloient & cachoient les corps morts, afin que le iour de leur mort ne fust cogneu, d'autant qu'en cela retombe principalement la question & difficulté des parties, de sçauoir au vray le iour du trespas & deces de celuy, des benefices duquel est question, les vns disans iceluy estre predecedé, les autres affermans estre decedé par apres. A ceste cause attendu que toute la difficulté & question se tournoit en ceste question de faict, & afin que la contention des parties ne retombast plus là, il a esté ordonné par ce dernier article, qu'il sera faict registre public de la mort & sepulture des personnes tenans benefices, afin que si quelquesfois il est question de la mort du deffunct, on puisse tirer foy & verité de tels registres publics, ausquels faudroit demeurer & s'arrester à tout le moins pour l'adiudication de la recreance.

ADDITION.

3 *Registre.* En la façon de ces registres doit interuenir vn notaire qui les signe, car autrement ils ne feroient point de foy, comme il se collige de l'article 52. ensuyuant. Et doit le Curé, ou celuy du chapitre qui est commis à

ce faire nõ seulement faire mention du iour, mais de l'heure de la mort du deffunct, parce que cela peut seruir à la decision de beaucoup de difficultez qui peuuent suruenir sur diuerses prouisions faictes par diuers collateurs en mesme iour, pour la diuersité & concurrence des prouisions & collations.

De faire registres des baptesmes. art. 51.

Aussi sera fait registre en forme de preuue des baptesmes, qui contiendront le temps & l'heure de la natiuité, & par l'extraict dudit registre se pourra preuuer le temps de maiorité ou minorité, & fera plaine foy à ceste fin.

---

1 *Pourquoy cest article a esté introduict.*
2 *Quand les liures priuez de la natiuité des enfans peuuent faire foy.*
3 *En quel cas le registre baptistaire ne peut faire preuue certaine.*

ENcores que cest article ne semble consentir & s'accorder auec les precedens, comme parlãt de choses diuerses, si est ce que par ie ne sçay quelle mixte raison d'equité, ils peuuent estre conioincts & copulez ensemble. Car en plusieurs iugemens & proces quand il est question de l'aage, sont tirez d'vn costé & d'autre des tesmoignages obscurs & 1

ambiguz, & quelquesfois l'on se fouruoye & estrange facilement de la reigle & raison du vray. Et si pour faueur ou present ou par quelque autre raison les tesmoignages peuuent estre destournez, il n'est pas de merueille, si l'ordonnãce y a voulu apporter quelque caution & seureté. Dõcques afin que la preuue de l'aage soit certaine il a fallu ordonner que registres publics seroyent faicts, ausquels fust cõtenu l'aage par vne trescertaine raison & qui fissent foy publique, afin que quand il seroit question de l'aage il ne fallust recourrir à autre preuue que ausdicts registres publics. Car les liures mesmes de la natiuité des
2 enfans tirez des propres monumens du pere estant cõioincts auec d'autres indices ou enseignemens font preuue certaine de disposition de droict. Combien doncques d'auãtage doyuent faire pleine foy ces registres publics faicts par main & auctorité publique?

ADDITION.

On pourroit icy demander, qui a peu mouuoir le Roy à donner force de preuue à ces registres & aux precedens? A quoy il y a prompte responce, car ce faisant la collation des benefices vacans par la mort des beneficiez incontinent apres icelle, & le plus souuent interuenant dispute, si la collation a esté faicte du viuant du deffunct il s'y pourroit commettre quelque faulseté, dont suruiendroit le mesme inconuenient qu'il y auoit auant l'ordonnance; d'auantage l'vn des contendans pourroit auoir faict celer la mort du deffunct en telle sorte qu'il ne seroit venu à la notice & cognoissance du curé ou du chapitre, qui y procedant de bonne foy pourroit estre deceu : ce qui ne peut auoir lieu pour le regard des baptesmes, le registre desquels est annuellement enuoyé és sieges Royaux pour y auoir recours quand il en sera besoing, & ne peut on presumer rien de sinistre en cela, pour ne concerner en rien le particulier interest d'aucun. Ie voudrois croire toutesfois que tel registre n'empescheroit, qu'on ne fust receu à prouuer que celuy qui se dict mineur estoit né long temps au parauant qu'il fust baptisé, comme on faict bien souuent, & par tel moyen prouuer la majorité de sa partie aduerse, car en cela on ne debat aucunement la foy du registre.

Forme desdicts registres. art. 52.

Et à ceste fin qu'il n'y ayt faute ausdicts registres, il est ordonné qu'ils seront signez d'vn Notaire auec celuy desdicts Chapitres & Conuents, & auec le Curé ou son Vicaire general respectiuement, & chacun en son regard, qui seront tenus de ce faire sur peine des dommages & interests des parties & de grosses amendes enuers nous.

Que lesdicts registres seront portez d'an en an, & gardez és greffes des plus prochains iuges royaux.
art.53.

Et lesquels Chapitres, Conuents, & Curez seront tenus mettre lesdits registres par chacun an par deuers le greffe du prochain siege du Bailly ou Seneschal royal pour y estre fidelement gardé & y auoir recours quand mestier & besoin en sera.

---

1 Le Notaire constitue la foy de l'instrument.

IL estoit besoing dadiouster ces deux articles aux precedens. Car si la faculté de faire ces registres eust esté seulement donnee aux seuls Curez ou Vicaires, le plus souuent la foy d'iceux eust esté reuoquee en doute: ou bien il y eust peu auoir quelque faussété ou soupçon de fraude. D'auantage pour oster & esteindre tout soupçon, il estoit necessaire d'appeller vne personne publicque comme
1 vn Notaire qui constituast la foy de l'instrument indubitable, & luy donnast force & vigueur. Aussi afin que les registres ne peussent estre violez ou corompus aucunement, ou que d'iceux vn chacun peust auoir exhibition & copie, il a esté ordonné qu'ils seront mis & deposez és greffes royaux, à ce que d'iceux quand besoin sera, l'on puisse tirer & extrai-

re vne certaine & indubitable preuue.

ADDITION.

Cest article, en ce qu'il peut auoir relation au prochain article precedent, n'est obserué, & n'a accoustumé le Curé de faire signer lesdits registres par aucun Notaire, mais seulement de sa main, & ainsi l'enuoyer au siege royal. A raison de quoy & pour estre mis en garde publique, la foy d'iceluy en est plus grande.*

* Iuxta l. in fraudem. §. quoties. D. de iure fisci. c. ad audiẽtiam, extra. de praescript.

De declarer par les domestiques des beneficiez decedez leurdit deces. art. 54.

Et afin que la verité du temps desdits deces puisse encores plus clairement apparoir, nous voulons & ordonnons que incontinent apres le deces desdits beneficiez, soit publié ledit deces incontinent apres iceluy aduenu, par les domestiques du decedé qui serõt tenus le venir declarer aux Eglises où se doiuent faire lesdites sepultures & registres, & rapporter au vray le temps dudit deces, sur peine de grosse punition corporelle, ou autre, à l'arbitration de iustice.

DOncques afin que la verité de la mort & deces ne fust supprimee & obscurcie, il estoit expedient d'auoir le tesmoignage des domestiques & de les contraindre à declarer

& reueler la mort & deces du deffunct au lieu auquel ces registres publics deuoient estre faicts. Au reste nous appellerons domestiques tous ceux qui estoient de la famille du deffunct & habitoient en la maison où il auoit son domicile.

ADDITION.

De cest article se peut manifestement colliger le soing & solicitude qu'ont eu les compilateurs de l'ordonnance pour ne laisser aucune chose, qui puisse estre cause de nouueau doubte & auoir briefuement comprins tous les moyens par lesquels on eust peu vser de fraude. Toutesfois il me semble que cest article ne doit estre prins nuëment, mais qu'il faut, quant à la punition des domestiques, la prendre vn peu plus doucement : car s'il est ainsi que *delictum ex animi intentione proficiscatur*, & que lon ne peut dire celuy qui par ignorance a failly auoir commis quelque chose contre l'ordonnance, aumoins quant à encourir la peine portée & infligee par icelle, les domestiques pourroient estre excusez, s'il n'y auoit notable coniecture de fraude. Ce qui seroit encore plus considerable *in minore, cui sæpe ius ignorare permittitur.*

D'enque-

D'enquerir sommairement du iour du deces auant la sepulture. art. 55.

Et neantmoins en tout cas au parauant que pouuoir faire lesdictes sepultures, nous voulons & ordonnons estre faicte inquisition sommaire & rapport au vray du temps dudict deces, pour sur l'heure faire fidelement ledict registre.

POur n'adiouster pleine & entiere foy au tesmoignage des domestiques, il faut faire vne briefue & sommaire inquisition sur la mort & deces du deffunct & verité d'icelle, afin qu'il s'en puisse faire vn vray & certain registre.

ADDITION.

Il semble que l'office du Iuge soit requis en ces registres, d'autant que toute inquisition se doit faire par le Iuge ou du moins de son authorité. Toutesfois il ne le faut prendre de ceste sorte, ains doit ladite sommaire inquisition estre faicte par ceux qui vaquent au faict dudict registre, ausquels il est vraysemblable que le Roy aye attribué ceste puissance, parce que comme on dict, *dato consequenti datur antecedens & contra.* *

* l. adrem mobilem. l. legis. ff. D. de procur.

Defenses de ne garder les corps morts. art. 56.

Et defendons la garde desdicts corps decedez au parauant ladicte reuelation, sur peine de confiscation de corps & de biens contre les laiz qui en seront trouuez coulpables, & contre les Ecclesiastiques de priuation de tout droit possessoire qu'ils pourroient pretendre de benefices ainsi vaquans, & de grosse amende à l'arbitration de iustice.

1 *Le lay Iuge peut priuer les Ecclesiastiques de la possession de leurs benefices en certains cas.*

PArce que l'auarice execrable des hommes les contraignoit le plus souuent vser de seruice contre les corps morts, & iceux cruellement lacerer & mettre en pieces, voire leur oster les entrailles, afin qu'estans embaumez ils peussent plus longuement estre gardez. A ceste cause l'ordonnance a estably vne peine bien grande contre les gardiens & recelcurs de tels corps morts, à sçauoir de confiscation de corps & de biens contre les laiz, & contre les Ecclesiastiques de priuation du droict possessoire qu'ils pourroient pretendre au benefice. Et en ceste cause & espece les iuges laiz peuuent exercer leur iurisdiction & en cognoistre contre les personnes Eccle-
1 siastiques, attendu que le Iuge lay, à raison du proces pendant pardeuant luy, peut perpe-

tuellement priuer les persõnes Ecclesiasti-ques de la possession du benefice. Et si en ce crime ils ne peuuent estre renuoyez au Iuge Ecclesiastique, ains sont subiects à la iurisdi-ction du iuge lay, quant à l'effect de la priua-tion de possession. Et ainsi a esté iugé par ar-rest, comme il a esté dict cy dessus.

ADDITION.

Auparauant ladicte reuelation. Par cecy ne faut estimer que le Roy aye permis de garder les corps morts apres la reuelation faicte de la mort des beneficiez: car cela est entierement prohibé, au moins par tel temps, dont la cor-ruption & puanteur s'en peust ensuiure. * Pour raison de laquelle anciennement estoit defendu d'enseuelir les morts dedans l'enclos des villes, * de maniere qu'on estoit contraint leur donner sepulture dehors. Quant à l'e-xenteration dõt parle M. Bourdin, & combien elle a esté reputée abominable, encores au cas que le testateur l'eust commandé: faut veoir l'extrauagante *detestande*, cy dessus alleguée.

** not. in extra. eg. detestanda de sepult.*
** gl. in d. c. pre.*

Recit sur l'ambiguité des droicts & tiltres des parties sur lesquels par cy deuant estoient donnez les se-questres & recreances.

Et pource qu'il s'est aucunesfois trouué par cy deuant ès matieres possessoires beneficiales si grande ambiguité ou obscurité sur les droicts & tiltres des parties, qu'il n'y auoit lieu de faire aucune adiudication de maintenue à l'vne ou à l'autre des parties, au moyen de quoy estoit ordonné que les benefices demeureroient sequestrez, sans y donner autre iugemẽt absolutoire ou condemnatoire sur l'instance possessoire, & les parties renuoyees sur le petitoire pardeuant le Iuge ecclesiastique.

D'adiuger en certain cas le benefice contentieux au defendeur, sans le laisser en sequestre ne renuoyer pardeuant le Iuge d'Eglise. art. 58.

Nous auons ordonné & ordonnons que d'oresnauant quand tels cas se presenteront, soit donné iugement absolutoire au profit du defendeur & possesseur, contre lequel a esté intentee ladite instance possessoire, & le demãdeur & autres parties deboutees de leurs demandes & oppositions respectiuement faictes, requestes & conclusions sur ce prinses, sans vser de renuoy pardeuant le Iuge d'Eglise sur le petitoire, sur lequel se pouruoiront les parties si bon leur semble, & ainsi qu'ils verront estre à faire, & sans les y astraindre par ledit renuoy.

---

1 *Forme ancienne de prononcer sur le possessoire.*

2 *Sequestre quand a lieu.*

3 *Le iuge lay est incompetant pour le petitoire és matieres beneficiales.*

4 *Sequestre est vne voye animale & irreguliere.*

CEs articles sont pleins d'equité, car selon l'ancienne reigle de droict l'vne & l'autre des parties en l'interdict de retenuë dict affirmatiuement auoir la possession & desire d'obtenir les parties du possesseur. Par mesme raison aussi nostre vsage a receu de tout temps, qu'en l'interdict l'vn & l'autre se peut dire possesseur. Ce qui a faict qu'estans les droicts des parties obscurs & douteux, & n'estant l'equité ou verité cogneuë & manifeste, il a falu recourir à ce remede vulgaire de n'adiuger la possession ny à l'vn n'y à l'autre des parties, ains pendant leur contention laisser les choses en sequestre & main fiduciaire. A ceste cause, par les articles precedens de ceste ordonnance a esté pourueu à telle obscurité, en ce qu'en iceux est ordonné qu'és matieres possessoires beneficiales sera donné iugement absolutoire au proffit du defendeur & possesseur, contre lequel aura esté intentee ladicte instance possessoire, comme n'ayant le demandeur suffisamment verifié & faict apparoir de son intention. Car par 1
cela seulement qu'il est defendeur & possesseur, il a plus de droict que celuy qui soustient les parties du demandeur. Et ainsi la reigle

de droict, qui veut que l'acteur ne verifiant point son intétion, le defendeur soit absouz, aura pareillement lieu aux proces possessoires, encores que selon l'ancienne forme &
1 reigle, fust autrement prononcé en ces mots: *Disons les parties n'auoir suffisamment verifié & faict apparoir de leur intention, & par consequent qu'aucune recreance ne leur sera adiugee, ains que la chose contentieuse demeurera en son premier estat.*
2 Au reste la regle est bien certaine & infaillible que le sequestre n'a & n'eust oncques lieu sinon lors que la cause de possession se trouuoit incertaine & non liquide, & qu'il n'apparoissoit suffisamment auquel des deux la possession deuoit estre adiugee. Car si d'vne part il apparoissoit plus apertemēt du droict de l'vne des parties, lors on luy adiugeoit la recreance pendāt la question principale. D'auantage par ces articles de l'ordonnance a esté pourueu à vne autre difficulté, sçauoir est que le iuge lay qui n'adiugeoit la possession à l'vn ne à l'autre des parties litigantes, renuoyoit icelles parties deuant le iuge Ecclesiastique, pour proceder en la cause sur le petitoire, ce qui a esté changé par ceste ordōnan-
3 ce, d'autant qu'il suffist d'auoir decidé la cause entant que touche le possessoire, estant le iuge lay competant quant à ce: mais non pas du petitoire, la cognoissance duquel comme de chose spirituelle, luy est totalement retranchee. Par ainsi, ceux qui veulent donner

bon conseil vsent de cest aduis, que celuy qui veut obtenir & gaigner sa cause doit principalement insister & se tenir à la possession, & rendre par là son aduersaire complaignant au possessoire : d'autant que quand la preuue est egale, & que les droicts des parties se trouuent obscurs le defendeur & prouoqué est en voye d'absolution.

ADDITION.

Le sequestre est vne voye anomale & irreguliere & que le droict a laissé pour ceste consideration à l'office du Iuge : ce qui doit seulement auoir lieu lors qu'on ne peut trouuer la verité de la possession, tant du demandeur que du defendeur, tellement qu'on ne puisse sçauoir qui a plus de droict en la possession, comme formellement l'a voulu Balde : * encore que Speculator * ait esté d'aduis que la principale cause du sequestre est afin d'obuier aux voyes de faict, *& ne partes veniat ad arma*, ce que le Iuge doit diligemment empescher. Partant s'en doit on le moins seruir qu'on peut, mesmement en matiere beneficiale, attendu qu'il pourroit causer vne diminution du seruice diuin, ne se soucians les pretendans de s'en acquiter se voyans en vne douteuse esperance des fruicts du benefice contentieux. Ce qui estoit anciennement 4

** in l. quidam existi. manyerant, D. si cert. pe.*

** In tit. de sequestr. poss. §. 1. vers. sed nunquid.*

fort frequent pour la loguëur qu'il y a au petitoire des benefices pedant la decisiō duquel les benefices demeuroiēt tousiours sequestres, *& ecclesia plerumque proprio pastore carebant.* A quoy a fort biē pourueu l'ordonnāce en deux choses. La premiere en ce qu'elle a voulu que les sentences de recreance & maintenuë fussent executoires nonobstant l'appel. L'autre qui est couché en cest article, en ce qu'il est dict qu'on vuidera le possessoire sans en faire aucun renuoy au Iuge d'Eglise.

De conduire la recreance & la maintenuë par mesme moyen. art. 59.

Nous defendons à tous nos Iuges de ne faire deux instances separees sur la recreance & maintenue des matieres possessoires : ains voulons estre conduites par vn seul proces & moyen, comme il est contenu ès anciennes ordonnances de nos predecesseurs sur ce faictes.

1 *La recreance & le possessoire se doiuent traicter ensemblement.*
2 *Difference entre la recreance & le plein possessoire.*
3 *Recreance que c'est.*

CErtes la raison de cest article est grandement equitable. Car en l'interdict de retenue, que l'on appelle vulgairement cas de saisine & nouuelleté, il faut diriger deux causes & raisons, d'autant que ou nous adiugeons le sequestre, ou la recreance à celuy qui par preuue de tiltres & instrumens est trouué le plus ancien possesseur. Et n'y a seulement que ces deux interlocutoires desquels il soit loisible d'vser, lors que la cause possessoire ne peut estre pleinement vuidee & decidee par telle maniere d'instrumens & preuues inartificielles ou exteri ures. Au moyen dequoy & attendu que tels iugemens de recreance ne sont separez, ains conioincts & connexes auec le possessoire & quasi comme vn destour intermediat de la cause: il seroit exorbitant & absurde de traicter & poursuiure separement & à part l'instance de recreance & le possessoire: mesmes que le plus souuent le droict de l'vne des parties se trouue si clair & liquide, que le possessoire mesme se peut manifestement & sur le champ vuider & decider, sans estre le defendeur plus tenu à aucune restitution de fruicts. Mais il y a grande difference entre le iugement de recreance, & le plein possessoire: car quand la recreance est adiugee à l'vne des parties, elle est tenue de bailler caution de rendre & restituer les fruicts au cas qu'il n'obtiendroit au possessoire: vray est que nous pouuons dire que si la recreance auoit esté adiugee par arrest, il ne seroit besoin de bailler caution, pour la grande auctorité de ce superieur tribunal & des choses iugees.

ADDITION.

Le possessoire en ses trois chefs est conduit par mesme forme, preuues & procedures, & tendent tous à mesme fin : tellement qu'on ne les sçauroit bonnement diuiser, n'estant cela qu'vn mesme iugement à la diffinitiue auquel on peut toutesfois paruenir *gradatim*. Car quand les parties voyent quelque occasion de demander sequestre qui est le premier chef, elles le font sur le commencement de la cause possessoire, apres lequel ils paruiennent à la recreance & maintenuë par mesme moyen, & en tous cas concluent à la recreance pendant
3 le proces, qui n'est autre chose qu'auoir la garde du benefice pendant la discussion des droicts des parties, & comme les Legistes parlent, *summarißimum poßeßionis iudicium* : en sorte que si le recredentiaire perd sa cause, il est condamné és despens & à la restitution des fruicts perceus dudict benefice. Et qui plus est, si comme titulaire d'vn benefice auquel appartient de presenter à vn autre quelqu'vn à sa nomination auoit esté pourueu de certain benefice, le droict de ce tiers pend de l'euenement du proces. * Quant à le maintenuë, c'est le iugement diffinitif du proces par vertu duquel le possesseur est faict autheur de bonne foy (s'il est loisible d'vser de ce mot en matiere beneficiale) & à ceste cause s'il

* *Not. per gl. & doct. in l. 2. de integ. rest. c. ex teneris de iure patro. extr.*

succombe au petitoire il n'est subject à aucune restitution de fruicts: ayāt par le moyen du iugement diffinitif de sa maintenuë legitime occasiō de plaider & soustenir son droict, *habito super titulo contradictorio iudicio.* Mais pour reuenir au poinct que nous auons laissé, la recreance & maintenuë sont cōduicts par mesme voye, & n'est la recreance qu'vn preparatoire à la maintenue. Parquoy est-il necessaire les conduire tous deux par vn mesme ordre & iugement, autrement cela seroit induire *in eiusdem rei persecutione separatam rationem*, contre la commune reigle de droict qui reçoit cela *in separatis tantum.* *

* *l. si maritus D. de procur. à contrario sensu.*

Defense de commettre force ne violence publique és benefices. art. 60.

Nous defendons à tous nos subiects pretendans droict & tiltre és benefices Ecclesiastiques de nostre Royaume de ne commettre aucune force ne violence publique esdicts benefices & choses qui en dependēt. Et auons dés à present comme pour lors declaré & declarons ceux qui commettront lesdites forces & violences publiques priuez du droict possessoire qu'ils pourroient pretendre esdicts benefices.

Il est tres-inique d'vser de force és choses spirituelles.

2 *Iuge lay quand peut irroger peine contre les Ecclesiastiques.*

3 *Force publique quand se peut dire.*

4 *Force & violence comment est punie.*

5 *A sçauoir si la peine d'vn statut peut estre simplement suiuie.*

6 *La cause generale ne comprend les cas speciaux.*

L'Interpretation de cest article est fort facile, la raison duquel a esté excogitee auec bonne & grande consideration. Car estant certain que les causes & negoces des benefices comprennent & attirent à soy les causes & choses spirituelles, il eust esté inique, voire tres-inique d'vser en icelles de force publique, veu que mesmes aux negoces temporels on dict y auoir force & violence de faict, si quelcun ne demande legitimement & pardeuant le Iuge ce qu'il pretend luy estre deu, & de combien plus d'auantage, si la force ou les armes y sont adioustees? A ceste cause il a esté besoin donner ordre à telles voyes prohibees & illicites. Doncques le Iuge lay, n'ayant aucun droict ou cognoissance de la cause principale, ou comme l'on dict du petitoire, ne pouuoit pour ceste raison reprimer & coërcer telle maniere de force & violence. Et partant a esté iustement aduisé, que quand il y aura force commise, il y aye double remede pour punir telle maniere de delict, & mulcter par grosses amendes celuy, qui aura commis force publique selon le merite du delict. Et entant que touche le benefice, il le pourra priuer du droict possessoire d'iceluy de telle sorte qu'il n'y puisse plus paruenir, auquel cas le Iuge lay est competant à raison de la cause priuilegiee, mesmes entre les Ecclesiastiques, & peut irroger peine & amende pour la force commise & pour le cas priuilegié, qui est vne chose bien remarquable. 2 Or est dicte la force estre publique quand quelqu'vn auec hommes armez a occupé le benefice ou s'est 3 efforcé à l'occuper : car sous ce mot *d'armes*, sont comprinses toutes choses par lesquelles quelqu'vn peut offenser vn autre. Mais si le beneficié auec force priuee & manuelle vsant seulement de son droict s'est efforcé de posseder son benefice ou retenir la possession d'iceluy, il seroit lors inique de le priuer du droit quel qu'il soit par luy pretendu en la possessiõ dudict benefice. Et pour ceste cause est porté expressément par ledict article, *forces & violences publiques*, par lesquelles paroles il est sans doute que la force armee & publique y est comprinse.

ADDITION.

LA loy *si quis in tantum*, * demonstre assez combien la force a despleu aux legislateurs prophanes, qui pour deterrer les hommes d'icelle ont priué les violateurs & vsans de 4

* C. vnde vi.

force pour deposseder leurs aduersaires du droict qu'ils pouuoient pretendre en la chose par eux violentement occupee. Le semblable ont faict les Canonistes ordonnans que tels depredateurs & inuaseurs de benefices fussent *ipso iure* rendus incapables de les tenir, en sorte que l'Euesque sans autre declaration les en peut spolier & en octroyer prouision à vn autre. * Nostre ordonnance toutesfois se monstre plus benigne comme il semble, & se contente de les priuer de la possession simplement. Surquoy plusieurs ont prins occasion de disputer, si la peine d'vn statut deuoit estre simplement ensuyuie & s'elle derogeoit à la peine legale. De ma part i'estime que ceste dispute est vaine en ce lieu & mal propre. Car quand ainsi seroit qu'on deust ensuyure la peine du statut comme derogeant au droict commun, ie ne voy point cõme ceste dispute peut auoir lieu pour l'interpretation de cest article : mais ie coniecture plustost que le Roy a suiuy la peine de la loy en ce qui concerne sa iurisdiction & puissance. Tellement qu'ayant pouuoir sur le possessoire des benefices de France, il les a priuez de la possession, car il ne les pouuoit priuer d'autre chose ; le surplus, c'est à dire le droict que les parties pouuoient auoir sur le petitoire, il l'a reserué à la discussion & iugement de l'Eglise, comme chose à elle propre & peculiere. Tellement que ie ne pense point que la force alleguee pardeuant le iuge d'E-

* *abbas in c. quia cleric. de iure patron.*

glise ne fist debouter celuy qui l'auroit commise du droict qu'il pretéd au benefice. Toutesfois le doute cy dessus allegué pourroit auoir lieu au cas particulier de regale, pource que le Roy a tout droit sur les benefices qui tumbent en regale, & que les Iuges Royaux iugent de la validité ou inualidité des prouisions desdits benefices, sans qu'on se puisse addresser aux Iuges d'Eglise, comme nous l'auons touché cy dessus. Ce qui ne seroit encore sans doute, pource que *in generali constitutione non videtur de speciali casu cogitasse*, & que la clause generale ne comprent les cas speciaux, mesmement qui viennent *ex priuilegio*, comme est le cas *de regale*. 6

De ne receuoir complaincte apres l'an. art. 61.

Qu'il ne sera receu aucune complaincte apres l'an tant en matieres prophanes que beneficiales, sinon qu'il apparust, es dictes matieres beneficiales le defendeur n'auoir tiltre apparent pour iustifier sa possession.

---

1 *Interdicts possessoires sont annaux.*
2 *En matiere beneficiale n'y peut auoir possession sans tiltre.*
3 *Tiltre coloré que c'est*, & è contra num. 5.
4 *Possession colorée que c'est.*

Il est certain que les interdicts possessoires
1 sont annaux & finissent par an & iour, soit
qu'il s'agisse de choses sacrees ou prophanes,
sinon qu'il apparust la possession de celuy qui
possede estre violente, clandestine, ou precaire : parce que lors telle possession ne pourroit
profiter: principalement en matiere beneficiale, en laquelle est requis quelque couleur
de possession : ioinct que sans tiltre, à tout le
2 moins colloré n'y peut auoir possession. Ce
qui est cause que telle possession ne peut pro-
3 fiter à l'exclusion de l'interdict. Or disons
nous vn tiltre coloré toutes fois & quantes
qu'il n'y a point defaut de puissance en celuy
qui confere, & que la priuation n'est incluse
par le seul ministere du droict & par sentence
d'iceluy ou du Iuge : comme quand le tiltre
est deriué de celuy auquel en appartient l'e-
lection ou collation. Encores que pour defaut ou incapacité ou autre semblable cause
le tiltre soit injuste & illegitime. Et quant à la
4 possession elle est dicte coloree, quand l'on
pretend quelque cause pour laquelle quelqu'vn se dict posseder de droict & par la loy.
Mais où telle cause n'est pretenduë la possession est lors censee sans couleur ne apparence.
5 Le tiltre incoloré est dict, quand le possesseur
n'a aucun tiltre de celuy auquel appartient la
collation ou election, ou bien quand ayant
tiltre il en a esté priué par le seul ministere du
droict par sentẽce d'iceluy ou du Iuge, comme

s'il

s'il auoit prins vne seconde Cure & benefice ou accepté vne seconde dignité, sinon qu'il fit apparoir de dispense valable & legitime.

ADDITION.

TOus interdicts doyuent estre intentez dans l'an, à compter du iour du trouble, autrement on n'est plus receuable. Ie dis du iour du trouble, car en France on ne tient la difference introduicte du droict, qui prend ceste maxime, au cas que le possesseur fust à l'instant certifié du trouble, & qu'autrement il faudroit prendre l'an vtile, c'est à dire le compter du iour qu'il seroit venu à sa cognoissance, comme l'a fort bien touché Faber. * Quant à l'exception que faict l'ordonnance, elle est fondee sur la commune disposition de droict, de laquelle nous auons souuent parlé cy dessus. Mais il faut prendre ce terme d'apparent non pour vne chose claire & manifeste, car le Roy n'a entendu parler de la validité du tiltre : mais seulement veut dire l'ordonnance qu'il faut que la possession soit accompagnee de tiltre *saltem* coloré. Ainsi l'explique M. Bourdin en cest article & plusieurs autres des precedens.

* In §. retinē. da. de interd.

Sentences de recreance & reintegrande en toutes matieres executoires nonobstant l'appel. art. 62.

Que les sentences de recreance & reintegrande en toutes matieres de garnison seront executoires nonobstant l'appel & sans preiudice d'iceluy en baillant caution, pourueu qu'elles soyent données par nos iuges ressortissans sans moyen, assistans auec eux iusques au nombre de six Conseillers du siege qui signeront le dictum auec le Iuge, dont il sera faict mention au bas de la sentence pour le regard desdictes recreances & reintegrandes.

---

1 *Es causes possessoires y a seulement deux iugemens prouisoires.*

2 *En recreance la preuue n'est receue par tesmoins.*

3 *Interdict recuperatoire est auiourd'huy la reintegrande.*

4 *Contre qui cest interdict appartient.*

5 *Quand appartient le benefice du chapitre sæpe, & du Canon* reintegrandæ.

6 *Trois choses doyuent concurrer auant que la recreãce puisse estre executée nonobstant l'appel.*

7 *Quand le nombre d'assesseurs defaut, il suffist d'appeller des Aduocats.*

8 *Quand le principal est executoire nonobstant l'appel les despens le doyuent aussi estre.*

1 ES causes possessoires peuuent seulement estre donnez & pronõcez deux iugemens prouisoires auant que de paruenir au plein possessoire ou pleine maintenuë. Le premier est le sequestre, que l'on appelle vulgairement fournissement de complaincte, lequel on a ac-

coustumé ordonner sur le commencement du proces, quand les droicts des parties se trouuët obscurs & que l'equité semble également balancer d'vn costé & d'autre. Le second est la recreance quand par la conference des tiltres des parties l'equité & droict de possession legitime semblent estre du costé de celuy auquel elle est adiugee, car par nostre vsance quād il est questiō de recreance en 2
matiere beneficiale, l'on ne reçoit la preuue par tesmoins, ains doit estre la recreance iugee par preuue literale, c'est à dire par les tiltres des parties seulement. Il y a encores vn autre remede, qui est celuy de l'interdict recuperatoire de possession, duquel nous n'vsons aux matieres beneficiales sinon que selon l'ordre que nous toucherons cy apres, auquel interdict nous comparons maintenant la reintegrande, parce que les interdicts 3
de complaincte, qui auoyent esté introduicts à la similitude de la reintegrande ont esté abrogez & abolis par les ordonnances. Quāt à la nature de la reintegrande elle est telle que celuy qui possedoit au temps qu'il a esté expulsé & deiecté de sa possession peut agir
par l'interdict recuperatoire, & compete 4
ce benefice contre celuy qui a expulsé & ses heritiers en tant qu'à eux est paruenu, & aussi contre celuy sous le nom ou par le mandement duquel le possesseur a esté deiecté & expulsé : ou bien contre celuy qui a eu agrea-

ble telle expulsion, mais non pas contre le tiers possesseur, encore qu'il aye droict de celuy qui a expulsé. Mais de droict & equité canonique compete le benefice du chapitre *sæpe, de restitut.* si scientement il a prins la chose violente ou s'il a esté ignorant le benefice du Canon *reintegranda.* Or quant aux causes beneficiales, nous n'vsons iamais au commencement de cest interdit recuperatoire, car comme l'vne & l'autre des parties litigantes se dient posseder, celle qui voudroit intenter cest interdict confesseroit auoir esté expulsé & consequemment ne point posseder, ce qui est contraire à l'interdict de retenue. Neantmoins si quelqu'vn, la recreãce luy estant adiugee, estoit expulsé & deiecté pendant le proces principal, il pourroit lors legitimemẽt intẽter cest interdict recuperatoire: dautãt qu'il appartient vrayemẽt à celuy, qui estãt possesseur iuste & legitime se complaint d'auoir esté deiecté & expulsé par force, & ne cõpete ce benefice à autre qu'à celuy qui possedoit au tẽps de l'expulsion. A ceste cause par cest article il est dict, que quand il y aura sentence de recreance ou de reintegrande, s'il y a appel d'icelle il n'aura effect d'en empescher l'execution, pourueu qu'il y aye concurrence de trois choses exprimees par ledict article. Car si l'vne ou l'autre defailloit il est certain que tels iugemens ne pourroyent estre executez nonobstãt l'appel, & sans preiudice d'ice-

luy: mais la questiõ s'est presentee sur ce qu'en plusieurs sieges inferieurs y a seulement trois ou quatre Conseillers ou assesseurs, à sçauoir si la sentẽce estãt seulement signee & souscripte d'iceux elle peut estre executée, veu que le nõbre prescrit par la loy ne se trouue plein & cõplet. Et certes apres plusieurs & diuerses interpretations & agitations a esté resolu que si le nõbre des Cõseillers ou assesseurs defaut, il suffit d'appeller des Aduocats iusques au nõbre competant, qui doyuent signer & souscrire la sentence, & lors elle pourra estre executée tout ainsi que si elle auoit esté signée 7
par six Conseillers. Faut adiouster que si la reintegrande est adiugee par arrest il n'est besoin de bailler caution, comme nous auons dict cy dessus de la recreance, pour l'authorité de ce souuerain Senat & des choses iugees. En second lieu, que si la pleine possession & maintenue est adiugee sur les tiltres des parties litigantes, elle pourra estre executee mesmes pendant l'appel, par forme de recreance en baillant caution, comme ayant esté donné tel iugement sur la seule face des tiltres & instrumens des parties. Et faut aussi entendre que quelquefois l'on adiuge la recreance & pleine maintenue par mesme iugement, & s'il y a appel d'iceluy, il pourra neantmoins estre executé pendant iceluy pour le regard de la recreance, d'autant que y ayant en cela diuers chefs & diuidus, l'execu-

8 tion est aussi diuiduë, & ainsi a esté iugé. Et ne faut obmettre, que si le principal est executé les despens qui sont accessoires sont censez & reputez de mesme droict & nature.

Garnison. Il y a eu grande raison de douter pourquoy semblable solemnité n'est requise aux iugemens de garnison comme aux iugemens possessoires: toutes-fois il a semblé tres-equitable la mesme solemnité n'estre desiree en la garnison; attendu que ce iugement que l'on appelle prouisoire ne peut estre donné s'il n'y a legitime contract precedent, cedule ou promesse deuement recognue & verifiee: d'autant que lors il y a obligation double & geminée l'vne par le contract legitime & precedent, l'autre par la sentence confirmatiue & approbatoire de tel contract. Et partant n'est de merueille, si ceste tant grande solemnité n'y est requise comme aux iugemens possessoires & solemnels, lesquels ne doyuent estre donnez & prononcez sinon auec legitime solemnité par la conference & lumiere des tiltres des parties litigantes, comme n'y ayant aucun contract ou obligation precedente: ayant esgard aussi que tels iugemens sont tousiours rendus contre le gré & vouloir des condamnez, n'ayans iceux iugemens aucun consentement en soy, comme il y a en l'obligation.

ADDITION.

Outre l'ample & diffuse explication de M. Bourdin, on pourroit demander de quelle caution parle l'ordonnance Car comme dict la loy *Verbo cautionis simplici, nuda & iuratoria cautio plerunque intelligitur.* * Toutesfois ie ne voudrois prendre en ce sens nuement le mot de caution en ce lieu, mais plustost vser de telle distinction, que si celuy qui a obtenu la recreance a moyen de la bailler bonne & suffisante, il y doit estre contrainct par le iuge : *sin minus* la caution iuratoire doit suffire. Au demeurant faut noter qu'encore que la recreance n'empesche de proceder en la maintenuë, que si l'vne des parties se porte pour appellante de la recreãce adiugee, il n'est tenu s'il ne veut de proceder en la maintenuë que la recreance ne soit iugee.

*l. sancimus & ibi not. C. de verb. sig. c. 2. de vsur. lib. 6.

Que toutes instances possessoires seront vuidees sommairement & les preuues faictes dedans vn seul delay. art. 63.

Et seront toutes instances possessoires de complainte ou reintegrande vuidees sommairement, les preuues faictes tant par lettres que tesmoins dedans vn seul delay arbitré au iour de la contestation, & sans plus y retourner par reliefuement de nos Chancelleries ne autrement.

1 *Iugemens possessoires fauorables.*
2 *Ce mot sommairement comment se prend en droict.*

IL est certain que d'autant que les iugemẽs
1 possessoires sont fauorables, plus fauorablement encores & briefuement doyuent ils estre resoluz & decidez, & consequemment que les preuues estãt faictes & rapportees par lettres ou tesmoins, il faut en toute diligence proceder au iugement. Et combien que par cest article n'y ayt qu'vn seul delay concedé, si est ce que d'equité il doit estre cõcedé plus long & plus ample si la chose le requiert: par ce qu'il est equitable de ne coarcter & coangustet les preuues des parties, ains au contraire leur donner & accorder vn plus long delay comme fauorables. Toutesfois ceste reigle est generale, que telles dilations ne doyuẽt estre accordees, sinon auec cognoissance de cause & pour grande & euidente raison, cõme si dans le premier delay le negoce de l'enqueste n'auoit peu estre parfaict, par ce que lors il est raisonnable pouruoir de nouueau delay à celuy qui s'est monstré diligent & soigneux, mais non à celuy qui a esté paresseux & negligent.

ADDITION.

De cecy l'on collige qu'il y a grande difference en la preuue qui est requise en l'instance de main-leuee & recreance, & de celle qu'on reçoit en la reintegrande & maintenue. Parce qu'és deux precedentes on ne permet point d'entrer en preuue par tesmoins, & faut necessairemẽt faire apparoir du droict qu'on pretend par escrit & par la lecture des tiltres que les contendans en ont obtenu, comme semble formellement vouloir l'article 75. de l'ordonnance du Roy Charles septiesme publiée en l'an 1453. Sauf en vn cas toutesfois que Rebuffe a remarqué en ses Commentaires, à sçauoir si on alleguoit, que lors de la prouision de partie aduerse le benefice n'estoit vaquant: auquel cas il dict auoir par arrest de la Cour du septiesme Iuin, 1526. esté donné delay pour verifier le cõtraire : mais en ce cas le delay doit estre arbitré fort brief à raison des termes de l'ordonnance qui commande de proceder sommairement. Car ce mot est prins le plus souuent en droict pour signifier la remise qu'on faict de l'obseruatiõ necessaire *in plenis iudiciis*, de sorte que quand le droict parle qu'on y procede sommairement, les iuges ont faculté de retrancher les delais sans cognoissance de cause, * & receuoir la semipreuue ou moins parfaicte * & autres choses semblables. 2

** l.2. in fin. D. de re iud.*
** l. lege Aquilia si debitum. D. ad l. aquilia.*

Que celuy qui resignera son droit contẽtieux fera venir en cause son resignataire. art. 64.

si pendant vn proces en matiere beneficiale l'vn des litigans resigne son droict il sera tenu faire comparoir en cause celuy auquel il aura resigné, autrement sera procedé à l'encõtre du resignant tout ainsi que s'il n'auoit resigné, & le iugemēt qui sera dõné à l'encõtre de luy sera executoire contre les resignataires.

---

1 *Resignant doit faire comparoir son resignataire.*
2 *Distinction pour le faict des subrogations en matieres beneficiales, & num. 3.*

CEst article n'est exorbitant du droict commun, car l'on n'admettoit pendant le proces aucune resignation, ains estoit icelle odieuse d'autant que plusieurs fraudes & inextricables difficultez en suruenoient és iugemens. Car celuy qui auoit obtenu soudain trouuoit vn nouueau aduersaire, c'est à sçauoir le resignataire qui s'opposoit à l'encontre de luy, tellement qu'il ne se trouuoit aucun moyen ne yssue aux proces, tant estoit grand le circuit & ordre d'iceux, & tant les
1 choses estoient enuelopees de nœuds. A ceste cause l'on a aduisé & ordonné fort à propos que le resignant soit tenu faire comparoir en cause son resignataire duquel il a & doit auoir bonne & certaine cognoissance puis qu'il luy a resigné son benefice, estant bien informé de sa foy & industrie. Et certainement il est tres-equitable que le iugement

donné à l'encontre du resignant soit executoire contre le resignataire, estant iceluy resignant en dol & faute manifeste pour n'auoir nommé, representé & faict comparoir en iugement sondict resignataire, comme il deuoit. Quant au resignataire, c'est à luy à requerir d'estre subrogé au lieu & droict du resignant, ce qu'il doit faire dans l'an & iour de la resignation, sinon que celuy au lieu & place duquel il a succedé fust demeuré possesseur, car en ce cas seroit excluse ceste prescription annale. Au demeurant ceste subroga- 2
tion sera simple, ou limitee : Si elle est pure & simple, le subrogé sera tenu à l'entiere restitution des fruicts & à tous les despens de partie aduerse, & ainsi a esté resolu par plusieurs arrests. Mais si elle est limitee par ceste protestatiō de n'estre tenu des fruicts & despens que de son temps tant seulement, il faut suyure ceste limitation, sans qu'il soit tenu à autre chose.

ADDITION.

Cest article est prins de la disposition du droict canon, qui long temps auparauant l'ordonnance auoit introduict ce remede afin d'obuier aux fraudes & cautelles dont se seruoient communement les parties pour retarder & mettre en longueur le iugement

des causes beneficiales. Ce que M. Bourdin touche fort bien, lequel sur la difficulté qui se peut mouuoir en ce lieu vse d'vne distinction
3 non moins briefue qu'vtile & profitable. Outre laquelle neantmoins on peut dire que s'il estoit question de despens qui dependissent des charges ausquels est affecté le benefice, le resignataire y pourroit estre tenu nonobstant sa protestation au contraire, estant raisonnable que puis qu'il a esté faict possesseur il soit tenu à ce qui est particulierement procedant du benefice, ainsi que dict Carõdas auoir esté iugé, au premier Liure de ses Responses du droict François chap. 19.

De l'execution des lettres obligatoires sur seaux Royaux. art. 65.

Que les lettres obligatoires faites & passées soubs seel Royal seront executoires par tout nostre Royaume.

---

1 *Les Notaires ne peuuent exercer leur office hors leur destroit.*

2 *Trois sortes de seaux en France.*

3 *Le seel est necessaire pour donner execution aux contracts.*

L'OCCASION de ceste difficulté estoit,
1 parce que les fins & limites des lieux, Dioceses & Prouinces sont tellement distincts & separez, que le Notaire n'a pouuoir

d'exercer l'office de son Notariat hors son destroit. Et partant sembloit-il equitable que tels instrumens ne pouuoient auoir aucun effect hors les lieux où ils estoient receuz & passez, defaillant en cela la puissance de celuy qui les auoit ainsi receuz, mais anciennement on en exceptoit le seau du Preuost de Paris & de Montpellier : toutesfois par ceste ordonnance toutes obligations passees soubz seel Royal pour l'authorité d'iceluy sont executoires par tout le Royaume.

ADDITION.

Faictes & passees soubs seel Royal. Auiourd'huy nous auons trois sortes de seaux en France & consequemmẽt trois differẽtes manieres d'obligations, le seel du Roy, le seel authẽtique, & celuy qui est priué & propre à vn chacun, dont parle Pline en son Histoire naturelle, Liure 33. chapitre premier, duquel il peut vser en ses affaires particulieres, comme à seeller vne procuration, duquel à cest effect vsent bien souuent les communautez. Quant aux deux premiers, leur auctorité est fort accreuë par ceste ordonnance. Lesquels il faut prendre en ce lieu pour l'auctorité qui est baillée au Notaire de receuoir instrumens, & non qu'il soit besoin d'y apposer le seel pour estre authentique : combien que le seel soit necesſaire, pour proceder à l'execution ſelō le ſens de pluſieurs qui diſent qu'il n'a autrement execution paree, à quoy auſſi eſt formelle l'ordonnance, & de là vient qu'on dict quand les Notaires ſont Royaux, qu'ils ſont indifferēmēt paſſez ſous le ſeel Royal, & quand ils ſont receuz par autre Notaire que Royal, qu'ils ſont paſſez ſoubs le ſeel de telle iuſtice. Les contracts doncq, qui ſont receuz par Notaires Royaux ſont executoires par tout le Royaume, ſuyuant le texte de ceſt article, ce qui eſt introduict auec bonne & iuſte occaſion. Car eſtant la iuriſdiction du Roy diffuſe par tout le Royaume il n'y auoit pas grande raiſon de limiter & reſtraindre la contraincte qui deuoit eſtre faicte en vertu d'iceluy à certain & particulier lieu comme on faiſoit au parauant. Toutesfois il nous faut donner quelque limitation à ceſt article. Car ceſte execution de laquelle parle l'ordonnance ayant eſté introduicte pour vne bonne fin ne doit eſtre tiree en vn ſens de calomnie. Partant la faut-il entendre pourueu que l'inſtrumēt ſoit ſans vice: car s'il eſtoit raturé, rompu & cancellé, ou qu'il y euſt defaut oculaire, cōme s'il n'y auoit point de teſmoīs & ſemblables, l'executiō ne pourroit eſtre faite en vertu de tel inſtrument,* quoy qu'il fuſt receu ſoubs le ſeel du Roy, ny pareillement ſi on alleguoit au contraire que l'obbligé eſtoit lors de l'inſtrument hors de ſon bon ſens &

* *Bart. in l. D. ...tin poſſ. leg.*

entendemēt: car quelque generale que soit la Loy, elle requiert au cōtract *habilitatem persona*: * & d'abondant, quand l'ordonnance defend de receuoir l'exception cela se doit entēdre d'autres exceptiōs que celles qui regardent la substāce, validité ou inualidité du contract, cōme si on le disoit nul ou inualide: car ces exceptions sont receuables nonobstāt ladite clause generale. Ainsi le dict Cacheranus en la decision 131. du Senat de Piedmond.

* *Bar. in l. habeat. C. de sacr. Eccles.*

Mais il faut prendre cecy nuement posé comme il est, si la nullité pouuoit estre apperceue par la lecture du contract, ou quoy que soit qu'elle fust manifeste par les allegations & oppositions au contraire. Autre chose seroit d'vn vice latent: car en ce cas le contract est pendant la question de nullité, reputé bon & parfaict & consequemment n'est l'execution retardée: tellement qu'il faut garnir pendant le proces sauf à le recouurer s'il est dict en fin de cause, comme dict Imbert en son Enchiridion *iuris Gallia, in verbo instrumentum*. Et faut prendre telle obligation auoir lieu non seulement pour le principal cōpris en l'obligation passee soubs seel Royal ou autentique, mais aussi pour raison des interests & accessoires liquides par le contract, comme il est fort bien & au long decidé en la decision susdicte.

De l'execution des lettres obligatoires sous seaux authentiques. art. 66.

Et quant à celles qui sont passees soubs autres seaux authentiques elles seront aussi executoires contre les obligez ou leurs heritiers en tous lieux où ils seront trouuez demourans lors de l'execution, & sur tous leurs biens quelque part qu'ils soient assis ou trouuez pourueu qu'au temps de l'obligation ils feussent demourans au dedans du destroict & iurisdictiõ où lesdicts seaux sont authentiques.

---

1 *Que c'est qu'escriture publique.*
2 *Escripture authentique que c'est, & d'où elle est nommée.*
3 *Trois sortes d'escritures obligatoires en France.*
4 *L'effect des instrumens authentiques est different des publics.*
5 *Matieres d'execution sont odieuses & à restraindre.*

1 DE disposition de droict toutes escriptures sont publiques, authentiques, ou priuées. La publicque est celle, qui a esté faite & expediée par personne publicque, comme par vn Notaire auec les solemnitez y requises : l'authentique celle qui de soy faict foy par le moyen du seau authentique apposé en icelle ou autrement, sans que pour la validité d'icelle il soit requis autre adminicule. Aussi est-elle nommee authentique comme

comme ayant auctorité de soy-mesme, estant ce nom tiré & deriué des propres sources du droict, car toute escripture publique est bien authentique, mais celle qui est authentique n'est pas tousiours publique. De ce que dessus il est assez manifeste que c'est qu'vne escripture priuée, toutesfois par nostre vsance nous auons receu vne autre diuision : car des 3
escriptures & lettres obligatoires les vnes sont Royales confirmees par le seel Royal: les autres authentiques comme receuës soubs seel authentique : les autres pures priuées. Les Royales comme celles qui sont receuës & passées par Notaires Royaux & soubs le seel Royal, produisent & estendent leur effect & execution par tout le Royaume, comme il a esté declaré à l'article precedẽt. Quant aux obligatiõs authẽtiques, selon que nous en vsons en France, ce sont celles qui sont seulement receües par les Notaires ordinaires des seigneurs inferieurs & soubs le seel authentique à eux octroyé par le Roy, & non par les Notaires Royaux, ou par quelque personne publicque, ou soubs le seel Royal. Par ainsi l'effect de tels instruments authenticques est different des publics, car ceux qui sont 4
publics produisent leur effect & ont execution par tout le Royaume : ce que n'ont pas les authentiques, sinon dans l'enceinte de leurs fins & limites. A ceste occasion on a accoustumé de toute ancienneté pour l'execu-

tion de tels instruments authentiques, d'impetrer lettres Royaux que nous appellons *de debitis*, ou bien d'implorer l'office du Iuge Royal. Mais par ceste ordonnance cela a esté moderé, tellement que les instrumens authẽtiques sont executoires par tout, si lors de l'obligation les obligez estoient demeurans dans les fins & limites de la iurisdiction du lieu où ledict seel estoit authentique, qui par ce moyẽ estoient veritablemẽt obligez. Que si lors de ladicte obligation ils estoient demeurans ailleurs, il faut pour les pouuoir faire mettre à execution auoir recours aux remedes accoustumez, c'est à sçauoir aux lettres Royaux, ou d'implorer l'office du Iuge Royal pour auoir permission de faire mettre l'obligation à execution. Neantmoins s'il y auoit oppositiõ formee pour ce regard, il la faudroit poursuiure pardeuant le Iuge de la partie obligée & opposante & non pardeuant autre: parce que soubs pretexte desdictes lettres ou permission, on ne le pourroit distraire hors de sa iurisdiction.

ADDITION.

Où lesdicts seaux sont authentiques. Ces mots semblent precisément se rapporter au mot de destroit precedẽt, de façon que seaux authentiques ne sont executoires si les contrahans estoient demeurans ailleurs: sinon que les parties fussent demeurans en autre terre subiecte au mesme seigneur soubs le seel duquel a esté l'obligation receuë, & que ce fust soubs vne mesme Seneschaucée & ressort de iurisdictiõ Royale. Auquel cas en cõsideration de ce que la puissance du seigneur sur ses subjects n'est limitée plus en vne ville qu'en autre, & par consequent que le debiteur estoit son subject, il sembleroit n'estre raisonnable que la force de l'obligatiõ en vertu du seel de son seigneur fust amoindrie par la diuerse demeurance de la propre terre & lieu où il a esté receu: mesmement ayant esgard que le seel du seigneur en vne sienne ville est authentique en l'autre. Toutesfois ceste opinion seroit vn peu dangereuse tant par la coustume qu'on a d'en vser au contraire, que pour la haine des executions qui sont odieuses, & partant doiuent estre restreinctes le plus qu'on peut. Au surplus faut noter, que és lieux où il est faict mention des seaux authentiques, comme il est au present article & en plusieurs autres de ceste Ordonnance, il le faut entendre des seaux des Iustices seculieres, & non des cõtracts passez soubs le seel des Euesques ou receus par Notaires Apostoliques. Car encores que tels seaux soient authentiques & que pour ce regard ils semblent auoir esté compris par l'ordonnance, toutesfois il est aisé à iuger du contraire pour l'incompatibilité qui est entre les matieres prophanes & la iurisdiction Ecclesiastique, comme il a esté amplemẽt deduict & remarqué en l'article premier, second & troisiesme de ceste ordonnance.

De mettre és contracts les demourances des contrahans. art. 67.

Et à ceste fin tous Notaires & Tabellions seront tenus mettre par leurs contracts sur peine de priuation de leurs offices & d'amende arbitraire, les lieux des demourances des contrahans.

---

1 *L'expression du lieu requise pour la forme solemnelle des contracts.*

2 *Notaire qui obmet d'exprimer le lieu commet crime de faux.*

3 *Notaires sont responsables des fautes commises és contrats par eux receuz.*

4 *Notaires quand sont tenus és despens, dommages & interests des parties.*

CEST article depend entierement de l'effect du precedent, parce qu'il sembloit chose du tout ridicule d'inserer en tous contracts la demourance des parties contrahantes: veu qu'il sembloit les lettres obligatoires ne prendre leur effect de l'expression de la demourance ou domicile des contrahans, mais bien de la vertu & authorité du seau. Toutefois en consequence de l'article precedent il estoit necessaire de l'ordonner ainsi: car si les instrumens autentiques, quoy que

6 ce ſoit les obligations authentiques peuuent produire l'effect de leur execution par tout, pourueu que comme il a eſté ja dict, lors d'icelle les obligez fuſſent demourans au lieu où tel inſtrument eſt authentique, il eſtoit fort mal-aisé de cognoiſtre cela & d'y pouruoir à l'aduenir, ſi l'on n'y euſt pourueu par vn nouueau remede. Voyla pourquoy par vne
nouuelle raiſon de droict & ordonnance qui 1
en la forme ſolemnelle des contracts requiert ceſte expreſſion du lieu il a eſté ordonné auec iuſte raiſon qu'on exprimeroit le lieu du contract & de la demeurance des parties : afin qu'on puiſſe facilement cognoiſtre en quel lieu l'obligé eſtoit demeurant lors que l'obligation fut paſſée & conſequemmẽt ſi l'inſtrument authentique peut eſtre mis à execution.
Au demeurant non ſans cauſe il y a peine ap- 2
poſee en ceſt article, de tant que le Notaire qui obmet à exprimer le lieu commet crime de faux. Nous preſcrirons donc ceſte reigle que les obligations authentiques qui contiennent le lieu & demeurance des contrahans s'il ſe trouue que l'obligé ſoit domicilié au lieu du ſeel authentique, pourront eſtre miſes à execution par tout ſuyuant la forme preſcripte par l'ordonnance. Mais s'il ne s'y trouue compris & exprimé, il faudra recourir à l'ancienne forme dont nous auons faict mention cy deſſus.

ADDITION.

3 Les Notaires sont communément responsables des fautes par eux commises és cõtracts qu'ils ont receus tant ciuilemẽt que criminellement, c'est à dire tant enuers la partie que pour le regard de la peine contre eux ordõnée par la Loy. C'est pourquoy estant par ceste ordõnance enioinct aux Notaires de nõmément exprimer la demeurance des parties, s'ils ne le font ils doiuent non seulement estre punis des peines de ceste ordõnance, mais aussi des dommages & interests esquels seroient tombées les parties pour raison de la faute par eux cõmise.
4 Car c'est vne maxime arrestée en droict, que le Notaire deliurant à la partie le contract defectueux est tenu en ses dommages & interests soufferts à cause de telle imperfection & defectuosité, & y a de ce le texte formel,* & la resolution de Bartole sur ce formelle, *in l. fin D. de tab. exhib.* On pourroit icy curieusement demander, si celuy qui obmet à escrire la demeurance des parties tumbe en crime de faux, comme faict celuy qui a obmis de mettre le lieu où a esté passé l'instrument, ou quelque autre des solemnitez requises & necessaires?* En quoy nous pourrions respondre que non, n'estant le contract par là rendu imparfaict pour n'estre ce cas de la substance & solemnité naturelle du contract. Parquoy

* *l. fi. C. de magistr. conuen.*

* *Angel. in l. iubemus. C. de testam.*

iceluy demeurãt en sa force *nihil admissum est, quod notarium faciat in falsi crimen incidere.* Notamment que comme dit M. Bourdin, tousiours *ex eo contractu agi potest via ordinaria & antiqua*, & n'y a le stipulant autre interest sinon qu'il ne peut proceder par voye d'execution, ains faut qu'il se pouruoye par action.

Que garnison se fera és mains du creancier par prouision, art. 68.

Et si contre l'execution desdictes obligations y a opposition, sera ordonné que les biens prins par execution & autres s'ils ne suffisent seront venduz & les deniers mis en ses mains, nonobstant oppositiõs ou apellations quelsconques par prouision, en baillant par le creancier bonne & suffisante caution & se constituãt achapteur des biens de iustice.

---

1 *L'effet de l'obligation produit de sa nature executiõ.*
2 *Au pardessus l'appel l'execution ne peut estre parfaicte sans l'ordonnance du Iuge.*
3 *Ce mot de caution comme se doit entendre.*

CEST article ne merite aucune interpretation. Car l'effect de l'obligation produict de sa nature l'execution, sans qu'il puisse estre suspendu par aucun empeschement d'opposition ou d'appel, pour empes- 1

cher que les biens (comme communément l'on dict) ne soient par prouision venduz & distraits en baillant bonne & suffisante caution & le faisant premierement ordonner par
2 le Iuge, au cas de ladicte opposition ou appel. Car cela ne se doit faire sans l'authorité du Iuge, & est necessaire qu'il soit premierement par luy ordonné auant qu'on puisse parfaire l'execution au pardessus de l'appel.

ADDITION.

Bonne & suffisante caution. Ceste caution doit estre prinse *pignoribus vel fideiussore datis*, car elle
3 n'est autrement reputee suffisante, ains simple & nuë. + Au demeurant l'executeur par la cõmune disposition de droit deuoit soigneusement prẽdre garde de ne saisir les immeubles, s'il y auoit des meubles qui fussent suffisans pour le payement de la debte * & estoit à faute de ce la saisie declaree tortionnaire. Mais aujourd'huy en France ceste estroicte obseruatiõ est abrogée, tellemẽt que quãd biẽ l'executiõ se feroit sans aucune discussion ou inquisition de meubles, elle ne laisse d'estre valable, comme l'a amplement remarqué monsieur le Maistre en ses decisions sur l'edict des criées.

* *l. sancimus. C. de verb. sign.*

* *l. à diuo Pio. §. 1. D. de re iudi.*

Si on procede par action en lieu d'execution n'y aura qu'vn default. art. 69.

Et ou les creanciers n'auront commencé par executiō mais par simple actiō, si l'exploit est libellé & porte la sōme pour laquelle on veut agir, y aura gain de cause par vn defaut, auec le sauf selō la distāce des lieux, en faisant apparoir par le creancier du contenu en sa demande par obligation authentique comme dessus.

Si l'exploit n'est libellé, y aura deux defaults. art. 70.

Et si l'exploit n'est libellé, par deux defaults y aur pareil profit, pourueu que par le premier soit inseree la demande & conclusion du demandeur, & qu'il informe comme dessus.

LE creancier a deux voyes pour faire poursuitte de ses droicts, la voye d'action, & d'executiō. La voye d'actioh est plus douce & fauorable à laquelle pour ceste occasion l'on a accoustumé d'estre fauorable. Car par vn seul defaut on adiuge au demandeur ses fins & conclusions, combien que ès autres matieres il soit besoin d'vser de plus longues procedures, d'autant qu'il faut obtenir en icelles plusieurs defaults auant que l'effect de la condemnation s'en puisse ensuyure. Mais il faut tellement prendre cecy, que le demandeur doiue premierement prouuer & confirmer son intention par instrumens authenticques ou publics, comme il est cy dessus declaré. Et ont certes ces mots (*l'exploit libellé*) vne grande emphase, car le seul adiournement auquel est inseree la demande de l'acteur a mesme force qu'vn defaut. Et partant qu'au lieu de plusieurs defauts qu'il faloit par cy deuant obtenir vn seul suffist quand l'exploict est libellé, c'est à dire quand il contient la demande du demandeur.

ADDITION.

OBLIGATION authentique. Il faut entendre cecy à la charge que l'obligation fust causee & parfaicte de tous poincts : car autrement quand elle seroit passee soubs toutes les rigueurs du monde elle ne pourroit estre mise à execution apres vn premier defaut, ains y faudroit proceder comme és autres matieres ordinaires. Parce que telles obligations sont nulles de droict & ne peuuent rien operer qu'vne legere presumption contre l'obligé, sinõ que la cause se peust colliger des expresses qualitez mises & apposees en l'obligation, auquel cas elle seroit executoire tout ainsi que les autres conceues & celebrees auec expression de cause : comme dict M. Papon auoir esté iugé par arrest du 13. Feurier 1511. Quant à ce qui est icy dict de l'exploict non libellé, cela est abrogé par l'ordonnance du Roy Charles 9. de l'an 1563. article premier par laquelle tels adiournemens & exploicts sõt nuls. Cela toutesfois pourroit auoir lieu si les parties procedoient volontairement sur tel adiournement, autrement non.

Forme de poursuiure l'heritier d'vn obligé. art. 71.

L'heritier ou maintenu estre heritier de l'obligé adiourné par exploiſt libellé deuement faict & recordé pour veoir declarer executoire l'obligation passee par son predecesseur, s'il ne compare sera par vn defaut auec le sauf selon la distance du lieu ladicte obligatiõ declaree executoire par prouision, sans preiudice des droicts dudict pretendu heritier au principal. Et si l'exploict n'est libellé, se fera par deux defaults, pourueu que par le premier soit inseree la demande & libelle du demandeur comme dessus.

Le maintenu heritier pourra estre executé à la charge des dommages & interests. art 72.

Et pourra neantmoins le creancier si bon luy semble faire executer lesdictes obligations ou condemnations contre le maintenu heritier, sans prealablement faire ladite declaration de la qualité d'heritier, de laquelle suffira informer par le proces, si elle est déniée à la charge des despens dommages & interests si ladicte qualité n'est verifiee.

LA question a esté grande & subtile voire agitee de diuerses responses, si chacũ des heritiers pouuoit estre prins & maintenu heritier & consequemment astrainct aux charges hereditaires, y en ayans plusieurs disputans en ceste partie & soustenans vn chacun plus proche & apte à recueillir la succession du defunct decedé *ab intestato*, pouuoir estre dict & maintenu heritier, & comme tel tenu aux charges hereditaires & successoires. Ce que sembloit fort dur, d'autant que bien souuent par le dol & pauureté d'vn creancier seroit inferé vn grand interest & dommage, voire grande fraude à celuy qui ne seroit le vray heritier. Les autres soustenans au contraire que par ces articles on auroit coupé chemin à beaucoup de fraudes qui se commettoient par ceux qui par tergiuersation detractans le nom d'heritier eludoient le plus souuent la demande & poursuitte de la debret. C'est pourquoy ceste question a esté ainsi resoluë, que s'il se trouue quelqu'vn estant proche parent qui doiue venir à la succession, & que partant soit feinctement reputé heritier presumptif, il pourra sans doute estre contrainct comme heritier, s'il ne s'ayde promptemēt de ce remede de publicquement renoncer à l'heredité. Car apres ladicte renonciation ainsi faicte nous ne le pouuons plus reputer heritier, suyuant la commune forme, raison & disposition de droict, si preallablement nous ne soustenons qu'il a nonobstant icelle renonciation faict acte d'heritier. Car en ce cas & pendant ceste question on iugera estre equitable de le pouuoir conuenir comme heritier, neantmoins cest article comme trop dur & ayant quelque chose d'inique en soy n'est obserué, &

n'y ont les iuges esgard s'ils n'y sont meuz & induicts d'ailleurs & pour grandes & vrgẽtes raisons: car si le plus prochain lignager, & cõme tel heritier presumptif par dol & certaine malice ne se vouloit declarer heritier, ny pareillement repudier la succession du deffunct, non sans cause on l'impliqueroit aux charges hereditaires comme heritier presumptif: mais s'il repudioit incontinent l'heredité il seroit inique de le charger & astraindre aux charges hereditaires sinõ qu'on obseruast ce que nous auons dict cy dessus.

ADDITION.

Encore que la fin de ceste ordonnance semble fort equitable pour oster le moyen à plusieurs de retarder l'intention du creancier & le payement de ce qui luy est iustement deu, & par consequent obuier à la malice des hommes qui bien souuent conuertissent leur industrie à fuyr le payement de leurs debtes: si est ce que comme dict icy M. Bourdin, il contient vne apparente iniustice, car par le moyen d'icelle suruenoit vn mal beaucoup plus grand que n'estoit le premier, se trouuant à tous propos le lignager du deffunct infiniement vexé & opprimé par l'execution des creanciers de ceux desquels on le pretendoit heritier & dont il estoit contrainct par vn long proces en poursuyure la reparation. A ceste cause le Roy Henry 2. par son Edict publié le quatriesme iour de Mars 1549. l'a abrogee, pour le regard de ce qu'elle dict du maintenu heritier, tellemēt qu'elle n'est aucunement obseruee.

Peines des mal executans & des obligez non satisfaisans. art.73.

Et außi d'vne amende enuers nous & la partie, que nous voulons estre imposee pour la calomnie des demandeurs en matiere d'execution s'ils succombent, comme außi contre les obligez qui n'ont fourny calomnieusement & sans cause au contenu de leur obligation dedans le temps sur ce par eux promis & accordé.

---

1 *Priuilege de la loy quand doit estre retorqué contre le priuilegié.*
2 *Il ne faut abuser de la loy.*

A BON droict deuoit estre puny le calomniateur creancier par amende aussi
1 bien que le calomnieux debiteur. Car le priuilege que la loy a introduict en sa faueur a deu estre retorqué contre luy, s'il est dict qu'il s'y soit porté calomnieusement ou auoir commis & perpetré aucune chose contre la

forme ou verité de la loy. Et ne luy doit estre permis d'abuser de la loy prescrite ny procurer aucune perte à vn pauure debiteur, parce que vainement celuy implore l'ayde de la loy qui manifestement contreuient à icelle.

ADDITION.

Amende. La voye d'execution est comme nous auons souuent dict cy dessus tousiours odieuse, & à ceste cause il y faut proceder sincerement, autrement l'amende y pend. L'amende en ce lieu doit estre entenduë de soixante liures parisis, qui est l'amende ordinaire des Cours souueraines. Surquoy nous pouuons dire que ceste amende est partie amẽde, & partie peine. Car par la disposition du droit commun, la difference qui est entre l'amende & la peine pecuniaire est que l'amende reuient tousiours à la bourse du fisque, & la peine est reputee ce qui est adiugé à la partie offensee, pour le tort qu'on luy a faict, * comme il est en ce lieu : auquel le Roy veut qu'on adiuge partie de l'amende à la partie ciuile en laquelle son aduersaire a esté condamné à raison de sa calomnie.

* *l. aliud. D. de verb. signif.*

Perquisition de meubles en execution tolluë. art. 74.

Qu'en toutes executiõs où il y a commandemẽt de payer ne sera besoin pour la validité de l'exploict des criées ou autre saisie & main mise de personnes ou de biens, faire perquisition de biens meubles, mais suffira dudict commandement deuement faict à personne ou à domicile.

L'Interpretation & raison de ce present article est aisee & facile. Car par l'ancien stil & forme de proceder on obseruoit l'ordre prescript par le droict. Tellement qu'il estoit necessaire de saisir premierement les meubles : Secondement les immeubles des debiteurs: tiercement il faloit venir aux noms & debtes qui sont & constituent ceste troisiesme espece de biens. Il estoit doncques receu par nostre stil & coustume de premierement saisir les biens meubles & proceder à la vẽte d'iceux, auant qu'on peust mettre en vente & enchere les immeubles. Ce qui estoit fondé en bonne raison, parce que l'improbité & iniquité du creancier sembloit estre tresgrande, lors que pouuant estre payé de la vente des meubles il se vouloit efforcer de proceder par saisie sur les immeubles, desquels le pauure debiteur pouuoit estre nourry & alimenté, le priuant par là de tous ses biens, & luy ostant par ce moyen la faculté de se pouuoir nourrir & alimenter, contre la douceur & clemence de la loy. Toutesfois aujourd'huy le contraire est receu pour la calomnie

lomnie des fuyars debiteurs, & ceste ancienne forme de proceder du tout abolie, contre laquelle on peut d'entree faire prendre & saisir les immeubles. Laquelle reigle doit estre prinse & entendue quant aux maieurs de vingt-cinq ans tant seulement, car les mineurs n'y sont comprins, d'autant qu'on ne peut paruenir à la distraction ou pignoration de leurs immeubles que l'ordre de droict n'y soit gardé, & les meubles discutez & vendus afin de sçauoir s'ils peuuent suffire au payement des debtes. Car c'est vn priuilege special & particulier de la loy pour subuenir à l'infirmité & inconsiderée facilité des mineurs. Et à la verité comment seroit il equitable de permettre prendre & saisir les immeubles des mineurs pour estre vilement & iniquement vendus s'il se trouuoit assez de meubles pour le payemẽt de la debte? C'est pourquoy il est receu & obserué en France, pour leur regard indubitablement tout ainsi que nous l'auons cy dessus touché.

ADDITION.

Ce que dict en ce lieu M. Bourdin les mineurs estre exceptez de la reigle de ceste ordonnance est chose tres-veritable, & qui a esté confirmee par vne infinité d'arrests.

pourquoy l'opinion qu'a tenu Imbert * sur ceste question n'est aucunement suyuie: car il dict que la discussion des meubles n'est requise *etiam in minore*, alleguāt à ceste fin Rebuffe en ses Commentaires sur l'ordonnance qui est de mesme opinion que luy, laquelle il semble fonder sur arrest par luy cotté & aussi sur ceste raison pertinente qu'en cela on ne faict aucun preiudice au mineur, au moyen de ce qu'il peut conuenir son tuteur ou curateur pour ses dommages & interests *cùm non solùm diligentiam sed etiam latam culpam præstare teneatur.* * Toutesfois il se faut arrester nonobstant toutes ces raisons à la premiere opinion comme la mieux suyuie & plus iuridique.

* *in Enchirid. Iur. in verbo minoris immobilia.*

* *l. quidquid. C. arbit. tutel.*

Contre ceux qui seront en demeure de satisfaire. art. 75.

Et encore ne sera disputé de la validité ou inualidité dudict commandement, quand il y aura terme certain de payer par les obligations ou par les sentences, iugemens ou condamnations deuement signifiees.

---

1 *Le iour sert quelquefois d'interpellation.*

2 *Accessoire peut subsister nonobstant la nullité du principal.*

CEst article est entierement fondé en raison de droict. Car les obligations sont conceues les vnes sans prefixion de iour certain, les autres auec prescription de iour. Quant à celles esquelles y a iour certain circonscript & limité, le debiteur est mis & constitué en demeure aussi tost que le iour est venu, d'autant que le iour certain de soy-mesme sert d'interpellation. Estant doncques la demeure commise par le seul laps de temps 1
& le debiteur incontinẽt tenu au payement, il ne faut plus disputer de la validité, ou inualidité du commandement, mais dire que l'interpellation mesme du iour a deu suffire. Car puis que le iour tient lieu d'interpellation il a semblé tres-equitable deuoir estre censé & reputé de mesme effect & auctorité, que si le legitime commandement auoit esté precedent. Et partant, soit que tel commandement aye esté faict suyuant la forme de droict, ou bien hors la forme prescripte par la loy, si le iour est des-ja passé il ne faut plus disputer de la validité d'iceluy.

ADDITION.

Nous pouuons veoir en cest article vne chose fort exorbitante du droict commun par lequel il est requis que les choses soyent deuement faictes & en bonne forme: tellement que ce qui est nul & faict contre la forme de droict, est par interpretation ciuile reputé pour non faict ny aduenu, * & toutesfois nostre ordonnance defend de disputer de la validité ou inualidité du commandement, d'où s'ensuyt que l'accessoire & dependant de quelque chose precedente peut estre bon & valide nonobstant la nullité de son principal, contre infinis * axiomes des loix Romaines & Canoniques. Mais cela est introduict pource que la bonne foy doit estre respectee en tels contracts, obligations & autres semblables actes authentiques, plus que la subtilité & scrupulosité du droict, laquelle fait bien souuent tomber les hommes en erreur. * Si bien que l'on peut dire bien souuent suyuant le prouerbe ancien, *Summum ius, summa iniuria:* comme il aduiendroit au cas present auquel ce seroit faire grand tort au creancier, qui a de bonne foy contracté, & parauanture presté son argent à vn mauuais & fuyard debteur de ne le condamner ou retarder son executiõ pour quelque vaine subtilité & legere obmission.

* *Andr. in c. primo. §. praterea. que sit causa. nis. benef.*

2

* *Reg. accessoriũ de reg. iur. l. Angerius. D. ad l falc. & l. fin. D. de const. pec.*

* *l. si seruum. §. sequitur. D. de verb. oblig.*

Qu'il ne sera requis faire apprecier moisons auant que saisir & crier.
art. 76.

Que par faute de payement de moisons de grain ou autres especes deues par obligation ou iugement executoire l'on pourra saisir & faire criées, encore qu'il n'y ayt point eu d'appreciation precedente, laquelle se pourra faire aussi bien apres lesdictes saisies & criées comme deuant.

---

1 *Executions doyuent estre certaines.*

2 *Executions ne se peuuent faire pour dommages & interests non liquidez.*

L'Ancienne formule des iugemens estoit telle qu'au parauant que venir à la saisie ou contraincte, si en l'obligation il estoit faict mention de quelque chose generalement & non specialement, comme s'il estoit question d'vne annuelle prestation de bled ou froment, duquel l'estimation n'est tousjours certaine, ains communément incertaine & muable selon la saison & varieté du temps, lors il n'estoit loisible de se pouruoir plustost par voye d'execution & saisie, que le grain ou bled ne fust apprecié & reduict à la vraye estimation & valeur. Car la reigle generale estoit, que l'execution deuoit estre certaine & qu'il apparust de ce pourquoy l'execution estoit faicte & de sa qualité & valeur. Par là sembloit il presque impossible depuis que le grain ou bled n'estoit encore apprecié, de dire que telle execution fust faicte pour chose certaine. Et par ainsi l'effect de l'execution demeuroit en surceance iusques à ce que le grain fust apprecié. Ce qui est maintenant abrogé par contraire article de l'ordonnance par laquelle on peut saisir tant les meubles qu'immeubles du debiteur auparauant que faire ladicte appreciatiõ, à laquelle l'on peut faire proceder apres ladicte execution & saisie.

ADDITION.

La dispute a esté anciennement fort grande & diuersement agitee des Docteurs, & laquelle à mon iugement a donné lieu à ceste ordonnance, de sçauoir si l'execution pouuoit estre faicte pour obligation ou condemnation incertaine & non encore liquidée? Quelques vns * tenans que non, tellement que pour ceste raison encores que de soy les arrests soyent executoires tant de disposition de droict, que par la coustume & commune obseruation, si ne peut-il estre faicte aucune execution pour les despens, dommages & interests, qui n'ont encores esté liquidez, ny pareillement pour raison de ce que la chose a esté amoindrie & deterioree. * Les autres ont bien generalement recogneu ceste maxime, mais ils luy ont donné vne limitation,

** Iason & seq. in l. 1. num. 32. D. de edendo. per tex. notab. in l. hac autem §. 1. in verbo liquere. D. quibus ex caus. in poss. eatur. & l. per diuersas. C. Mandati.*

2 ** Bar. in l. perinde. D. ad l. aquil. Afflict. de 252. nu. 1.*

& mesmement Bartole,* que si la liquidation s'en pouuoit faire en l'executiõ, on peut proceder à ladicte execution nonobstant la susdicte reigle, ayant esgard, que ce qui doit estre liquidé de prochain est reputé pour liquide.* Laquelle opinion derniere comme plus equitable, l'ordonnance a suyuie & à bon droict, car il est bien raisonnable, qu'il y ayt mesme raison & maniere de proceder en l'accessoire qu'au principal. Toutesfois la distinction qu'a donné sur ceste question *Ioa. Faber*, est bien cõsiderable, à sçauoir, que si l'accessoire non liquidé, est demãdé par forme de la chose principale, en ce cas ne pourroit l'execution en estre faicte qu'il ne fust liquidé. Et partant faut bien prendre garde à la forme de la demande, ce qui toutesfois aduient rarement en France, & sembleroit du tout inepte de faire demãde de chose accessoire comme d'vne principale.

in l. solet, col. fin. D. de alim. & cib. legat.

arg. l. penult. D. de mil. testat.

in §. Iurare, Inst. de act.

Aux choses criées seront establis Commissaires. art. 77.

Que toutes choses criées seront mises en main de Iustice & regies par Commissaires qui seront commis par le sergent executeur desdictes criées, lors qu'il commencera à faire lesdictes criées nonobstant les coustumes contraires.

---

1 *Pourquoy l'establissement de Cõmissaires est requis.*

2 *Les fruicts de la chose saisie doyuent estre conuertis au payement du principal.*

3 *Quand l'ordonnance deroge aux coustumes.*

4 *On doit seulement establir deux Commissaires.*

5 *La possession est* de facto *transferée aux Commissaires.*

CEst article est fondé en raison de droict, parce que lors qu'il y a saisie sur les biés du debiteur il en doit estre par mesme moyen
1 depossedé. A ceste cause il est porté par l'ordonnance, que les biens saisis seront regis & gouuernez par main de Commissaires, de crainte que parauanture le creancier d'vne mauuaise foy & inique volonté ne perdist & dissipast les fruicts des biens par luy possedez, à la ruine & detriment du debiteur, duquel c'est principalemēt l'interest d'estre liberé & sortir de l'obligatiō en laquelle il estoit entré.
2 Car les fruicts de la chose obligée doyuent estre conuertis au payement du principal & ceder à la liberation de la chose obligée, de façon que s'ils estoyent suffisans pour le payement du contenu en l'obligation, il ne seroit besoin de proceder à la vente & distraction de la chose saisie & obligée.

ADDITION.

De cest article peut-on colliger que l'or-
3 donnance qui ne deroge particulierement &

par vne clause speciale aux coustumes contraires est censee les laisser en leur force & vigueur, car autrement ceste clause (nonobstant les coustumes contraires) seroit inutile. Laquelle questiõ a esté disputee par plusieurs Docteurs, qui en ont faict pareille cõclusion. Au demeurant le Sergent executeur doit en l'establissemẽt de Cõmissaires soigneusemẽt prẽdre garde de n'y en mettre qu'vn ou deux au plus. Car estant cela faict pour le bien & aduantage du debiteur, comme fort bien le dict M. Bourdin, on doit faire en sorte que le benefice de l'ordonnance ne luy soit dommageable. * ce qui aduiendroit si on establissoit plusieurs Commissaires tant à raison que plusieurs, comme dict l'ancien Prouerbe, exercẽt plus negligemment quelque charge, qu'vn seul, que aussi parce qu'il faudroit plus grand salaire, lequel reuiendroit tousiours à la diminution des fruicts pour la conseruation desquels sont * establis les Commissaires. Ainsi le dict Rebuffe adioustant certain establissement de Commissaires auoir esté casse par arrest du 17. Auril 1417. Quant à la raison de ceste ordonnance sur l'establissement de Cõmissaires elle a esté fondee sur ce que plusieurs apres les criees faites & l'adiudication de decret venoient à alleguer qu'ils estoient ignorans de la saisie & que pour tant elle ne leur deuoit porter aucun preiudice en leurs droicts, ce qu'ils ne peuuẽt auiourd'huy dire,

4

** in l. quod fauore. C. de legib.*

** in l. impensæ. D. de verb. sign.*

estant de faict la possession transferee aux
5 Commissaires, & que de là ceux qui peuuent pretendre quelque droict en la chose mise en criees ne se peuuent couurir de ce pretexte, ains se doiuent opposer s'ils ne veulent dechcoir de leur droict. Ce qui est encore confirmé par l'obseruation suiuie en France que le Roy Henry a prescripte par son Edict de l'an 1551. touchant la forme de conduire les criees, par lequel est formellement requis que ledict establissement soit fait auant la premiere criee qui est à noter.

M. le Maist. en ses Decisions, au Traicte des criees, chap. 17.

Defense aux parties de n'empescher les Commissaires. art. 78.

Et defendons aux proprietaires & possesseurs sur lesquels se feront lesdictes criées, & tous autres de ne troubler ny empescher lesdicts Commissaires sur peine de priuation de droict & autre amende arbitraire à l'arditration de Iustice.

---

1 *Le debiteur perd la possession de la chose saisie.*
2 *Restriction sur cest article de l'ordonnance.*

CEst article est confirmatif du precedent auec comination de peine au debiteur troublant & empeschant les Commissaires & sequestres de iouy, & non sans cause, parce qu'autremẽt l'effect de telle possession & saisie seroit illusoire.

ADDITION.

L'ordonnance en cest article semble introduire quelque chose de semblable à ce qui estoit estably par les anciennes Loix Romaines de present abrogees en Frãce. Car celuy qui estoit mis en possession de quelque chose soit pour raison de la cõtumace du defendeur & defaillant ou autrement, le Preteur le maintenoit en icelle,* & n'estoit permis au proprietaire de l'en deposseder de son authorité priuée. Il est vray que l'ordonnance passe bien plus auant, car elle punit le proprietaire de pareille peine que celuy qui a faict force en la possession d'autruy. D'où il faut necessairement inferer que les Commissaires possedent & que le proprietaire est priué de sa possessiõ: ce qui a esté trouué fort dur par plusieurs, qui ont à ceste cause mieux aimé dire que la seule detention & non la vraye & naturelle possession estoit transferee en la personne des Commissaires. * Mais l'opinion plus saine est qu'il perd sa possession, comme fort bien le monstre Chassaneus.* Au surplus faut noter que cest article a receu vne limitation, & que la Cour en verifiant l'Edict du Roy Henry sur le faict des criees, auquel y a article pareil & conforme à cestuy-cy, declara les defenses & peines portées par l'Edict n'auoir lieu à l'encontre des tiers oppo-

*l.1. §. qui interdictum & toto ferè tit. D. ne vis fiat ei.

*per tex. in l.3. § fi. l. si quis ante. vers. denique. D. de acq. vel amit. poss.

*in §.1. gl.4. in verbo en su. nu. 29. & 30. de la coust. de Bourgong.

sans afin de distraire, qui lors de la saisie se-roient trouuez possesseurs & actuellement iouyssans des choses pour la distraction desquelles ils se sont renduz opposans. Ce qui est plein d'equité, pource qu'autrement il pourroit aduenir que le legitime possesseur fust priué de sa possession pour raison de la debte d'autruy & de chose qui ne le toucheroit en rien du monde.

De faire incontinent certifier les criees. art. 79.

Que le poursuiuant criees sera tenu incontinent apres icelles faictes les faire certifier bien & deuement selon nos anciennes ordonnances & faire attacher la lettre de la certification à l'exploict des criees soubs le seel du Iuge qui l'aura faict auparauant que s'en pouuoir aider ne faire aucune poursuitte desdictes criees, & sur peine de la nullité d'icelles.

---

1 *Voye d'execution fort odieuse.*
2 *Coustumes des lieux se doiuent garder aux criees.*
3 *Pourquoy la certificatiõ des criees a esté introduicte.*
4 Forma dat esse rei.
5 *Pour faire tourbe est necessaire y auoir dix tesmoins.*

LEs subhastations & criees doiuent estre conduictes selon la forme & solemnité

prescripte par la loy ou par la coustume, estát ce droict fort odieux, tout ainsi que la voye d'execution, & partant ne faut il rien tant 1
soit peu obmettre des solemnitez à ce requises. Et de tant que par disposition des coustumes de ce Royaume sont introduictes diuer- 2
ses solemnitez & moyens sur la poursuitte des criees & peremptoires, à ceste occasion il est ordonné par cest article, que la disposition desdictes coustumes & stils sera gardee & obseruee chacun en son esgard. Et afin de retrancher l'infinité des contentions & disputes qui eust peu estre entre les parties, en celá il y a esté pourueu d'vn bon remede. A sçauoir que incontinent aprés lesdictes criees 3
& peremptoires publiees y soit mise & inseree par le Iuge des lieux la certification & attestation desdictes criees, pour faire foy qu'elles ont esté bien conduictes selon l'ordre & solemnitez à ce requises. Au demeurant ceste certification doit estre faicte par conseil, les plus anciens practiciens appellez à ceste fin, qui (ainsi qu'on dict vulgairement) tiennent le premier rang en l'exercice des proces & causes iudiciaires.

ADDITION.

Ceste certification doit estre faicte pardeuant le Iuge du lieu où sont conduictes les criees & les choses situees, appellé certain nombre d'Auocats, Procureurs ou praticiens du siege, ou à faute d'iceux (comme en plusieurs sieges il y a faute de gens de sçauoir & de practique) les Notaires, tabellions & sergens du lieu. Car il ne suffiroit que le Iuge au rapport d'vn Conseiller les certifiast, ou qu'il dist les auoir luy mesmes veuës, d'autant que la forme introduicte par l'ordonnance doit estre estroictement obseruee, estant requis

* de l'an 1551. par l'edict du Roy Henry * que lecture en soit faicte à iour de plaids, & en consequence puis

4 que telle forme est baillee & prescripte, il la

* cum dilectus de rescript. l. Iulianus D. ad ex. lib. faut obseruer. *Forma enim dat esse rei & ad iudicem est obseruanda.* * Toutesfois la question n'est sans difficulté si dix practiciés, ou moindre nombre sont requis à ceste certification,

5 estant ceste façon de preuue faite par forme de tourbe, laquelle n'est probante s'il n'y a dix tesmoins, ainsi que le dispute Monsieur le Maistre en son traicté des Criées, chapitre 25. où il recite la difficulté qui en a esté faicte autrefois en la Cour de Parlement, laquelle toutesfois il laisse sans aucune finale resolution.

Amende contre les calomnieux opposans ausdictes criees. art. 80.

Tous opposans calomnieusement à criees deboutez de leur opposition seront condamnez à l'amende ordinaire telle que du fol appel en nos Cours souueraines, & de vingt liures parisis és autres iurisdictions infe-

rieures & plus grandes à la discretion du iustice, si la matiere y est trouuee disposee, & autant enuers les parties.

---

1 Calomnie comme se descouure.
2 Calomnie tresdangereuse encore qu'elle soit aueree.
3 Calomniateurs seuerement punis.

IL n'est besoing donner aucune interpretation à cest article. Car par iceluy sont tant seulement punis & reprimez ceux qui calomnieusement se rendent opposans. Et se des- 1
couure la calomnie en ce que quelqu'vn sans aucune legitime raison ne sans tiltre precedent & valable forme son opposition. Car par le moyen de telles calomnieuses oppositions le principal est retardé & la procedure tenue en surseance au preiudice & interest des autres creanciers & du debiteur, les biens duquel sont cependant possedez par autruy, Partãt sont telles manieres d'opposans dignes de l'amende.

ADDITION.

Les calomniateurs ont esté tousiours fort odieux à la loy & non sans cause, car encores
res que la calomnie soit appertement des- 2
couuerte, si est-ce que tousiours il demeure quelque impression & vestige de la fausse

& calomnieuse accusation, ce qui tousiours reuient au detriment & preiudice de ceux qui tombent en cest inconuenient, & de leur reputation quelque purgation legitime qui s'en soit ensuiuie. C'est pourquoy vn grand calomniateur de la Cour d'Alexandre nommé Medius, conseilloit, ainsi que recite Plutarque au premier tome de ses Morales, de mettre sus à vn homme toutes les calomnies qu'on pourroit inuenter. Parce, disoit-il, qu'encore qu'on apportast guerison à la playe & morsure, toutesfois la cicatrice demeureroit tousiours disant Pline second à ce propos,* que telle maniere de calomniateurs par le venin de leurs langues infames & serpentines bruslent & diffament tout ce qui leur passe au deuant, l'esprit desquels il appelle monstrueux & abominable. Et de faict aussi, telle maniere de calomniateurs estoiet seuerement punis, tant par la loy des douze tables que aussi *Lege Rhemmia*, ou *Rhemia*, cõme disent les autres, laquelle Ciceron appelle *Memmia*, disant qu'elle fut faicte & promulguee particulieremẽt pour punir les calõniateurs, ainsi qu'il se peut recueillir de son oraison *pro Sexto Roscio*. Il est vray que ceste espece de calõnie ne se peut rapporter à cest article de l'ordonnance, ains seulement celle, *quæ vexatio alicuius in litibus dicitur per fraudam scilicet & frustrationem*, qui toutesfois ne doit demeurer impunie. Car le Iurisconsulte mesme parlant

* li.18.c.1.

3

parlant de la femme, *quæ ventris nomine, in possessionem per calumniam venit*, il adiouste, *eiusmodi calumniam Prætorem impunitam relinquere non debere.** Vray est qu'en cela il faut vser de grande circonspection & prudence, car la loy dict, *nõ vtique qui non probat quod intendit, protinus calũniari videtur*. Aussi auoyent les anciens ceste façon de faire que si la calõnie n'estoit aperte, ils prononçoyent en ces mots, *non probasti*: & au contraire, si elle estoit patente, *calumniatus es.*

* *l. 1. D. si mul. vent. no.*

l. 1. D. ad Senat. Turpilianum.

Touchant les opposans à fin de distraire. art. 81.

Que pour les oppositions à fin de distraire ne sera tardée l'adiudication par decret, s'ils ont esté six ans auparauant que d'intenter leurs actions, sur lesquelles ils fondent leurs distractions, à commencer depuis le temps que prescription aura peu courir. Et neantmoins en verifiant leur droict seront payez de leursdits droits sur le prix de l'enchere selon leur ordre de priorité & posteriorité.

---

1 *Distraction quand ne peut auoir lieu.*
2 *Plusieurs sortes d'oppositions differentes.*

CEst article n'a certes besoin d'autre recommandation. Car il esclarcit & explique vne infinité de fraudes & surprises qui se commettent ordinairement sur le com-

mencemẽt de tels proces & instances de subhastations & criees, d'autant qu'il aduenoit souuent que lors que les biens estoyent saisis & mis en criees, quelque calomnieux crediteur qui colludoit auec le debiteur s'opposoit à la saisie des biens & requeroit distraction estre faicte d'vne bonne partie d'iceux, & luy estre adiugez comme à luy appartenans, combien qu'il ne fust possesseur lors de la saisie desdicts biens & qu'il n'eust aucun droict en la chose. Partant y a on pourueu en ceste maniere, que s'il y a eu intermission & cessation faicte par l'espace de six ans, ou que l'action soit demeuree assopie par tel temps que la prescription a peu auoir recours, c'est à sçauoir contre les maieurs de xxv. ans & non contre les mineurs, en ce cas les biens saisis ne seront distraits ny pareillement les actions
1 concernans lesdicts biens, & ne sera quant à ce l'effect de l'adiudication suspenduë ou retardee, mais se pourra tel opposant seulement pouruoir sur le prix de la vente & adiudication desdicts heritages pour estre payé de l'interest par luy pretendu selon l'ordre de priorité & posteriorité, faisant preallablement apparoir de ses droicts. Toutesfois anciennement on souloit faire distraction de la chose mesme & non l'estimer en argent, ou deniers contents. Ce qui a esté changé par le susdict article quand l'action a demeuré sans poursuite six ans auparauant que les

biens fussent saisis & mis en criees.

ADDITION.

Cest article n'est obserué, & y a Edict du Roy Henry cõtraire par lequel il est abrogé & est requis & necessaire vuider les oppositions à fin de distraire auant que pouuoir interposer le decret. Ce qui est fondé sur vne fort bonne & equitable raison, car autrement il ne se trouueroit point de licitateur, parce qu'vn chacun craindroit d'estre euincé & par tel moyen perdre son argent. Au demeurant il y a plusieurs sortes d'oppositions differentes, les vnes à fin de distraire, dont parle cest article, qui est quand quelqu'vn allegue l'heritage mis en criees luy appartenir & non à celuy sur lequel l'on a saisi, dont il requiert main leuee. Les autres à fin d'annuller, & en ceste espece l'opposant dict pour ses causes d'opposition que les criees sont nulles, malfaictes ou pour chose non deuë : ce qui est fondé sur l'edict du Roy Henry de l'an 1551. en ce qu'il veult la forme par luy prescripte, estre exactement obseruee sur peine de nullité. Et les autres sont dicts opposans à fin de conseruer, tant pour le regard des actions & debtes personnelles, que pour la conseruation de leurs hypothecques & autres droits reels,

2 *Opposition à fin de distraire.*

à fin d'annuller.

à fin de cõseruer.

& sont tels opposans mis en leur ordre suyuant la disposition du droict commun * ordre de priorité & posteriorité, comme il est dict en cest article. Quant aux deux premieres especes, elles empeschent sans doute l'interposition du decret, & s'il estoit interposé de faict on le feroit reuoquer par le moyen de ladicte nullité, & par le troisiesme on est seulement mis en son ordre.

*iuxta l. si pro debito. C. de bo. auct. iud. poßid. & l. si fundum. C. qui pot.

Que les choses estans en main de Commissaires seront baillées à ferme. art. 82.

Que tous sequestres, Commissaires & depositaires de iustice commis au gouuernement d'aucunes terres ou heritages seront tenus les bailler à ferme par authorité de iustice, parties appellées, au plus offrant & dernier encherisseur, qui sera tenu de porter les deniers de la ferme iusques à la maison des Commissaires, & d'entretenir les choses en l'estat qu'elles leur serõt baillées, sans y commettre aucune fraude ny maluersation, sur peine d'amende à la discretion de iustice.

---

1 *Baux à ferme doyuent estre faicts publicquement.*
2 *Que ceux qui y ont interest y doyuent estre appellez.*
3 *Les Commissaires doyuẽt prendre cautiõ suffisante.*
4 *En quel cas les Commissaires ne sont tenus de faire bail.*

CE qui a donné lieu à cest article est afin que les fruicts des heritages ne fussent baillez à ferme à vil prix, & par fraudes couuertes consumez en fraude du debiteur, qui de bõne foy permet la distraction de ses biens.
A ceste cause doyuent tels baux à ferme estre 1
faicts publiquement afin qu'il n'y soit fait aucune fraude. Aussi est-il equitable de garder mesme ordre & solénité à l'enchere des fruits
qu'en celle de la chose principale. Et doyuent 2
tels baulx à ferme estre faicts appellez ceux qui y ont interest, sans qu'on puisse le faire autrement, afin de tousiours retrancher toute occasion de fraude.

ADDITION.

Le semblable est porté par l'Edict du Roy
Henry sur le faict des criées article 4. adiou- 3
stant que de ceux ausquels adiudication desdicts fruits sera faicte seront tenus les Commissaires prendre bonne caution. Sur cest article peuuent estre traictées plusieurs belles questions desquelles faict mention monsieur le Maistre en son traicté des criées, mais singulierement de deux: la premiere, si le dernier encherisseur ne se trouuoit, & comme l'on dict, *post auctionem aufugeret*, ou qu'il fust insoluable, à sçauoir si l'on pourroit contraindre le precedent immediat encherisseur de prendre la chose. Il y a beaucoup de bonnes

raisons qui se peuuent rapporter au *pro & contra*: aussi a elle esté diuersement traictee par Bartole & Balde deux des plus grands Docteurs du droict, l'opinion desquels ledict sieur le Maistre tasche de concilier par vne distinction qu'il apporte à cest effect, disant que si les criees estoyent parfaictes & l'adiudication du decret s'en fust ensuyuie, le premier encherisseur seroit liberé conformemẽt à l'opinion de Balde, & tumberoit la faute sur les officiers qui auroyent procedé à l'adiudication sans prendre caution du dernier encherisseur. Le semblable aduiendroit si on auoit receu l'enchere du dernier sous ceste consideration expresse que le precedent fust liberé, ou s'il auoit baillé caution, autrement & que par faute de ce que l'opinion de Bartole est plus saine, & que le precedent demeure obligé si le dernier est insoluable ou qu'il ne s'apparoisse. La seconde question est telle. Les Commissaires ayans mis en enchere les fruits pour la modicité du prix qu'ils en trouuent remettent l'enchere au lendemain, pour l'esperãce qu'ils ont d'en auoir beaucoup d'auãtage: la nuict aduiẽt vn orage & tẽpeste qui endõmage grãdement les fruits, le lẽdemain les Cõmissaires veulent cõtraindre le dernier encherisseur de tenir son enchere. Sçauoir s'il y doit estre cõtraint? il conclud que non, sauf si on luy faisoit preallablement rabais de la perte & dommage qui est aduenuë ausdicts fruicts. Ce qui a en soy vne grande & equitable raison, combien que la rigueur de droict y semble de prime face resister, comme il est escrit par Balde qui a traicté ceste question en son conseil 393. qui commence, *In Christi nomine incip: præmißis duabus regulis.* Pour conclure la matiere de cest article faut noter en passant que le contenu d'iceluy, en ce qu'il est dict que les Commissaires bailleront à ferme les choses saisies, s'entend au cas qu'elles ne l'eussent esté auparauãt, car s'il y en auoit bail faict par le proprietaire il tiendroit, * & seroit tenu le preneur apporter le prix de sa ferme aux Cõmissaires tout ainsi que si elle auoit esté faicte par auctorité de iustice.

** per l. in venditione. D. de bo. auct. iud. poßid.*

Touchant les frais des baulx à ferme desdictes choses. art. 83.

Que lesdicts sequestres & Commissaires seront tenus le iour dudict bail à ferme faire arrester par iustice la mise & despence qui aura esté faicte pour le bail d'icelle ferme en la presence des parties ou elles deuement appellees.

---

1 *La presence du iuge purge tout soupçon de fraude.*

CEst article a esté excogité afin d'obuier & preuenir la fraude & malice de ceux qui s'efforcent par vaines despenses consumer l'heritage saisy. Car bien souuent il aduient par la malice de quelques vns que tels despens iudiciaires consument & absorbent l'heritage vniuersel. Parquoy est-il fort equitable d'y pouruoir par quelque bon moyen & prescrire vne bonne forme par laquelle tels excessifs & inutiles despens soyent circonscripts & limitez. A quoy a tresbien pourueu cest article, voulant que les frais soyent taxez par le preuost ou autre iuge sous l'authorité duquel le bail & adiudication desdicts fruicts aura esté publiquement faicte.

ADDITION.

On peut iuger de cest article de quelle prudence & parfaict moyen l'ordonnance veut oster & faire cesser l'occasion de fraude & machination qu'on voyoit au parauant frequentee au grand detriment des debiteurs.
1 Car encore que la presence du iuge purge tout le soupçon de fraude, comme le disent vnanimement tous les Docteurs, * toutesfois elle ne se contente de l'authorité ny de la presence du iuge, ains veut que les frais & mises qui serõt faicts audict bail soyẽt arrestés le iour mesme en la presence des parties ou pour le moins deuëment appellees. Ce qui est bien raisonnable, *vocandi enim sunt quorum in-*

* *in l. pacta. C. de pact.*

terest, comme sont les debiteurs & les creanciers, ausquels la retardation de leur payement peut souuent tourner à grand'perte & dommage.

Ne pourront lesdicts Commissaires faire autres frais sans ordonnance de iustice. art. 84.

Et ne pourrõt sur les deniers de la ferme faire autres frais & mises, sinon qu'il leur fust ordonné par iustice parties appellees : & partant rendront tous les deniers de la ferme sans aucune deduction, fors de ce qu'ils auront ainsi frayé comme dessus, & de leurs salaires raisonnables, apres qu'ils auront esté ainsi taxez par iustice.

---

1 *En quelle sorte peuuent faire des frais les commissaires.*

2 *Possesseur de mauuaise foy quand peut retenir les impenses necessaires.*

TOus frais qu'il conuient faire en la chose baillee à ferme, doiuẽt estre faicts par l'auctorité du iuge, sans qu'on en puisse faire aucuns qu'il ne soit ordonné. On peut doncq seulement deduire ceux qui auront esté faicts par le commandement & auctorité du iuge, autrement ceste prohibition d'erogation de frais seroit vaine & illusoire. 1

ADDITION.

Cecy est fondé en la commune dispo-sition de droict par lequel celuy qui a esté cõmis au regime de la chose sequestree doit restituer tous les fruicts sans qu'il puisse employer les deniers procedans de la vente d'iceux à aucune autre chose, tellement que comme dict la glose *in clem.* 1. *de sequestr. possess & fructu*, il ne peut *etiam* pour chose vtile & profitable à celle qui est mise en sa main, exposer ce qui est prouenu des fruicts & reuenu de la chose sequestree. A ceste cause s'il estoit besoing faire quelque reparation necessaire il faudroit que cela fust de l'ordonnance du iuge, autrement le Commissaire ne les pourroit recouurer, *cum forma & prohibitio legis sit ad vnguem obseruanda*, encore que de droict lõ
2 aye de coustume permettre au possesseur de mauuaise foy, de retenir les impenses necessaires & en oster ce qu'il peut des vtiles* qui ne semble deuoir estre de meilleure condition que les commissaires. A raison dequoy si la question aduenoit ne seroit parauenture la difficulté trouuee petite, ayant esgard que *res eo magis venalis facta est*,* & que la faute de l'auoir fait ordonner par le iuge en laquelle *bona fides versatur*, veu l'intention des Commissaires qui tend à la conseruation de la chose, ne doit apporter plus de preiudice

** l. impensa & ibi not. D. de verb. sign. l. vtiles. D. de pet. her. l. plane §. fi. D. de rei vend.*

** arg. l. Paulus D. de pigner.*

& dommage que la mauuaise foy à son autheur. Ioinct que ce seroit tousiours induire quelque chose d'exhorbitant à ceste reigle fondee sur le droict naturel, *neminem cum alterius damno debere locupletari*. Ce qui necessairement aduiendroit ou aux creancies ou au debiteur.

De ne plus inserer és decrets ce que l'on y souloit inserer. art. 85.

Que és arrests ou sentences d'adiudication de decrets ne seront doresnauant inserez les exploicts des criées ne autres pieces qui ont accoustumé par cy deuant y estre inserées, mais sera seulement faict vn recit sommaire des pieces necessaires, comme il se doit faire és arrests & sentences donneés és autres matieres.

1 *Solemnité extrinseque n'est iamais presumee si elle n'est prouuée.*
2 *Solemnité exterieure quand est presumée.*

ON a bien voulu adiouster cest article afin de pourueoir à briefueté & obuier à l'auarice des greffiers qui par longueur d'escritures & cahiers pourchassent à faire leur profit. Car ce long & prolixe discours & recit de tous les actes du proces est du tout vain, inutile & superflu, attendu mesmement qu'on n'adiouste foy au narré des sentences si l'on n'en fait d'ailleurs apparoir par legitimes preuues.

ADDITION.

La question n'est pas petite en termes de droict, à sçauoir *si per verba narratiua* l'on peut prouuer & inferer la solemnité des criées & du decret telle qu'elle est requise par la coustume & par l'ordonnance. Car encore que l'affirmatiue se puisse aucunement soustenir & que *scripturæ standum sit quæ dicit solemnitates interuenisse.* * Si est ce que le contraire semble auoir plus d'apparence, parce que *sententia & actio causæ non creditur*, sinon qu'il en apparoisse par escript: * & en termes de droict, la solemnité extrinseque n'est iamais presumee *nisi probetur.* * C'est pourquoy M. le Maistre traictant ceste question sur l'Edict des criees dict pour la resolution d'icelle qu'il faut considerer principalement en cela la diuturnité du decret, *propter quam* il conclud, qu'il faut presumer les solemnitez estre interuenues & auoir esté gardees: *secus* si le decret est recent & de fresche memoire auquel cas l'enunciation d'iceluy ne pourroit inferer preuue des solemnitez sans iustifier des pieces, principalement s'il y auoit plusieurs nullitez qui fussent particulierem͠et deduites.

*glo. in l. 1. C. de fide instru. & iure hasta fisc. lib. 10.

* c fi. de prob. in antiq.

1 * l. quicunque. D. de public. l. sciendum & gl. D. de verb. obl.

2

Publication d'enquestes excepté en Parlement & requestes du Palais.art.86.

Qu'en matieres ciuiles il y aura par tout publication d'enquestes excepté en nostre Cour de Parlement & Requestes de nostredit Parlement à Paris, où il n'y a accoustumé auoir publication d'enquestes, iusques à ce qu'autrement en soit ordonné.

---

1 *D'ancienneté la publication d'enquestes prohibee & interdicte en la Cour & aux Requestes.*

2 *Publication d'enquestes n'est de la substance du iugement.*

CEst article a en soy vne grande equité, estant chose fort dangereuse & pleine de peril de plaider en obscurité & tenebres, & aussi que toutes choses doiuent estre patentes & ouuertes en tous iugemens, & non enseuelies & enuelopees en obscurité. Toutesfois de toute ancienneté la publication d'enquestes a esté prohibee & interdicte en la Cour & aux Requestes, à raison comme on dict de l'auctorité des contendans en icelle, 1
& qu'elles soient plus abstruses & secretes, lesquelles il n'est aussi loisible de promulguer.

ADDITION.

L'exception que faict l'ordonnance tou-

chant la Cour de Parlement pour le regard des publications d'enquestes n'est aucunement nouuelle; car de toute anciẽneté cela y estoit ainsi obserué, comme a fort bien remarqué Aufrerius [a] disãt que cela a esté ainsi introduict afin d'obuier à tout scandale. En
2 quoy n'y a rien contraire à la forme naturelle des iugemẽs, attẽdu que l'attestation & publication d'enqueste n'est de la substance d'iceux & qu'à ceste cause elle peut estre obmise.

[a] *cap. 17. ad stil. parl.*

* *Bart. in l. prolatã. C. de sent. & inter lud.*

Communication d'inuentaires & productions. art. 87.

Qu'en toutes matieres ciuiles y aura communicatiõ d'inuentaires & productions.

---

1 *Communication des productions des parties quand se doit faire.* & num 2.

CEst article depend de mesme raison & equité que le precedent. Car les inuentaires & productions des parties doiuẽt estre respectiuement communiquees afin qu'on puisse plaider ouuertement & non sur actes obscurs & incognus.

ADDITION.

CEST article n'est perpetuellement ob-

serué tant és Cours souueraines que subalternes & inferieures. Car le plus souuent on a accoustumé pour accelerer les choses d'appoincter les parties en droict à escrire 1
par aduertissement & produire tout ce que bon leur semble, sans ordonner autre communication des productions, qui a seulement lieu lors qu'il est ordonné que les parties bailleront contredits & saluations & non autrement. Vray est que si en iugeant le proces la Cour voit qu'il soit necessaire de contredire
par les parties les productions l'vne de l'autre pour la contrarieté & repugnance qui y pourroit estre, elle a accoustumé ordonner auant que passer outre qu'elles leur seront communiquees pour les contredire & bailler saluations respectiuement dans le temps de l'ordonnance. 2

Dommages & interests de temerité & calomnie, art. 88.

Qu'en toutes matieres reelles, personnelles & possessoires, ciuiles & criminelles, y aura adiudicatiõ de dommages & interests procedans de l'instance, & de la calomnie ou temerité de celuy qui succombera en icelles, qui seront par la mesme sentence & iugement taxez & moderez à certaine somme comme il a esté dict cy dessus, pourueu toutesfois que lesdicts dommages & interests ayent esté demandez par la partie qui aura obtenu & desquels les parties pourront faire remonstrance par ledict proces.

1 *Deux sortes de dommages & interests.*
2 *Dommages & interests intrinseques d'où procedent.*
3 *Qu'ils doyuent estre taxez & liquidez par mesme iugement.*
4 *Plusieurs especes de dommages & interests.*
5 *Definition d'interests.*
6 *Dommages & interests sont de faict.*

IL faut pour l'explication de cest article vser de ceste distinction, c'est à sçauoir qu'il y a deux sortes & manieres de dommages & in-
1 terests. Car il y en a qui (comme on dict) procedent de la nature de la cause & instance, comme quand par la calomnie de mon Procureur ou tergiuersation de partie aduerse mon heritage a esté deterioré & rendu de moindre valeur, à l'occasion de ce que ie n'en ay peu iouyr, ou qu'il m'a conuenu faire plusieurs frais vains & inutiles & qui ne viennēt iamais en taxe. Car à la verité tels dommages & interests, ne sont point intrinseques & naissans de la chose mesme, mais du lōg traict du proces, calomnie ou temerité de celuy qui a mauuaise cause. Les autres procedent & prennent leur origine de la chose mesme qui est querellée & poursuyuie en iugemēt, comme quand l'execution a esté mal faicte, & alors l'executeur ou quoy que soit celuy à la requeste de qui elle a esté faicte est condamné ès dom-

ès dõmages & interests souffers à cause de ladicte execution, & prẽnent tels dommages & interests leur origine de l'exécution & non de l'instance. Le semblable aduient quand quelqu'vn est sans propos troublé en sa possession, auquel cas celuy qui a faict ledict trouble est condãné és despens, dõmages & interests qui procedent du trouble reel, & non de l'instance, d'autant que la nature de l'instance produit d'autres interests. Doncques nous conclurons que les dommages & interests qui viẽnent de l'instance, par la calomnie & temerité de l'aduersaire doiuent estre par mesme iugement taxez & moderez par le Iuge, afin de ne faire vn nouueau proces sur l'estimation & liquidatiõ d'iceux. Mais au cas contraire ceste moderation & liquidation n'est pas ainsi necessaire, & lors que les dommages & interests procedent intrinsequement de la chose litigieuse comme cy dessus nous l'auons remarqué, afin de n'irriter ou rendre nuls les iugemens, par lesquels nous ne procedons à la liquidation & estimation desdicts dommages & interests. Autre chose est des dommages & interests qui procedent de l'instance: parce qu'ils doiuent estre taxez & liquidez, comme il a esté iugé par arrest seant Monsieur le President Lizet, fontaine tressinguliere de tout le droict.

ADDITION.

LA raison des dommages & interests pour

leur varieté & diuerse nature est aussi fort diuersement traictée & agitée en droict, dont
4 les vns selon l'opinion des Docteurs sont conuentionnels, les autres communs, & aucuns singuliers, les autres intrinseques ou extrinseques, consistans en la perte receuë, ou profit & gaing obmis & perdu. La plus-part desquelles especes nous n'expliquerons en ce
5 lieu, ains nous contenterons de parler seulement des extrinseques & intrinseques. Mais auant que d'entrer plus auant en ce propos, faut entendre qu'interest n'est autre chose, qu'vne estimation du dommage qu'on a receu en ses biens & facultez, ou du gain obmis & perdu par le faict & cause de nostre aduersaire. * Au reste il est tout certain que l'ordonnãce parle seulement des dommages & interests qui procedent de l'instance & que, ces mots (*temerité & calomnie*) sont restraincts au mot precedent (*instance.*) Ce qu'esclarcit fort bien M. Bourdin par la distinction qu'il y apporte. Car s'ils procedoiẽt d'ailleurs *& sic ex-*
6 *trinsecus instantia*, ils ne pourroiẽt ny deuroient estre taxez & liquidez sur le champ à certaine somme, parce que *interesse est facti*, & consequẽment les Iuges n'en ayans cognoissance ne le doiuent faire, au moins qu'il n'apparust par le proces à quelle somme ils se peuuẽt monter. Comme si le demãdeur ayant posé par ses escritures vn faict concluant pour lesdicts interests, les verifioit par escriture publique,

* *gl. in l. 1. C. de sent. quæ pro eo quod interest prof.*

* *l. quatenus, D. de reg. iur. l. 1. D. de probat.*

ainsi qu'il est auiourd'huy fort aisé par l'extraict de la valeur des grains, qu'on a accoustumé de leuer & trouuer au Greffe de chasque bonne ville, & semblables moyens, & non autrement. Mais quant à ceux qui sont naturellement naissans de l'instance il y a autre raison. Car les Iuges ont certaine cognoissance de la forme & maniere des procedures sans autre preuue, & par consequent de l'interest raisonnable qu'on pourroit pretendre pour cause desdites procedures, retardation du proces & semblables, qui sont interests intrinseques. A ceste cause ne requiert l'ordonnance autre chose qu'vne sommaire remonstrance de laquelle il apparoisse par le proces, *ne iudex plus dare videatur quàm in iudicio petitum sit*, estant chose ferme & constante en droict qu'il doit suiure la demãde sur la condamnation, & que (comme l'on dict) *fatuus est iudex qui plus adiudicat, quàm in iudicio petitum sit.*

Dommages & interests seront estimez par les Iuges & iugeant le principal. art. 89.

Qu'en toutes condamnations de dommages & interests procedans de la qualité & nature de l'instãce les Iuges arbitreront vne certaine somme selon qu'il leur pourra vray-semblablement apparoir par les proces, selon la qualité & grandeur des causes & des parties sans qu'elles soient plus receues à les bailler par declaration ne à faire aucune preuue sur iceux.

1 *Dommages & interests comme doiuent estre moderez.*
2 *Vne mesme chose peut estre censee grande & petite par diuerse consideration.*

1 CEST article est entierement conforme auec l'article precedent, sans qu'il soit besoin luy donner autre interpretation. Car il est clair par la disposition de droict les dommages & interests deuoir estre moderez, selon les qualitez & circonstances de la chose, sans y obseruer vn mesme poids & balance.

ADDITION.

CEST article a esté adiousté afin d'oster le doubte qu'on eust peu mouuoir sur le precedent touchant la forme d'estimer les dommages & interests. Lequel cesse du tout estant entierement remis à la discretion du Iuge, qui doit auoir en ce faisant esgard à la qualité des personnes & aussi à la grandeur de la cause. Ce
2 qu'il estoit necessaire de faire ainsi, parce que les mesmes choses sont grandes & petites ensemblément par diuerse consideration & respect, & communément tout cela est remis à la discretion du Iuge, lequel en cela doit reigler son iugement selon les circonstances du faict

& argumens vray semblables qui se peuuent tirer du proces.

De ne differer de iuger pour le deces des parties si le proces est en estat. art. 90

Quand vn proces sera en estat de iuger, le Iuge quel qui soit pourra proceder au iugement & prononcer sa sentence nonobstant que l'vne ou l'autre des parties soit decedee, sauf à ceux contre lesquels on la voudra faire executer, se pouruoir si bon leur semble par appel autrement fondé que sur nullitè de sentence comme donnée contre vn decedé.

---

1 *Iugemens donnez contre personnes decedées sont nuls.*
2 *La conclusion du proces termine la procedure.*
3 *Causes criminelles sont esteintes auec la personne.*
4 *Voyes de nullité n'ont point de lieu.*

PAr la disposition de droict l'on ne peut donner sentence contre vne personne decedée, car selon l'opinion du Iurisconsulte Paulus l'ordonnance du Iuge qui est impossible est sans aucune vertu, laquelle il faut censer estre de ceste nature au respect d'vne personne defuncte. Et partant il a esté de tout 1
temps receu par nostre commun stil & vsance, que les iugemens donnez à l'encontre des deffuncts & decedez soient de nul effect. A

ceste cause il estoit necessaire, que les heritiers fussent appellez, pour soustenir ou delaisser le proces commencé auec le deffunct. Mais celà est abrogé par la disposition de ceste ordonnance, quant aux proces qui sont conclus ou prests à iuger ausquels n'est autre chose desirée que l'office du Iuge. Car alors sans autre plus longue procedure le proces peut estre iugé, d'autant qu'il n'y a rien qui defaille à l'ordre des procedures & instruction du proces, pour ce que la conclusion termine & met fin à l'ordre de la procedure.

ADDITION.

Cecy a esté introduict pour tousiours retrācher la lōgueur des proces. en quoy faut noter que la cōmune forme obseruée sur l'execution de tels arrests ou sentences est que celuy qui a obtenu doit faire adiourner les heritiers pour veoir declarer l'arrest ou sentence donnée cōtre le deffunct executoire contre eux, comme elle eust esté cōtre luy, & à ceste fin si c'est en la Cour obtenir lettres en la Chācelerie du Roy; au moyen dequoy le iugement doit estre declaré executoire contre lesdicts heritiers, ausquels toutesfois sont reseruez tous les moyēs, que le deffunct pouuoit auoir pour proposer contre lesdicts sentence ou arrest. Ce qui est

bien raisonnable d'autant qu'ils entrent au lieu & place du deffunct & sont reputez mesme personne, *imo* sont dicts succeder *in vitium defuncti de quo ciuiliter tenentur*. Toutesfois si le proces n'estoit trouué en estat de iuger lors de la mort de celuy qui est en cause, il seroit necessaire auant que proceder outre, de faire appeller ses heritiers en reprinse de proces, & à ceste fin obtenir lettres comme dessus qu'on appelle communément lettres de reprinse, & ne seroit autrement reputé l'heritier succeder au lieu & place de son predecesseur. Ce qu'il faut entendre auoir lieu és causes ciuiles & non és causes criminelles, 3
parce que les causes criminelles communément perissent & sont esteintes auec la personne de l'accusé, * excepté en certain cas du droict. Toutesfois s'il estoit question de quelque amende ou interest adiugé & poursuiuy l'on y garderoit la mesme forme que és matieres ciuiles. Au reste il semble que ceste ordonnance permette de debatre les iugemens de nullité. Car *vnius exclusio videtur alterius positio*, de façon que depuis qu'il est dict par cest article que les parties ne pourront alleguer nullité de sentence comme donnée contre vn decedé, on pourroit s'ayder des autres contre la commune reigle receuë en France, par laquelle 4
voyes de nullité n'ont point de lieu en ce Royaume. Ce neantmoins il est bien certain,

* *tit. C. si reus vel accus. mort. fuerit.*

que ceste nullité ne peut seruir d'autre chose que de monstrer l'iniquité & defectuosité du iugement, & que pour proposer telles nullitez il faut recourir aux remedes ordinaires d'appel, de proposition d'erreur & de requeste ciuile. Consequemment demeure la reigle susdicte tousiours ferme & stable.

Quelles sentences de Iuges subalternes seront executoires nonobstant l'appel. art. 91.

Que les sentences de prouision d'alimens & medicamens donnees par les Iuges subalternes iusques à la somme de vingt liures parisis seront executees, nonobstant l'appel & sans preiudice d'iceluy, en baillant caution comme de Iuges Royaux.

---

1 *Raison & fondement de cest article de l'ordonnance.*

2 *Quelle caution est requise és matieres prouisoires.*

IL est certain que les iugemens fauorables & prouisoires lesquels ne reçoiuent point de dilation doiuent estre fauorablement traictez. Et partant seront tels iugemens ainsi donnez par les Iuges Royaux executez nonobstant l'appel à raison de l'auctorité Royale. Et do tant que les Iuges subalternes qui donnent & prononcent eux mesmes les sentences n'estoient de telle auctorité & effect que les Iuges Royaux l'execution de leurs iugemens demeuroit suspenduë, iusques à ce que l'appel fust decidé, & n'estoient iceux executez, ce qui estoit fort dur, d'autant que celuy qui deuoit ce pendant estre nourry & alimenté estoit miserablemét necessiteux & n'auoit de quoy se nourrir & alimenter. Et celuy qui estoit cõtrainct de se faire panser & medicamenter n'auoit dequoy fournir aux fraiz necessaires pour sa guerison. Par ainsi souuentesfois le pauure homme mouroit de faim & necessité. Au moyen dequoy cela a esté à bon droict & auec vne equité singuliere mis hors d'vsage, & ordonné que les sentences données par les Iuges inferieurs pourroient nonobstãt l'appel estre mises à execution, comme de faict par la disposition de droict elles ne sont subiectes à aucune dilation ou retardement. Toutesfois il ne faut estendre ces iugemens à autres cas & especes. Car ceste execution n'est permise és autres cas & especes.

ADDITION.

Cest article augmente grandement l'auctorité des Iuges des Seigneurs ausquels ceste prerogatiue n'estoit donnée auparauant ceste ordonnance. Toutesfois il y auoit grãde raison de le faire ainsi, parce que l'inconue-

nient qui auoit meu les precedens Roys à l'ordonner ainsi des Iuges Royaux demeuroit encore en pareille extremité que deuant : attendu que la plusparr des proces criminels estoient conduicts chacun en sa propre iustice, & partant estoit il necessaire d'y donner quelque bon ordre ; comme a faict l'ordonnance. Au demeurant la caution qui est requise pour raison desdictes prouisions est des-
2 crite par l'ordonnance du Roy Loys xij. faicte en l'an 1499.

Touchant la cognoissance des cedules. art. 92.

Que toutes parties qui serõt adiournées en leurs personnes en cognoissance de cedules serõt tenues icelles cognoistre ou nier en personne ou par Procureur specialement fondé pardeuant le Iuge seculier, en la iurisdiction duquel seront trouuez sans pouuoir alleguer aucune incompetance, & ce auant que partir du lieu où lesdictes parties seront trouuées, autrement lesdictes cedules seront tenues pour confessées par vn seul defaut & emporteront hypothecque du iour de la sentence comme si elles auoient esté confessées.

---

1 *Confeßion faicte pardeuant Iuge impetant est nulle.*
2 *Recognoissance de sing emporte hypothecque.*
3 *Confeßion geminée produit hypothecque.*
4 *Cest article est contre la disposition du droict commun.*

5 *Quand se doit faire renuoy sur la garnison.*
6 *Asçauoir si on est tenu de recognoistre vne cedule conditionnelle.*

CEST article semble estre contraire à la cōmune disposition de droict. Car par la loy la cōfession faicte pardeuāt vn Iuge incom- 1
petant est nulle & ne peut de soy produire aucun effet de preuue: à ceste cause telle recognoissance de sings ou cedules ne pouuoit estre deuëment faicte que pardeuant les Iuges cōpetans, ou si elle estoit faicte n'obligeoit aucunement celuy qui les auoit recogneuës. Ce neantmoins le contraire a esté ordōné par cest article en haine des debiteurs fuyars, c'est à sçauoir que les sings & escritures recogneuës pardeuāt quelque Iuge que ce soit obligent celuy qui les a cōfessées & recognuës, & que celles qui ne seront confessées & recogneues par les debiteurs en personne, soient tenues pour telles par vertu d'vn seul defaut. Au demeurāt l'effect de ceste recognoissance est de produire hypothecque, ce qui est admirable. Car l'obli- 2
gation personnelle ores qu'elle soit publiquemēt cōceue estāt cōfirmée par sentēce ne produit & ne dōne aucū droit d'hypotheque s'elle n'est mise à execution, & que par le moyē de telle sentence on procede par saisie. Le cōtraire est quant aux cedules recogneues: car elles portent hypotheque du iour qu'elles

ont esté recogneuës, auec grande raison, pource qu'il y a en icelles double confession. La premiere portée par icelles, l'autre par la confession approbatoire de la cedule : dont s'ensuit qu'à raison de telle gemination ainsi volontairement faicte tel droict d'hypotheque en doit iustement proceder, estant en ma-
3 tiere de iugemés chose certaine qu'ils ne sont donnez qu'à l'encôtre des personnes côtrainctes & forcées, & partant ne peuuẽt estre censez de telle force & authorité que ceste reiterée & geminée confession procedante de la franche & liberale volonté de celuy qui l'a faicte.

ADDITION.

En *recognoissance de cedule.* On pourroit douter si ce mot de cedule doit seulement estre rapporté à celles que l'adiourné a luymesme faictes & escrites de sa main, ou si l'on doit estimer qu'en vertu de ceste ordonnance il doiue estre contrainct de recognoistre ou precisément nier les cedules de ses predecesseurs decedez, au lieu desquels il a succedé ou de ses facteurs & semblables. La difficulté pouuoit proceder de ce que ceste ordonnan-
4 ce est directement contraire à la disposition de droict, & partant qu'il ne la faut estendre. D'abondant il y a autre raison au propre faict

d'vn chacun que de celuy d'autruy, conſequemment qu'il ſeroit trop rigoureux d'aſtraindre l'heritier ou le maiſtre ſi eſtroictement à la recognoiſſance de la cedule d'autruy, qu'à la ſienne propre, notamment qu'il eſt bien licite à vn chacun de ſ'aſtraindre à telle iuſtice qu'il veut, mais ſi l'obligation paſſiue paſſe aux heritiers il les faut conuenir en l'vn des trois lieux ordonnez par le droict. Il y a pareille raiſon prinſe de ceſte ordonnance meſme. Car encore que les obligations ſoyent executoires contre les principaux obligez, on ne peut toutesfois proceder par ceſte voye contre les heritiers, *ne dicamur ab executione initium ſumpſiſſe*, & par ainſi s'en enſuyuroit que les heritiers & ſucceſſeurs ne pourroyent eſtre contraincts à recognoiſtre preciſément & indifferemment telles cedules en quelque lieu qu'ils fuſſent trouuez. Toutesfois le contraire eſt plus vray-ſemblable, pour le peu d'intereſt qu'a l'heritier de recognoiſtre, eſtant le Iuge tenu le renuoyer ſur la garniſon, pardeuant ſon Iuge domiciliaire & competant, encore que l'on euſt conclud hypothecairement. La difficulté pourroit eſtre plus grande, ſi l'on eſtoit adiourné pour recognoiſtre ou nier vne cedule conditionnelle, le droict de laquelle ne ſeroit encore eſcheu. Car il y a grande apparence que tel demandeur *plus petere videatur*, & partant qu'il ne deuroit eſtre ſeulement debou- 6 té de ses demandes, fins & conclusions, mais qu'il deuroit encourir la peine introduite par la loy contre tels demandeurs. Toutesfois la partie contraire est mieux suyuie. Car il n'y procede pas *animo plus petendi*, mais seulement *sibi cautum & consultum expetit*. Parquoy on a accoustumé de le receuoir & contraindre le defendeur à la recognoissance, mesmement s'il y auoit quelque cause & legitime raison de penser que le defendeur deust tomber en pauureté & indigence : car on n'a autre moyen d'asseurer sa debte. Et à cecy se rapporte fort bien ce que recite Cacheranus * en semblable question auoir esté dict & determiné par le Senat & Cour de Parlement de Piedmont. Lequel jugement il confirme de plusieurs belles auctoritez & raisons.

* *decis.130.*

Quand vne cedule deniée aura hypotheque. art. 93.

Si aucun estant adiourné en cognoissance de cedule compare ou conteste deniant sa cedule, & par apres elle est prouuée par le creancier, l'hypotheque courra & aura lieu du iour de ladicte denegation & contestation.

---

1. *La condamnation accroist par l'inficiation.*
2. *Benefice de la loy Aquilia que c'est.*

3 *Comme l'on doit proceder à la preuue du sing quād la cedule a esté deniée.*

CEST article est plein d'equité, car il n'est raisonnable, que la condition du deniant & inficiateur soit renduë meilleure que de celuy qui recognoist bonne foy. A ceste cause n'a il peu estre mulcté de moindre peine que d'introduire & créer l'hypotheque du iour du deny & calomnieuse inficiation: tout ainsi que s'il eust recogneu la bonne foy qu'il estoit tenu de suyure. Car s'il eust dés le commencement recogneuë, l'hypotheque eust esté creée depuis le iour de la recognoissance. Ce qui par meilleure & plus forte raison doit auoir lieu contre celuy qui par dol & mauuaise foy a vsé de denegation, singulierement que le dol ne doit porter preiudice qu'à celuy qui s'en sert. Pource que comme l'on dict en termes de droict, la condamnation accroist par l'inficiation & denegation du deniant & inficiateur, à raison de laquelle inficiation il est priué des priuileges introduicts de droict en sa faueur. Comme 1
l'on voit en la loy Aquilienne par le benefice de laquelle l'on a priuilege de n'estre condamné *in solidum*, mais entāt qu'on peut vray-semblablement faire. Lequel priuilege toutesfois se perd par l'inficiation. 2

ADDITION.

Elle est prouuee. Ceste preuue se faict par diuers moyens, mais principalement par comparaison de lettres, qui doit estre faicte par authorité du Iuge & par gens à ce expers & qui ayent serment au Roy ou à Iustice. Et pour plus aysément paruenir à ladicte preuue peut la partie requerir que le deniant ayt à escrire quelque chose de sa main pour sur ladicte escriture proceder à la comparaison des lettres. A quoy il doit estre contrainct par le Iuge. *

* *Angel. in § si quis igitur. in auth. de fide instru.*

Restitution de fruicts depuis la demeure & mauuaise foy. art. 94.

Qu'en toutes matieres reelles, petitoires & personnelles intentées pour heritages & choses immeubles s'il y a restitution de fruicts ils seront adiugez non seulement depuis contestation en cause, mais aussi depuis le temps que le condamné a esté en demeure & mauuaise foy auparauant ladicte contestation selon toutesfois l'estimation commune qui se prendra sur l'extraict des registres aux greffes des iurisdictions ordinaires, comme sera dict cy apres.

---

1 *Possesseur de mauuaise foy tenu de restituer les fruicts.*

2 *La contestation constitue le possesseur en mauuaise foy.*

3 *Deux sortes de fruicts.*

4 *Le possesseur de bonne foy gaigne les fruicts sans aucune exception.*

5 *Possesseur de mauuaise foy n'est tousiours tenu à la restitution des fruicts.*

CEST article est prins & entierement tiré de la pure raison de droict. Car il est tout certain que par la disposition d'iceluy le possesseur de mauuaise foy est contrainct de rendre & restituer tous les fruicts, & le possesseur de bonne foy ceux qui sont extans & en nature, & apres la contestation en cause vniuersellement tous. Mais l'ancienne question a esté de sçauoir, si celuy qui du cōmencement possede de bonne foy estant par apres faict possesseur de mauuaise foy doit faire les fruicts siens? Plusieurs ont incliné en ceste opinion, que celuy qui du commencement a eu bonne foy & qui a esté fondé en icelle puisse faire les fruicts siens & prescrire la chose, encore qu'il soit depuis faict possesseur de mauuaise foy, & ce suyuant la commune raison du droict ciuil, & qu'il n'est constitué en mauuaise foy que par la contestation. Et ainsi a esté receu par nostre stil & vsance, & 2
que celuy qui est du commencement en bonne foy soit seulement tenu à la restitution des fruicts perceuz depuis la cause contestee, con-

me il a esté confirmé par infinis arrests. Mais l'article de nostre ordonnance fondee sur l'equité du droict canon a voulu & ordonné l'adiudication des fruicts deuoir estre faicte depuis le temps qu'on a esté faict possesseur de mauuaise foy. Ce que nous interpreterons par cest exemple, sçauoir est quand quelqu'vn ayant acquis vne chose de bonne foy par apres cognoist par la communication des tiltres de son aduersaire que la chose ne luy appartient & par consequent commence d'estre possesseur de mauuaise foy. Auquel cas si des le temps qu'il s'est recogneu tel il ne faict restitution de la chose ou se desiste de la possession d'icelle, ains soustient le proces, il est tout certain que par la reigle & maxime de l'ordonnance il doit estre contraint à rendre & restituer tous les fruicts depuis le temps qu'il a esté constitué en mauuaise foy, ayant l'ordonnance voulu y auoir vne connexité & consequence de la mauuaise foy à la restitution des fruicts. Toutesfois i'entends qu'en France cela n'est obserué si ceste mauuaise foy n'est manifestement & oculairement prouuee & aueree : car s'il y a le moindre doute du monde & que la verité de ceste mauuaise foy ne soit claire & bien cogneüe les fruicts ne sont adiugez suyuant la commune disposition de droict que du iour de la cause contestee. Pource que des ce temps là, nous presumons & recognoissons la mauuaise

foy par certaine raison de droict. Ne sera hors de propos adiouster qu'il y a des fruicts qu'on appelle naturels qui croissent plustost de leur 3
propre nature, que par aucune industrie des hommes, & d'autres qui sont appellez industriaux esquels l'industrie peut beaucoup. Quant aux naturels on a souuentesfois faict doute pour la contrarieté de plusieurs loix, si le possesseur de bonne foy estoit subiect à la restitution d'iceux. Car quant aux industriaux, il est clair par la decision du Iurisconsulte Paulus* qu'il les faict siens. Et combien que par la commune opinion de tous ceux qui font profession de respondre & resoudre les questions de droict on l'aye conclud & determiné pour ceste partie, que le possesseur de bonne foy fondé en tiltre (car autre chose seroit s'il n'auoit aucun tiltre) fait les fruicts naturels siens. Toutesfois nous auons receu en ce Royaume par coustume generale, que le possesseur de bonne foy gaigne les fruicts sans aucune exception tant & si longuement qu'il demeure 4
en icelle, soit qu'ils prouiennent naturellement & sans labeur ou par son labeur & industrie, sans entrer en ceste difference s'ils sont naturels ou industriaux quand il est question de la restitution d'iceux, par ce qu'on s'arreste seulement à l'origine & commencement de la mauuaise foy.

* *in l. fructus. D. de vsur. l. bonæ fidei. D. de acquir. rer. dom.*

ADDITION.

Pource que M. Bourdin traicte icy fort doctement comment c'est que le possesseur est tenu à la restitution des fruicts, nous nous cōtenterons seulement d'expliquer ceste particule inseree le plus souuent és iugemens qui interuiennēt és matieres petitoires & de rei vendication, en ces mots (*& à la restitutiō des fruits que le defendeur a prins & perceus depuis l'acte de contestation en cause.*) Laquelle clause a donné occasiō de douter de quelle cōtestatiō le iugemēt doit estre entendu au cas qu'il y en eust eu deux, estāt la premiere instance demeuree perie. Car la raison pour laquelle on cōdamne le defendeur en ceste restitution de fruicts n'est autre que pour sa mauuaise foy en laquelle il a esté constitué par ladicte contestation, consequemment que n'estant purgee ceste mauuaise foy par la peremption d'instāce, & demeurant nonobstant icelle * comme elle faict il doit y estre tenu. Toutesfois l'opinion contraire est fondee en grande raison. Car l'effect procedant de la contestation en vne instance ne se peut rapporter ny estre considerable en vne autre. * Et partant les fruicts ne seroient deuz que depuis le temps de la contestation en la seconde instance. Combien que de prime face Capycius en ses decisions * semble

gl. in l. properandum. §. & si quidem. vers. iudicij. C. de iudic. Bart. in l. 2. C. de fruct. & lit. exp.

Bart. in l. fiscus. D. de iure fisci.

Decis. 11.

dire auoir eſté iugé au contraire par le Senat de Naples : mais il y a au faict qu'il poſe deux particularitez & rencontres, qui empeſchent que cela ſoit perpetuellement veritable. Au
demeurāt ce qu'on dit en droi,& qui eſt rap- 5
porté à ceſt article, que le poſſeſſeur de mauuaiſe foy eſt tenu à la reſtitution des fruicts tāt de ceux qu'il a perceuz que peu perceuoir ne doit eſtre entendu auoir lieu pour le regard des heritages qu'il a par ſon induſtrie & vigilance & à ſes deſpens rendus d'infructueux qu'ils eſtoient fertiles & de bon rapport : * autrement ce ſeroit le charger de double perte & mulcter ſa diligence & induſtrieuſe culture, ce qui ſeroit exorbitant & aliené de toute raiſon.

** Angel. in l. cæterum. D. de rei vend.*

Temps pour obeir aux arreſts & autres tels iugemens liquides. art. 95.

Qu'en matiere d'execution d'arreſt ou iugement paſſé en forme de choſe iugee donné en matiere poſſeſſoire ou petitoire, ſi le tout eſt liquide par ledict iugement ou arreſt, qu'en ce cas dans trois iours preciſément apres le commandement faict au condamné, il ſera tenu obeyr au contenu dudict iugement ou arreſt, autrement à faute de ce faire ſera condamné en ſoixante liures pariſis d'amende enuers nous ou plus grande, ſelon la qualité des parties, grandeur des matieres & longueur du temps, & en groſſe reparation enuers la partie à l'ar bitration des iuges selon les qualitez que dessus.

1 *Quand l'on peut dire vne sentence estre passee en force de chose iugee.*

2 *Qui laisse dolensement la possession est censé & repute ce nonobstant possesseur.*

CEST article est tiré des propres sources & seminaires du droict. Car mesme par la loy des douze tables il y auoit terme prescript aux condamnez dans lequel il falloit obeyr à la sentence. Ce qui est aussi ordonné par cest article de l'ordonnance, sçauoir est que si la condamnation & adiudication est liquide & certaine, soit en matiere petitoire ou possessoire, il faut dans trois iours necessairement obeyr & satisfaire au iugement, au moyen de ce qu'il n'y a point de difficulté sur la liquidation & que la condamnation est certaine & sans doute qui ne peut par aucun remede estre diminuee & attentee.

ADDITION.

PAR ceste ordonnance deux choses sont requises. La premiere, qu'il y aye sommation & signification precedente faicte à personne ou domicile par l'ordonnance du Roy

Charles IX. sur la remonstrance des Estats de Moulins, article 51. d'autant qu'à faute de ce le defendeur ne pourroit encourir la peine & amende contre luy ordonnée, comme il a esté iugé par arrest de Paris du sixiesme iour d'Auril, 1540. La seconde que la sentence soit passée en force de chose iugée. Ce qui aduient en deux manieres: quand le condamné laisse passer les dix iours introduits par la loy pour appeller, ou qu'il ne releue son appel dans le temps pour ce prefix & qu'il est declaré desert. Car autrement encore que le temps de releuer fust expiré, on en seroit releué par lettres & la partie admise à deduire ses causes d'appel en refondant les despens de la desertion. 1

Promptement. Cela doit estre entendu si le condamné en estoit possesseur. Car s'il ne l'estoit il seroit raisonnable de luy bailler vn brief delay pour ce faire; sinon que *dolo malo* pensant par là euiter la condamnation *desiisset possidere*. Car en ce cas *pro possessore haberetur*, & deuroit aussi bien y estre condamné & contrainct que s'il en estoit possesseur comme il estoit auparauant. Il y a encores vne autre exception en ceste reigle; c'est à sçauoir si l'arrest ou sentence estoit purement & simplement conceu: ce qu'a remarqué l'ordonnãce de Moulins article 51. en ces mots (*purement & simplement*) qui est presque semblable en effect à ceste-cy. On pourroit

* *Angel. in §. si in rem, de offi. iud.*

2 * *l. qui dolo, & ibi Decius, D. de reg. iur.*

sur ce propos prendre occasion de traicter la question de sçauoir si la sentence cond tionnelle est bonne & si le Iuge doit vser de telle sorte de prononcer ? Mais pour euiter prolixité suffira de dire que le Iuge ne le doit faire * s'il luy est possible : & neantmoins que tels iugemens ne sont pour cela nuls & inualides.

*text. & gl. in l. 1. §. biduum. D. quando appellandum sit.

Peines des temeraires empeschans l'execution desdicts iugemens. art. 96.

Et où le condamné sera trouué appellant, opposant ou autrement friuolement & induëment empeschant l'execution dudict iugement ou arrest par luy ou par personne suscitee ou interposée, il sera cõdamné en l'amende ordinaire de soixante liures parisis, & outre en autre amẽde extraordinaire enuers nous & en grosses reparations enuers la partie à la discretion des Iuges. Et neantmoins sera la partie empeschant induement ladicte execution condamné à faire executer ledict iugement ou arrest à ses propres cousts & despens dedans certain brief delay qui pour ce faire luy sera prefix sur grosses peines qui à ce luy seront comminées, & en defaut de ce faire dedans ledict delay sera concrainct par emprisonnement de sa personne.

---

1 *Condamnez peuuent estre contraincts d'obeyr au iugement par prison.*

2 *Que cest article a esté corrigé par l'ordonnance de Moulins.*

CEVX qui frustratoirement ou temerairement se rendent appellans ou opposans sont à bon droict mulctez d'vne grosse peine & amende enuers le Roy & enuers la partie interessée, outre laquelle il y en a vne autre, à sçauoir que l'execution sera faicte aux despens de celuy qui par telle maniere de tergiuersation empesche & elude l'execution de la chose iugée. Ce qui est equitable & conforme au droict & à la raison, afin de luy faire porter la peine de sa fraude. On se pourroit toutesfois esmerueiller de ce que pour causes ciuiles & negoces ordinaires l'on a indict peine de prison, d'autant qu'il semble qu'en causes & matieres ciuiles on doiue proceder par peines ciuiles & amendes pecuniaires. Toutesfois il a esté receu mesmes par la Loy des xij. tables que ceux qui estoient iugez & condamnez, fussent contraincts par emprisonnement de leurs personnes. Et quant à ceux qui auroient en fraude de leurs creanciers alienė leurs biens qu'ils fussent despouillez de tous biẽs & en outre mulctez de la peine de prison.

ADDITION.

Faire executer ledict iugement. Cecy semble

auoir receu correction par le cinquante & vniesme article de l'ordonnance de Moulins, par laquelle on ne laisse de passer outre à l'e-
a xecution de laquelle est icy faict mention nonobstant oppositions ou appellations quelconques & sans preiudice des droicts des opposans. Parquoy n'est requis de faire executer le iugement aux despens de l'opposant indeuëment & sans cause. Toutesfois ladite ordonnance n'est pour la pluspart obseruée n'ayant esté verifiée par la Cour.

Touchant les reparations & autres telles choses qu'il conuient premierement liquider en execution de iugement. art. 97.

Et si sur l'execution dudict iugement ou arrest estoit requis cognoissance de cause pour meliorations, reparations ou autres droicts qu'il conuiendroit liquider, le condamné sera tenu verifier & liquider lesdictes reparations, meliorations ou autres droicts pour lesquels il pretend retention des lieux & choses adiugées dedans certain brief delay seul & peremptoire qui sera arbitré par les executeurs selon la qualité des matieres & distance des lieux: autrement à faute de ce faire dedãs ledict temps & iceluy escheu sans autre declaration ou forclusion seront contraincts les condamnez eux desister & departir de la iouissance des choses adiugées en baillant caution par la partie qui aura obtenu de payer apres la liquidation ce qui seroit demandé par le condamné. Laquelle liquidation il sera tenu faire dedans vn autre brief delay qui luy sera prefigé par les Iuges, & neantmoins sera condamné en amende enuers nous & en reparation enuers la partie pour la retardation de ladicte execution selon les qualitez que dessus.

---

1 *Trois manieres d'impenses & reparations.*
2 *Que l'on a droict de retention pour les reparations necessaires.*
3 *Que iusques au remboursement d'icelles le possesseur faict les fruicts siens.*
4 *Pour reparations vtiles n'y a droict de retention.*
5 *L'on n'a aucun esgard aux reparations voluptuaires.*
6 *Que ceste ordonnance a esté corrigée par celle de Moulins.*
7 *Ce mot* Meliorations *que signifie.*
8 *Reigle generale sur la matiere des meliorations & impenses.*
9 *A sçauoir si celuy qui est condamné à la restitution d'vn fideicommis, peut vser de retention pour ses fraiz & impenses.*

IL est notoire qu'il y a de dispositiõ de droit trois manieres d'impenses & reparations, 1 les vnes necessaires, les autres vtiles & profitables, & les autres voluptuaires & de plaisir: lesquelles trois especes sont assez expliquees par le droict. Mais on a faict doute

iusques icy pour quelles reparations l'on a
2 droict de retention des choses adiugées. Et finalement a esté receu que c'est pour les necessaires Car telles reparations diminuent & amoindrissent la chose, pource que comme dict la loy par faute d'icelles la chose estoit en danger de perir & se perdre. Et neantmoins pendant ladicte retention, par faute de restituer & refonder lesdictes reparations qui sont liquides celuy qui vse de telle retention peut requerir estre absouls & liberé de toute restitution de fruicts, iusques à ce qu'il soit payé de ses reparations & meliorations. Laquelle requeste est tres-ciuile & equitable comme
3 il a esté iugé par arrest. Le semblable est obserué, quand on ne restitue le sort auquel l'on est tenu, comme il a esté iugé par arrest pour M. d'Arpajon contre la dame de Marmandes. Dequoy il ne se faut esmerueiller : car ce pendant la somme principale demeure inutile laquelle pourroit estre consumée par le moyen de telle restitution des fruicts. Pour le regard
4 des vtiles on n'a droict de retention pour icelles : vray est qu'il s'en peut faire deduction sauf toutesfois s'il auoit esté autrement conuenu & accordé entre les parties. Entant que touche les voluptuaires on n'y a aucun esgard,
5 & ne peuuent estre deduictes, estant seulement permis à celuy qui les a faictes d'en tirer ce qu'il en peut oster & emporter sans le dommage & detriment du lieu où elles sont fai-

ctes. Si donc le cōdamné veut soubs pretexte des reparations par luy faictes vser de retention sur la chose adiugée ou pource qu'elles sont necessaires, ou vtiles & faites du vouloir & consentement de celuy qui a obtenu, il les doit le plustost qu'il pourra & comme l'on dict communément faire liquider dans le iour qui pour ce luy sera prefix & baillé & les reduire à certaine raison & estimation, autremēt il seroit subiect à la peine de l'ordonnāce.

ADDITION.

Auiourd'huy par l'ordonnance de Moulins article 52. il est dict qu'on pourra passer
outre à l'execution des iugemens quant à la 6
mission en possession nonobstant lesdites reparations, sauf si le condamné faisoit offre de liquider icelles reparations & meliorations dans vn mois, auquel cas on surserroit l'execution. A raison dequoy ceste ordonnance a esté pour ce regard corrigée. Au reste elle vse de ces mots, *reparations & melioratiōs* pour denoter qu'on ne doit pas seulement auoir esgard aux necessaires, mais aussi aux vtiles & profitables: * d'autant que ce mot de meliorations ne signifie autre chose comme de fait
aussi l'a vsurpé en ce sens le Iurisconsulte Vl- 7
pian. * Et est notable que *meliorationum & reparationum nomine* viennent generalement *ædificata, plātata, sata & illa per quæ pristina facies*

** Iuxta l. in fundo. D. de rei vend. l. si in area. C eodem l. Impensa D. de verb sign.*

** In l. si in ius. D. de vsufr. d. l. impensæ, ibi, meliorem,* *l. 1. § de indeff. de Riuis.* *vel forma domus vel alterius rei conseruatur:* Quant aux autres frais & impenses employez en la chose contentieuse pour rendre l'edifice plus plaisant & agreable que le Iurisconsulte appelle *voluptuarios sumptus*, ils ne sont comprins là dessoubs, comme aussi on n'a aucun esgard à iceux, encore que bien souuent l'edifice en soit rendu plus precieux. Et faut en matiere de meliorations & impenses noter vne reigle generale qui est telle qu'on n'a esgard à ce qui a esté employé outre ce enquoy l'heritage a esté rendu meilleur, & neantmoins que

8 quand bien il auroit esté faict beaucoup de plus grand valeur pour raison de la reparation faicte en iceluy que ne montent les frais, le possesseur n'en peut recouurer, que ce qu'il y a employé.* On pourroit en ce lieu demander si celuy qui a esté condamné à la restitution d'vn fideicommis, le peut retenir pour ses reparations & meliorations & suyuant ceste ordonnance en poursuyure le payement? Il semble qu'ouy. Car encore qu'il en aye per-

Capyc. in sua decis. 93. per l. in fundo, & quæ ibi not. D. de rei vend.

9 ceu les fruicts il peut aduenir que les frais seroient beaucoup plus grands, tellement qu'il entreroit en perte pour auoir versé en la chose cõme bon pere de famille. Ioint que la loy *in fundo*, veut indifferemment que les frais que le possesseur a faicts luy soient restituez, & que pour en auoir payement il luy soit loisible d'vser de retention. Toutesfois l'opinion contraire est mieux suyuie, estant fondée sur

le texte & la glose de la loy *sumptus, D. de Rei vend.* & de la glose *in l. emptor D. eodem tit.* Car ceste retention est introduicte pour les fraiz que celuy qui n'est maistre & Seigneur de la chose a de bonne foy faicts & employez en l'heritage, & non de ceux qu'vn chacun faict en sa propre possession, comme il est en la presente question, ayant esgard que l heritier est vrayement Seigneur & maistre des choses hereditaires encore qu'il soit tenu à la restitution. Quant à la caution dont est icy faict mẽtion, il la faut interpreter par la susdicte ordonnance pour caution bourgeoise & suffisante, Ce qui est bien raisonnable. Car puis que le droict de retention qui competoit par le droict au possesseur pour la seureté de ses fraiz & impenses luy est osté par l'ordonnance, il faut luy bailler telle caution qu'il puisse aysement cõuenir pour estre payé de son deu.

Condamnez à rendre fruicts exhiberont comptes, &c. affermeront, &c. & payeront ce qu'ils auront affermé dedans vn mois. art. 98.

Et sur la liquidation des fruicts nous ordonnons que les possesseurs des terres demandees ou leurs heritiers seront tenus apporter pardeuant les executeurs des iugemens & arrests au iour de la premiere aßignation en ladicte execution les comptes, papiers & baulx à ferme desdictes terres, & bailler par declaration les fruits par eux prins & perceuz comprins en la condamnation : & affermer par serment iceluy contenir verité : & dedans vn mois apres pour tous delays seront tenus payer les fruicts selon ladicte affirmation.

---

1 *Fruicts qui sont liquides se doiuent incontinent payer.*

2 *Nature & effect du serment.*

3 *A sçauoir si le serment d'vn conuaincu & pariure doit estre receu.*

CEST article pour sa facilité ne merite aucune interpretatiõ. Car ou les fruicts sont liquides, ou illiquides. S'ils sont liquides, le defendeur sera contrainct à les payer & rendre, & s'ils ne le sont pas, il sera contrainct pendãt la question sur la liquidation payer ceux qui se trouuerõt clairs & liquides, comme ceux qu'il affermera par serment luy estre deuz, sauf la question principale sur plus ample restitution de fruicts, pendant laquelle le condamné sera contrainct payer ce qui se trouuera de liquide.

ADDITION.

DE disposition de droict c'estoit vne chose ordi-

se ordinaire que les condãnez au payemēt de quelque somme auoient delay de quatre mois pour y satisfaire. A l'exemple de ce le Roy donne delay d'vn mois, aux possesseurs condamnez à la restitution des fruicts pour le payement d'iceux apres la declaration par eux baillee & affermee par serment, laquelle ils ne pourroient pour cause dudict serment arguer d'erreur estant la nature du serment telle que de rendre la preuue parfaicte con- 2
tre celuy qui l'a presté & exclure toute allegation d'erreur. * Mais pour le regard de la partie aduerse elle ne peut induire aucune preuue legitime & rien autre chose qu'vne legere presumption que l'on peust effacer & infirmer faisant apparoir du contraire, comme il appert par l'article suyuant. Dont resulte que si la preuue au contraire estoit difficile & malaisee tel serment ne seroit de peu de consequence. A raison dequoy se pourroit traicter en ce lieu la question à sçauoir si l'on deuroit receuoir telle maniere de serment 3
de celuy qui auroit esté conuaincu & prouué pariure. Car c'est vn poinct resolu en droict Canon que l'on ne doit deferer le serment à celuy qu'on estime se deuoir pariurer : & par ceste mesme raison, ne doit il estre deferé au pariure, * d'autant qu'il est à presumer que s'il a esté vne fois si liberal de sa conscience, il y pourroit bien encore retourner n'estant presumé meilleur qu'il estoit auparauant* qui

* *Decius cons. 233. & Sotinus cons. 80.*

* *Alex. cons. 172 col. 1. in tertio vol.*

* *ca. paruuli. de cõsc. dist. 4. doct. in l. bona fidei. C. de iureiur.*

* *vulgata l. semel malus.*

seroit luy donner occasion de delict & de se pariurer encore pour la seconde fois. Ce neãtmoins ie ne serois d'aduis de se departir en ce cas de l'ordonnance. Car encore que la presumption susdicte soit fort legale si est ce qu'il vaut mieux estimer en ce faict qu'il deposera la verité pource qu'autrement il en pourroit venir perte à la partie qui a obtenu iugement à son profit : par ce que n'estant le condamné astrainct par aucun lien de religiõ il feroit sa recepte beaucoup moindre qu'elle ne deuroit estre selon la verité, au lieu qu'il peut estre incité au contraire par le moyen du serment qu'il a faict, *Cum nemo præsumatur immemor salutis æternæ.*

Pourront les parties informer sur plus grand valeur de fruicts si elle est maintenue. art. 99.

Et neantmoins pourra la partie qui aura obtenu iugement à son profit & qui pretend y auoir plus grãds fruicts ou de plus grande estimation, informer de plus grande quantité & valeur desdicts fruicts, & la partie condamnee au contraire, le tout dedans certain delay seul & peremptoire qui sera arbitré par l'executeur.

---

1 *Serment iudiciaire ne faict preiudice qu'à celuy qui l'a faict.*

2 *Quelle foy doit estre adioustee aux enquestes contradictoires.*

CEst aricle depend de l'interpretation du precedent, car on peut nonobstant le serment de partie aduerse prouuer plus grāde quantité de fruicts qu'elle n'a affermé, & ne faict tel serment iudiciaire aucun preiudice à autre qu'à celuy qui l'a faict.

ADDITION.

Pource qu'il aduient souuent que les parties prouuent chacun respectiuement leurs faicts, il pourroit estre controuersé en ce lieu quelle foy les Iuges doiuent adiouster à ces enquestes ainsi contradictoires. Pour resoul- 2 dre ceste question en deux mots nous pouuons dire, que si les tesmoins sont sans reproche d'vne part & d'autre, & leurs enquestes bien & deuement faictes, en ce cas y ayant preuue legale la cause du defendeur seroit beaucoup plus fauorable que celle du demādeur, tant pour la presumption qu'il en a de sa part à cause du serment iudiciaire qu'il en a faict, que pour estre en droict chose obseruee *Vt mitiores esse debeamus ad liberandum quàm ad condemnandum.* Toutesfois le Iuge fera bien de diligemment examiner la foy & qualité des tesmoins, ensemble le nombre des deposans & autres circonstances de faict. Car s'il estoit verifié par plusieurs tesmoins de plus grande quantité de fruicts il s'y faudroit arrester & suyure ceste preuue sans auoir esgard à l'enqueste cõtraire prouuee par moindre nõbre de tesmoins, sauf toutesfois pour euiter l'amende dont est fait mention par les articles suiuans, qu'il ne seroit raisonnable luy infliger, n'estant parauanture inferieur en bon droict, mais seulement en la preuue de son enqueste.

Peines à celuy qui aura mal & calomnieusement affermé lesdicts fruicts, art. 100.

Et où il se trouueroit par lesdictes informations & preuues ladicte partie condamnee auoir mal & calomnieusement affermé & lesdicts fruicts se monter plus que n'auoit esté par elle affermé, sera condamnée en grosse amende enuers nous & grosse reparation enuers la partie.

Peine à celuy qui aura en plus calomnieusement insisté, art. 101.

Et pareillement où il se trouueroit lesdits fruicts ne se monter plus que ladite affirmation, celuy qui a obtenu iugement & qui aura insisté calomnieusement à ladicte plus grãde quãtité & valeur desdicts fruicts, sera semblablement condamné en grosse amende enuers nous & grosse reparation enuers la partie à la discretion des Iuges selon les qualitez des parties & grandeur des matieres.

---

1 *Aucun ne doit estre puny doublement pour mesme faict.*

2 *Practique de France pour le regard du faux serment.*

PAr ces deux articles est coercee & reprimée la calomnie de ceux qui doleusemẽt poursuiuent & pretendent plus grande quantité de fruicts, qu'il ne leur est deu & de ceux pareillemẽt qui affermẽt auoir perceu moins qu'ils n'ont faict. Car estant l'vn & l'autre en vice & calomnie ils sont meritoirement tous deux dignes de punition. Or ces peines ont esté introduites afin que ceste purité iudiciaire & qui notamment consiste en la sincerité de la foy ne fust offusquee & impliquee, par quelque surprinse ou menterie, ains que le tout fust faict & poursuiuy sincerement selon l'equité & iustice.

ADDITION.

Par la disposition du droict Romain il semble que le cõdamné, qui auroit ainsi faussement affermé par serment quelque chose seroit infame, & deuroit estre puny comme

*gl. in l. Lucius, D. de his qui not. infam. pariure. * Enquoy les docteurs ciuils sont neantmoins fort discordans. Car les vns ont tenu l'affirmatiue & la plus-part la negatiue, disans qu'il n'est raisonnable qu'aucun soit puny doublement pour vn mesme faict:
1 En consequence dequoy puis qu'il est certain que le pariure a Dieu pour Iuge de son *l. 1. & 2. C. de iureiur. iniquité, * il ne faut que le Magistrat y mette *de hac re plene Boe. Decis. 306. la main veu que la vengeance & punition en appartient à Dieu seul. * De ce fondemẽt est parauenture tiree la practique de France
2 par laquelle on n'a esgard à ce serment, & n'est personne dict pariure encore que l'on preuue manifestement qu'il a esté faict contre verité. Nostre ordonnance semble auoir prins garde à cela mesme, car encore qu'elle aye iugé bon de punir celuy qui afferme auoir perceu moindre quantité de fruicts qu'il n'a faict, ce neantmoins elle ne veut aucune peine estre irrogee pour raison du faux serment, ains seulement à cause de la calomnie, comme il se peut recueillir de ces mots du 100. article, *Mal & calomnieusement afferme*. Au demeurãt y ayant mesme raison tãt Iuxta l. petẽda, C. de temp. in integ. restit. de la part du demandeur, que du defendeur mesme peine leur est iustement infligee.

De faire en tous sieges Royaux rapport de la valeur de tous gros fruicts par chacune semaine. art. 102.

Qu'en tous les sieges de noz Iurisdictions ordinaires soient generaux ou particuliers se fera rapport par chacune sepmaine de la valeur & estimation commune de toutes especes de gros fruicts, comme bled, vins, foins & autres semblables par les marchãs faisans negociations ordinaires desdictes especes de fruicts qui seront contraints à ce faire sans en prendre aucun salaire par mulctes & amendes, priuation de negociatiõ, emprisonnement de leurs persõnes, & autrement à l'arbitration de Iustice.

---

1 *Prix des denrees diuersement estimé selon la varieté des lieux.*

LA raison pourquoy on a faict & adiousté cest article a esté parce que quand quelqu'vn estoit condamné à certaine quantité de grain, orge, froment, ou auoine, il en suruenoit vne infinité de proces & instances sur l'estimation d'iceux. Car le prix de telles choses est comme dict la Loy diuersement estimé ayant esgarg à la varieté des lieux & des personnes. Partant afin de retrancher tous moyens de proces, l'ordonnance veut qu'en tous lieux on fera par chasque semaine ceste relation par escript au Greffe de la Iustice Royale, afin qu'vn chacun puisse par là cognoistre la vraye valeur & estimation de telles qualitez & especes & en consequence s'il y a proces pour raison de la valeur de telles choses ou quantitez, qu'il ne 1 soit besoin pour l'estimation d'icelles d'auoir ailleurs recours, qu'à celle qui se trouuera faite au Greffe auquel on a accoustumé faire registre desdites appreciations Mais ce que dessus a seulement lieu és poursuites faictes par deuant les Iuges Royaux & non inferieurs, pardeuant lesquels il faudroit s'informer de la verité du faict & se seruir du tesmoignage de gens à ce cognoissans.

ADDITION.

Outre ce qu'a esté remarqué par M. Bourdin en cest article faut encores noter qu'aujourd'huy on a accoustumé par toutes les bonnes villes de France faire le semblable qu'on faisoit és lieux des sieges Royaux & enregistrer le rapport de ceux qui sont deputez à cest effect, au Greffe desdites villes. Lesquels doyuent bien aduiser de faire fidele rapport du prix commun desdits fruicts, autrement ils en seroyent griefuement punissables.

Marchans enuoyeront deux ou trois d'entre eux pour faire ledict rapport.
art. 103.

Et à ceste fin seront tenus lesdits marchans d'enuoyer par chacun iour de marché deux ou trois d'entre eux qui à ce seront par eux deputez & sans estre autrement appellez ou adiournez au Greffe de nosdictes iurisdictions, rapporter & enregistrer ledict prix par le Greffier ou son Commis, qui sera incontinent tenu faire ledict registre sans aucunement faire seiourner ny attendre lesdicts deputez, & sans en prendre aucun salaire.

---

1 Estimation doit estre faicte par gens experts.
2 Toute sommaire inquisition doit estre faicte par serment.

CEst article depend du precedent. Car afin que l'estimation soit certaine il la faut commettre à la foy de gens experts, qui facent fidele rapport de ce qui sera fait, car on ne s'arresteroit au iugement des autres. Et pource que c'est vne charge necessaire il est bien raisonnable de choisir entre ceux qui sont versez en telles choses les mieux entẽdus qui en facent rapport au vray & ainsi qu'il leur semblera bon & equitable. 1

ADDITION.

Cest article n'a rien changé de la forme naturelle qui estoit requise en l'estimation de la valeur des fruicts. Car elle deuoit estre faicte par gens experts, & prinse non selon la vẽte particuliere qui en estoit faicte, mais *iuxta communem pretij rationem*, & pour dire en vn mot comme ils estoyent communémẽt vendus en place publique, * pource qu'il peut aduenir que l'affection qu'on a à certaine chose la rende plus chere. Ce qui n'est considerable en la vraye eualuation & prisee des choses, * ce qui est pareillement obserué par le compilateur de l'ordonnance. Car les marchans qui doyuent estre deputez de la communauté d'iceux se doyuent transporter au marché & lieu public où sont lesdicts fruicts exposez en vente, & s'ils ne le faisoyent leur relation seroit manque & imparfaicte : d'autant que ce seroit de deux choses l'vne, ou faire relation de ce qu'on leur a donné à entendre, ou de quelque vente priuée & particuliere contre la commune forme en tel cas requise à laquelle ne faut partãt auoir esgard. * Aussi est-il requis que ce soyent gens experts, comme sont ceux qui font trafique ordinaire desdictes denrées & marchandises ausquels il se faut rapporter plustost qu'aux autres. * Faut en passant noter outre les termes de l'ordonnance que lesdicts deputez doyuent faire leur rapport le serment sur ce preallablement presté pardeuant le Greffier auquel il est taisiblement commis le receuoir, * par ce que toute sommaire inquisition comme au cas où nous sommes, doit estre faicte *per iuramentum*, * comme l'a noté Gofred, *in tit. de actione ad exhib.*

* *de hac materia plene Afflict. dec. 36.*
* *vulga. l. si quis seruum. D. l. aquil.*
* *Iuxta c. 1. ibi, quem in mercato. de empt. & vendit. hac de re vide Bart. in l. septem*, C. *de eroga. mil. annona lib.* 12.
* *l. semel* C. *de remili. lib.* 12.
* *arg. l. ad rem mobilem & l. legatum D. de procur.*

2

* *l. à diuo Pio* §. 3. *D. de re iudic. & l. carbonianum D. de Carbo. edicto.*

Fruicts seront estimez par extraicts des registres desdits rapports, art. 104.

Et par l'extraict du registre desdicts greffes & non autrement se payera d'oresnauant la valeur & estimation desdits fruicts tant en execution d'arrests, sentences ou autres matieres où il gist appreciation.

---

1 *Il est plus expedient de croire à peu qui soyent gens experts, que non pas à plusieurs ignorans.*

Toutes choses, dict il, la valeur & estimation desquelles sera necessaire & pour raison de laquelle sera question au proces ne peuuent estre conclues & decidées par instrumens ou preuue plus certaine que de ces registres contenans la susdicte estimation & valeur. Car ils sont publics & escripts par personne publicque, & si comprennent la foy publique.

ADDITION.

On pourroit icy mouuoir vne question, à sçauoir si l'on seroit receu à prouuer le contraire par tesmoignage? Et de prime face il pourroit par la disposition de droict sembler qu'ouy, toutesfois au faict present le

contraire est plus soustenable pour deux raisons. La premiere parce que *paucis peritis magis credendum est quàm multis imperitis*, comme
1 pourroyent estre ceux qui deposeroyent de ce faict sans certitude quelconque, ainsi que le traicte Afflictus Decis. 1. num. 3. L'autre que *fides publica multum pōderis habet priuataque præferri debet nec facile conuelli potest*. D'abondant equipollāt ceste escripture aux instrumés authentiques il y faudroit suyuant la commune practique de France venir par inscription en faux qui est vne voye non moins difficile que dangereuse.

De conuenir de Commissaires en cas de sequestre & laisser la possession des choses sequestrées. art. 105.

Et quant aux sequestres ordonnez par Iustice seront tenues les parties dedans trois iours apres la sentence conuenir de Commissaires, & apres lesdits trois iours passez soit qu'ils en ayent conuenu ou non seront tenus les possesseurs ou detenteurs des choses contentieuses laisser la detention ou occupation des choses sequestrées sur peine de priuation de cause.

---

1 *Commissaires ou sequestres se doyuent prendre du consentement des parties.*
2 *Difference entre sequestres & Commissaires.*
3 *Deux moyens pour empescher le sequestre.*

LEs curateurs aux biens que vulgairement nous appellons Commissaires doyuent estre donnez & esleuz du consentement des deux parties collitigantes. Car il seroit inique de les bailler au desceu & outre le vouloir d'icelles, dont souuentesfois l'on void aduenir plusieurs proces: tellemẽt que pendant qu'on s'amuse à ceste poursuite infinis proces en viennent & cependant le principal demeure indecis, & indeterminé. A ceste cause, a esté fort equitablement ordonné, que pendant l'instance & que les parties ne peuuent conuenir & s'accorder de Commissaires, le possesseur soit tenu de laisser la possession des choses qu'il tenoit & occupoit, afin qu'induict par la douceur de ceste possession il ne retienne tousiours les choses en noise & debat. Car n'ayant plus la possession il poutra plus facilement estre contrainct d'entrer en termes de raison.

ADDITION.

Il y a difference entre sequestre & establissement de Commissaires, pource qu'encore que ce mot de Commissaires puisse estre approprié aux sequestres, toutesfois le terme de sequestre est particulierement prins pour exprimer ceux qui sont commis au regime de la chose seulement sequestrée & non saisie. Ce qui descend de la nature diuerse de la saisie

& du sequestre à l'explication, de laquelle nous ne nous arresterons pour le present & nous contenterons de dire qu'il y a deux
3 moyens pour empescher le sequestre. Le premier pour la matiere beneficiale, en faisant apparoir de la possession triennale du benefice, car elle succede au lieu de plein tiltre par le benefice du concordat. * L'autre en matiere prophane si le defendeur faict promptement apparoir de son droict & de quelque translation de possession & par faute de ce l'on ne laisseroit de passer outre audict sequestre. Au reste les Commissaires & sequestres doyuent estre choisis par les parties mesmes, tellement que le Iuge auant que le delay par luy baillé à ceste fin qui est de trois iours par ceste ordonnance soit escheu, n'en peut admettre de sa propre auctorité, mais iceux passez il peut interposer les parties. *

* tit. de pacif. poss.

* Boer. in prin. quæst. 172. & ferme per totã.

* l. in vẽditione & quæ ibi. not. D. de bo. auctor. iud. poss.

Restablira le condamné par son serment. art. 106.

Et pour le restablissement des fruicts sera tenu le condamné rapporter par serment la quantité de ce qu'il aura prins desdits fruicts, & selon ledit rapport en faire restablissement promptement sur peine semblable de perdition de cause.

Pourront les parties informer sur plus grand restablissement au peril de l'amende. art. 107.

Et sera neantmoins permis à la partie qui aura obtenu ledict sequestre informer de la quantité & valeur desdits fruicts outre ledict rapport par serment & le condamné au contraire, au peril toutesfois de l'amende ordinaire enuers nous & autant enuers la partie contre celuy qui succombera.

---

1 *Le restablissement doit estre reel & de faict.*
2 *Ce terme promptement comme se doit entendre.*

CEs deux articles ne desirent autre interpretation que ce qui en a esté conceu, decidé & determiné aux articles precedens, esquels est faict mention de la restitution des fruicts. Car tout le contenu en iceluy se peut ponderer & examiner soubs mesmes raisons, collections & syllogismes.

ADDITION.

Ce restablissement doit estre reel & de faict, tellement qu'il ne suffiroit de bailler caution, par ce que ce ne seroit entierement oster l'occasion pour laquelle a esté trouué ledict sequestre & restablissement qui est d'extirper & abolir tout moyen de noise & debat entre les parties en laquelle elles pourroyent retumber sans ceste caution. Toutesfois il faut entendre cecy pour le regard de ce qui seroit liquide. Car s'il y auoit quelque chose qui ne le fust pas & qu'il fust besoin de plus long temps à le liquider, il suffiroit offrir de bailler bonne & suffisante caution de rendre & restituer lesdits fruicts apres que la liquidation en seroit faite. * Quãt au mot (*promptemẽt*) inseré en nostre ordonnance il est diuersement prins en droict, quelquesfois pour le terme de quatre mois, quelquesfois de dix iours, & * communément suyuant la qualité des termes & matieres ausquels il est ioinct & approprié, * & partant faut colliger qu'il emporte seulement l'espace & terme de trois iours. Parce que ceste espace & delay est ordonné par ceste ordonnance pour obeyr aux choses iugées, comme il est manifeste par la lecture de l'article 95. & 105. prochain & precedent.

** Iuxta rationẽ, l. statuliber rationem D. de statulib.*

2 ** gl. in §. omnis inst. de verb. oblig.*

** de hoc plenè Alber. in suo iuris lexico, in verbo incontinenti.*

Comment seront mulctez les tiers opposans temeraires aux executions d'arrests & sentences executoires nonobstant l'appel. art. 108.

Que les tiers opposans contre les arrests de nos Cours souueraines s'ils sont deboutez de leurs oppositions seront condamnez enuers nous en l'amende ordinaire du fol appel & la moytié moins enuers la partie, & plus grande si mestier est selon la qualité & malice des parties, & contre l'execution des sentences non suspendues par appel seront condamnez en vingt liures parisis d'amende enuers

uers nous, & la moitié moins enuers la partie & plus grande si mestier est comme dessus.

1 *Quelles considerations sont requises auant que d'infliger la peine.*

LEs precedens articles ont assez suffisamment determiné que les temeraires opposans & ceux qui eludent l'authorité des iugemens doiuent estre punis de mesme peine que les temeraires appellans, veu qu'ils sont en mesme faute, vice & coulpe, voire participans de mesme & semblable fraude, & à ceste occasion subiects à peines semblabes.

ADDITION.

Qualité & malice. Ce sont deux considerations ausquelles il faut en toutes causes soigneusement prendre garde, * mesmement quand il est question d'infliger quelque peine ou amende comme en ce lieu. Car comme il est requis de retrancher tout moyen de calomnie aussi faut-il aduiser *qua mente quidque fiat*, * & mesurer l'amende à calomnie de l'opposant. Ce que nostre ordonnance a fort bien suiuy en ceste article.

**l. Pomponius D. de nego. gest.*

1

**l. penult. D. ad exhib.*

Semblable peine à ceux qui seront deboutez de correction, interpretation, changement ou modification d'arrests. article 109.

Semblables condemnations seront faictes cõtre ceux qui sans cause baillent requeste pour faire corriger & interpreter, changer ou modifier les arrests donnez par nosdictes Cours qui seront deboutez de l'enterinement de leursdictes requestes.

---

1 *On peut venir contre les iugemens & arrests en trois manieres.*

2 *Erreur de faict deçoit le plus souuent les plus prudens.*

3 *L'on peut faire interpreter vn arrest par simple requeste.*

4 *Le mot* interpretatiõ *se peut doublement entendre.*

5 *Les arrests & iugemẽs ne peuuent receuoir interpretation extensiue ou restrictiue.*

6 *A sçauoir si sur simple requeste l'on peut faire casser vn arrest au conseil priué.*

L'Auctorité des choses iugees a accoustumé d'estre enfraincte & infirmee en trois manieres. Car ou l'on y vient par
1 voye de requeste ou supplication qu'on appelle vulgairement proposition d'erreur, ce qu'il faut faire dans deux ans, comme il est

prescrit par l'ordonnance ainsi qu'il sera touché cy apres en son lieu. Comme quand on dict qu'il y a eu erreur de faict, (qui souuentesfois trompe & deçoit les plus prudens) d'autant que lors par le moyé de tel erreur de fait l'authorité des iugemens est enfraincte & reuocquee. Il y a vne autre voye encore, sçauoir est quand par dol & faulses allegations ou par faux instrumens on a deceu & circonuenu la religion des Iuges, ou que malicieusement on a soubstraict les instrumens, & que s'ils n'eussent esté ainsi soubstraits les Iuges n'eussent donné tel iugement. Ce que nous appellons requeste ciuile, dont il sera fait mētion en son lieu. Finalement il y en a vne autre qui est la troisiesme voye plus douce certes & benigne que les autres, à sçauoir quand on allegue qu'il y a contrarieté en quelque chef de l'arrest ou qu'il est obscurement conceu, afin qu'il soit permis de l'interpreter, ou quand nous disons que l'arrest ne doit estre changé, mais qu'ayant esgard à la rigueur & dureté d'iceluy, il doit estre moderé par quelque douce & benigne interpretation. Lesquelles choses on faict ordinairement par libelle supplicatoire qu'on appelle requeste, & non par voye de requeste ciuile ou propositiō d'erreur, comme il sera declaré en son ordre. En ces deux dernieres voyes il n'y auoit point de condemnation d'amende. Ce qui est changé par cest article de l'ordonnance quand on est trouué y proceder doleusement ou sans bonne & iuste cause.

ADDITION.

Pour l'explication de cest article qui selon le sens de M. Bourdin parle nuement des interpretations ou changement des arrests ou iugemens requis par simple requeste, faut
4 noter que le mot d'interpretation qui se rapporte à tous les mots du texte subsequens est de deux sortes. L'vne selon sa propre signification pour quelque declaration de la loy ou de quelque autre chose, & ceste là n'est cõmunement defenduë, ains permise aux Iuges qui ont donné les sentences: l'autre pour vne correction extensiue ou restrictiue, & ceste là n'est licite ny aucunement permise. * Suiuant ceste distinction il faut dire, que les arrests ou iugemens ne peuuent receuoir interpretation extensiue ou restrictiue & qu'en ce cas les supplians seroient amendables, en
5 l'autre leur requeste seroit ciuile. Et doit telle interpretation estre tousiours tiree s'il est possible *ex actis probatoriis* * & faicte de telle sorte *vt minus lædat condemnatum*, par ce que les termes doiuent estre prins *in mitiorem partem & vt minus obligent* suiuant la commune reigle du droict. Il se pourroit en ce lieu traicter à sçauoir si l'on pourroit poursuiure l'interpretation ou correctiõ d'vn arrest par sim-

* *Chassan. in conciss. consuet Burgũd. in verbo, in preteas nam. 3.*

* *l. 3. C. de sentẽt. quæ sine certa quant.*

ple requeste, pardeuant messieurs du priué conseil, comme de faict il y en a eu quelques vns de corrigez & annullez. Boetius* traicte cette question fort au long & finalement cõclud que cela seroit subalterniser les Cours de Parlement, qui seroit chose dangereuse & de mauuais exemple, d'autant que par ce moyen personne ne seroit asseuré pour auoir obtenu arrest. A ceste cause que le conseil ne le peut faire selon droict & raison. Toutesfois il le limite en vn cas, c'est à sçauoir quand messieurs du conseil sont meuz de quelque particuliere volonté & commandement du Roy. Et à ce propos il dict qu'estant aduenu telle correction de son temps la Cour de Parlemẽt l'auroit commis & delegué auec quelques autres Conseillers d'icelle, pour faire remonstrance à monsieur le Chancelier & audict conseil desdicts inconueniens, lequel luy auroit fait response qu'il ne procederoit plus à la correction ou annullation desdits arrests sans en aduertir la Cour pour sçauoir le motif d'icelle, & que ce qui en auoit esté faict estoit pour certaine cause qui auoit incité le Roy de l'ordonner ainsi.

* *Decis. 76 nu. 7.*

Que les arrests soient clers & entendibles. art. 110.

Et afin qu'il n'y ait cause de doubter sur l'intelligence desdicts arrests, nous voulons & ordonnons qu'ils soient faits & escrits si clairement qu'il n'y ait ne puisse auoir aucune ambiguité ou incertitude ne lieu à en demander interpretation.

---

1 *Les iuges doiuent clairement prononcer & conceuoir leurs iugemens.*

CEst article contient vne equité admirable. Car il n'y a rien si iuste soit par l'authorité des loix ou par raison de droict que de prononcer & conceuoir par les Iuges leurs iugemens aux parties certains, clairs & non impliquez d'aucunes tenebres. Car s'ils sont d'auanture obscurs il s'en ensuyt vne infinité de proces auec vn infiny nombre de difficultez & scrupules qui produisent de grandes tenebres. Par ainsi il est tres-equitable que les arrests soient clairs & conceus sans ambiguité.

ADDITION.

Pour l'explication de cest article pourra seruir ce que nous auons dict sur le precedent, sans qu'il soit besoin s'arrester d'auantage en cest endroit.

De prononcer & expedier tous actes en langue Françoise. art. III.

Et pource que telles choses sont souuentesfois aduenues sur l'intelligence des mots Latins contenus esdicts arrests, nous voulons que doresnauant tous arrests ensemble toutes autres procedures soient de nos Cours souueraines ou autres subalternes & inferieures soiẽt de registres, enquestes, cõtracts, cõmissions, sentẽces, testamẽs & autres quelconques actes & exploicts de iustice ou qui en dependent, soient prononcez, enregistrez & deliurez aux parties en langage maternel François & non autrement.

---

1 *Qu'anciennement les arrests estoient expediez en Latin.*

ANciennement en France, afin que les arrests fussent plus venerables & qu'ils portassent vne foy plus saincte & secrete ils estoient expediez en langage Latin, dont procedoient plusieurs proces, tant l'interpretation des termes Latins tourmentoit les hommes dont la plus-part estoient plus cupides de contention que de verité. A ceste cause cest article a esté promulgué, afin d'oster & retrancher par là telle maniere de petits proces & litiges. 1

ADDITION.

Maternel Francois. Ce mot de François y est adiousté pour monstrer que l'on ne doit faire lesdictes expeditions en langage du pays auquel elles se font, comme il auoit esté ordonné pour le regard des enquestes & informations par le Roy Loys douziesme en son ordonnance de l'an 1512. article 47. laquelle est abrogee par la presente auec grande raison: pource que les iuges souuerains n'auoiẽt pas moins d'affaire à entendre lesdictes informations pour raison du langage que les parties auoiẽt anciennemẽt que d'entendre le Latin, &en resultoit plus de danger qu'au parauant. Mais le langage François est cognu & entendu par tout le Royaume,& partant se peuuent lesdicts actes commodément faire & conceuoir en François. Suyuant laquelle raison le Roy Charles neufiesme, considerant qu'il restoit encore quelque chose de la forme Latine anciennement practiquee, l'a abrogee du tout par son ordonnance de l'an 1563. article 35. ordonnant que toutes patẽtes, responses de requestes, conclusions du procureur du Roy seroient faictes en l'angage François & non Latin comme on souloit faire.

Amendes contre ceux qui calomnieusement obtiendront lettres pour articuler faicts nouueaux. art. 112.

Nous voulons que les impetrans de lettres pour articuler calomnieusemrnt faicts nouueaux s'il est trouué qu'ils ne seruent à la decision du proces seront condamnez enuers nous en l'amende ordinaire du fol appel en nos Cours souueraines & vingt liures parisis és inferieures & moytié moins aux parties, & plus grosses si mestier est comme dessus.

---

1 Faicts nouueaux comme doyuent estre reiectez.
2 Quatre cas esquels faicts nouueaux ne sont receuables.

PAr cest article de l'ordonnance est reprimee & punie auec peine la calomnie
de ceux qui pour esgarer le iugement du proces proposent & deduisent faicts nouueaux,
Ce qu'on peut descouurir quand les faicts
sont ineptes & impertinens, la preuue desquels ne peut de rien seruir à la cause, car 1
alors on les doit reiecter & griefuement punir celuy qui les a proposez comme calomniateur, d'autant que sous pretexte de tels
faicts nouueaux est differée & laissée en suspens la prononciation du iugement & decision de la cause qui ja estoit preste à iuger &
terminer.

ADDITION.

La dispute a esté grande entre les Docteurs du droict, si l'on pouuoit articuler faicts nouueaux apres le delay d'articuler passé & mesmement apres la publication d'enqueste? Si bien qu'ils ont finalement tenu * qu'en termes de droict cela n'estoit licite, & que tout ce qu'on pouuoit faire estoit les declarer par quelque interpretation * ou se reseruer à les proposer en cause d'appel, en laquelle toutes choses leur demeuroyent entiers par la commune disposition de droict. Toutesfois nostre practique plus humaine & ayant plus d'esgard à l'equité & moins aux formalitez de iustice a permis le contraire, au moins auant publication d'enqueste. Mais parce que c'estoit vne façon de faire introduicte contre la raison ciuile, & partant *forma quadam restitutionis*, elle a voulu qu'on y procedast selon la commune vsance obseruée en ce Royaume en toute sorte de restitution & qu'on y vint par lettres, dont parle ceste ordonnance.

2 Pour l'intelligence de laquelle faut noter, qu'il y a quatre cas esquels faicts nouueaux ne sont receuables. Le premier quād directement ils sont de mesme sens que ceux qui ont esté articulez auparauant & qu'ils sont plustost proposez & mis en auant, *ut pinguior sit probatio*, que pour donner quelque clarté & intelligence à la cause: * autre chose seroit s'ils estoyent diuers encores qu'indirectement ils retombassent en mesme sens que les premiers. Car en ce cas ils seroyent bons & receuables. * Le second quand il y a quelque ap-

* in auth. atqui semel C. de probat.

* Boer. q. 172. nu. 73.

* Clemen. 2. de testibus authē. qui semel. C. de probat.

* c. Fraternitatis de testibus.

parécce ou crainᵭte qu'on aye suborné les tesmoins, car en ce cas ce seroit chose dangereuse de les receuoir. Le troisiesme s'ils n'estoient vray- semblables comme si on disoit que le seruiteur a mandé au Seigneur & maistre de tuer quelqu'vn: car il n'y auroit point de verisimilitude.*Le quatriesme s'ils estoient contraires aux precedens ou qu'ils ne seruissent de rien à la cause. Toutesfois ce cas de contrarieté a receu vne limitation que luy donne Afflictus en ses decisions, decis. 216. C'est à sçauoir, si la chose estoit telle qu'elle peut estre fort clairement verifiée, ou que comme il dict *per euidentiam rei probaretur*. On peut donner quelques autres particulieres restrictions aux susdictes reigles, qu'a touchées au long Speculator * & Andreas * qui parlent fort amplement de ceste matiere, & pareillement le preallegué Afflictus en ses decisions 33. & 89.

*Rota decis. 23.

*in tit. de testib. § satis vtiuter in princ.
*in d. c. fraternitatis.

Executeurs d'arrests ne pourront estre recusez sur les lieux. art. 113.

Que nos Conseillers executeurs des arrests de nos Cours souueraines ne pourront estre recusez sur les lieux, ains nonobstant les recusations qu'on pourroit proposer contre eux passeront outre iusques à la perfection desdictes executions: mais bien pourront nosdicts Conseillers estre recusez auparauant leur partement si bon semble aux parties & il y ayt matiere de ce faire.

1 *En quel cas l'on peut recuser le Commissaire executeur sur les lieux.*
2 *Deux sortes d'executeurs en droict.*

CEst article est merueilleusement vtile & equitable pour-autant que la malice des parties estoit deuenue si grande que quand il se presentoit vn Conseiller pour executer, l'auctorité de l'arrest, alors le demandeur ou defendeur fuyard recusoit le Iuge executeur & par tel moyen estoit l'execution differée, & tenue en suspens. Ce qui a esté aboly par cest article de l'ordonnance, par lequel il a esté ordonné qu'il doit estre recusé auparauant que de venir au lieu où l'execution doit
1 estre faite. Sinon que les causes de recusation fussent de nouueau suruenues à la notice & cognoissance de la partie recusante: auquel cas il ne seroit raisonnable de la debouter des causes de recusation si elles estoyent si graues, iustes & cõcluantes, qu'elles rendissent l'executeur biẽ fort suspect. Et ainsi l'ay-ie veu garder & obseruer par vne tresgrande equité

ADDITION.

2 Le droict a fait deux sortes d'executeurs, appellãt l'vn *merum executorem a*, uquel appar-

tient simplement d'executer ce qui luy est mandé sans ouyr les parties en leurs raisons & defenses, & contre tel executeur n'y a lieu de recusation. *L'autre* *mixtum*, comme si on disoit que sa commission emporte d'executer auec quelque cognoissance de cause. Et doit tel executeur ouyr & receuoir les exceptions des parties & proceder iuridiquemẽt & cõme Iuge en l'execution qui luy est commise. Et de telle maniere d'executeurs parle nostre ordonnance, contre lesquels on peut bailler causes de recusation comme contre vn autre Iuge. Et n'y a que cela d'introduict de nouueau que les parties doyuent proposer leursdites recusations auant le partement du Commissaire & n'attendre qu'il soit sur les lieux. Ce qui est introduict auec bonne & iuste raison pour la grande despense en laquelle seroit vainement constitué le poursuyuant *& ne* (comme dit la Loy) *iudex datus remoueatur & alter non eligatur* : n'estant auiourd huy la forme d'elire arbitres au lieu du Iuge ou Commissaire recusé obseruée en France. Au demeurant tel executeur doit estre eleu du consentemẽt des deux parties, à tout le moins faut que la commission soit signifiée à la partie aduerse vingt iours auparauant que le Commissaire se mette en chemin, afin qu'elle aye moyen de le recuser si bon luy semble, estant en ce terme arbitré par la Loy aux recusans, pour proposer leurs causes de recusa-

* *Ita dicit Spec. in tit. de actio. seu petit. §. 1. versic. hoc quoque allegat. tex. in c. nouit. de appellat.*
* *de vtroque plenè Io. de mõte Albano in suo tract. de except. Iuxta l. cum specialis, C. de iudic.*
* *d. l. cum specialis.*

Auth. offeratur & ibi gl. & doct. C. de edendo.

tion: * & s'il estoit autrement faict le cōdamné auroit iuste cause de le recuser sur les lieux comme ayant eté commis à la seule petition & requeste du demandeur en execution, *arg. l. obseruandum, D. de iudic. c. insinuante de officio deleg. gl. in c. Cum R. canonicus. eod. tit.*

De declarer en concluant en proces par escrit le chef de la sentence où l'on pretendra grief. art. 114.

Qu'ès appellations des sentences des proces par escrit où il y aura plusieurs chefs & articles, seront les appellans tenus par la conclusion declarer ceux desdits chefs & articles pour lesquels ils voudront soustenir leur appel & consentir que quant au surplus la sentence soit executée: autrement & à faute de ce faire seront en tout & par tout declarez non receuables comme appellans sans esperance de relief.

---

1 *Sentence qui contient diuers chefs peut estre diuisée.*

2 *Il faut exprimer en la conclusion de quel chef on est appellant.*

1 CEst article est fondé en vne tres-grande equité. Car il est certain que la sentence qui contient plusieurs chefs distincts & diuers peut estre diuisée, & qu'on peut ap-

prouuer vne partie d'icelle & appeller de l'autre. Côme si par mesme iugement la recreance estoit adiugée & la pleine possession & maintenuë: car lors on pourroit appeller d'vn chef de la sentence & de l'autre non. Le semblable aduient quand on fait demande & petition de plusieurs & diuerses sommes, parce qu'alors il est loisible diuiser la sentence. Quand doncques plusieurs poincts sont comprins & decidez par mesme iugement & qu'il y a appel d'iceluy, il est raisonnable d'exprimer en la conclusion de la cause d'appel dequoy & de quel chef on s'est porté pour appellant. Toutesfois de disposition de droict ne peut nuire à l'appellant de n'auoir exprimé par ses lettres de relief de quel chef de la sentence il a appellé & ne laissent les appellations de ceux qui les ont interiectées d'estre bonnes & receuables encores qu'ils n'eussent qu'vn seul grief pourueu qu'il fust probable. 2

ADDITION.

Ceste ordonnance doit estre sainement entenduë: car elle ne peut pas dire que l'appellant qui a esté trouué receuable en l'vn des chefs de la sentence doiue estre quant aux autres condamné en l'amende: parce que cela est formellement contraire à l'equité & à la commune raison de droict: &

de cecy à texte formel, par lequel pour infirmer la sentence dont y a appel suffist de plusieurs raisons en amener & prouuer vne suffisante pour euiter la condamnation de l'amende & des despens. * Mais le sens de cest article est que s'il estoit declaré non receuable appellant il seroit condamné en autant d'amendes qu'il a calomnieusement soustenu de chefs differens & separez. Ie dy calomnieusement, pource que quãd les Iuges voyẽt qu'il y a eu raison de soustenir l'appel pour la difficulté & ambiguité de la cause ils n'ont accoustumé de suyure la rigueur de l'ordonnance, ains remettent non seulement l'amende, mais aussi les despens, suiuans en cela l'equité du droict canon. * Au surplus la raison de ceste ordonnance peut estre, parce que *tot* * *censentur sententiæ, quot in ea sunt diuersa capitula*, tout ainsi que *tot censentur obligationes quot sunt res in stipulationẽ deductæ*, * & que l'on voit que pour appeller d'vn chef de la sentẽce l'execution de l'autre n'est suspendue.*

text. & glo. in c. 1. in verbo defecerit, de Elect. in 6.

** de quo not. in c. ignorantia. de reg. iur. in 6.*

** l. etiam & ibi glo. D. de minorib. glo. in c. 2 de ord. cogno. l. eos. 1. resp. vers. de istis formis. C. de appel.*

** l. scire debemus. D de verb. oblig.*

** Castrens. cons. 270.*

Pour chacun chef de sentence amende de fol appel. art. 115.

Et pour chacun desdicts chefs & articles separez y aura amende sinon qu'ils fussent tellement conioincts que la decision de l'vn emportast la decision de l'autre.

1 *Quand le iugement est indiuidu de sa nature.*
2 *Il n'est en la puissance des parties de diuiser & disioindre le iugement.*
3 *Qu'en trois cas on n'est tenu d'exprimer de quel chef l'on est appellant.*
4 *Que ceste ordonnance a lieu contre les mineurs.*

CEST article ne requiert plus longue interpretation. Car la reigle & maxime de droict est certaine que toutes fois & quantes que le iugement ne contient qu'vn chef il est indiuidu par la nature de la chose subiecte, mais lors qu'il y en a plusieurs ils peuuent estre diuisez & separez. A ceste cause ne se faut esmerueiller s'il y a peine & amende prescrite pour chasque chef d'appel, veu que ceste diuisible raisō des iugemēs induit la multiplicité de la peine. Car si les chefs & especes sont distinctes & separees on peut persister pour vn chef & pour l'autre non. Cōme si par l'vn des chefs du libelle on demandoit cent escus pour vne cause y declaree & prescrite, & deux cens pour vne autre, il est certain que le iugement est diuidu quant à ces deux chefs diuers & separez. Aussi par mesme raison s'il y a diuers chefs en la contumace l'amende sera imposee pour chacun d'iceux. Neantmoins encore que plusieurs chefs se trouuent distincts & separez, si est-ce que s'ils sont tel- 1

Pagination incorrecte — date incorrecte

NF Z 43-120-12

lement conioincts & dependans l'vn de l'autre qu'on ne les puisse bonnement separer, ceste conionction & raison de connexité rend la chose de mesme nature que si ce n'estoit qu'vn mesme faict & article, & consequemment le iugement indiuidu: car n'estant en la puissance
2 des parties de diuiser & disioindre le iugement frustratoirement & sans cause seroit indicte & irrogée ceste peine.

ADDITION.

Outre ce que nous auons dit en l'article precedent faut noter pour l'intelligēce de cestuy-cy, qu'en trois cas principalemēt on n'est tenu
3 d'exprimer de quel chef l'on est appellant. Le premier quand l'vn d'iceux faict preiudice à l'autre. Le second quand l'vn desdicts articles exclud l'autre. Le troisiesme quād c'est vn article concernant mesme faict. Ainsi le dict M. Boyer en ses Decisiōs * où il faict pareillemēt
* Deci. 73. vne question fort à propos & conuenable à ce lieu. A sçauoir si le mineur ayant obmis de faire la declaration requise par l'ordonnance deuroit neantmoins estre excusé de tant d'amendes. Toutesfois sans s'amuser à tant de raisons il dict, qu'encore que de verité le mineur selon la commune disposition de droict soit tant seulement censé auoir releué son appel pour l'vn desdicts chefs à fin de le sauuer de l'amen-

de, toutesfois l'vsage des Cours de ce Royaume est au contraire & retient mesme forme de prononcer contre le mineur que contre les maieurs. 4

Appellans du pays de droict escrit amenderont leur fol appel. art. 116.

Que les appellans du pays de droict escrit seront condamnez en amende pour le fol appel comme les appellans du pays coustumier.

---

1 *Appel pourquoy a esté introduit.*
2 *Calomnieux & temeraires appellans sont punis par la loy.*
3 *A sçauoir si l'on peut solidairement contraindre l'vn des consorts pour toute l'amende.*

CEste ancienne coustume de present abrogée a esté autresfois receuë en ceste Cour, de ne condamner en l'amende les appellans du pays de droict escrit. A l'occasion dequoy croissoit iournellemēt l'audace & temerité des fols appellans, qui n'estans mulctez & reprimez d'aucune amende interiectoient plusieurs appellations pour esgarer le iugement des causes contre l'intention de la Loy: car comme elle dict, l'appel n'a esté receu pour fuyr ou retarder le iugement & decision des proces, mais pour reformer & reduire à l'equité les sentences iniquement prononcées. 1

ADDITION.

Ceste ordonnance est pleine d'equité pour deux considerations. La premiere pour l'equalité qu'elle veut estre gardee entre les appellans du pays coustumier & de droict escrit : l'autre pource qu'elle retranche l'affection & enuie de plaider & fait que ceux *qui æquitatis & virtutis persuasione, à calumnia non possunt terreri, ab ipsa pœnæ formidine possint arceri.* Mais il y a vne raison qui est bien plus pregnante & considerable. Car si nous prenons garde à la disposition du droict commun les

2 temeraires ou calomnieux appellãs sont griefuement mulctez par la loy dont y a plusieurs lieux & authoritez de droict tãt canon que ciuil. * Doncques outre ce qui estoit raisonnable de punir la temerité & calomnie des appellans l'ordonnance semble r'entrer és termes du droict escrit : & remettre les appellans qui se disent regis d'iceluy soubs ses vrayes loix. Mais puis que nous sommes sur le propos des amendes ne sera en ce lieu impertinent de dire que communément s'ils sont plusieurs consors appellans la Cour n'a de coustume les condamner qu'en vne amende, sinon que pour grande cause & calomnie euidente elle le fist autrement. D'où l'on peut prendre occasion de traicter vne question qui a esté trouuée difficile en termes de droict, à sçauoir si

* *tex. iunct. gl. in c. 1. in verbo defecerit. de elect. in 6. l. 2. C. de epis. aud. l. ab executione, C. quorum appel. non recip. l. eos, §. fina. C. de appel. & in tit. de formulis appel. in prag. sanct.*

ceste amende peut estre solidairement exigée par le Receueur des amendes d'vn seul, à tout le moins *si consortius soluendo non esset*. En quoy l'on peut vser de ceste distinction, sçauoir est qu'aux termes de ceste ordonnance chacun est seulement tenu pour sa moitié, parce qu'elle est plustost censee infliger l'amẽde pour peine de leur temerité, que non pas *ratione delicti*: en consequence dequoy l'obligation seroit indubitablement diuisee par la commune raison du droict, *quia obligatio correorũ ipso iure diuisa est*.* Mais si elle procedoit de cause criminelle il seroit plus seur de tenir la contraire opinion & seroit chacun d'eux seul tenu au payement de l'amende, sauf son recours pour la moitié contre son compagnon. Comme semble l'auoir voulu Balde *l. 1. de condict. furt.*

** l. si multi. D. de publican.*

Ne sera plus besoin de demander apostres aux appellans de droict escrit. art. 117.

Nous declarons & ordonnons qu'il ne sera besoin cy apres aux appellans de droict escrit de demander apostres ainsi qu'il a esté fait cy deuant. Ainçois seront receuz les appellans à faire poursuitte de leursdites appellations sans auoir demandé lesdits apostres & sans ce qu'il soit besoin en faire aucunement apparoir pour releuer ne faire poursuite desdites appellations.

1 *Anciennement il falloit demander apostres.*
2 *Apostres que c'est.*

PAr l'ancienne coustume & forme de proceder on deuoit demander apostres, c'est à dire lettres dimissoires auãt qu'on peust poursuiure la cause d'appel, & n'estoit permis par
1 l'ancienne rigueur du droict de le faire autrement. Mais auiourd'huy tout cela est aboly, & peut-on (estant de present ces formules abrogées) poursuiure son appellation sans demander aucuns apostres.

ADDITION.

Pour l'interpretation de cest article faut sçauoir qu'apostres ce n'estoit autre chose que
2 certaines lettres dimissoires, par lesquelles le Iuge *a quo* certifioit le Iuge *ad quem* de l'appel interiecté par l'appellant, luy en delaissant la cognoissance. * Qui estoit vne subtilité de droict qui n'apportoit souuent que longueur & incommodité aux parties, sans autrement seruir de rien, que pour monstrer qu'on estoit appellãt & qui mettoit quelques fois en grand' peine & danger les parties, comme en recite vn traict notable Guy Pape * en ses Decisions de Grenoble, tellement que plusieurs tõboient en desertion par la malice des Iuges. Car le ter-

l. 1. D. de libel. dimissoriis.

quest. 5.

me d'auoir lettres dimissoires qui estoit de trẽ- * l. iudicibus C. de appel.
te iours estoit au lieu de la desertion que nous auons de present, au moins si dans ledict temps l'appellant n'obtenoit ses lettres dimissoires ou ne comparoissoit au iour qui pour celuy estoit assigné, auquel cas on le reputoit auoir renõcé à son appel, & estoit la sentence mise à execution. Ce qui n'aduient auiourd'huy si tost: car il y a trois mois qui sont introduits par l'ordonnance pour releuer l'appel aux Cours souueraines & quarante iours aux autres iurisdictions subalternes & inferieures.

Pour chacun fol appel vne amende ordinaire, art. 118.

Qu'en toutes matieres où il y aura plusieurs appellations y aura pour chacun appel vne amende ordinaire du fol appel sans les pouuoir aucunement reduire ou moderer sinon en nos Cours souueraines s'il se trouuoit qu'il se deust ainsi faire pour tresgrande & tres-vrgente cause, dont nous chargeons l'honneur & conscience de nosdictes cours.

---

1 *Les Iuges inferieurs ne peuuent moderer ou remettre l'amende mentionnee en cest article.*

2 *En quel cas l'amende peut estre remise ou moderee.*

IL est tres-equitable que la temerité des appellans soit reprimée & punie d'vne bonne amende, ce que l'on a veu ainsi obseruer selon la reigle & maxime prescrite par la loy, sçauoir est, que lors qu'il y a plusieurs chefs distincts & separez en la sentence dont est appel, l'appel-
1 lãt est condãné en l'amende pour chasque chef encore qu'il n'y aye qu'vne sentence, & n'est permis aux Iuges inferieurs ou autres horsmis la Cour de Parlement d'aucunement les moderer, estant ceste amende imposee certaine par loy. Car la Cour de Parlement peut bien remettre quelque chose de ceste estroicte & prescripte obseruation, ayant la source d'equité enclose en son sein, n'estant besoin d'entrer en ceste dispute de sçauoir, pourquoy il est plustost permis à ceste Cour souueraine qu'aux Iuges inferieurs, pour ce qu'il a esté ainsi ordonné par l'authorité & maiesté du Prince.

ADDITION.

Cause. Comme quand il y a telle difficulté en la matiere que pour l'ambiguité l'on peut iuger l'appellant auoir eu iuste occasion d'en faire poursuite, ou quoy que soit qu'il n'est à presumer l'appellant estre conduict de quelque temerité & calomnie comme nous l'a-
2 uons dict cy dessus. On peut aussi adiouster

que les iuges peuuent remettre ou moderer l'amende pour la pauureté des parties, cōme de droict il est certain qu'elle le peut estre, quand bien mesmement elle seroit adiugée,* *habenda enim est ratio personarum & facultatum, imo si iudici ita visum fuerit*, entierement remise.* Laquelle cause semble auoir esté touchee en plusieurs des articles de ceste ordonnance* esquels l'amende doit estre imposee selon la qualité des personnes.

*l. fin C de modo mulct.

*per not. inc. reprehensibilis. de dolo & contum.

*art. 80. & 111.

Apres deux significations de venir plaider en cause d'appel sera donné exploict. art. 19.

Que és causes & matieres d'appel où il y aura deux significations de requestes deuement faictes au Procureur de la partie & il ne soit prest au iour de l'audiēce sera dōné exploict tout ainsi que si la cause estoit au roolle qui ne pourra estre rabatu par releuemēt de nos Chancelleries ne autrement en quelque maniere que ce soit.

---

1 *Que les causes ne seront plus appellees par placets.*

IL est tout notoire qu'en la Cour cest ordre & façon de faire est de grande authorité. Car quand elle est pressee des affaires & qu'ils sont en si grand nombre qu'on n'a loisir de respirer, plusieurs choses doiuent estre, cōme l'on dict, digerees & decidees hors iugement.

Ce qui ne se peut faire que par la bonne foy des procureurs, lesquels s'ils veulent mutuellement & reciproquement recognoistre bonne foy pourront faire plusieurs choses qui concernent leur charge & office, & composeront facillement le debat & contention des parties.

ADDITION.

Encore qu'il y ait ordonnance posterieure du feu Roy Charles ix. faicte sur les plainctés & remonstrances de ses estats tenus à Orleans art. 24. par laquelle il est expressément porté que d'oresnauant l'on n'appellera plus les causes par placets sinon que ce soient causes priuilegiees, ains qu'elles seront mises
1 au roolle & vuidees à leurs ordres & par consequent ceste ordõnance abrogea, toutes-fois celle du Roy Charles n'est obseruee & veoit on iournellement practiquer le contraire. *Quam recte vero id fiat viderint prudentiores.*

De ne bailler lettres de relieuement de desertion ne de peremption d'instance. art. 120.

Qu'il ne sera doresnauant baillé aucunes lettres de relieuement de desertion ne de peremption d'instance, pour quelque cause & matiere que ce soit, & si elles estoient baillees defendons de n'y auoir aucun esgard, ains les instãces dessusdictes estre iugees tout ainsi que si lesdites lettres n'auoiẽt esté obtenues ny impetrees.

---

1 *Action & instance sont deux choses diuerses.*
2 *Action personnelle se prescript par trente ans.*
3 *Par la contestation l'action est prorogee iusques à trente & quarante ans.*
4 *Quels actes perissent auec l'instance.*
5 *Instance comme peut estre dicte perie.*

CErtainement cest article a trauaillé le cerueau à plusieurs personnes: car il contient deux chefs dont le premier d'iceux appartient à la desertion d'appel. Or quant à la desertion il est certain par ceste estroicte reigle & raison de droict qu'on n'en doit par lettres du Prince releuer ou restituer aucun. Nous en excepterons toutesfois deux cas. Le premier quand on a obtenu lettres Royaux ou relief d'appel auparauant qu'estre comme l'on dict communement adiourné en desertion, mais qu'elles ne sont encore mises à execution: auquel cas l'impetrant est seulement condamné es despens, & luy est permis de deduire & alleguer ses causes d'appel. Le second, quand on a demandé delay pour faire executer ses lettres de relief d'appel, & que cependant on est adiour-

né en desertion, auquel cas les despens sont reseruez en diffinitiue ou bien il est dict sans despens. Et n'y a en cela autre difficulté que de sçauoir si les lettres de relief sont obtenues apres le temps de releuer. Car i'ay veu casser par arrest telles lettres encore que l'appel soit par apres desert, mesmes par la commune raison de droict, ayant esgard que ceste denontiation & execution d'appel & desertion est tousiours odieuse. Mais la difficulté est bien plus grande sur l'interpretation du mot (peremption) à sçauoir quelle est la nature de la peremption, quels effects elle produict & comme nous auons accoustumé d'en vser. Pour l'explication & interpretation de laquelle difficulté, il suffira d'aduertir le lecteur d'vn poinct. Sçauoir est que par certaine reigle & axiome de droict l'instance estoit perie par le laps de trois ans qui deuoiét estre comptez du iour de la contestation, au parauant laquelle l'instance n'est entendue estre commencée selon la commune decision de droict, combien que de droict canon il soit autrement & que par la disposition d'iceluy elle ne soit perie par le laps de trois ans. I'ay dict expressement la cause & instance,
1 pour ce que ce sont deux diuerses choses que l'action & l'instance. Car l'action est personnelle ou bien reelle. Celle qui est personnelle peut estre seulemẽt prescripte par trente ans,
2 & si elle est reelle, par quarante. Ainsi ne peut

on dire que l'action soit perie par le laps de trois ans, veu qu'elle demeure par tant d'annees sans pouuoir estre proscrite & estraincte que par vn si long temps. Pour le regard de l'instance, nous ferons ceste distinction. Ou la cause est contestée, ou entiere & non contestee. Si elle n'est cõtestee, on ne la peut proprement appeller instance, car il est certain qu'il n'y a point d'instance auant la contestation. Partant ne peut on dire qu'elle soit perie par trois ans, ou deuoir estre ressuscitee par lettres, parce que n'y en ayant point eu elle n'a peu reuiure, & par ainsi faut recommencer de nouueau le proces. Faut toutesfois sçauoir que l'effect de telle instance, a peu interrompre & empescher le cours de la prescription mesmes sans lettres d'interruption. Mais si la cause auoit esté liee & contestée il est notoire par la commune decision & raison de la loy que l'action est par le moyen de la contestation estendue & prorogee iusques à trente voire quarante ans, encore que de soy elle fust temporelle. Tellement qu'il est necessaire faire ceste conclusion, sçauoir est que on ne doit octroyer aucunes lettres pour estre restitué de ceste peremption. Car si nous auons esgard à ce qui precede la contestation & preparatif d'icelle, il est clair & manifeste que nous ne pouuons dire ceste instance (qui certes est nulle) estre aucunement perie, de façon que quand on n'auroit demeuré qu'à

la poursuyure par l'espace d'vn an il la faudroit par nouuelles lettres exciter, non pas comme peric, mais comme interrompue.
Mais depuis que la cause est contestee, il est certain que l'action est perpetuee iusques
4 au temps introduict par la loy, encore que les actes instructifs & preparatoires de l'instance soient peris selon la reigle de droict & commune opinion des docteurs, mais non les autres actes legitimes comme enquestes.
Car les actes qui par l'authorité du Iuge sont reduicts en forme publique par personnes publiques ne peuuent par la raison & disposition de droict estre dicts & reputez esteints.
Nous dirons neantmoins le contraire en cause d'appel, parce que l'instance estant perie, la cause l'est pareillement. Mais en la cause principale, il n'y a seulement que les actes preparatoires & prolusoires qui perissent.
Nous conclurrons donc pour la vraye interpretation de cest article, qu'auant la cause contestee l'instance n'estant encore point telle ne peut estre dicte perie. Au contraire si elle est commencee & la cause contestee, nous ne pouuons dire qu'elle soit perie
5 par trois ans, ains que par interpretatiõ elle est estendue & prorogee iusques à trente voire quarante ans, selon la nature de la chose subiecte.

ADDITION.

Ce que dict M. Bourdin en ce lieu est auiourd'huy abrogé, tant parce que ceste ordonnance ne se practique pas & que *abijt in desuetudinem per non vsum & per expressum contrarium vsum*, que aussi parce que depuis y a eu autres ordonnances sur ce faictes du tout contraires tant à la doctrine dudit sieur Bourdin que des docteurs plus excellēs du droict Romain, ainsi qu'a remonstré M. du Val en ses arrests *titulo* 15. où tu pourras recourir pour plus facile intelligence de ce lieu, me remettant à discourir plus amplemēt sur ceste matiere de peremption en quelque autre endroict mieux à propos qu'en cestuy-cy.

De ne donner defaux à la barre de Parlement ne ailleurs, sinon aux Procureurs. art. 121.

Que les Conseillers de nos cours souueraines ne dōneront point de defaux à la barre ne ailleurs, sinō aux procureus des parties & non aux clercs ne soliciteurs.

---

1 *Ce qui est necessaire pour pouuoir contumacer sa partie.*

2 *Nul n'est receu a postuler en la cour, s'il n'a faict le serment.*

1 CEst article a esté excogité auec grande raison pour obuier aux fraudes de quelques vns qui le plus souuët s'attribuans faussement le nom de quelque bon Procureur inuentent vne infinité de delais & subterfuges & embrouillent les pauures parties de plusieurs difficultez.

ADDITION.

La raison de cest article est fondee en la commune disposition de droict. Car pour pouuoir obtenir defaut & contumacer sa partie il faut de sa part comparoir. Ce qui ne peut estre que *per se aut legitime instructum procuratorem*, * *quod in huiusmodi personas de quibus hîc agitur cadere minime potest, imo* sembleroit par la rigueur de droict que tels iugemens seroient nuls, *tanquam falso aut saltem minus idoneo procuratore requirente data* : ayant esgard

2 qu'en la Cour de Parlement nul n'est receu à postuler s'il n'a faict le serment de Procureur en icelle. Ioint que par l'ordonnance tous actes iudiciaires doiuent estre expediez par les Procureurs en personne & qu'il ne suffist d'y commettre les clercs pour les inconueniens qui en sont autresfois suruenus.

* *l. 1. C. procur. & ibi not.*

D'expe-

D'expedier par roolle les proces par escrit qui seront poursuyuis. art.122.

Nous voulons que les Presidens & Conseillers ès chãbres des Enquestes de nos cours souueraines iugent les proces par escrit dont le iugemẽt est poursuiuy selon l'ordre du temps de la reception, dont il sera fait roolle qui sera publié & attaché au greffe de trois mois en trois mois, auquel seront rayez par le greffier ceux qui seront iugez incontinent apres le iugement conclud & arresté.

Enioinct au procureur general du Roy de faire garder ladicte ordonnance. art.123.

Et voulons ladicte ordonnance estre estroittement gardee & sans y faillir ne mesprẽdre en quelque maniere que ce soit, ordonnant neantmoins à nostre Procureur general d'y auoir l'œil & la faire garder sur peine de s'en prẽdre à luy, & neantmoins nous aduertir incontinent de la faute qui y seroit faicte pour y pouruoir comme il appartiendra.

---

1 *Le droict fauorise les diligens.*

2 *Qualité des parties quand ne doit estre respectee.*

EN ces deux articles se voit enclose vne merueilleuse equité. Car comme il aduiẽt souuent que les proces & le long traict d'iceux surmonte bien souuent la vie des parties il a esté bien raisonnable d'y pouruoir promptement de ce remede d'equité. C'est à sçauoir qu'vn chacun en son ordre & eu esgard à la longueur du temps puisse obtenir le iugement & decisiõ de sa cause. Mais ie ne voy point que nous obseruions la distinction de ce roolle, ains toutes choses estre tumultairement iugees comme la fortune & diligence de chacune des parties le porte, suyuant l'ancienne façon & maniere. Ce qui semble
1 aussi meilleur d'autant qu'on a esgard à la diligence d'vn chacun, & que le droict fauorise & supporte les diligens & non les paresseux & negligens. Toutesfois il seroit bien equitable quand la diligence des parties est egale que celuy qui est le premier fust preferé.

ADDITION.

CE qui est dict en premier article conuient fort bien à la commune disposition de droict tant ciuil que canon, *par laquelle lon doit en tous iugemens garder vne equalité, & ne respecter en rien la qualité des personnes, afin que les honneurs & dignitez des vns ne redõdassent au detrimẽt des autres, *com-

2

*c. in iudiciis. de reg. iur. in 6. l. In sacr. C. de proximo sacr. scrin. li. 12.

*l. fin. C. de sta & imag.

me vray semblablement il aduiendroit si le reiglement de l'ordonnance n'auoit lieu, & comme on le voit praticquer pour n'estre la presente ordõnance obseruee, qui toutesfois a esté faicte *Vt equitatis ratio inter omnes communiter procedat.* Quant à ce qui est dict par l'article 123. du procureur du Roy, c'est la façon ordinaire du Roy en ce qui concerne d'auoir l'œil aux fautes qui se commettent d'enioindre à son procureur general d'y auoir l'œil. Ce qui est fondé aussi en la commune raison de droict & commune vsance receuë en ce Royaume, estant de la charge dudict sieur procureur general d'accuser tous ceux qu'il cognoistra auoir failly, * & appartient à son deuoir & office de prendre garde & tenir la main à tout ce qui concerne le bien public & obseruation des ordõnances.

* *l. omnes C. de delat. lib. 12.*

Presidens ne Conseillers ne solliciterõt pour autruy és cours dont ils seront.
art. 124.

Nous defendons à tous Presidens & Conseillers de nos Cours souueraines de ne solliciter pour autruy les proces pendans és Cours où ils sont nos officiers, & n'en parler aux Iuges directement sur peine de priuation de l'entree de la cour & de leurs gages pour vn an & d'autre plus grande peine s'ils y retournent. Dont nous voulons estre aduertis & en chargeons nostre procureur general sur les peines que dessus.

1 *Il est indigne d'vn iuge de se rendre solliciteur.*
2 *Parties desirees en vn bon iuge.*

CEst article contient plustost ce qu'appartient aux mœurs qu'à la practique. Car il a semblé inepte, deshonneste & peu esloigné des choses sordides que le iuge qui
1 doit conuertir tout son estude & soing à rendre le droict à vn chacun procure & solicite les affaires des parties litigantes comme vn solliciteur ou proxenete, & se laisse tellement tomber de ce haut degré de dignité qu'il oublie & soy-mesme & les loix & l'equité & sa maiesté & splendeur. Car ceste Catonienne
2 seuerité reuestuë d'equité & iustice est grandement à desirer en vn Iuge de telle façon que ny par priere, ny par grace & presens, ou priuee vtilité il ne soit destourné de son deuoir & integrité.

ADDITION.

Cecy est introduict auec grande raison. Car celuy qui est en estat de iudicature se doit contenir es bornes & limites de son office, *& in omnibus seruare decorum*: ce qu'il ne pourroit bonnement faire s'abaissant de tant que de faire office de solliciteur. En quoy *aduer-*

tendum est ne aliqua oriatur suspitio mali, comme disoit l'ancienne ordonnance, laquelle pourroit de beaucoup importer au cas present, pour estre l'esprit de l'homme enclin à prendre les choses *in peiorem partem*, tellemẽt qu'on iugeroit plustost que ce fust pour dõner couleur à vne mauuaise cause qu'à en soustenir vne bonne. Ce que n'aduiendroit pas si nos iuges vouloyent embrasser & imiter les vestiges de ce grand Caton, dont parle M. Bourdin*, duquel Pline en la preface & dedication de son histoire naturelle au Prince Vespasien faisant vne grande exclamation dict ces paroles d'honneur; Ha! gentil Marcus Portius, dict-il, que tu es heureux d'auoir esté tel que iamais homme ne s'hazarda de te solliciter de quelque cas des-honneste & qui fust contre ton deuoir! Quant à la peine de cest article, elle est fort frequente par les ordonnances comme il appert par l'ordõnance de Charles septiesme de l'an 1446. art. 5. & 6. & par l'ordonnãce du mesme Roy de l'an 1453. art. 110. & est communement infligee quand les Conseillers font quelque chose contre le deuoir de leur office, *aut decore non seruato*.

S'ils y retournent. Cela est tenu pour vn poinct resolu que *consuetudo quæ per bonum actum in delictis inducitur peccatum auget* & aggraue la peine. * Ce qu'a fort bien consideré ceste ordonnance, laquelle au cas qu'elle fust bien estroictement obseruee si bien qu'elle

* *l. capitalium. de penis. c. fin. de consuet.*

ne l'est pas, l'on pourroit les suspendre à tẽps pour la premiere fois, & *sic gradatim augendo pœnam*, iusques à les en priuer du tout. Toutesfois il semble que les Conseillers clercs ne doiuent estre si seueremment mulctez, que les Conseilles lais, comme en semblable il est porté par ladicte ordonnance de l'an 1446. article 6.

De ne plus partir proces és cours souueraines. art. 125.

Qu'il ne se fera doresnauant aucun partage és proces pendans en nos cours souuerains, ains serõt tenus nos Presidens & Conseillers conuenir en vne mesme sentence & opinion à tout le moins en tel nõbre qu'il s'en puisse ensuyure arrest & iugement au parauant que de vacquer & entendre à autre affaire.

Vne voix empeschera partage. art. 126.

Et à ceste fin pour empescher lesdicts partages, voulons & ordonnons que quãd il passera d'vne voix soit le iugement & arrest conclud & arresté.

---

1 *En choses douteuses on doit iuger en faueur du defendeur.*

2 *Qu'il faut suyure l'opinion de ceux qui se trouuent en plus grand nombre.*

AVx anciens iugemens la dignité & seuerité estoit si grande qu'ils n'estoient reputez bien & deuement donnez, s'ils n'estoient conclus & arrestez du commun accord & consentement de tous & sans cõtredict de personne. Que si la question estoit agitee de diuerses opinions, lors si elles se trouuoient en pareil nombre on ne prononçoit pour l'vne ny pour l'autre des parties, ains estoit le proces party comme nous disons encore, cõbien que par la disposition de droict quãd les choses sont doubteuses on doiue donner iugement au profit du defendeur, comme aussi pour la validité des testamens. Parquoy ce premier article exhorte les Iuges de se garder de tels conflicts en leurs opinions & qu'ils appoinctent tellement les causes, qu'il n'y aye point lieu de discorde & contradiction. Adioustans à cela vn autre remede que si les sentences & opinions surmontent d'vn costé d'vne voix on ne prononcera plus ainsi que dessus, ains sans remise ou procrastination sera donné iugement au profit du demandeur ou defendeur.

ADDITION.

La dispute a esté grande entre les anciens si l'on deuoit en iugeant auoir esgard à la simple pluralité de voix ou dresser le iugement selon l'opinion des mieux verſez plus anciēs, & qui ſont en plus grande reputation. Pour la deciſion de laquelle ſe peuuent amener & deduire pluſieurs raiſons legales & pertinentes d'vn coſté & d'autre; toutesfois Afflictus* qui a plainement traicté ceſte queſtion ſe reſoult, qu'il faut ſuiure l'opinion de ceux qui ſe trou-

* In ſua prima deciſ.

2 uent en plus grād nombre. Car comme il dict fort bien, l'on ne doit eſtimer y auoir erreur au iugement qui eſt donné ſelon l'aduis & ſentence de la plus grande partie quand bien le Preſident ſeroit d'aduis tout contraire. * Sur leſquelles raiſons & deciſions ſemble eſtre fondee noſtre ordonnāce par laquelle eſt abrogee celle du Roy Loys de l'an 1499. art. 76. Toutesfois il y a eu edict du Roy Henry 2. de l'an 1549, par lequel la preſente eſt abrogee & ce poinct remis és termes de l'ancienne ordonnance, qui vouloit qu'auant que pouuoir conclurre le iugement d'vn proces, l'vne des opinions ſurmontaſt l'autre de deux voix. Quant au nōbre requis és arreſts & iugemens des Cours ſouueraines il doit communement eſtre de douze en la Cour de Parlemēt de Paris & és proces de Commiſſaires de dix comprenant les Preſidens comme il eſt porté par l'article 16. de la declaration faite par le Roy Charles ſur l'ordonnance de Moulins : & quant aux autres Cours au nombre de huict auec vn Preſident, és matieres eſquelles n'eſt queſtion de choſe excedant la valeur de deux

* per text. & gl. in c. 1. de his quæ fiunt à maiori par. te cap.

cens liures de rente ou quatre mil liures pour vne fois. Car és autres matieres plus grand nõbre seroit requis, cõme il appert par le 36. article de l'ordonnance du Roy Loys XII. de l'an 1499. & en proces de Commissaires au nombre de sept comprins le President.

Ceux qui seront deboutez de restitution contre vn arrest l'amenderont. art. 127.

Que tous impetrans de lettres Royaux en forme de requeste ciuile, relieuement ou restitution contre les arrests de nos Cours souueraines, s'ils sont deboutez de leursdites lettres ils seront condamnez enuers nous en vne amende arbitraire qui ne pourra estre moindre que l'ordinaire du fol appel, & en la moitié moins enuers la partie, & plus grande si mestier est selon la qualité & malice des parties.

---

1 *Qu'on se peut pouruoir contre les arrests par deux voyes.*

2 *Voye de requeste ciuile que c'est.*

3 *Qu'on ne peut proposer erreur ou requeste ciuile contre vn arrest prouisoire.*

L'Explication de cest article est aisée. Car nous paruenons au benefice de restitution par deux voyes. Sçauoir est par voye

1 de ſupplication que nous appellons vulgairement propoſition d'erreur, quand nous alleguons les Iuges auoir en decidant le procès erré en faict & non en la queſtion ou cognoiſſance de droict, & lors faut (comme nous dirons cy apres) conſigner la ſomme de douze vingts liures, ou bien par requeſte ciuile.

2 C'eſt à ſçauoir quand nous ſouſtenons que la religion des Iuges a eſté circonuenuë par le dol, fraude, fauſſes allegations ou faux inſtrumens produicts par partie aduerſe : auquel cas nous ne nous pouuons ſeruir de remede plus prompt pour infirmer & enfraindre l'auctorité des choſes iugées. Car par ce moyen on n'accuſe pas le Iuge, mais celuy qui eſt partie, le dol duquel eſt recherché, puny & allegué. Et tout ainſi que la fraude & malice de celuy qui a deceu & circonuenu le Iuge doit eſtre ſeuerement & rigoureuſement punie: auſſi la calomnie de celuy qui vient à temerairemẽt alleguer ce dol a deu eſtre imprimée d'vne groſſe & rigoureuſe amende. Ce qui eſt introduict afin de refrener l'immoderée procacité & arrogance des plaideurs.

ADDITION.

Par la diſpoſition de droict, en toutes matieres de reſtitution on auoit de couſtume s'addreſſer aux Iuges par ſimple requeſte, leſquels faisans droict sur icelle y procedoient de leur office, mais ils n'y estoient receuz s'ils pouuoient par quelque autre moyen pouruoir à leur indemnité. * Toutesfois, comme nous auons ja dict vne fois, nostre practique n'a receu ceste façon de faire, s'estant le Roy seul reserué ceste préeminence que de pouuoir restituer, qu'il retient priuatiuement & sans la communiquer à personne, encore que par cy deuant les Gouuerneurs des Prouinces eussent quelque pouuoir de ce faire, iusques à expedier lettres de remission, pardon & plusieurs autres, comme on peut recueillir du 70. article de l'ordonnance du Roy Loys XII. de l'an 1499. Et combien que cela soit generalement obserué en toutes matieres, toutesfois il ne le doit estre par raison si estroictement és autres cas, comme és choses iugées. Car outre ce que retracter vn arrest, c'est faire tort aux Iuges qui l'ont donné. * *Iudicata enim ac semel terminata rata manere debent*, disoit l'ancienne Loy des xij. Tables : à ceste cause aussi n'y peut on venir sinon quãd tout autre moyen defaut. Et c'est pourquoy on a tenu pour vne reigle certaine & indubitable, qu'on ne peut obtenir requeste ciuile, ou se pouruoir par voye de proposition d'erreur, (qui sont les deux extremitez par lesquelles il faut passer) contre vn arrest possessoire ou prouisoire : * combien que, comme nous l'auons cy dessus declaré, les arrests pos-

* *in causa. §. 1. D. de minor.*

* *l. 3. C. de summa trin. & fide cath.*

* *d. l. in causa.*

sessoires en France soient en matiere beneficiale par maniere de dire cause gaignée, pour l'extreme longueur & inuolution des poursuites qu'il faut faire en cour d'Eglise.

De iuger *an bene vel malè*, & ne moderer les amendes. art. 128.

En toutes apellations sera iugé an benè vel malè, *sans mettre les appellations au neant ne moderer les amendes du fol appel, sinon en nos Cours souueraines, si pour tres-grande & vrgente cause ils voyent que ainsi se deust faire, dont nous chargeons leurs honneurs & consciences.*

---

1 *Effect de l'appel quel se peut dire.*

2 *Les Cours souueraines peuuent seulement mettre au neant les appellations sans amende.*

Les Iuges inferieurs n'ont que deux extremitez par l'vne desquelles il faut passer en iugeant les appellations, sçauoir est qu'il
1 a esté bien ou mal appellé. Car à la verité le remede d'appel (quant à la reformation des choses iugées) porte en soy cest effect qu'on doiue dire qu'il a esté bien ou mal iugé : & si on trouuoit qu'il eust esté follement appellé le Iuge condamnera l'appellant en l'amende ordinaire. Mais en la Cour sont permises
2 plusieurs choses qui ne le sont pas aux Iuges

inferieurs, pour raison de la singuliere excellẽce & sacro-saincte auctorité de ceux qui sont Iuges en icelle : cõme de remettre ceste amende & de pouruoir aux parties par ce remede, c'est à sçauoir de mettre l'appellation au neant & neantmoins confirmer la sentence.

ADDITION.

Cest article doit estre entendu pour le regard des iugemens donnez sur mesmes pieces comme il aduient necessairement és causes d'appel des sentẽces & appoinctemens interlocutoires, qui doiuent estre vuidées sur les simples procedures, * sur lesquelles lesdicts appoinctemens ont esté donnez. Car s'il y auoit faicts nouueaux ou production nouuelle il ne seroit raisonnable de dire qu'il a esté mal iugé, mesmes qu'en ce cas il y a raison de souuent compenser les despens par la commune disposition de droict, encore que Io. Faber * semble auoir tenu le contraire.

* Clem. appellanti. de appel.

* in §. fin. instit. de pœna temerè litig.

Presidens ne Conseillers ne partiront sans congé du Roy art. 129.

Nous defendons à tous Presidens & Conseillers & autres officiers de nos Cours souueraines que durant la seance du Parlement ils ne puissent desemparer ne soy absenter de nosdites Cours sans expresse licence & per-

mißion de nous. Et s'il y a cause, ils nous en pourront aduertir pour en ordonner comme verrons estre à faire: sinon que pour grande & vrgente cause il ne se peut autrement faire, dont nous chargeons l'honneur & conscience de nosdictes Cours souueraines.

---

1 *Conseillers ne se doiuent absenter sans permißion du Prince.*

TOVT ainsi qu'il n'est permis aux soldats de laisser & abandonner leur ordre sans expres commandement de leur chef & Capitaine, aussi n'est il permis aux Conseillers de s'absenter de la Cour sans la permission du Prince, & ce pour la grande assiduité & diligence qui est requise en eux. Partant est-il receu par nostre stil & coustume, qu'ils ne se puissent absenter d'icelle, sans auoir sur ce premierement obtenu lettres ou congé du Roy, sinon que l'abscence fust si petite qu'on ne deust pour raison d'icelle en demander congé.

ADDITION.

FAVT seulement adiouster icy, que ceste ordonnance est merueilleusement saincte & necessaire, d'autant que comme dict Ciceron,

Senatores semper adesse debent. par ce que (comme il dict luy mesme) *grauitatem res habet cum frequens est ordo.*

Mercuriales seront tenuës de moys en moys, & portées au Roy de trois moys en trois moys. art. 130.

Nous ordonnons que les Mercuriales se tiendront de moys en moys sans y faire faute; & que par icelles soient plainement & entierement deduictes les fautes des officiers de nosdictes Cours, de quelque ordre ou qualité qu'ils soient: sur lesquelles sera incontinent mis ordre par nosdictes Cours & sans aucune retardation ou delay, dont nous voulons estre aduertis & lesdictes Mercuriales & ordre mis sur icelles nous estre enuoyées de trois moys en trois moys, dont nous chargeons nostre Procureur general d'en faire la diligence.

---

1 *L'office de Censeur de grande authorité à Rome.*
2 *Mercuriales d'où sont procedées.*

EN L'ANCIENNE Rupublique de Rome les Censeurs comme aussi leur office estoient de grand poids & authorité, parce qu'ils faisoient rapport des fautes de chacun ordre, fust des Cheualiers ou des Senateurs. Lequel office de censeur est aboly, & sont toutes ces choses delaissées à l'office 1 du Procureur general du Roy. Or pource que ſouuentes-fois l'imbecillité & infirmité des hommes doit eſtre refrenée par quelque bon remede de correction & reprehenſion, ces iours de Mercuriales ont eſté inuentez, pour publier & recenſer les fautes & erreurs d'vn chacun, afin que par vne mutuelle admonitiõ & exhortation l'on donnaſt ordre que pour l'aduenir telle choſe n'aduint.

ADDITION.

Ceſt article eſt en ce qui concerne le temps de tenir les Mercuriales auiourd'huy corrigé par l'ordonnance de Moulins article troiſieſme, par laquelle il eſt dict que les Mercuriales seront tenuës de moys en moys. Au reſte il eſt vray ſemblable que ce mot aye prins ſon origine, comme pluſieurs l'ont voulu, de ce que anciennement on auoit de couſtume faire telles aſſemblées au iour du Mercredy, auſquelles *cenſura quædam fiebat*, c'eſt à dire vne benigne remonſtrance des fautes qu'vn chacun commettoit.

Diſpoſitions de donateurs ou teſtateurs en faueur de leurs adminiſtrateurs, declarées nulles. art. 131.

Nous declarons toutes dispositions d'entre vifs ou testamentaires, qui seront cy apres faictes par les donateurs ou testateurs au profit de leurs tuteurs, curateurs, gardiens, baillistres & autres leurs administrateurs estre nulles & de nul effect & valeur,

---

1 *L'impubere & adulte ne peuuent rien donner à leurs tuteurs ou curateurs.*
2 *Le mesme se peut dire du prodigue & du furieux.*
3 *Maieur de quatorze ans peut tester par la loy.*
4 *En quel cas le maieur peut donner à son tuteur.*
5 *A sçauoir si cest article a lieu contre les peres legitimes administrateurs.*

CErtes cest article de l'ordonnance est prins & tiré entierement de la loy, & ne consiste aucunement en practique, veu qu'il est de droict, & partant à moderer selon le sens & interpretation des loix. Doncques l'impubere ne peut rien donner à son tuteur, 1
ny l'adulte & pubere à son curateur. La raison en est claire par la reigle du droict ciuil par laquelle le tuteur ne peut authoriser le mineur en son propre faict: & s'il est question de chose en laquelle le mineur doiue liberer son tuteur ou curateur, cela ne se peut juridiquement faire auec l'authorité du tuteur par les raisons cy dessus allegues. Le semblable 2
dirons nous du prodigue & de celuy auquel

l'administration de ses biens est interdicte, attendu que le mesme priuilege qui est en la personne du mineur & la mesme raison d'iceluy est considerable en leurs personnes par la presumption de la loy. Quant aux furieux il n'y a difficulté quelconque, parce qu'il est certain qu'ils ne peuuent rien faire estans comparez à l'homme dormant. Et ne peuuēt aussi transferer aucune chose soit par donation entre vifs ou à cause de mort, parce qu'en toutes ces choses est requise l'integrité du sens qui ne peut estre en la personne du furieux. Vray est que pour la donation testamentaire, la chose a semblé plus difficile au
3 respect du mineur & du prodigue. Car encore que le mineur ne puisse donner entre vifs si est ce que s'il est maieur de quatorze ans la faction testamentaire luy a esté concedée par la disposition de la loy. Et partant il luy est loisible donner par testament iusques à la somme qui est prescripte par la loy sans passer outre. Et ainsi a esté receu par nostre vsage conformément à l'intention des loix Par ainsi il sembloit estre loisible aux mineurs faire donation par testament à leurs tuteurs & curateurs en consideration de ce que telle disposition & volonté du mineur ne pouuoit receuoir force qu'apres sa mort, auquel temps n'estant plus en la puissance de son tuteur, il pouuoit donner par la raison de la loy. Toutesfois i'estimerois la raison de la loy

estre telle, que non seulement le tuteur ou curateur doit par son conseil & operation defendre le patrimoine du mineur, mais aussi son corps & son salut. Et partant afin que par quelque gaing ils ne machinent quelque chose au cõtraire cõtre leurs mineurs & qu'ils ne soient moins officieux pour la conseruatiõ 4
de leur salut, qu'ils sont tenus de leur deuoir, il a esté ordonné que mesmes par testament il ne seroit loisible donner aux tuteurs & curateurs. Car par ceste raison estans les tuteurs & curateurs repoussez de toute esperance de gaing vacqueront auec plus grand soin & diligence à conseruer les biens du mineur, au lieu que sans cela & ayans esperance de quelque gaing par la mort d'iceluy ils eussent sans doubte esté plus negligens & inofficieux enuers eux.

Gardiens, & Baillistres, & autres leurs admistrateurs. Combien que l'authorité, force & puissance de ceux que nous appellons Gardiens & Baillistres ne soit si grande que celle des tuteurs & curateurs & que la prohibition de la loy ne les semble comprendre, toutesfois pource qu'ils portent les marques de mesme puissance & qu'ils semblent auoir en mesme soing les personnes & biens des mineurs, il a esté sur pareille raison & nature de la chose ordonné qu'ils soient subiects à mesmes loix que les autres. Mais ce qui a esté dict de la faction testamentaire ne peut appartenir aux donations faictes auparauant l'ordonnance, ains prescriuent ces choses seulement certaines formes aux negoces futurs.

ADDITION.

En ce lieu se pourroit demander bien à propos à sçauoir si le pere qui est appellé legitime administrateur de ses enfans peut estre comprins en la prohibition portee par cest article. Ceste question n'est pas petite pour la diuersité des raisons qui peuuent estre apportees d'vne part & d'autre. Si biẽ que plusieurs l'ont estimee doubteuse & problematique. Toutesfois à considerer les choses sainement il y a grande apparence de tenir pour la negatiue. Car outre ce que les decisions qui ont donné lieu à l'ordonnance cessent notoirement en la personne du pere tant par raison ciuile que naturelle, *cùm omnia ex voto liberis comparemus*, & qu'il n'est vray semblable que le pere puisse iamais entrer en ceste triste cogitation de la mort prepostere de son enfant qui ne luy pourroit apporter qu'vne iuste douleur & euenement du tout lugubre & plein de desolatiõ, si est ce qu'estant le pere tuteur legitime & naturel de ses enfans & par la loy de nature & par la loy ciuile il ne peut refuser ceste charge en façon que ce soit, estant comme elle est necessaire & de necessité en sa personne Ce qui n'est pas aux autres personnes qui s'en peuuent excuser par le voyes legitimes, mesmes la mere. A raison dequoy il y auroit beaucoup plus d'apparence que pour son regard ceste ordonnance eust lieu que nō pas pour le regard du pere, *ne officiant ei damnosum esset* contre la reigle commune de droict.

Donations seront insinuees & enregistrees. art. 132.

Nous voulons que toutes donations qui seront faictes cy apres par & entre nos subiects, soient insinuees & enregistrees en nos Cours & iurisdictions ordinaires des parties & des choses donnees, autrement seront reputees nulles, & ne commenceront à auoir leur effect que du iour de ladicte insinuation, & ce quant aux donations faictes en la presence des donataires & par eux acceptees.

---

1 *Quelle raison a donné lieu a ceste ordonnance.*
2 *Insinuation que c'est.*
3 *Insinuation comme se doit faire.*
4 *Presence du donateur n'est requise à l'insinuation.*
5 *Insinuation n'est requise en donation de meubles.*
6 *Deux choses requises en l'insinuation.*

IL est certain par nostre vsage que ceste maniere d'insinuer les donations n'a esté receuë au parauant ceste ordonnance, combien que de disposition de droict les donations excedans la somme de cinq cens escus debuoiét

generalement & de necessité estre insinuées auparauant qu'elles peussent estre parfaictes & validees. Mais parce que par nostre ordonnance a esté instituee certaine forme d'insinuer les donations & qu'elle a semblé necessaire pour parfaire & corroborer lesdictes donations, nous tascherons deduire trois points necessaires à l'explication de ce lieu. Premierement que c'est qu'insinuation. Secondemēt comment elle doit estre faicte. Tiercement en quelles especes l'effect de l'insinuatiō n'est point requis. Mais nous dirons premieremēt la cause qui a donné lieu à l'ordonnance. I'estime personne n'estre ignorant que la raison pour laquelle a esté faicte l'ordōnāce est pour obuier aux fraudes & tromperies des hōmes,
1 qui par clandestines donations & bien souuent faulses troubloient tellement les patrimoines, qu'ils despouilloient l'achepteur de bonne foy & des biens & des choses venduës: chose certainement execrable & miserable. Parquoy pour retrancher le chemin à toutes ces fraudes on y a pourueu du remede de l'insinuation par le moyen de laquelle ces donations clandestines sont descouuertes. Car telles donations peuuent venir à la notice d'vn chacun pere de famille diligent, veu que pour la validité d'icelles il est requis que toutes se puissent trouuer és registres, & aussi qu'elles ne peuuent estre cachees à celuy qui s'en voudra diligemment informer.

Voyons premierement que c'est qu'insinuation. Et certes selon le sens & intention de la loy, insinuer n'est autre chose que veritablement intimer & porter pardeuers le Iuge l'instrument faict sur la donation, mesmes aprçs que le contract a esté parfait, & lors c'est l'office du Iuge de le receuoir, iceluy veoir & commander la teneur & substance du contract estre enregistrée, le iour de l'insinuation y estre apposé & acte en estre octroyé à la partie le requerant. Laquelle forme & obseruation est bonne & suffisante sans qu'il soit besoing d'autre interposition de decret, question ou information. Secondemẽt l'insinuation selon la raison de la loy doit estre faicte en ceste sorte, sçauoir est que le donateur & le donataire y soient presens, quoy que soit leurs Procureurs specialement fondez. Car la donation ne pourroit estre valide sans que le donateur ou donataire, ou leurs Procureurs representãs leurs personnes insinuassent l'instrument de la donation, & ce pardeuant les iuges des lieux de la demeurance des parties, & de la situation des choses à l'imitation de l'emancipation. Et ne peuuent les parties par leur seule confession deroger à ceste forme substantielle, d'autant que le moindre defaut rendroit l'acte nul & inualide par le seul ministere du droict qu'on dict *ipso iure*. Et ont esté plusieurs d'aduis ainsi deuoir estre obserué en France : Quoy que soit, ie voy que plu- 2

sieurs sont en telle opinion. Car ne pouuant la donation quant à la parfaicte forme estre celebree que du mutuel consentement des parties, le mesme sembloit deuoir estre necessairement ordonné en l'insinuation, puis qu'elle est necessaire à la forme & perfection de la donation & qu'elle ne peut estre reuestuë de ceste forme & perfection que par le moyen de l'insinuation. Toutesfois ie sçay
4 Arrest. qu'il a esté dict par arrest, que la presence du donateur n'y est requise & qu'il suffit que le contract soit entregistré auquel l'intention & volonté du donateur est exprimee. En troisiesme lieu l'insinuation n'est requise en toute espece de donation & n'est necessaire en
5 donation de meubles, mais seulement d'immeubles, ny semblablement en donation faicte en faueur de mariage, & ainsi a esté iugé
Arrest. par arrest interlocutoire & non definitif contre les heritiers de la defuncte vefue Briçonnet, conformément à l'intention de la loy qui semble auoir excogité quelque chose de peculier & special en ces donations. Nous dirons le semblable des donations remuneratoires & faictes pour cause si le donateur estoit tenu à ladicte remuneration : car autrement ne le voudrions nous soustenir. Le semblable aussi a lieu en donation d'vsufruict qui est incertain. Aussi pouuons nous dire que la donation à cause de mort n'y est subiecte. Mais la question a esté agitee, à sçauoir si l'in-

sinuation deuoit estre faicte aux lieux, esquels la reelle apprehension du gage se faict,
comme si la chose estoit prinse à la main, (ce
qu'on appelle nantissement) veu qu'on desire
en iceluy presque les mesmes solemnitez. Car
quant à l'inuestiture & demission, comme on
dict, elle doit estre faicte au greffe ou en iugement soit de la part du donnant ou de l'ac-
ceptant. Tellement qu'il semble y auoir mesme raison de fraude en ceste matiere d'oppi-
gneration qu'en l'insinuation. I'estimerois
neantmoins qu'elle n'est suffisante, attendu
qu'en l'insinuation deux choses sont requises:
La premiere, que l'insinuation se face au lieu
du domicile. L'autre qu'elle soit faicte au lieu
où les choses sont situees & assises. Par ainsi 6
ceste forme doit estre obseruee en deux sieges, ce qui n'est requis au nantissement. Doncques ce chef & article de l'ordonnance a seulement prescript la forme qui doit estre obseruee es donations faictes aux presens & non
aux absens.

ADDITION.

Les exceptions & limitations que donne M. Bourdin à cest article sont auiourd'huy abrogées par l'ordonnance du Roy Charles neufiesme faicte à Moulins en l'an 1566. article 58. par laquelle toutes donations generalement qui sont faictes entre vifs doiuent estre insinueęs dans quatre mois entrę personnes qui sont dans le Royaume,&dans six mois pour le regard de ceux qui sont absens hors iceluy. Mais il se peut icy mouuoir vnę questiõ,à sçauoir si depuis que telles donations sont nulles par faute d'insinuation & qu'elles n'ont effect que du iour de ladicte insinuation elles peuuent estre reuoquees, & si elles peuuent estre insinuees pour les valider apres le debat & proces sur ce intenté. Ceste question ne semble petite, pour estre diuersement traictee par deux grands Docteurs de droict, l'Ange * & Alexandre * qui tiennent pour le negatiue, & aussi par Anto. Cana, * qui tient le contraire, L'opinion duquel semble plus equitable, parce que *quoties ad aliquid faciendum certum tempus prescriptũ est, ratificatio potest toto eo tempore expediri* * Il y a vne autre raison qui se peut rapporter à ce propos qui est tiree de la susdicte ordonnance de Moulins. Car au cas que le donateur mourust, il n'est pas prohibé pour cela de pouuoir insinuer la donatiõ, *vt sic valeat*, ẽcores qu'en termes generaux *donatio à die insinuationis robur tantum capiat.*

* *Consil.189.*
* *in addi ad Bart in l. Modestinus C. de donat.*
* *in suo tractatu insinuat. col. 3. quest. 4.*
* *l. bonorum D. rem rat. hab.*

Donatiõ faicte en absence du donataire n'aura lieu sinon du iour qu'elle sera insinuee & acceptee.

art,133.

Et quand à celles qui seroient faictes en l'absence esdicts donataires les Notaires & stipulans pour eux, elles commenceront leur effect du temps qu'elles auront esté acceptees par lesdicts donnataires, en la presence des donateurs & des Notaires, & insinuees comme dessus: autrement elles seront reputees nulles, encores que par les lettres & instrumens d'icelles y eust clause de retention d'Usufruict ou constitution de precaire, dont ne s'ensuiura aucun effect sinon depuis que lesdictes acceptations ou insinuations auront esté faictes comme dessus.

---

1 *Donations faictes aux absens doiuent estre acceptees & se peuuent reuoquer* rebus integris.
2 *Cause de precaire ne peut transferer la possession sans tiltre precedent.*
3 *Nullitez quand ont lieu en France.*

NOus auons veu la reigle precedente qui concerne les donations qui se font entre presens. Il faut maintenant voir de quel droict il faut vser és donations faictes aux absens. Cecy donc est premierement requis és donatiõs faictes à personnes absentes, qu'elles soiẽt acceptees par le donataire absent, nõ seulemẽt en presence des Notaires, mais aussi que cela se face en la presence du donateur, lequel peut les choses estans entieres reuoquer la donation, autrement si l'vne de ces choses y estoit defaillante ou qu'on fist faute 1

en la moindre d'icelles, il est certain que l'effect de la donation seroit nul. Au demeurant la question ancienne a esté grande à sçauoir si la donation faite le Notaire receuant & stipulant, pouuoit estre reuoquee auant qu'estre acceptée pat celuy auquel elle estoit faicte: plusieurs soustenans volontiers qu'elle estoit reuocable, les autres disans qu'elle n'estoit encor parfaicte, & qu'elle pouuoit estre seulement resolue & estaincte au cas que le donataire ne la voulust accepter, mais qu'elle ne pouuoit estre reuoquee par le donnateur. Laquelle question a esté agitee par plusieurs arrests. Mais maintenãt ceste difficulté est composee & résolue par cest article, tellemẽt qu'il est necessaire qu'elle soit acceptee en presence du donateur & pardeuant Notaires, autrement la donation seroit du tout vaine & inutile. Et ne peut la clause de retention d'vsufruict, qui par vne fiction de droict transfere la possession, estre de quelque valeur & efficace en telle donation. Car si l'acceptation ne precede le reste s'esuanouyt & s'en va en fumee. Nous en pouuons dire autant de la clause de precaire, laquelle ne peut sans tiltre precedent transferer aucune possession. Or ne
2 peut telle donation non encor acceptee estre tiltre legitime & suffisant, veu qu'elle est reprouuee par la Loy auant l'acceptation d'icelle comme imparfaite, estant nulle & declaree de nul effect.

ADDITION.

Ce mot, *nulles*, a fait souuentesfois doubter plusieurs, si cela deuoit estre entendu *ipso iure an per sententiam*. Et si on estoit tenu de venir contre telles donations par lettres; Car en France l'on tient pour maxime certaine & constante que voyes de nullité n'ont point de lieu. En consequence dequoy il se faudroit tousiours pouruenoir par lettres pour faire declarer nul le contract, mesmement que l'ordonnance vse simplement de ces mots, *seront reputees nulles*. Pour bien decider ceste question faut distinguer des nullitez & dire que ou la nullité est irrogee par le droict Romain, ou par l'ordonnance. Au premier cas, il est necessaire d'auoir lettres pour faire casser le cõtract impugné de nullité comme n'estant le droict Romain de telle force, qu'il puisse *extra proprium territorium* executer sa function pour rendre l'acte nul, *ipso iure*. Mais si c'estoit vne nullité irrogee par l'ordonnance il n'y faudroit venir par lettres, tellement que le iuge en procedant au iugement du proces la reprouueroit cõme contraire au droict de France & aux ordonnances. Au demeurant si le temps introduict pour ladite insinuation estoit passé & expiré le mineur en pourroit estre releué par lettres, comme a tenu Capicius en sa question 7, sur les decisions de Naples.

Apres trente-cinq ans on ne pourra plus poursuiuir la cassation des contracts soubs ombre de minorité, &c. art. 134.

Nous voulans oster aucunes difficultez & diuersitez d'opinions qui se sont trouuees par cy deuant sur le temps que se peuuent faire casser les contracts faits par les mineurs : ordonnons qu'apres l'aage de trente-cinq ans parfait & accomply ne se pourra pour le regard du priuilege ou faueur de minorité plus deduire ne poursuiuir la cassation desdicts contracts en demãdant ou en defendant par lettres de reliefuement ou restitution, ou autrement, soit par voye de nullité, pour alienation des biens immeubles faite sans decret ne auctorité de Iustice, lesion, deception ou circonuention, sinon ainsi qu'en semblables contracts seroit permis aux maieurs de faire poursuite par reliefuement ou autre voye permise de droict.

---

1 *Diuerses opinions sur la restitution des mineurs faicts maieurs.*
2 *Maieurs en certain cas sont restituez apres les dix ans.*
3 *Nullité se peut proposer dans trente ans.*
4 *A sçauoir si la femme ayant renoncé peut estre restituee apres les dix ans.*

C'A esté vne ancienne question de sçauoir auec quelle forme & dans quel temps les mineurs qui depuis estoient deuenus maieurs pouuoient estre restituez en entier. Surquoy y a eu plusieurs & diuerses opinions. Car les vns en certaines choses & contracts eslargissoient ce benefice iusques à trente ans à prendre & compter du temps qu'ils estoient faicts maieurs, les autres seulement iusques à dix, & les autres iusques à cinq és contracts onereux : ainsi estoient toutes choses conduites obscurement & sans aucune certaine reigle, & tirées ça & là de diuerses sentences, iugemens & opinions. Toutes lesquelles choses nous auons à raison de la diuersité desdites opinions trouué bon de concilier, afin qu'on puisse cognoistre à quelle intention & combien equitablement on a faict & promulgué ce chef & article de l'ordonnance. Doncques ou le mineur qui vouloit estre restitué, disoit le contract estre nul se fondant sur le seul defaut de solemnité sans proposer autre raison, ou sur la seule ombre & couleur de restitution : auquel cas il auoit l'espace de trente ans selon l'opinion d'aucuns qui prescriuoient ceste reigle generale, qu'en matiere de nullitez il y auoit trente ans pour y venir, qui mesmes estoient concedez aux maieurs en alleguant la nullité du contract & faisans apparoir d'icellle. Ce neãtmeins quãd on n'alleguoit que la seule nullité on n'auoit selon l'opinion de plusieurs que l'espace de cinq ans ou dix au plus, comme il auoit esté iugé par aucuns arrests. Il y en auoit encores vne autre espece à sçauoir quand la nullité & lesion estoient ensemblement proposees & alleguees par le mineur. Car lors si ces deux se trouuoient conioincts, il auoit le plus souuent trente ans par la commune opinion & sentence de tous. Ce qui sembloit à la verité fort equitable, combien qu'il ne fust concedé que dix ans tant seulement lors qu'il estoit question des donations procedees de la liberalité du mineur. La derniere sorte & espece estoit, quand on demandoit d'estre restitué du seul chef de lesion, & en ce cas il faloit venir dans quatre ans selon la disposition de la Loy, laquelle auoit prescript certain temps pour demander & impetrer restitution en entier, & par ainsi iusques à vingt & neuf ans tant seulement. Et voyla commēt la voye de restitution estoit circonscripte & enclose dans l'vne de ces trois especes sans que les mineurs peussent requerir ceste restitution par autre voye. Mais estant (comme nous auons dict cy dessus) ces especes & questions diuersement agitees par tant & si diuerses opiniōs on a à bon droict ordonné par cest article qu'on n'aye en matiere de restitution à bailler plus que de dix ans à compter du iour que les mineurs auroient esté faicts maieurs, sans y pouuoir plus venir, soit par voye de nullité, lesion ou autre quelconque pretexte.

sinon qu'ainsi qu'en semblables seroit permis aux maieurs.

Il y a plusieurs cas esquels les maieurs sont receuz à restitution voire apres les dix ans passez, comme quand l'aduersaire a malicieusement celé, caché & latité les instrumens par lesquels on pouuoit demãder d'estre restitué & par là luy ostant tout moyen de ce faire. Car lors ceste prescription de dix ans peut seulement courir du iour que cela est venu à la cognoissance de la partie, ayant esgard que telle ignorance procede & est causee du dol & mauuaise foy de l'aduersaire & qu'il a par ce moyẽ empesché qu'on n'aye peu descouurir & cognoistre le prompt remede qu'on auoit pour estre restitué. A ceste cause cõmẽce ceste prescription à courir en ce cas du iour tant seulemẽt que telle fraude & doleuse circonuentiõ est paruenue à nostre notice & cognoissance. Nous adiousterons encore cecy, sçauoir est quãd vn maieur est absent pour les affaires de la Republique. Car alors on a accoustumé deduire le temps de ceste absẽce legitime, tellement que les dix ans ne courẽt à celuy qui est absent pour cause iuste & raisonnable. A ce propos si on soustenoit vn decret nul & qu'à raison de la nullité vn maieur appellast de l'interposition d'iceluy cõme estant nul il pourroit dans trente ans poursuiure sa cause d'appel. Car la nullité induit ceste faueur qu'elle viue par trente ans & ne puisse estre estain- 3 te par moindre temps. Nous ne voulons pareillement obmettre les autres contracts qui ne peuuent estre validez par aucun tẽps, comme sont les contracts vsuraires reprouuez de droict diuin & humain, & ceux aussi qui sont cõtre les bõnes mœurs qui cõtiennẽt quelque turpitude ou qui offensẽt la pieté & hõnesteté publique, & semblablement les cõtracts ausquels le dol a donné essence & cõmencement. Car il seroit inique que ces contracts reprouúez fussent contre les bõnes mœurs cõfirmez par ceste espace de dix ans. Autre chose seroit si le dol y estoit incidemment suruenu ce qui se fait quãd il viẽt accessoirement & non principalemẽt, & qu'il n'est la cause premiere & originaire du contract. Dõcques en ces especes serõt dõnez aux mineurs faicts maieurs les mesmes priuileges qui sont octroyez aux maieurs à prẽdre & compter le temps du iour qu'ils auront esté faits maieurs.

ADDITION.

On peut encores icy commodément & à
4 propos traicter deux notables questions. La premiere à sçauoir si la femme qui estant mineure auroit de l'auctorité de son mary par contract de mariage renoncé à la succession qui luy estoit ia acquise, pourroit apres trente-cinq ans estre receue à venir contre ladite

renonciation par lettres fondees sur la reuerence & crainte maritale; L'autre au cas qu'il n'y eust point eu de tradition si elle ne pourroit pas pertuellement & apres les trente-cinq ans proposer ses defenses au contraire *per beneficium restitutionis* Quant à la premiere, il est certain que la femme ayant renoncé, ainsi que dict est, elle n'y pourroit venir pour deux principales raisons. Car ce seroit admettre concurrence de deux causes priuilegiees, qui ne peut estre receue de disposition de droict par la commune reigle, *Duo specialia concurrere non possunt*, ce qui aduiendroit en ce cas. Car elle seroit restituee non seulement du contract, mais aussi de la prescription introduicte par l'ordonnance. L'autre, que les femmes ne sont en France si subiectes aux marys qu'elles ne se puissent faire authoriser par Iustice à la poursuyte de leurs droicts, & par consequent qu'elle se doit imputer la faute d'auoir laissé passer le temps de restitution. Ainsi le dict Carondas au premier liure de ses Responses du droict François chapitre soixante & quatre. Quant à la seconde M. Tiraqueau en son traicté du retraict conuentionnel l'a fort diffusement * traictee, où il tient formellement qu'il est necessaire qu'il y ait eu tradition & deliurance, autrement l'ordonnance n'empeschevoit qu'on ne peust obtenir restitution *ex capite doli, læsionis vel nullitatis*. Quant aux con-

* *§. 1. gl. 2. num. 31. & 32.*

tracts semblables desquels parle l'ordonnãce, ce sont contracts vsuraires & autres reprouuez de droict, lesquels *nullo temporis cursu conualescere possunt*.

Auant que receuoir erreurs seront veuz les faicts & inuentaires des productions. art. 135.

Qu'auparauant que receuoir les articles d'erreur par nos amez & feaux les Maistres des Requestes de nostre hostel ils verront les faicts auec les inuentaires des productions des parties.

---

1 *Difference entre la proposition d'erreur & requeste ciuile.*
2 *La cour ne peut errer en droict.*
3 *Dans quel temps doit estre instruicte & decidee la proposition d'erreur.*

ENcore qu'il y aye deux remedes proposez pour infirmer & retracter les arrests & l'auctorité des choses iugees, ainsi que nous auõs touché cy dessus, sçauoir est de supplication c'est à dire propositiõ d'erreur & requeste ciuile, si est ce qu'il n'a semblé bon d'y recourir temerairement & à la volee. Et partant quand on propose erreur & qu'on soustient que les Iuges ont erré en faict, il faut que premierement ceux qui proposent l'erreur baillent les faicts sur lesquels ils pretendent l'erreur estre interuenu. En apres on les propose pardeuant les Maistres des Requestes ou pardeuant ceux qui sont commis à ceste fin pour cognoistre la verité d'iceux: Et d'autant qu'ils pourroient estre deceuz & circõuenus, en la mesme questiõ du faict, l'ignorance duquel trompe & deçoit souuentesfois les plus prudens, à ceste cause & à fin qu'ils ne reçoiuent aisementt telles allegations & propositions d'erreur on a fort prudemment & equitablement ordonné par cest article, qu'on n'aye à les receuoir que les dessusdits Maistres des Requestes n'ayent soigneusement & diligemment veu & examiné tous les faicts, instrumens & productions reciproquemẽt faites par l'vne & l'autre des parties.

ADDITION.

Il a esté dit cy dessus qu'il y a grande differẽce entre la proposition d'erreur & la requeste ciuile. Car par la requeste ciuile on se fonde sur le dol de la partie: au contraire en la propositiõ d'erreur on dict que les Iuges ont erré en faict. Car la Cour ne peut errer en droict, *cum dubium nõ sit Senatum ius * facere posse.* Au surplus on doit proposer l'erreur dans l'an & dãs cinq ans apres le faire iuger ou pour le moins l'instruire, comme il est porté par 1 2

* *l. non ambigi. tur, D. de legib. & Senatuscons.*

3 Edict du Roy Henry en l'an 1549. sur l'interpretation & modification de ceste presente ordonnance. Quant au nombre des Iuges qui doiuent assister au iugement de proposition d'erreur faut voir l'ordonnance d'Orleans, article 45. où ceste forme est prescripte. Il faut au surplus diligemment noter, que s'il y auoit erreur en vn seul poinct tant seulement on ne reformeroit l'arrest que pour ce regard, tout ainsi qu'en matiere de requeste ciuile, si elle estoit fondee *super falsis instrumentis pars illa iudicati tantum reuocanda venit*, * sans qu'on doiue toucher à ce qui a esté bien iugé.

* *arg. l. si ex falsis. C. de trans.*

Proposans erreur consigneront douze vingts liures parisis, & les deux ans de proposer reduits à vn. art. 136.

Que ceux qui voudront proposer erreur seront tenus de consigner la somme de douze vingts liures parisis, & au lieu des deux ans qu'ils auoient par les anciennes ordonnances auront seulemẽt vn an pour satisfaire à ce qu'ils estoiẽt tenus fournir & satisfaire dedans les deux ans ordonnez par lesdictes ordonnances.

1 *Quand la prescription introduicte par cest article ne peut courir.*

2 *Qu'il n'y a lieu de requeste ciuile contre les iugemens presidiaux.*

CEst article corrige aucunement l'vſage vitieux de l'ancien ordre des procedures, c'eſt à ſçauoir qu'on conſignera plus grãde ſomme qu'on n'auoit accouſtumé, & que le terme de deux ans qu'on ſouloit auoir par l'ancienne obſeruance ſera limité à vn an. Toutesfois quant à moy ie dirois que ce chef de l'ordonnance n'eſt obſerué non plus que l'ancien vſage. Car il eſt tout manifeſte que les proces ſont rendus immortels: ce qui aduient non ſeulement par la negligence & contumace des parties, mais auſſi par les grandes occupations des Iuges, qui preſſez de diuers affaires ne peuuent impetrer le loiſir & libre faculté de reſpirer. Toutesfois quand la cauſe eſt tiree & differee en longueur outre les deux ans ou l'an preſcript par l'ordonnance, & que ce n'eſt par le dol, faute ou negligence de la partie, mais par l'occupation & empeſchement des Iuges, il eſt certain que le temps ne peut courir, & qu'on ne peut dire que les parties ſoient apres l'an excluſes de la pourſuitte de leurs cauſes, puis qu'il ne tient à eux qu'elles ne ſoient vuidees & que de leur part il n'y a faute quelconque.

ADDITION.

Pour l'explication de ceſt article faut recourir au precedent. Toutesfois ne ſera hors

de propos de noter en ce lieu que l'on ne peut auiourd'huy venir par requeste ciuile contre
2 les iugemens presidiaux encore qu'ils soient donnez en dernier ressort, comme porte l'ordonnance du Roy Charles IX. faicte a Moulins article 18. Ce qui semble auoir esté introduict pource qu'il est fort indigne de retracter vn iugement final & donné en dernier ressort par voye si dangereuse pour si peu de cas que la somme de deux cens cinquante liures tournois, de laquelle lesdicts presidiaux peuuent cognoistre par iugement dernier.

Pour iuger proposition d'erreur ne serõt plus les chambres assemblees, art. 137.

Que pour vuider lesdictes instances de proposition d'erreur ne sera besoin assembler les chãbres ainsi qu'il est contenu par lesdictes anciennes ordonnances, mais seront iugees lesdictes propositiõs d'erreur en telle chãbre de nosdictes Cours & en telle compagnie & nõbre de iuges qu'il sera sur ce aduisé & arbitré par nosdictes Cours selon la grandeur & qualité des matieres.

---

1 *Propositions d'erreur comme estoient iugees anciennement.*

2 *Que pendant l'instance de reuision les arrests sont executoires.*

D'Autant que ceste ordonnance semble auoir pourueu à la briefueté afin de retrancher l'immense longueur des proces, il a semblé aussi bien raisonnable pour plus faciliter la decision des instances d'erreur qu'elle n'auoit esté cy deuant, de donner ordre qu'elles fussent vuidées dans vn brief temps, à sçauoir dans vn an. Car auparauant ceste ordonnance les instances de proposition d'erreur 1
selon l'ancien stil estoient iugées & decidées toutes les chambres assemblées & non autrement, qui estoit vne peine & labeur extreme. A ceste cause il a esté ordonné que telles propositions d'erreur seront veuës & iugées par certain nombre de Iuges sans estre plus besoin d'assembler toutes les chambres de la Cour.

ADDITION.

Faut noter que pendant la reuision desdicts
proces les iugemens donnez doiuent estre 2
executez au moins quant au principal. Car il semble qu'il y aye autre raison pour le regard des despens, dommages & interests adiugez par ledit arrest, comme semble resouldre *Afflictus* * en ses decisions de Naples. Toutesfois * *Decis.* 231.
le contraire est obserué en ce Royaume où pendant la reuision du proces les arrests sont en tout & par tout executoires. Quant au nô-

bre limité qui est requis au iugement desdictes propositions d'erreur nous en auons parlé aux articles precedens où il faut recourir.

Cinq ans pour faire iuger erreurs. art. 138.

Et seront tenues les parties de les faire iuger dedans cinq ans, autrement n'y seront plus receues.

Nous vserons en ce lieu de la mesme interpretation qu'aux precedens articles. Car le temps court aux parties s'il tient à elles que la cause ne soit vuidée en son temps & en son lieu, & non pas quand les Iuges en sont cause & qu'il tient à eux.

ADDITION.

L'entiere interpretation de cest article depend de ce que nous en auons cy dessus dict aux deux precedens articles sans qu'il soit besoin d'en dire icy autre chose.

De vaquer diligemment à l'expedition des proces criminels. art. 139.

Nous enioignons à tous nos Iuges qu'ils ayent à diligemment vaquer à l'expedition des proces & matieres criminelles preallablement & auant toutes autres choses, sur peine de suspension & privation de leurs offices & autres amendes arbitraires où ils feront le contraire, dont nous chargeons l'honneur & conscience de nosdictes Cours souueraines.

---

1 *Peines ont esté principalement inuentées pour exemple.*

2 *Deux sortes de causes.*

3 *Les causes ciuiles doiuent estre traictées deuant le magistrat ciuil.*

IL est plus que notoire que la cause est merueillesement fauorable de ceux qui pendant le proces tiennent prison. Car l'Escriture sacrée nous enseigne d'estre memoratifs de ceux qui sont liez & detenuz prisonniers, n'y ayant chose par laquelle nous puissions plustost appaiser l'ire de Dieu que de reduire en memoire la condition humaine, donner iugement contre ceux qui l'ont merité & absoudre les innocens, de peur que l'innocent pauurement accoustré & vestu comme en dueil en la Cour des Iuges ne perisse miserablement en prison, ou au contraire que les preuenuz & delinquans meurent en icelle sans seruir d'aucun exemple; ayant esgard que les peines ont esté principalement inuentées pour l'exemple. Car cõme disoit Solõ, les republiques sont soustenuës de ces deux choses, sçauoir est de la peine & de la recompense. 1

ADDITION.

2 Pour le sens & interpretation de cest article, il faut noter qu'il y a deux sortes de causes ciuiles & autant de criminelles qui se rapportent aussi à la generale diuision des causes. Car les vnes sont principales & les autres incidentes, quant ausquelles cest article ne traicte rien si elles ne procedent de crime & delict pour raison duquel l'action principale est intentée pardeuant le iuge criminel. Car quād elles dependent de cause ciuile, c'est au iuge de la cause d'en cognoistre *ne causæ continentia diuidatur*. * Et ne faut prendre en ce lieu les causes criminelles, *quæ ex delicto oriuntur*, si elles sont poursuyuies par voye ordinaire & ciuile. Car elles prennent ce nom de la forme *quæ sæpè solet dare nomen & esse rei*. Et partant depuis que les iugemens publiques sont remis à la voye ordinaire ceste cause *quæ crimen in se habet tanquam subiectum* ne peut plus estre appellée criminelle, & c'est ce qu'on dit que ce n'est le delict qui rēd la cause criminelle, mais seulement la forme & façon de proceder. * Et de faict en France on tient ceste forme, que si la partie ciuile agissoit criminellement il faut qu'elle aye l'adionctiō du Procureur du Roy, attēdu que de sa part elle n'y est que pour son interest ciuil & *sic causa ciuilis istius ratione tan-*

* l. nulli. C. de iudi.

* c. per tuas. de simonia. C. tua. de prec.

tùm dici potest: Mais l'adionction du Procureur du Roy, auquel appartient la poursuitte de l'interest public & duquel c'est l'office de faire punir ceux qui ont commis quelque forfaict soit de peine corporelle ou pecuniaire, rend la cause criminelle. Puis que nous cognoissons que c'est que cause ciuile & criminelle, il faut maintenant discuter quelques questions qui peuuent estre meuës en ce lieu. La premiere, si on poursuyuoit pardeuãt le iuge ciuil quelque matiere ciuile en laquelle neantmoins suruint incidẽment vne cause capitale, à sçauoir mon si l'on seroit tenu à la requisition du Procureur du Roy, icelle renuoyer au lieutenant criminel? il semble que non. Car *Vbi cœptum est iudicium ibi finiri & terminari debet.* * Toutesfois le contraire est plus veritable: car la cause capitale est faicte publique qui est de beaucoup plus fauorable que la priuee, & à ceste cause *propter publicam disciplinam fit principalis*, * tellement qu'il la faut renuoyer au lieutenant criminel comme tirant auec soy la cause principale. * La seconde si l'accusé estoit absous par faute de preuue ou autrement & que les parties fussent remises en proces ordinaire, à sçauoir si le iuge criminel en pourroit cognoistre ou s'il seroit necessaire d'en faire renuoy au iuge ciuil? Ie dis qu'ouy. Car estant vne reigle certaine & generale qu'il faut traicter les causes ciuiles pardeuant le iuge & magistrat ciuil encore 3

* *l. vbi cœptum. l. de qua re. D. de iud.*

* *l. fin. C. de ord. cognit.*

* *arg. l. 1. §. fin. D. de suspect. tut.*

* l. D. de priuat. delict.

qu'elles soient procedans de crime, * & les criminelles pardeuant le criminel, il est necessaire de dire que l'on en doit faire le renuoy. A quoy conuient fort bien le commun stil obserué és Cours souueraines de France, esquels si l'on voit à la Tournelle que la cause soit ciuile on la renuoye en vne autre châbre ou au dernier cas pardeuant quelque Iuge ciuil.

Chambres criminelles expedieront les prisonniers & criminels les premiers. art. 140.

Ausquelles semblablement nous enioignons de proceder aux chambres criminelles à l'expedition des prisonniers & criminels, sans qu'ils puissent vacquer au iugement d'aucun autre proces où il soit question d'interest ciuil, ores qu'ils dependissent de criminalité, iusques à ce que tous les prisonniers & criminels ayent esté despeschez.

---

1 *Causes criminelles & capitales plus fauorables que les ciuiles.*

CEst article tend à mesme fin que le precedent, à sçauoir que les causes criminelles & capitales soient preferées aux ciuiles, & que les proces des criminels, comme Dieu &

la Loy le commandent, soient incontinent ouys & examinez. Et à la verité les causes capitales sont beaucoup plus dignes & fauorables que les ciuiles, où il n'est question que des biens : attendu que, comme disoit Thucydides, les biens ne procréent & n'engendrent les hommes, mais au contraire qu'ils sont par eux semez & plantez, receuans par apres accroissement & multiplication par le benefice de la diuine prouidence.

Recit des erreurs que souloient commettre les Iuges en la confection des proces. art. 141.

Et pource que plusieurs iuges subalternes tant des nostres que autres ont par cy deuant commis plusieurs fautes & erreurs en la confection des proces criminelz, qui ont esté cause que nos cours souueraines ont plusieurs fois donné arrests interlocutoires pour la reparation desdictes fautes, dont s'est ensuyuie grande retardation de l'expedition desdits proces & punition des crimes.

Amendes contre lesdicts iuges qui auront notablement failly en proces criminels. art. 142.

Que les iuges qui seront trouuez auoir faict fautes notables en l'expedition desdicts proces criminels seront condannez en grosses amendes enuers nous pour la premiere fois, & pour la seconde seront suspenduz de leurrs offices pour vn an, & pour la troisiesme priuez de leursdicts offices & declarez inhabiles de tenir offices royaux.

Dommages & interests aux parties au cas dessusdict. art.143.

Et neaumoins seront condamnez en tous les dommages & interests des parties qui seront taxez & moderez comme dessus selon la qualité des matieres.

---

1 *Ignorance des Iuges fort pernicieuse & dangereuse*, & nu.2.

LE plus souuét l'ignorance des Iuges trouble, confond & embrouille tellement le droict de l'accusateur & de l'accusé qu'on n'en peut auoir certaine cognoissance. A ceste cause toutesfois & quantes que la Cour s'aduise de telles & si lourdes fautes elle les punist seuerement & à bon droict. Car par le moyen de tel erreur & ignorance suruient ce
1 grand mal que souuentesfois l'accusé qui a commis le crime euade la punition d'iceluy, & que l'innocent quelquesfois est condamné auec vn fort mauuais exemple. C'est pourquoy ils doiuent estre condamnez, tant enuers le Roy qu'enuers les parties.

ADDI-

ADDITION. 1

Par la commune disposition de droict le iuge qui iugeoit mal faisoit sa cause propre, fust en cause ciuile ou criminelle, * & estoient les iuges entierement tenuz du mal iugé. Ce qui auoit lieu quand il y auoit procedé de son aduis sans en auoir communiqué au conseil. Ce qui peut seruir d'interpretation à nostre ordonnance laquelle introduict pour ce regard mesme peine au Iuge qui a mal procedé en la cause, que les loix anciennes : il est vray qu'elle est vn peu plus seuere & rigoureuse, non toutesfois sans vne
grande & fort equitable consideration. Car 2
in iudiciis criminalibus l'ignorance & imperitie d'vn iuge est cause d'vn tresgrand mal], tant à raison de la vengeance publique, la retardation de laquelle ne peut apporter rien de bon, que pour estre indigne de celuy qui est constitué en estat de iudicature pour corriger la faute d'autruy, de se laisser tomber luy mesme en vne imprudente & notoire faute en l'exercice de son estat. Ie dis notoire, parce que si c'estoit chose qui peust receuoir quelque iuste & coloree excuse, la Cour ne procederoit si rigoureusement qu'il est porté par l'ordonnance : * comme au contraire il y auroit iuste occasion d'y proceder plus seuerement

** l. filius. D. de iudi. l. si iudex. D. de var. & extraordi. cogn. §. 1. insti. de obli. quae ex delicto.*

** ad hoc facit c. per tuas. extra de testibus.*

s'il apparoissoit que le iuge se fust laissé corrompre, qu'il y eust de son dol, ou qu'il se fust laissé transporter à la haine, amitié, ou faueur de quelqu'vn,* mesmes contre l'ordonnance.

* *arg. l. si. C. de pœna iudic. qui malé iudic. iuncta l. 2. & ibi glo. V. quodquisque iur.*

Les iuges ou leurs lieutenans feront eux mesmes les proces criminels. art. 144.

Et afin que lesdicts iuges subalternes ne tombent cy apres en si grandes fautes, nous voulons que tous proces criminels se facent par leurs iuges ou leurs lieutenans & assesseurs & non par nos procureurs & aduocats, ces greffiers ou leurs clers, ou leurs commis, tant aux interrogatoires, recolemens, confrontations ou autres actes & endroicts desdicts procez criminels, & ce sur peine de suspension de leurs offices & de priuation d'iceux ou plus grande peine & amende s'ils estoient coustumiers de ce faire.

---

1 *A sçauoir si la puissance du glaiue peut estre deleguee.*

CEST article est plein d'equité singuliere. Car les iuges par ie ne sçay quel ancien erreur delaissoient à leurs greffiers la confection & instruction des causes & proces, afin que s'il y auoit quelque chose de mal faict ils s'en excusassent sur eux. Au moyen dequoy par cest article a esté ordonné que les iuges doresnauant instruiront eux mesmes les proces. Quand ie dy qu'ils instruiront ie n'entens pas dire qu'ils escriuent eux mesmes la procedure, mais que les Greffiers le doiuent escrire, ainsi qu'ils le dicteront, de sorte neantmoins que la teneur & contexte du proces & exorde d'iceluy prenne son origine & procede du iuge mesme, & non de l'artifice du greffier, lequel s'estimant plus prudent & aduisé que le iuge commet bien souuent de grandes fautes.

ADDITION.

LA dispute a esté grande entre les Docteurs, à sçauoir si la puissance du glaiue que le droict appelle *merum imperium* peut estre deleguee? & a esté ceste question agitee entre eux par vn grād conflict de diuerses opinions, d'où l'ancienne coustume des iuges abrogée par ceste ordōnance semble auoir prins naissance & origine. Toutesfois la plus saine & commune opinion a tenu pour la negatiue, * sinon que pour grande cause il fust permis le contraire. Ce que l'ordonnance confirme icy auec bonne raison, qui est la faute qui procedoit de l'instruction qui estoit faicte par les Notaires, & autres personnes qui bien souuent n'entendent que c'est qu'enqueste 1

* *doct. in l. imperium. D. de iurisd. & l. si. D. de eo cui. mand. est iurid.*

ny instruction. Mais nous en pouuons adiouster vne plus legale, c'est à sçauoir que la contenance & façon de faire tant de l'accusé que des tesmoins peuuent apporter vne grande lumiere à la cause. * A quoy le iuge doit diligemment auoir l'œil pour aduiser & iuger quelle foy il peut adiouster à leur dire.

** l. de minore. §. tormenta, & ibi pe Barto. D. de quæstio.*

De promptement informer & conclure par le procureur du Roy sans luy bailler salaire. pour apres par le iuge decerner les prouisions de iustice. art. 145.

Et si tost que la plaincte desdits crimes, exces & malefices aura esté faicte, ou qu'ils en auront autrement esté aduertis, ils en informeront ou feront informer bien & diligemment, pour incontinent apres l'information faicte & communiquee à nostredict procureur & veues ses conclusions qu'il sera promptement tenu mettre au bas desdictes informations & sans aucun salaire en prendre, estre decernee par le iuge telle prouision de iustice qu'il verra estre à faire selon l'exigence du cas.

---

1 *La persecution des crimes se peut faire en quatre sortes.*

2 *Crimes comme sont poursuiuis en France.*

3 *Personnes Ecclesiastiques doiuent comparoir auant que decliner.*

ON se doit diligemment enquerir & informer des crimes. Car c'est du deuoir des bons & graues iuges de donner ordre que leurs prouinces soient paisibles & purgees ou expiees de telle maniere de meschans hõmes. Mais il faut entendre qu'encore que par la commune disposition de droict la persecution des crimes & delicts se puisse faire en
quatre sortes & manieres, à sçauoir par accu- 1
sation, exception, denonciation, & inquisition : toutesfois nous n'vsons coustumierement en France que de deux de ces quatre
moyens lors qu'il est question d'vn crime pu- 2
blic. Car la poursuite en est faicte à l'instigation de l'accusateur qui se rend partie, ou du seul office du iuge sans accusateur ou instigateur, laquelle doit estre incontinent communiquee au procureur du Roy pour prendre ses conclusions, comme il verra estre raisonnable, selon la qualité du crime & de la cause. Faut doncques entendre, qu'apres auoir diligemment informé, on doit adiourner non seulement ceux qui sont laiz, & subiects au iuge lay, mais aussi les clercs & personnes Ecclesiastiques qui doiuent comparoir auãt que 3
decliner, afin d'estre rẽuoyez prisonniers ou bien en l'estat qu'ils seront pardeuant le iuge d'Eglise. Mais quãt au decret il sera tousiours bon & executoire, comme il aduient en ceux qui ne sont à raison de leur demeurance, subiects à quelque iustice, lesquels doiuẽt neant-

moins se presenter & requerir eux mesmes leur renuoy pardeuant leur iuge. D'autant que tousiours le decret est troué bon à raison du delict. Enquoy nous suyuons en France la raison de l'authentique, *Qua in prouincia*, laquelle y est obseruee.

ADDITION.

L'ordonnance d'Orleans, art. 63. prescript semblablement la forme de vacquer & proceder à la punition & extirpation des crimes & confection des proces criminels, qui toutesfois ne deroge aucunemēt à ceste-cy. Faut aussi noter que par l'ordonnance de l'an 1563. art. 18. il est dit que tous decrets de prinse de corps seront executez par capture & saisie, ou annotation de biens, nonobstant l'appel qui n'est receuable, que premierement les appellans ne se soient rendus actuellement prisonniers és prisons des iuges qui auront decreté : ce qui est obserué fort exactement en France. Quant à l'obseruance de l'authentique, *Qua in prouincia*, dont parle M. Bourdin, il sembloit que par la mesme ordonnance, article 19. elle n'auoit lieu sinon en cas de flagrant delict, mais pour oster ceste ambiguité est depuis interuenuë l'ordonnance de Moulins, par laquelle article 35. il est dict generalement que la cognoissance des delicts appartiendra aux iuges des lieux où ils auront esté commis.

Interrogatoires seront diligemment faits & repetez. art. 146.

Seront incontinent lesdicts delinquans tant ceux qui seront enfermez que les adiournez à comparoir en personne bien & diligemment interrogez, & leurs interrogatoires reiterez, & repetez selon la forme de droict & nos anciennes ordonnances, & selon la qualité des personnes & des matieres pour trouuer la verité desdicts crimes, delicts & exces par la bouche des accusez si faire se peut.

---

1 *Confession de l'vn ne peut nuire ou profiter aux autres.*

2 *Dire & assertion du complice quand fait preiudice à l'autre.*

3 *Il est meilleur de laisser le meschant impuny que de condamner l'innocent.*

IL faut diligemment interroger les accusez sur les chefs & articles de leur accusation afin de descouurir au plustost que faire se pourra la verité du delict ou de l'innocence. Car bien souuent par la confession de l'accusé on peut tirer & descouurir l'ordre & façon du crime, l'assertion & profession duquel descou- 1
urira paraduanture la verité entiere de tout le faict. Car combien que la confession des vns ne doiue faire aucun preiudice, ou profiter aux autres & que le complice & associé

ne puisse par sa confession nuire à son compagnon, on peut toutesfois par tels moyens souuent tirer la verité du faict. Au demeurant,
2 il y a quelques cas esquels le dire & assertion du complice & participant de mesme crime est admis & faict preiudice à l'autre, comme en crime d'heresie, de simonie & de conspiration contre le Prince, ou crime de leze maiesté. Nous adiousterons à ce que dessus, que si vn Clerc ou Prestre est és prisons du Iuge lay il sera tenu de respondre par deuant luy s'il est accusé de crime priuilegié, mais il sera renuoyé pardeuant son Iuge d'Eglise à la charge du cas priuilegié, & tel en est nostre vsage, combien qu'anciennement il eust esté dict par arrest qu'il deuoit estre renuoyé. Tellement que s'il confessoit le Iuge pourroit incontinent interposer ses parties, mais s'il entroit en denegation du faict la clause doit prende son traict en la maniere que nous auons cy dessus touché.

ADDITION.

Ceste ordonnance est conforme au droict commun par lequel il est requis en matiere criminelle auoir s'il est possible la confession du delinquant & accusé & d'icelle faire le principal fondement du proces, & rendre par là les preuues claires qui sont requises estre comme l'on dict *luce meridiana clariores.* Ce qui est aussi bien equitable. Car puis qu'il est beaucoup meilleur de laisser le meschant impuny * que de condamner l'innocent, on y doit proceder de telle sorte qu'il n'y defaille rien pour rendre le faict clair & manifeste, *maximè vbi agitur de vita hominis*, qui est vne chose plus importante que tous les biens du monde. C'est pourquoy les loix ont inuenté & excogité plusieurs moyens pour tirer la confession des accusez & y mettre toute la lumiere que les Legislateurs ont sceu songer, à laquelle encore ils n'ont voulu adiouster pleine foy qu'elle ne fust constante & reiteree ou faite auec bõne & meure deliberation de l'accusé, * laquelle est presumee *ex geminatione. Geminatio enim magnam in iure vim habet.* * Or pource que la confession ès matieres criminelles est bien souuent tiree par le moyen de la question, il ne sera icy hors de propos de dire, que pour trouuer quelque certitude en telle confession encore qu'elle fust reiteree par plusieurs fois il faut qu'elle soit ferme & constante & du tout telle à la seconde fois qu'elle estoit à la premiere, sans que elle soit diuersifiee de circonstances: autremẽt on l'estimeroit auoir esté plustost faite *per impreßionem* qu'autrement. Voyla pourquoy, si l'accusé confessoit en la question auoir faict quelque larcin, & qu'interrogé où il l'auroit mis il respondist diuersemment, telle confes-

3

* *l. absentem, C. de pœnis.*

* *Specul. in tit de Confess. §. fin ver. sed nũquid.*

* *Bar. in l. cum scimus. C. de agric. & cens. lib. 11.*

sion seroit inutile & n'y deuroit-on auoir esgard. En quoy faut que le Iuge soit merueilleusement discret & bien aduisé : *Quanto enim maius est periculum*, comme il est és causes criminelles *tantò cautius agendum est.* *

* *l.1.§.parui enim refert vers. nam magis. D. de Carbo. edicto.*

Que le Procureur du Roy prendra incontinent ses conclusions. art. 147.

Et apres lesdicts interrogatoires parfaicts & paracheuez & mis en forme, seront incontinent monstrez & communiquez à nostre Procureur, qui sera tenu les voir en toute diligẽce pour auec le conseil de son Aduocat y prendre les conclusions pertinentes.

---

1 *Quand faut vser de recolement & confrontations de tesmoins.*

APres que l'accusé a bien & deuement esté interrogé & qu'il a respondu par ordre sur les charges & informations, il est necessaire d'aduiser si les tesmoins doiuent estre recollez & confrontez, ou si l'on doit demeurer à la confession de l'accusé. S'il ne confesse ou denie les cas & poincts princi-
1 paux dont il se trouue chargé, il faut sans doute vser de recollement & confrontation à fin de le conuaincre par tesmoins.

Confession pertinẽte de l'accusé sera communiquee, pour, si l'on y prend droit, bailler conclusions & attenuations. art. 148.

Et s'il trouue les confessions de l'accusé estre suffisantes & que la qualité de la matiere soit telle qu'il puisse & doiue prẽdre droict par icelui, il cõmuniquera lesdictes cõfessions à la partie priuee s'aucune y a, pour sçauoir si elle veut semblablement prendre droict par icelles: Pour ce faict bailler lesdictes conclusions par escript à leurs fins respectiuement, & icelles estre communiquees à l'accusé pour y respõdre par forme de attenuation tant seulement.

---

1 *A sçauoir si la seule confession est suffisante pour la preuue du delict.*

2 *Et si le prisonnier peut reuocquer ce qu'il a ia dict & confessé.*

3 *Cõfession faite pardeuant Iuge incõpetant est nulle.*

SI l'accusé confesse il est raisonnable de communiquer sa confession à l'accusateur afin qu'il prenne telles cõclusions ciuiles qu'il voudra & qu'il puisse conuaincre l'accusé par sa propre confession. Mais la question a esté grande de sçauoir, si la seule cõfession du preuenu & accusé estoit suffisante pour la preuue du crime & delict. Et finablemẽt on a estimé que la seule confession de l'accusé n'estoit 1

suffisante pour le faire condamner, au moins si telle confession n'estoit soustenue& corroboree par quelque autre adminicule & coniecture. Car les prisonniers confessent bien souuent plusieurs choses contre eux mesmes soit par crainte ou par quelque autre occasion, comme il se collige de l'epistre des Empereurs, où il est dict, celui deuoir estre libe é& absouls qui auoit confessé contre luy mesme, & duquel l'innocence s'estoit apparue apres la condamnation. Ce que nous deuons entendre auoir lieu es crimes, esquels eschet grand peril de mort ou d'infamie. Quant aux plus legiers on obserue le contraire pourueu que telles confessions soient reiterees. Il se
2 presente icy vne autre difficulté, à sçauoir si le criminel peut reuocquer ce qu'il a ia dict & confessé? Certainement il le peut faire, & ne condamnera on iamais vn homme sur sa simple confessiõ si elle a esté reuoquee. Ce qui est digne d'estre remarqué en ce lieu.

Pour respondre par attenuation.. Nous pouuons entendre cecy en deux manieres. Car l'estat de la cause est quelquesfois iudiciel, le preuenu confessant bien le crime, mais disant qu'il l'a iustement faict, auquel cas par ceste exception iuridique le crime est aucunement adoucy. L'autre espece est quand on extenue la grandeur de la peine par autre moyen, comme si l'accusé disoit qu'il a commis ce dõt est question, mais il vient à interpreter le meffaict, le dissoudre ou mitiger de façon qu'encore qu'il soit par là subiect à punition neantmoins elle doit estre moins rigoureuse.

ADDITION.

On pourroit en ce lieu traicter, à sçauoir s'il est licite à l'accusé de reuoquer sa confession, quand il le peut faire, & si la confession qui a esté faicte pardeuant vn Iuge incompetant peut estre bonne & seruir au proces pardeuãt le Iuge auquel le renuoy a esté fait? Quant au premier membre de ceste question il est certain que la confession faicte d'vne pure & franche volonté est communement irreuocable, ainsi que nous auons dict cy dessus, comme au contraire celle qui est extorquee par force & l'accusé estant à la question est nulle s'il n'y a vne fermeté & perseuerance subsequente. Toutesfois on ne se doit arrester entierement à la simple confession s'il n'y auoit notable coniecture du faict, encores que plusieurs ayent estimé que cela deuoit estre entendu pour le regard des maieurs de vingt cinq ans, attendu qu'aux mineurs il seroit licite *etiam in criminalibus* de reuoquer leur confession & d'en estre restituez. * Ce qui n'est sans difficulté. Pour le regard du second membre, il ne faut faire doute que telle confession ne soit inutile & que le Iuge au-

* *Alciat. & qua ib. not in tract. tu de præsump. reg. 1 præ. 42.*

quel le renuoy a esté fait ne deust de nouueau luy faire son proces, sans auoir esgard aux confessions faictes pardeuant le Iuge incompetant, comme l'a tenu Guy Pape en sa question 419.

Si par la confession l'on ne prend droict les tesmoins seront recolez & confrontez. art. 149.

Et s'ils ou l'vn d'eux ne vouloit prendre droit par lesdictes confessions, sera incontinent ordonné que les tesmoings seront amenez pour estre recolez & confrontez audict accusé dedans le delay qui sur ce sera ordonné par iustice selon la distance des lieux & qualité de la matiere & des parties.

CEst article a esté aboly par vsage contraire. Car ou la confession de l'accusé est conforme à sa responce ou non. Si elle l'est, qu'a le iuge à ordonner autre chose depuis qu'il a la confession du preuenu que de faire droict sur les interrogatoires & responses & generalement sur tout les proces? Au cas contraire, quand la confession est discordante il est raisonnable & requis de necessité, que les tesmoins soient confrontez si la qualité de la cause le requiert. Car il seroit inique puis que l'accusé confesse le faict de vouloir sans raison proceder à confrontation sur la simple volonté de l'accusateur, vexant induemẽt les parties collitigantes de plusieurs frais.

Limitation si on trouue la matiere disposée à proces ordinaire. art. 150.

Sinon que la matiere fust de si petite importance que apres les parties ouyes en iugement l'on deust ordōner qu'elles seroyent receues en proces ordinaire & leur prefiger vn delay pour informer de leurs faicts, & cependant eslargir l'accusé à caution limitee selon la qualité de l'exces & du delict, & à la charge de se rendre en l'estat au iour de la reception de l'enqueste.

---

1 *Pourquoy les parties sōt receues en proces ordinaire.*
2 *Caution de representer le prisonnier quelle peine peut encourir par faute de ce faire.*

IL y a plusieurs delicts & matieres criminelles qui ne doiuent estre traictees & poursuiuies par voye extraordinaire, quoy que soit pour la modicité de la chose & modicité du crime elles ne desirent vn si grand circuit & destour qu'il y a és causes extraordinaires, qui est l'occasion pour laquelle les parties sont receues en proces ordinaire, & la voye extraordinaire, quant à present delaissee & obmise. Toutesfois ceste reigle de ne diriger & receuoir le cours de la voye ordinaire és grands & atroces delicts, mais seulement és crimes legers n'est generalement obseruee. Car mesmes

és crimes atroces, lors qu'il y a parité & cõcurrẽce de preuues tãt de la part de l'accusateur
1 que pour la defense du criminel, on a accoustumé de mettre & receuoir les parties en proces ordinaire. Mais il faut entendre cõme elles y sont receues; ce qui a lieu quand quelqu'vn accusé de crime atroce, cõme d'homicide, pour fondement de ses defenses, dit que ce qu'il a fait a esté pour la tuition & defense de sa propre personne, ou quand il allegue qu'il estoit en autre lieu lors de l'homicide cõmis, & demande d'estre receu à faire preuue de ses faits iustificatifs par tesmoins, car lors s'il preuue par bons tesmoins ses defenses, la voye du proces ordinaire est prompte & occurente, à laquelle on remet les parties. Ce qui est fondé en bonne raison. Pour ce que l'accusé a peu prouuer ses faits & defenses par depositions suspectes, desquels l'accusateur n'a eu communication & edition. Et c'est la fin pour laquelle le cours du proces ordinaire est receu à la charge toutesfois de pouuoir reprendre la voye extraordinaire s'il suruenoit nouuelle preuue selon la reigle generale receue en France.

ADDITION.

Pource qu'il est en ce lieu faict mention de caution il ne sera hors de propos de dire qu'en

dire qu'ē matiere criminelle on reçoit la caution à la charge de representer l'accusé quand il sera ordonné. Sur quoy sont suruenuz plusieurs doutes & difficultez notables, mesmement si apres la fideiussiō le crime estoit trouué de telle qualité que pour reparation & punition d'iceluy la mort s'en deust ensuyure, à sçauoir si le fideiusseur seroit punissable de peine corporelle & capitale par faute de le representer. Laquelle question est traictee 2
par Guy Pape en ses decisions de Grenoble * * *quaest.*570.
où il dit qu'il ne doit estre puny en sa personne sinon qu'il y eust eu de son dol, car en ce cas il seroit punissable de telle peine que le Iuge arbitreroit. La difficulté a esté grande de sçauoir si le fideiusseur estoit tenu simplement à ce que le iuge *à quo* auoit condamné l'accusé par faute de se representer ou autrement, ou à ce à quoy il y auroit esté condamné par le Iuge d'appel. Mais pour briefuement decider ceste question nous pouuons dire que cela depend entierement des charges ausquelles le fideiusseur s'est astrainct. Et partant s'il estoit simplement prins pour fideiusseur, il seroit quicte en payant ce en quoy auroit esté condamné l'accusé par le Iuge *à quo*: * en quoy il est fort bon d'vser de clauses bien amples en la reception de telles cautions par lesquelles le fideiusseur promette payer le iugé, ou representer l'accusé tant en cause d'appel qu'en la principale. Ceste matiere est

* *arg. l. postea & ibi gloss. D. de arbitris.*

diffusement traictee par Bartole *in l. cum apud D. iudic. solui*, où le lecteur pourra recourir

Vn seul delay pour amener & faire recoler & confronter tesmoins ou informer. sinon, &c. art. 151.

Et si dedans le delay baillé pour amener tesmoins & les faire confronter ou pour informer comme dessus n'auoit esté satisfait & fourny par les parties respectiuement, sera le procés iugé en l'estat qu'il sera trouué apres ledict delay passé & sur les conclusions qui sur ce seront promptement prinses & baillees par escript de chacun costé & chacun à leurs fins, sinon que pour grande & vrgente cause l'on donnast autre second delay pour faire ce que dessus, apres lequel passé n'y pourront iamais retourner par reliefuement ne autrement.

---

1 *A sçauoir si les tesmoins de la capture peuuent deposer du faict.*

CEst article est seulement adiousté pour retrancher les infinis delaiz lesquels auparauant on auoit accoustumé bailler. Ie puis dire toutesfois & au vray que ceste rigueur n'est entierement obseruee en ce Royaume, pour ce qu'on doit grandement fauoriser la preuue des crimes & punition d'iceux:

ausquelles choses on ne peut prescrire aucune reigle certaine comme dependant le tout de l'equité & prudence du Iuge.

ADDITION.

Pour l'intelligence de cest article en ce qu'il parle des delai,z suffira de dire en ce lieu que toutes fois & quantes que pour l'empeschement ou faute du Iuge l'on n'a peu faire ce qui estoit requis, on obtient vn nouueau delay, & que c'est le plus seur moyen pour obtenir vn nouueau delay ou prorogation du premier. De cecy parle fort doctement *Afflictus* au second liure de ses commentaires sur les constitutions de Naples tit. 23. où il dict qu'il n'est bon d'alleguer l'empeschement de la partie si on se peut seruir de quelque excuse sur le Iuge, comme si les tesmoins n'auoiẽt voulu comparoir & qu'il eust esté remonstré au Iuge: car s'il ne les auoit mulctez & contraincts de comparoir, il seroit plus seur de proposer ce moyen que d'alleguer simplemẽt que la partie a faict tout ce qu'il a peu pour les faire comparoir, combien que de soy ceste allegation seroit bien receuable. Au demeurant, parce qu'il est icy parlé des tesmoins en matiere criminelle on pourroit demander, si ceux qui sont enuoyez pour prendre quelqu'vn & le constituer prisonnier sont tesmoins legitimes pour deposer du faict. Laquelle question a traictee le mesme *Afflictus.** Et pour resolution dict qu'ils sont *quodammodo* au lieu d'accusateurs & que leurs depositions ne sont considerables quand bien ils auroient surprins l'accusé en flagrant delict, sinon que pour induire *semiplenam quandam probationem & indicium.* Cela toutesfois n'est sans difficulté, parce que les officiers en France ont beaucoup d'authorité & qu'on adiouste beaucoup de foy à leur dire.

* *lib. 2. C. 18. nu. 30.*

De ne faire élargissement pendant confrontation. art. 152.

Es matieres subiectes à confrontation ne seront les accusez elargis pendant les delais qui seront baillez pour faire ladicte confrontation.

---

1 *La raison de cest article.*

1 ON peut veoir aisément & à l'œil la raison de cest article. Car si le prisonnier estoit pendant les confrontations elargi, il pourroit suborner les tesmoins & par craincte, menaces ou argent les empescher de porter bon & loyal tesmoignage de verité.

Forme de recoler & confronter tesmoins. art. 153.

Quand les tesmoins comparoistront pour estre confrontez ils seront incontinent recolez par les Iuges & par serment en l'absence de l'accusé. Et sur ce qu'ils persisteront & qui sera à la charge de l'accusé luy seront incontinent confrontez separément & à part & l'vn apres l'autre.

---

1 *Abus que commettoient les iuges auparauant ceste ordonnance.*

2 *Tesmoins peuuent interpreter leur deposition au recolement.*

ICy est descripte la forme & maniere de recoler & confronter tesmoins, parce qu'vne bonne partie des Iuges s'abusoit souuentesfois en cela, recolant & confrontant les tesmoins tous ensemble & à vne seule fois, contre la forme de droict, laquelle faute & abus a esté souuent punie par plusieurs arrests. 1

ADDITION.

CESTE ordonnance semble permettre au tesmoin de varier & changer sa deposition sans crainte d'aucune peine contre la commune disposition de droict, par laquelle le tesmoin qui se trouue variable est reputé auoir faussement deposé & peut estre mis à la question pour en tirer la verité. Toutesfois 2 l'on ne s'arreste à cela & permet on ordinairement aux tesmoins sur le recolement interpreter leurs depositions & souuent de n'y persister s'ils sont en doubte de la verité du faict. Car les Notaires, Tabelliōs & Greffiers qui bien souuent procedent à la confection des informations de l'ordonnance du Iuge se comportent fort mal en ce deuoir & par malice ou ignorance changent ou exaggerent les depositions des tesmoings, dont pourroit s'ensuiure vn grand mal s'il n'estoit corrigé par le moyen du recolement, comme le dict fort bien & au long Imbert, au quatriesme liure de ses institutions forenses.

Forme de confrontation. art. 154.

Et pour faire ladicte confrontation comparoistront tant l'accusé que le tesmoin par deuant le Iuge lequel en la presence l'vn de l'autre leur fera faire serment de dire verité, & apres iceluy faict & au parauant que lire la deposition du tesmoin en la presence de l'accusé, luy sera demandé s'il a aucunes reproches entre le tesmoin illec present & enioint de les dire promptement, que voulons qu'il soit tenu de faire, autrement n'y sera iamais receu dont il sera biē expressement aduerty par le Iuge.

De proposer reproches en confrontant. art. 155.

Et s'il n'allegue aucuns reproches & declare ne le vouloir faire, se voulãt arrester à la depositiõ des tesmoins, ou demãdãt delay pour dire ou bailler par escrit lesdits reproches, ou apres auoir mis par escript ceux qu'il auroit promptemẽt alleguez sera procedé à la lecture de la deposition dudict tesmoin pour confrontatiõ apres laquelle ne sera plus receu l'accusé à dire ne alleguer aucuns reproches contre ledit tesmoin. 1

---

1 *Accusez quand peuuent proposer leurs reproches apres la confrontation.*

2 *L'innocence des accusez doit tousiours estre fauorisée.*

3 *Quand on doit auoir esgard à des reproches impertinens.*

CEst article contient la forme & maniere de proposer reproches. Car on doict en faisant lesdictes confrontations incontinent & sur le champ proposer ses faicts de reproches, autrement par l'estroite reigle de ceste ordonnance l'accusé n'y seroit plus receu. Toutesfois il sera bon aduertir le lecteur que quelquefois l'accusé ce pendant qu'il est encores en prison, peut dans quelque petit interualle de temps estre receu à les proposer s'il dict & afferme de tels reproches sont par quelque nouueau moyen venus à sa cognoissance. Ce qui se faict d'equité. On luy

donne aussi quelquefois vn brief delay pour icelles proposer & refuter les tesmoins, c'est à sçauoir quand il dict qu'il est peu memoratif ou qu'il a mis en oubly quelque chose pour se souuenir de laquelle il demande vn
2 petit delay luy estre donné. Car il faut grandement fauoriser l'innocence de l'accusé, pour excuser laquelle il ne leur reste autre moyen que ceste voye de reproches, ou comme l'on dict allegation de faicts iustificatifs. Au reste, il faut soigneusement prēdre garde,
3 qu'encore que l'accusé n'aye allegué reproches admissibles & pertinens, si toutesfois il les verifie par tesmoins ayans bonne cognoissance des vie & mœurs des tesmoins reprochez, on y doit auoir grand esgard en iugeant le proces.

ADDITION.

Les deux articles precedens prescriuent si clairement la forme des recolemens & confrontations qu'il seroit quasi chose vaine & sans vtilité d'y adiouster quelque chose.

Communication au Procureur du Roy pour prendre ses conclusions. art. 156.

Les confrontations faictes & parfaictes sera incontinent le proces mis entre les mains de nostre procureur, qui le visitera bien & diligemment pour voir quelles conclusions il doit prendre, soient diffinitiues ou preparatoires & les bailler promptement par escrit.

Comment ledit Procureur du Roy doit conclure és proces criminels. art. 157.

Et s'il trouue que l'accusé ait allegué aucuns faicts peremptoires seruans à sa charge ou innocence ou aucuns faicts de reproches legitimes & receuables, il requerra que l'accusé soit promptement tenu de nommer les tesmoins par lesquels il entend prouuer lesdicts faicts, soient iustificatifs, ou de reproches, ou sinon prendra ses conclusions diffinitiues.

---

1 *Procureur du Roy ne peut assister à l'instruction d'vn proces criminel.*

2 *Desquels tesmoins on se peut seruir en la preuue des faicts iustificatifs.*

CEST article ne merite aucune interpretation. Car il est tout certain qu'apres que le proces est faict on le doit cõmuniquer au Procureur du Roy afin de prendre ses conclusions selon la sentence des loix & la qualité de l'accusé & du crime dont est question.

ADDITION.

Favt en ce lieu noter que le Procureur du Roy a seulement communication du proces sans qu'il puisse assister à l'instruction du
1 proces criminel de l'accusé comme il faisoit anciennement en quelques endroicts. Laquelle façon de faire la Cour a souuentesfois reformée par ses arrests. Au reste pour la preu-
2 ue de ses faicts iustificatifs l'on se peut seruir de toute sorte & maniere de tesmoins, mesmes le frere* qui pour l'estroict lien de consanguinité est reprochable y est receu tesmoin, comme sont pareillement tous autres, *quorum fides in aliis minus legitima censetur*, dont s'ensuyt l'opinion de ceux estre impertinente qui ont estimé que l'on peut amener tesmoins pour reprocher les tesmoins de l'accusé. * Quant aux faicts de reproches ils sont en fort grand nombre & peuuent estre diuersement prins selon les occurences. Toutesfois ceux cy sont les plus communs, la haine, amitié, parenté ou affinité, auoir interest à la cause, auoir cause semblable, estre conuaincu de crime irrogeant infamie, & plusieurs autres que collige *Nepos de monte albano*, en son traicté *de exceptionibus* au tiltre *exceptiones contra testes*,

* *Bal. in l. parentes. C. de testibus.*

* *Iuxta. c. licet dilectus. de testibus.*

auquel pour en auoir dauantage le lecteur pourra auoir recours.

Forme de proceder par le iuge. art. 158.

Et sur lesdictes conclusions verra le iuge diligemment le proces & fera extraict des faicts receuables si aucuns en y a, à la descharge de l'accusé soit pour iustification ou reproche, lesquels il monstrera audict accusé & luy ordonnera nommer promptement les tesmoins par lesquels il entend informer desdicts faits, ce qu'il sera tenu faire autrement n'y sera iamais receu.

---

1 *Que l'accusé obtient quelquesfois delay pour nommer tesmoins.*

PAr nostre commune vsance il a esté receu que l'accusé doiue de sa bouché nommer & declarer par nom & surnom les tesmoins par lesquels il pretend verifier ses obiects & faicts de reproches. Mais le doute est grand comment cecy doit estre obserué, & si on le garde si precisément qu'on ne donne à l'accusé moyẽ de respirer, qu'il n'aye nommé ses tesmoins. Et certainement il les doit par la rigueur de ceste ordonnance promptemẽt nommer. Toutesfois nous auõs de coustume d'vser de ce temperament, que si l'accusé requiert vn brief delay luy estre dõné pour nom- 1 mer ses tesmoins on a accoustumé d'equité le luy octroyer. Car on porte faueur à l'innocẽce de l'accusé, qui estant en prison a ce seul remede que de s'en souuenir, & les reduire en memoire.

Que les tesmoins qui seront nommez par l'accusé seront examinez *ex officio*, *&c.* & à quels despens. art. 159.

Et voulons que les tesmoins qui ainsi seront nommez par lesdicts accusez soient ouys & examinez ex officio *par les Iuges ou leurs commis & deputez aux despens dudict accusé, qui sera tenu consigner au Greffe la somme que pour ce luy sera ordonnee, s'il le peut faire: ou sinon, aux despẽs de partie ciuile s'aucune y a, autrement à nos despens s'il n'y a autre partie ciuile qui le puisse faire.*

---

1 *Le Roy & la partie ciuile sont quelquefois tenus de fournir aux frais pour la iustification de l'accusé.*

C'EST vne reigle & maxime generale que tout ce qui est fait pour la deliurance, purgation ou descharge de l'accusé doit estre fait à ses despens & non de l'accusateur. La raison en est fort apparente: car tout ainsi que l'accusateur est contraint de fournir aux frais pour dresser les instrumens & actes seruans à son accusation, faire les confrontations & autres choses : aussi l'accusé qui allegue les causes de son innocence en doit faire preuue à ses propres despens, sauf s'il n'auoit dequoy payer les susdicts frais, auquel cas l'accusateur seroit tenu fournir aux frais. Sinon aux despens du Roy au cas que l'accusateur fust pauure & indigent.

Où se prendront les frais dudict examen s'il faut que le Roy les face. art. 160.

Et à ceste fin se prendra vne somme de deniers suffisante & raisonnable telle que sera deliberee & arbitree par nos Officiers du lieu sur le Receueur de nostre domaine, auquel ladite somme sera allouée en la despense de ses comptes en rapportant l'ordonnance de nosdicts Officiers & la quitance de la deliurance qu'il aura faite desdicts deniers.

Où se prendront les autres frais des proces criminels. art. 161.

Le surplus des frais des proces criminels se fera aux despens des parties ciuiles s'aucunes y a & sauf à recouurer en fin de cause, & s'il n'y en a point, ou qu'elles ne le puissent notoirement porter, sur les deniers de nos receptes ordinaires comme dessus.

PAr les anciennes ordonnances il y auoit vne certaine somme prescripte qu'on deuoit tirer des coffres du Roy pour l'instruction & poursuite des causes criminelles, à fin que quand les accusateurs ou accusez sont trouuez indigens, l'instruction desdits proces ne fust delaissée.

Que les accusez seront secretement interrogez & respondront par leur bouche. art. 162.

En matieres criminelles ne seront les parties aucunement ouyes par conseil ne ministere d'aucune personne, mais respondront par leur bouche des cas dont ils sont accusez, & seront ouys & interrogez comme dessus separement, secretement, & à part, ostant & abolissant tous stiles, vsances ou coustumes par lesquelles les accusez auoient accoustumé d'estre ouys en iugement, pour sçauoir s'ils deuoient estre accusez & à ceste fin auoir communication des faicts & articles concernans les crimes & delicts dont ils estoient accusez & toutes autres choses contraires à ce qu'est contenu cy dessus.

---

1 *Accusez se doiuent defendre par leur bouche.*
2 *Les mineurs en matiere de crime ne se peuuent seruir de l'authorité de leurs tuteurs.*

1 L'Accusé doit luy mesme defendre sa cause en prison sans pouuoit implorer l'ai-

de d'aucun Aduocat ou defenseur pendant qu'il est interrogé sur les faicts de son accusation & qu'on procede à la confrontation ou qu'il luy faut nommer tesmoins. Ne faut aussi obmettre, qu'en matiere de delict & d'accusation, on n'a coustume de subuenir aux 2
mineurs du secours de leurs tuteurs ou curateurs, ains faut qu'eux mesmes entrent en la defense de leur cause en leur nom & en prison, combien que plusieurs ayent creu que les tuteurs & curateurs y doiuent interposer leur authorité. Ce qui est faux & n'a esté suiuy par nostre vsage ny par nos ordonnances. Et partant sont toutes choses qui auroient esté par erreur introduictes au cõtraire maintenant abolies & abrogées.

Touchant la torture si elle eschet. art. 163.

Si par la visitation des proces la matiere est trouuée subiecte à torture ou question extraordinaire, nous voulons incontinent la sentence de ladite torture estre prononcée au prisonnier pour estre promptement executée s'il n'en est appellant. Et s'il y en a appel estre tantost mené en nostre Cour souueraine du lieu où nous voulons toutes appellations en matieres criminelles ressortir immediatement & sans moyen de quelque chose qu'il soit appellé dependant desdictes matieres criminelles.

1 *Quand on doit auoir recours à la question.*
2 *Quel indice peut induire la question.*
3 *La question peut estre repetée.*

QVand & en quelle forme la question & torture doit estre ordonnée cela depend entierement de l'auctorité & sentence des Loix. Car quand la preuue des crimes
1 n'est pleine & entiere, & que le crime est si graue, que pour cela on deburoit infliger peine corporelle, si la preuue est semipleine tant seulement on doit auoir recours à la question, à fin que la verité tirée par tels moyens puisse estre esclarcie. Toutesfois quand il n'y a autre preuue que par indices, il faut que deux tesmoins conformes deposent de mesme indice autrement la preuue de tel indice
2 seroit inualide, tellement qu'on ne pourroit à raison d'icelle condamner quelqu'vn à la question & torture veu qu'il n'y a en cela aucune ombre ou forme de preuue. Et peut la
3 question estre repetée s'il suruenoit nouueaux indices. Mais on a faict grand doute, si celuy qui auoit confessé deuoit estre mis à la question pour conuaincre les autres, attendu que la disposition de droict y semble estre repugnante. Car la Loy ciuile dict qu'on n'aye à interroger celuy qui confesse sur le faict d'autruy. Mais en France se multipliant le nombre des delicts il a esté necessaire d'excogiter

giter nouuelles peines & augmẽter la rigueur des loix. Partãt celuy qui est par sa confession conuaincu d'heresie est mis à la question pour luy faire reueler ses complices, estant le semblable obserué à l'endroit des voleurs qu'on met à la torture pour leur faire dire & reueler leurs complices.

Pour reigler les parties si par la torture n'a rien esté confessé. art. 164.

Et si par la questiõ ou torture l'õ ne peut rien gaigner à l'encontre de l'accusé, tellement qu'il n'y ait matiere de le condamner, nous voulons luy estre faict droit sur son absolution pour le regard de la partie ciuile & sur sa reparatiõ de la calomnieuse accusation, & à ceste fin les parties ouyes en iugement pour prendre leurs conclusions l'vn à l'encontre de l'autre & estre reiglees en proces ordinaire si mestier est & les Iuges y voient la matiere disposee.

SI par le moyen de la question ou gehenne on ne peut tirer ou auoir aucune preuue du fait, en ce cas l'accusé doit estre absous, ou bien s'il y a quelque espece de preuue douteuse doiuent les parties estre remises & receuës en proces ordinaire.

Contre les contumax foy sera adioustee aux depositions des tesmoins qui auront esté recolez, &c. art. 165.

Que contre delinquans & contumax fugitifs qui n'auront voulu obeir à iustice sera foy adioustee aux depositions des tesmoins contenus ès informations faites à l'encontre d'eux & recolez par auctorité de Iu-

stice tout ainsi que s'ils auoient esté confrontez, & sans preiudice de leurs reproches, & ce quant aux tesmoins qui seroient decedez ou autres qui ne pourroiét plus estre confrontez lors que lesdicts delinquans se representeront à Iustice.

---

1 *Double consideration sur la contumace des accusés.*

IL est tresmanifeste que bien souuent la faculté des preuues se deperist, par la fuite & contumace des accusez. A ceste cause il a esté necessaire de pouruoir à ce q̃ les accusez cõtumax & defaillans & qui se latitent le plus souuent ne fussent de meilleure cõdition, que ceux qui comparent & representent actuellement en Iustice. En quoy y a double consideration. La premiere qu'on ne pourra declarer ladite contumace, qu'il n'y ait recolement, parce que l'on ne doit auoir aucun esgard à la simple information ou attestation. La seconde que si apres le recolement des tesmoins l'accusé se represente en iugement, & que les tesmoins recolez soient decedez, le recolement sera de telle efficace & vertu que si les confirmatiõs auoient esté faites: mais l'accusé les pourra reprocher apres qu'on luy aura donné leurs noms & nommer les tesmoins par lesquels il entend prouuer ses faicts de reproches. Car la cõtumace de l'accusé ne doit apporter fraude à la loy ny voiler & couurir la malice de l'accusé coulpable.

Franchise n'aura plus de lieu és choses ciuiles, ne és criminelles quant à la prise. art. 166.

Qu'il n'y aura lieu d'immunité pour debtes, n'autres matieres ciuiles, & se pourront toutes personnes prendre en franchise & sauf à les reintegrer quand y aura prinse de corps decernée a l'encontre d'eux sur les informations faites des cas dont ils sont chargez & accusez & qu'il soit ainsi ordonné par le Iuge.

---

1 *Droict d'Asyle fort ancien.*
2 *Temple de Diane donnoit franchise aux debiteurs.*
3 *Immunité & franchise des lieux sacrez abrogee par Charlemaigne.*

AVparauãt ceste ordõnance il y auoit lieu de franchise & immunité depuis qu'on se pouuoit sauuer en vne Eglise, fust pour debte ciuile ou pour raison de crime dont on fust attaint. Enquoy il aduenoit que souuẽtesfois les malfaicteurs & coulpables euadoient impunément des liens & de la prison. Au moyen dequoy l'on a ordonné qu'il n'y auroit lieu d'immunité qui empeschast qu'on ne se peust saisir des delinquans ou debiteurs sauf à les reintegrer s'il semble iuste & raisonnable. Ce que ie voy estre tellemẽt obserué en ce Royaume, qu'on n'a esgard à aucun lieu d'immunité ou franchise quand il est porté par la cõmissiõ du Iuge que les delinquãs soient prins & menez prisonniers, mesme quand ce seroit en l'Eglise & autres lieux sacrez.

ADDITION.

1 Le droict d'Asyle que cest article appelle immunité de lieu est fort ancien, & a de tout temps esté en fort grande reuerence, comme l'on peut recueillir tant des histoires sacrees que prophanes: mesmement de ce que recite Xenophon, lequel dit qu'ayant Agesilaus gaigné vne bataille sur les Thebains il ne voulut permettre qu'on fist aucun desplaisir à ceux
2 qui s'estoient retirez en lieu de franchise & d'immunité. Aussi recite Plutarque qu'anciẽnement le tẽple de Diane en Ephese donnoit franchise aux debiteurs. Et si Solon à ce propos ordonna que pour debte ciuile on n'obligeroit poĩt le corps. Toutesfois telle maniere d'immunitez estoit par trop pernicieuse en France pour la frequence des delicts qui s'y commettent. A raison dequoy elle auoit esté
3 de long temps abrogée, mesmes par ordonnãce de Charlemaigne, ainsi que recite doctement comme toutes autres choses Monsieur Choppin en son traicté *de sacra politia. lib. 3. tit. 1. nu. 22.*

Et sur le surplus recours aux ordonnances anciennes faisans mention d'icelles matieres criminelles. art. 167.

Le surplus des ordonnances de nous & nos predecesseurs cy deuant faites sur le faict desdictes matieres criminelles demourant en sa force & vertu en ce qui ne seroit trouué derogeant ou preiudiciable au contenu en ces presentes.

LEs loix & constitutiõs antiques & precedẽtes ausquelles il n'est derogé par les posterieures demeurent en leur force & vertu.

De ne bailler és Chancelleries remissions sinon celles de Iustice. art. 168.

Nous defendõs à tous Gardes des seaux de nos Chãcelleries & cours souueraines, de ne bailler aucunes graces ou remissions fors celles de Iustice, c'est à sçauoir aux homicidiaires qui auroient esté contraints faire les homicides pour le salut & defense de leurs personnes & autres cas, où il est dit par la loy que les delinquans se peuuent ou doiuent retirer pardeuers le souuerain Prince pour en auoir grace.

---

1 *Deux sortes de restitutions & remissions.*

2 *Lettres de remission quand ne peuuent estre debatues d'inciuilité.*

L'Interpretation de cest article me semble fort prõpte & aisee. Car il y a quelques restitutions qui sont impetrees & obtenuës du Roy & Prince souuerain, & d'autres qui sont expediees par les Maistres des requestes tant seulemẽt. Quãt à celles qui sont obtenues du Prince souuerain elles ne peuuẽt iamais estre debatuës d'inciuilité, mais seulemẽt d'obreptiõ, veu que tels rescrits sont emanez de celuy qui a toute puissance sans estre aucunemẽt limitée, tellemẽt que cõtre iceux, nous ne pouuons deduire autre chose, sinon qu'on a par obreption circõuenu la religiõ & majesté du Roy. Mais quant aux releuemẽs expediez par

1 2

les Maistres des Requestes, il nous est permis de les debatre d'inciuilité & iniustice. Car si nous trouuōs le delict tel que par la commune disposition des loix il merite vne exemplaire punition, mesmes qu'il n'y aye par icelles aucun lieu de pardon & remission: il est certain que lors la voye de telle maniere de restitution est du tout precise & retranchee, tellement qu'il faut necessairement recourir au Prince, comme si quelqu'vn auoit de propos deliberé commis vn homicide. Car en tel cas le seul Prince le peut restituer. Toutesfois nous ne laisserons de dire qu'encore que le Roy ne soit astrainct à aucune loy, il doit neantmoins viure selon icelles. & faut que le glaiue qu'il porte pour reprimer les vices & messaicts des meschans se monstre tres-agu en la punition & retranchement d'iceux.

ADDITION.

Il y a semblable ordonnāce du Roy Charles ix. art. 75. des Estats d'Orleans. Et encores aux Estats de Moulins. art. 5. par lequel est porté que les graces & remissiōs seront adressees aux Iuges presidiaux ou aux Iuges ressortissans nuëment és Cours de Parlemēt & nō à autres. Vray est que depuis ceste ordonnance a esté abrogee par celle faicte à Ambroise sur le fait de la iustice verifiee en la Cour le 6. Feburier. 1572. au moins pour le regard des gentilshōmes quāt ausquels par l'art. 9. de ladite ordōnāce il est dit, qu'ils serōt tenuz presenter lesdites graces & pardōs aux Cours de Parlemētau ressort duquelles exces serōt cōmis. Ce qui est auiourd'huy fort exactement obserué en la Cour. Il est aussi ordonné par le mesme article de l'ordonnance de Moulins que les impetrans ne s'en pourront aider trois mois apres la date d'icelles. Mais tous les iours on obtient facilement des dispenses au cōtraire.

Si autres sont donnees en debouter les impetrans. art. 169.

Et s'aucunes graces ou remißions auoient esté par eux donnees hors les cas dessusdicts, nous voulons & ordonnons que les impetrans en soient deboutez & que nonobstant icelles ils soient punis selon l'exigence des cas.

CEst article comme nous auons ja dict cy dessus est obserué en ce Royaume par nostre commune vsance mesmes en la Cour de Parlement.

De ne bailler rappeaux de ban ne lettres pour changer les iurisdictions. art. 170.

Nous defendons ausdits gardes des seaux de ne bailler aucuns rappeaux de ban, ne lettres pour retenir par nos Cours souueraines la cognoissance des matieres en premiere instance, ne außi pour les oster hors de leurs iurisdictions ordinaires & les euocquer & commettre à autres, ainsi qu'il a esté grandement abusé par cy deuant.

Amendes contre les impetrans de telles lettres. art. 171.

Et si lesdites lettress estoient autrement baillees defendons à tous nos Iuges de n'y auoir point d'egard & condamner les impetrans en l'amēde ordinaire comme du fol appel, tant enuers nous que la partie, & neantmoins qu'ils nous aduertissent de ceux qui auroient baillé lesdites lettres pour en faire punition selon l'exigence des cas.

---

1 *Au seul Prince appartiēt la restitutiō des condānés.*
2 *Lettres mutatiues de iurisdiction interdictes.*

TRois choses sont par cest article prohibees, & defendues. Premieremēt que les remissions, restitutions & lettres de rappel des condānez ou releguez à perpetuité ou à tēps ne seront expediees par les susdits & en la petite chācellerie. Car c'est vn seul Prince & à sa
1 seule puissance que la restitution des cōdamnez appartient, encore que par l'ancien droict telle maniere de restitutions fussent cōcedees & octroyees quelquesfois. Car le droict de Cité qui appartiēt au Roy seul & non autre, est restitué par telle maniere de lettres. En second lieu est defendu d'intenter en premiere instāce les proces en la Cour, d'autāt qu'à elle appartient de vuider les causes d'appel & non instruire les causes en premiere instance, estāt occupee à plus importans affaires, & n'ayant loisir de libremēt vaquer à cela. En troisiesme lieu est defendu par cest article de n'octroyer aucunes euocatiōs ou lettres d'attribution de iurisdiction pour chāger de Iuge. Car par l'an-

cien droit mesme telles lettres attributiues & mutatiues de iurisdiction estoient interdites, ayant esgard qu'il n'y a rien qui trouble plus les iugemens que ceste mutation & confusion de iustices & iurisdictions. a

ADDITION.

Parce que M. Rebuffe a faict vn traicté fort ample sur la matiere des euocations & de ce qui concerne cest article, le lecteur y pourra auoir recours sans qu'il soit besoin s'arrester ici dauantage.

Defenses aux Chanceliers de ne bailler remissions où il n'eschet peine corporelle. art. 172.

Nous defendons ausdits gardes des seaux de ne bailler aucunes graces ne remissiõs des cas pour lesquels ne seroit requis imposer peine corporelle, & si elles estoiēt donnees au contraire nous defendons à tous nos Iuges de n'y auoir aucun regard comme dessus & en debouter les parties auec condamnation d'amēde.

1 *Difference sur les delicts & peine d'iceux.*

IL y a des delicts qui par les loix sont punissables de peine capitale, & lors il s'agist de crime capital. Il y en a d'autres esquels il est question d'infamie, comme quãd on s'attache à l'hõneur & estimation d'aucun (qui n'est autre chose qu'vn estat de dignité sans reproche approuué par les loix & cõmune vsãce) pour icelle diminuer ou abolir selon l'auctorité des loix pour quelque crime & delict cõmis. Car 1 la reputation est bien fort diminuee, quand quelqu'vn, demourant la liberté est priué de sa dignité; comme quand il est relegué ou le plebeian condamné au fouet ou aux galeres; ou bien quand il tombe & enchoit en cause qui par Edict perpetuel est reputee irroger note d'ĩfamie. Or est elle abolie lors qu'il y a grãde d'iminutiõ d'estat, c'est à dire quand on perd la liberté ou qu'elle est bien fort amoindrie. Cõme quand on interdit à quelqu'vn l'eau & le feu, ainsi qu'il aduient en la personne de ceux qui sont bãniz ou cõfinez. Dõcques il demeure certain qu'en toutes ces choses la restitutiõ a lieu & peut estre requise & impetree. Mais quãd il est seulemẽt questiõ d'infliger & irroger quelque amende pecuniaire, il est certain qu'il ne faut pour cela obtenir restitution, & qu'on ne doit en ce cas impetrer ce benefice, attẽdu qu'il doit estre seulement octroyé pour causes qui diminuent ou entierement destruisent la bonne renõmee & estat de quelqu'vn ou qui soit punissable de peine capitale.

Que tous Notaires feront registres. art. 173.

Que tous Notaires & tabellions tãt de nostre Chastelet de Paris, qu'autres quelsconques serõt tenus faire fidelemẽt registres & protocoles de tous les testamens & contracts qu'ils passeront & receuront & iceux garder diligemment pour y auoir recours quand il sera requis & necessaire.

---

1 *Pourquoy l'on doit garder les protocoles & registres des Notaires.*

2 *Serment du Notaire d'auoir perdu son registre, quand est receu.*

CEst article de l'ordonnance contient vn cas nouueau, d'autãt que cela estoit coustumierement obserué és autres villes & bourgades, mais non en ceste ville, à raison de la multitude des cõtracts & des cõtrahãs. Ce qui a esté corrigé pour vne bõne & euidente occasiõ. Car quelle chose est plus equitable que de garder les protocoles & minutes, afin que s'il estoit quelquesfois questiõ de la verité d'iceux on ne puisse facilemẽt auoir recours, cõme à vne escripture originale & certaine? 1

ADDITION.

On pourroit demãder en ce lieu si l'instrument estãt maintenu de faux en matiere qu'il fust besoin de veoir la note originale, si le Notaire ne seroit pas tenu de l'exhiber & par faute de ce faire aux despẽs, dõmages & interests de la partie, ores qu'il affermast par sermẽt l'auoir perdue. *Afflictus* en ses decisions de Naples * traitte ceste questiõ fort doctemẽt cõme toutes autres choses & se resoult briefuemẽt q̃ si le Notaire n'auoit de fortes cõiectures & indices de sa part on ne se rapporteroit à sõ sermẽt, mais aussi que s'il y auoit quelque bonne coniecture de sa part la preuue de la perte de son registre seroit bonne & receuable par son sermẽt, tellemẽt qu'il ne seroit tenu à aucuns dommages & interests enuers la partie. 2 *decis. 330.

Qu'à la fin de chacun contract ils signeront leur registre. art. 174.

Esquels registres & protocoles serõt mises & inserees au long les minutes desdicts contracts & à la fin de ladite insertion sera mis le sing des Notaires, ou tabellion qui aura receu ledict contract.

1 *A sçauoir si le contract non signé en la minute par le notaire qui l'a receu peut estre expedié & reduit en forme publique.*

CEst article est de droict & tiré de la disposition mesme d'iceluy. Car par la loy le Notaire est tenu d'escrire & rediger par escrit l'instrumẽt selõ la pleine & entiere forme, attẽdu qu'õ peut par tel moiẽ descouurir la fausseté si aucune en estoit cõmise & tirer la verité laquelle y doit estre singulierement gardée, estãs telles choses faites sous la foy publique

ADDITION.

Cest article semble auoir esté promulgué
1 pour oster ce grand conflict & cõtrarieté d'opinions que l'on voit entre les Docteurs sur la questiõ qu'ils traictẽt de sçauoir, si l'on pourroit reduire en forme publique & authẽtique le contract ou instrument non signé en la minute par le Notaire qui l'a receu? Car Balde* & Alexãdre* auec plusieurs autres Docteurs ont tenu qu'ouy. Les autres au cõtraire ont estimé la partie negatiue plus veritable.* En quoy cõbien que l'ordõnãce aye suiuy la moins commune opiniõ, toutesfois elle s'est fõdée sur vne tresbonne consideration : parce que puis que les instrumens redigez en forme publique ne

** in auth. quod sine. C. de test.a.*
** in rub. de oper nous. nunciat.*
** Cast. in l. hac cõsultissima. C. de testamẽ. Lucas de pen. in l. Rura C. de omni agro deserto.*

fontfoy s'ils ne sõt signez par le Notaire, il n'y a point grãd apparence, que la note & minute doiue estre de plus grande efficace & vertu.

Au dos du cõtract grossoyé sera le registre designé pour y auoir recours. art. 175.

Et s'ils sõt deux Notaires à passer vn cõtract ou receuoir vn testamẽt sera mis & escrit au dos dudit testament ou contract & signé desdicts deux Notaires le nom de celuy és liures duquel aura esté enregistré ledit cõtract ou testamẽt pour y auoir recours quãd mestier sera.

---

1 *Instrument doit estre signé par les deux Notaires.*

CEst article est plein de grande equité. Car pour aisement trouuer les instrumens il est besoin d'y exprimer le temps & le lieu, afin que s'il faloit recourir à l'original nous ayons moyen de les trouuer aysement & par ainsi remedier aux affaires occurens à moins de fraiz.

ADDITION.

Il est certain que la foy publique est de plus grãde authorité que des personnes priuees, & qu'à ceste cause encore qu'vn cõtract ne puisse estre parfait si le Notaire l'a receu auec vn seul tesmoin, si est ce qu'y interuenãs deux notaires l'acte est parfait & soustient le dernier Notaire *vicẽ duorũ testiũ*. Au demeurãt faut noter pour le sens de ceste ordõnance, que lors qu'vn instrument est receu par deux Notaires il faut qu'il soit signé par to⁹ deux ensẽble; autremẽt il seroit reputé imparfait & sãs preuue*. 1

* *Nicola⁹ Boer. in consue. Bituricenses ti. de iuris. om. iudic.*

Pour lesdits registres ne prendront les Notaires plus grand salaire. art. 176.

Et ne pourront lesdits Notaires sous ombre dudit registre, liure ou protocole prendre plus grand salaire pour le passement desdits contracts ou reception desdicts testamens. Bien seront ils payez de l'extraict de leursdits liures s'aucun en estoit fait en apres par ceux ausquels lesdits contracts appartiennent ou ausquels ils auroiēt esté ordonnez par l'auctorité de iustice.

---

1 *Notaires ne peuuent contraindre les parties de retirer leurs contracts.*

2 *Salaires des Notaires.*

PAr cest article est seulement reprise l'auarice des Notaires qui taschent iniquement par tous moyens & bien souuent de peu de chose retirer grand salaire & profit.

ADDITION.

Cecy semble auoir esté introduict contre la commune disposition de droict par lequel les Notaires ne sont tenuz de receuoir instrumens sans estre payez, * & si leur est permis de prendre quelque chose pour leur minute ou protocole particulierement, * mesmement attendu qu'auiourd'huy l'on ne peut en France contraindre les parties de retirer leurs contracts cōme il est porté par l'ordonnãce d'Orleans. A raison dequoy semble que ceste ordonnance introduise quelque chose d'exorbitant du droict & de la raison commune. Tou-

1 * *vt videtur relle gl. in l. praeter in prin. D. de edendo. plenè Spec. in tit. de salar. §. 2.*

* *Roman' sing. 175.*

tesfois ayant esgard qu'elle est introduite pour reprimer l'auarice des Notaires qui se licencioient par trop sur le payement de leurs salaires elle est bien equitable, *cum prædandi occasio per eam auferatur*. Et aussi que tousiours l'vn ou l'autre des parties ont besoin des contracts & ainsi en reuient assez de profit pour les recompenser de leur labeur. Quant aux salaires des Notaires qui estoient anciennement incertains ils sont auiourd'huy certains & limitez par l'ordonnance qui les à reduicts à raison de vingt sols pour peau de parchemin escrite. 2

A qui lesdicts Notaires pourront communiquer leursdits registres. art. 177.

Et defendons à tous Notaires & tabellions de ne monstrer & cõmuniquer lesdits registres, liures ou protocolles fors aux contrahãs leurs heritiers & successeurs ou à autres ausquels le droict desdits contracts appartiendroit notoirement ou qu'il fust ordonné par Iustice.

---

1 *Protocoles ne sont communicables.*

Certes les instrumẽs ou protocoles ne doiuent estre monstrez & cõmuniquez à toutes personnes indifferemment, mais seulemẽt à ceux qui peuuent y auoir interest: car si on le faisoit autrement l'on ouuriroit le chemin aux fraudes & aux faussetez, qui pourroient estre commises & pourroient quelquesfois lesdits protocoles par quelque inique raison estre changez & corrompus. 1

ADDITION.

Ou à autres: Ces mots sont adioustez en l'article pour retracher l'ancienne question de sçauoir si le Notaire estoit tenu d'exhiber son protocole à autres qu'aux contrahans, encore qu'ils fissent notoirement apparoir de l'interest qu'ils y auoient. Laquelle question est traictee assez amplement par Cacheranus en sa decisiõ 57. nu. 1. & 2. * Où il se resoult qu'en termes de droit il ne le doit faire, mais qu'il se faut pouruoir par voye de cõpulsoire pour l'y cõtraindre * & par lettres du prince, laquelle forme est fort visitee en France. Et faut noter qu'en telle communication la date & le nom des tesmoins est principalemẽt dangereuse, *cum præsentia includat intellectũ:* & que ce seroit par ce moyẽ faire ouuerture de forger quelque faussetė & meschãcetė contre le contract, comme le declare tresbien Capycius en ses decisions de Naples. * Au demeurãt on pourroit icy demander cõment c'est que le Notaire pourroit en la personne d'vn tiers auoir cognoissance de l'interest qu'il y pourroit pretendre, & cõment celuy qui requiert communication de quelque contract le deuroit verifier? Enquoy les Docteurs sont d'accord, que si la partie afferme au Notaire auec serment l'interest qu'il dict y auoir il en faict preuue suffisante pour en auoir communication comme dict est. *

* *idem Afflict. in cõstitu neap. libro primo tit. 73. nu. 58.*

* *idẽ. Cacher. decis. 76. nu. 8.*

* *decis. 192. nu. 4.*

* *Iuxta gl. & ibi doc. in l. si quis ex argẽtariis § per tinere D. de edendo.*

Dene

De ne deliurer vn instrument pour la seconde fois sans ordonnance de iuge. art. 178.

Et que depuis qu'ils aurōt vne fois deliuré à chacune partie la grosse des testamens & contracts ils ne la pourront plus bailler, sinon qu'il soit ordonné par la iustice parties ouyes.

---

1 *Contracts ne doiuent estre deliurez pour la seconde fois sans ouyr la partie.*

La raison de cest article est aysee à colliger. Car si l'obligatiō a esté dissolue ou que du mutuel cōsentement des cōtrahans on se soit departy du contract, on pourroit neantmoins sous pretexte de tel contract dōner beaucoup de fascherie à la partie s'il estoit loisible & encore vne fois permis au Notaire de deliurer l'instrument à l'vne des parties sans le sceu & consentement de l'autre. A raison dequoy a il esté iustement ordonné qu'on ne le puisse faire ny dōner permission à ceste fin sans auoir ouy les parties en iugement.

ADDITION.

La raison que met icy M. Bourdin ne se rapporte qu'aux instrumens & contracts qui sont *vltrò citróque obligatory*, & non aux testamens & autres dispositions qui ne sont reciproques ou qui sont reuocables. Aussi ne sēble l'ordōnāce les auoir comprins en ceste generale prohibition, pource qu'il seroit ridicule que le testateur qui voudroit auoir deux grosses de son testament *vt peregrinaturus aliud secū aliud domi haberet*, fust tenu de le faire ordõner auant que le Notaire le luy expediast pour la secõde fois. *Idem sorte de donatario possumus dicere.* Car il n'y a personne qui puisse pretendre interest que le donataire en aye plusieurs copies, *non tamen temere recedendum esset à regula statuti.*

Peines aux Notaires contreuenans ausdictes ordonnances. art. 179.

Le tout ce que dessus sur peine de priuation de leurs offices laquelle nous auons dés a present declaree & declarons par cesdictes presentes és cas dessusdicts & chacun d'eux, & des dommages & interests des parties. Et outre d'estre punis comme faussaires quant à ceux qu'il apparoistroit y auoir delinqué par dol euidēt & manifeste calomnie, dont nous voulons estre diligemment enquis par tous nos iuges & chacun d'eux si comme à luy appartiendra sur peine de s'en prendre à leurs personnes.

1. *Peine des officiers mal versans en leurs charges.*
2. *Peine des faussaires.*

TElle maniere de peines sont comminatoires & excogitees au detriment de ceux qui voudroient contreuenir aux presentes ordonnances.

ADDITION.

1 La peine ordinaire introduicte par le droict contre ceux qui versent mal en leurs offices ou font quelque faute notable, est la priuation de leursdicts offices, ausquels par apres ils ne

peuuent retourner *ne rescripto quidem Principis*, estans par là rẽdus infames. Comme le declare fort bien & au long Capytius en sa decision 121.* Ce que ceste ordonnance a suiuy auec distinction quant à la punition de la faute. Car ceux qui y procedent frauduleusement, sont (comme aussi il est bien raisonnable) bien plus rigoureusement puniz que les autres *qui ignorantia peccauerunt*, desquels la punitiõ doit estre plus legere. Quãt à la peine des faussaires elle a esté anciennemẽt diuerse. Car les vns ont suiuy la peine prescripte par la coustume de Lõbardie qui est de couper le poing au Notaire, laquelle a esté frequente en France. Les autres celle de la loy qui est la deportation ou le dernier supplices, selon la qualité des personnes.* Toutesfois il faut noter que la peine est souuẽt moderee, mesmemẽt si la fausseté estoit commise en chose, qui ne peut faire preiudice à personne: car alors on se cõtenteroit d'infliger quelq̃ amẽde & peine pecuniaire sans toucher au corps.* Ce qui est remarquable en ce lieu.

*nu 17. 18. 19. 20. 21. & vltra.

*l. 1. D. de fal. §. itẽ lex Cornelia. de publ. Iud. Instit.

*textus & glo. in l. domus & ibi Cynus. C. de fal.

De ne receuoir contracts sans declarer les situations, teneures & charges des choses.

art. 180.

Nous defendons à tous Notaires de quelque iurisdiction qu'ils soiẽt de ne receuoir aucuns cõtracts d'heritages, soit de vẽdition, eschange, ou donations ou autres sans estre declaré par les contrahans en quel fief ou censiue sont les choses cedees & transportees, & de quelles charges elles sont chargees enuers les seigneurs feodaux ou censuels, & ce sur peine de priuation de leurs offices quant aux Notaires & de la nullité des contracts quant aux contrahans, lesquelles peines declarons des à present comme deslors au cas dessusdict.

Defense de ne mesprendre en declarãt lesdictes situations, teneures & charges, art. 181.

Et defendons a tous contrahans en matiere d'heritages de ne faire scientement aucune faute sur le rapport ou declaration desdictes teneures feodales, ou censuelles qui seront apposees en leurs contracts, sur peine de priuation de tout l'emolument desdicts contracts contre les coulpables. C'est à sçauoir contre le vendeur de la priuation du prix, & contre l'acheteur de la chose transportee, le tout appliquable à nous quant aux choses tenues de nous, & aux autres seigneurs de ce qui en seroit tenu d'eux.

---

1 *Assertion faicte par le vendeur du cens ou autre droict foncier ne peut nuire à l'acheteur.*

DEVX choses sont defendues & prohibees par cest article: la premiere de ne receuoir par les Notaires aucuns instrumẽs sans expresse mention & declaration des charges, cens & hypoteques & des seigneurs à qui elles sont deues. A quoy y a tresbonne raison, car si les vrais seigneurs n'estoient recognus, & que les cens & hypoteques qui sont deues au vray n'y fussent designees & specifiees plusieurs proces en pourroient suruenir, pour la diuersité & concurrence des seigneurs & assertion d'iceux, chacun vendicant mesme droict:

en quoy faisant l'ō pouura retrācher plusieurs controuerses & debats qui pourroiēt estre intentez par faute de faire ceste profession de charges & expresse declaration d'icelles. En second lieu est punie & coercee par cest article la fraude & malice des vendeurs qui pour faire perdre leurs droicts aux vrays seigneurs mentent bien souuent impudemment & proposent plusieurs choses fausses, lesquelles troublēt & mettent en grande cōfusion les seigneurs ausquels sont deuz tels droicts & deuoirs.

ADDITION.

Charges. En ce lieu se peut traicter fort à propos la question de sçauoir si le vendeur auoit declaré l'heritage vendu estre chargé de beaucoup plus grād cens & charge qu'il ne l'est pas ou estre tenu de la censiue de quelque seigneur encore qu'il fust allodial, si le seigneur pourroit contraindre l'acheteur de payer le cens à la charge duquel l'heritage a esté vendu & luy en passer recognoissance ? Pour briefuement decider ceste question, Guy Pape en ses decisions du Parlemēt de Grenoble amene beaucoup de bonnes raisons, *in vtramque partem:* toutesfois il se resolut finablement que l'acheteur est seulement tenu à payer le cens qui est vrayement deu & que le Seigneur faict apparoir par son terrier, sans que la confession ou assertion du vendeur puisse faire aucun preiudice à la verité. Ce qui est fondé sur bonne raison & manifeste iustice, parce qu'autrement ce seroit

quest. 24

fonder pour le seigneur vn nouueau droict en l'heritage vendu par l'erreur & ignõrance du vendeur, qui ne doit seruir au seigneur au detriment du tiers, mesmemẽt que *non hoc agitur.* Et partant *per liberum hominem, nostro nemine nihil agentem nobis acquiri non potest.**

* *toto' tit. per quas personas. Instit.*

Taxations de despens & iugemẽs de defaux se feront par les iuges. art. 182.

Que les taxations des despẽs & iugemẽs des defaux ne se feront d'oresnauant par les greffiers, mais par les Conseillers & autres iuges ordinaires ou deleguez ausquels la cognoissance en appartient.

IL est bien raisonnable que les despens procedans des poursuites & fonds de la cause soient taxez & liquidez par les iuges qui ont cogneu de la matiere. Car nul ne peut mieux cognoistre quels ils ont esté que le iuge pardeuant lequel les poursuites ont esté faictes.

ADDITION.

L'vsage a depuis apporté vne telle confirmation de cest article qu'il seroit superflu d'y dõner quelque autre interpretation n'ayant en soy difficulté quelconque.

Salaires de sergens royaux à seize sols parisis par iour par prouision. art. 183.

Que par maniere de prouision & iusques à ce qu'autrement en ayt esté ordonné, le salaire des sergens royaux taxé par nos ordonnances à douze sols parisis sera augmenté de quatre sols parisis qui sont seize sols parisis par iour.

ICy est taxé & circonscript le salaire des sergens, d'autant que l'auarice quelquesfois est si grande qu'elle ne peut estre rassasiee & assouuie par aucune somme d'or ou d'argent. Voyla pourquoy il a semblé bon d'y constituer quelque reigle afin de retenir en bride ceste execrable auarice.

Peines à ceux qui en prendront ou bailleront plus. art. 184.

Et où ils en prendront aucune chose d'auãtage nous les declarons dés à present priuez de leurs offices & subiects à punition corporelle, encor qu'il leur fust volontairemẽt offert par les parties ausquelles neãtmoins defendons de non le faire sur peine d'amende arbitraire.

CEste commination de peine a esté adioustee & inseree en cest article afin de plus sainctement faire obseruer ce que dessus.

ADDITION.

CEST E ordonnance contiẽt vne chose fort repugnãte au droit cõmũ, sçauoir est que ceux qui ont baillé plus grand salaire aux sergens soient punissables *cum cuique suum iactare liceat.* Toutesfois elle est fondee sur grande raison *vt omnis occasio tollatur infringendæ constitutionis.* Car comme ce sont deux choses qui ont relation que bailler & prendre, aussi pour bien retrancher le moyen de prendre il faut oster le moyen de bailler. Au demeurãt faut noter que encore que ceste ordonnãce ait esté receue par la cour, si est ce que M. Rebuffe sur les ordonnances en ce lieu tesmoigne auoir esté par arrest de la Cour de Parlement de Paris du 26. de Nouembre 1543. prohibé & defendu aux sergens de prendre outre la somme de dix sols pour l'entiere iournee & de cinq pour demy iour, & que par mesme arrest elle interpreta demy iour quand le sergent est cõtrainct pour cest affaire se transporter à vne lieue hors son bailliage ou senechaucee. Mais la necessité du temps a depuis faict interuenir autre reglemét pour les taxes & salaires des sergens, ainsi qu'il est porté par Edict verifié en la Cour du 17. de Ianuier 1571. que tu pourras voir à ceste fin.

Confrairies de gens de mestier abolies. art. 185

Que suyuant nos anciennes ordonnances & arrest. de nos cours souueraines seront abbattues & interdictes & defendues toutes confrairies de gens de mestier & artisans par tout nostre royaume.

---

1 *Assemblees quand sont reputees illicites.*

TElle maniere de colleges & cõfrairies sont prohibees & defendues par les Edicts & ordonnances afin que comme l'esprit des hõmes est malicieux soubs pretexte de religion plusieurs fraudes & monopoles ne fussent cõmises & machinees. Car pour cause & pretexte de religiõ il ne leur est interdict & defendu de s'assembler, pourueu que telles assemblées ne soient faites cõtre les arrests par lesquels elles ont esté prohibées & interdictes. Au demeurãt nous appellons tels colleges ou cõfraities illicites pource que quãd tel corps ou college est assemblé sans l'authorité des arrests, du Roy, ou du Prince il doit estre reputé illicite. Que si les cõfreres d'vn mesme college introduisent & disposent entr'eux quelque chose qui soit cõtre la prohibition & defense des loix publiques elle doit estre reputée illicite & illegitime, attendu, que toutes choses doiuent estre soustenuës & aydées de l'authorité de la Loy.

ADDITION.

En l'article 187. cy dessous, sera donnée l'interpretation de cestuy-cy ensemble du suiuãt, où le Lecteur pourra auoir recours.

Que les choses seruans ausdites confrairies seront portées deuers les Iuges Royaux dedans deux mois. art. 186.

Et ne s'en entremettront lesdits artisans & gens de mestier sur peine de punition corporelle, ains seront tenus dedans deux mois apres la publication de ces presentes faire en chacune de nosdictes villes apporter & mettre par deuers nos Iuges ordinaires des lieux toutes choses seruans & qui auroient esté deputées & destinées pour le faict desdites confrairies pour en estre ordonné ainsi que verront estre à faire. 1

1 *Que ceste ordonnance a esté executée.*

POur entierement abolir & destruire ceste maniere illicite de telles cõmunautez & cõfrairies il semble necessaire de faire mettre & apporter es mains du fisque, tout ce qui pourroit estre destiné à les augmenter comme ne pouuans quasi estre ostées par autre moyẽ. Ce que de nostre temps i'ay veu mettre à execution soubs ceste seule consideration & non pour diminuer & oster rien de la religiõ, mais pour obuier seulemẽt à telle maniere de fraudes & monopoles.

Peines aux maistres qui auront desobey. art. 187.

Et à faute d'auoir ce faict dedans ledit temps seront tous les maistres du mestier constituez prisonniers iusques à ce qu'ils auront obey, & neantmoins condamnez en grosses amendes enuers nous pour n'y auoir satisfaict dedans le temps dessusdit.

onfrairies pourquoy ont esté introduictes.

CEst article est seulement comminatoire n'estant possible de reprimer autrement la negligence & contumace de ces artisans que par la crainte de prison.

ADDITION.

Si nous voulons regarder en effect que c'est que confrairie nous trouuerõs qu'encore que l'ordonnance vse de ce mot elles ne sont toutesfois abolies par cest article, mais seulemẽt l'abus, qui contre la propre raison & introduction des confrairies estoit fort frequent en icelles, *quũ huiusmodi conuentus magis paganis cum more, quàm Christianum redolere viderẽtur*. Car cõme ainsi soit qu'elles ayent esté introduites par deuotiõ & pour consacrer le iour qui leur est propre à prier, *on en faisoit (à la maniere des Ethniques, *qui dys suis*, cõme dit Iosephe, **epulari solebant*) iours de dissolutiõ. Et comme dit M. Bourdin prenoit on bien souuent occasiõ de monopoliser. Ce qui est seulemẽt aboly, & ce qui cõcerne la religion cõserué & laissé en son entier. Ce qui est rendu clair par l'article 10. de l'ordonnance d'Orleans par lequel le Roy auec bõne deliberation conuertit les deniers de toutes confrairies & veut iceux estre generalemẽt employez à l'entretenemẽt des escoles & aumosnes, la charge du seruice diuin deduicte & premierement distraicte, qui est le vray employ qui en doit estre fait apres auoir esté mis és mains de la Iustice. Ce qui sert d'interpretation aux articles 185. & 186. lesquels auec le precedent nous auons pour la cõnexité de la matiere accollez & ioincts ensemble.

* *Can. si quis despicit. 47. dist.*
* *Lib. 14. antiq. c. 17.*

De ne faire despense quelconque pour passer maistre de mestier. art. 188.

Et pour passer les maistres desdicts mestiers ne se feront aucunes disnées, banquets ne conuis, n'autres despenses quelconques encores qu'on le voulsist faire volontairement sur peine de cent sols parisis d'amende, à prendre sur chacun qui auroit assisté ausdits disnées & banquets.

Incontinent apres le chef-d'œuure deuëment fait on ſera receu maiſtre. art. 189.

Et ſans faire autre deſpenſe, ne prendre aucun ſalaire par les maiſtres du meſtier, voulons qu'ils ſoient tenus receuoir à maiſtriſe celuy qui les en requerra incõtinent apres qu'il aura bien & deuemẽt fait ſon chef-d'œuure & qu'il leur ſera apparu qu'il eſt ſuffiſant.

---

1 *Quel inconuenient apportent les banquets.*
2 *Banquets limitez par le droict canon.*

CEs vaines & inutiles deſpenſes qui eſtoiẽt
miſerablement exigées des pauures arti-
ſans ſont retranchées par ceſt article. D'autãt
que biẽ ſouuent les maiſtres iurés des meſtiers
corrõpus par auarice & argent ne requeroiẽt
tant l'induſtrie de ceux qui demandoiẽt eſtre
receus qu'vn bon banquet & bien fourny, tel-
1 lemẽt que remplis de viande iuſqu'à la gorge
& en faueur de ce bancquet, ils louoient & re-
commandoient cõme bon ouurier celuy qui
n'entendoit rien à ſon meſtier, & qui eſtoit le
plus ignorãt & inexpert de tous, ne louans ſelon la verité de la choſe l'induſtrie de l'ouurier
mais ſeulement le banquet. Au cõtraire celuy
qui eſtoit excellẽt en ſon art & qui auoit pre-
paré vn bien maigre ſouper, eſtoit par eux dit
& declaré ignare & de peu d'induſtrie en ſon
meſtier: ayans en cela eſgard non à l'induſtrie
de l'artiſant, mais au maigre bãquet qu'il leur

faisoit. Ce qui a esté à bonne raison retranché par cest article.

ADDITION.

Ce n'est d'auiourd'huy que ceste mauuaise coustume regne aux republiques, sans que par aucunes ordonnances on y ait peu remedier. Car mesmes du temps de Clement V. elle donna lieu au chapitre *cùm sit nimis*, *de magist. in clem.* Par lequel pour retrancher l'abus qui se commettoit en telles maistrises, doctorats & choses semblables, il fut prohibé & defendu sur peine d'excõmunication d'y employer *Vltra summam trium milium turonen. argenteorum*, que porte le texte dudit chapitre quelque richesse ou opulence qu'eust celuy qui requist d'estre receu. De là nous pouuõs iuger *in pauperibus quid senserint legislatores*, suiuant l'intention desquels le Roy pour entierement retrãcher & plus facilement abolir ceste mauuaise façon en son Royaume, defend du tout telles despenses quant aux gens de mestier & pareillement de ne prẽdre & exiger par les maistres aucun salaire pour ce regard. Ce qui est fondé en vne fort equitable raison, *ne pecunia peritum faciat qui aliàs imperitus est, & præferatur industriæ habendi cupiditas.* Au demeurant pour n'auoir esté ceste ordonnance deuëment obseruée, le feu Roy Charles a fait plusieurs Edicts & Ordonnances mulctant de grosses peines les cõtreuenãs, & estendant la raison de ceste cy aux doctorats & choses semblables qui sont de profession publique : comme il appert par le 74. article de ses ordonnances d'Orleans, & par autre ordonnãce faite à Paris en l'an 1563. article vingt septiesme.

Peine à celuy qui fera despense autre que de son chef-d'œuure. art. 190.

Lequel toutesfois nous declarons inhabile & incapable de la maistrise au cas qu'il auroit fait autre despense que celle de son chef d'œuure pour paruenir à ladite maistrise, & en voulons estre priué & debouté par nos Iuges ordinaires des lieux ausquels la cognoissance en appartient.

CEluy qui corrõpt la loy ou s'efforce de la corrõpre, est veritablemẽt incapable & inhabile, veu q̃ principalemẽt elle a esté promulguée pour la cõseruatiõ de la republique.

ADDITION.

La raison de cest article est, parce qu'il est à presumer que celuy qui par tel moyẽ aspire à maistrise y procede plustost par corruption que par la droite voye. Et consequẽment que *malè id cedat, quod cum industria consequi debet, præmiis & largitione tentatur.*

Defenses aux gẽs de mestier de ne faire monopoles ne assemblées quelsconques. art. 191.

Nous defendõs à tous lesdits maistres ensemble aux cõpagnons & seruiteurs de tous mestiers, de ne faire aucunes cõgregatiõs ou assẽblées grãdes ou petites ne pour quelque cause ou occasion que ce soit. Et ne faire aucũs monopoles, & n'auoir ou prẽdre aucunes intelli-

gences les vns auec les autres du faict de leur mestier, sur peine de confiscation de corps & de biens.

1 *Monopoles ont esté de tout temps reprouuez.*

EN cest article sõt punis & coërcez les monopoles qui par plusieurs loix & ordõnãces voire mesmes par les cõstitutiõs & escrits des Empereurs ont esté prohibez & defẽdus. 1

ADDITION.

La prohibition de cest article est entieremẽt conforme à la cõmune disposition de droict, de laquelle pour ce regard elle semble estre entieremẽt tirée.* Mais la peine de ceste ordõnance est beaucoup plus grande & seuere. Car au lieu que le droict se cõtẽte de mulcter les cõtreuenãs d'vne grosse amẽde pecuniaire ceste ordonnãce les punist de confiscation de corps & de biens. De ceste maniere de monopoles parle Pline liure 8. de son histore naturelle, chap. 37. quãd estãt sur le propos des herissons, il dit que plusieurs en ont fait de grãds proficts, pour auoir retiré toute ceste marchãdise à eux. Chose neantmoins tant reprouuée par tant d'arrests & edits, que quasi les Princes n'ont les oreilles rompues d'autre chose, que de ces monopoles. Mais Aristote en ses Politiques liure premier chap. 7. en parle bien d'vn autre façon : car là il recite que Thales Milesien ayant preueu par astrologie l'abondance future des oliues, l'Esté ensuiuant ayãt recouuert quelque peu d'argent, il achepta &

* *in l. 1. C. de monop.*

baillà arres de toutes les oliues qui estoient à l'entour de Milet & de Chio à fort petit prix, & puis les vendit seul tant qu'il voulut, dont par ce moyen il assembla grand' finance. Toutesfois ce n'estoit pas pour monopoliser, mais seulement pour mõstrer qu'il estoit facile aux Philosophes s'enrichir s'ils vouloient, mais que ce n'estoit leur estude. Enquoy Aristote dit que Thales monstra preuue de sa sagesse.

Inionction de faire garder ces presentes Ordonnances. art. 192.

Et enioignons à tous nos Officiers de faire bien & estroictement garder ce que dessus contre lesdicts maistres & compagnons, sur peine de priuation de leurs offices.

Si donnons en mandement par cesdites presentes, à nos amez & feaux les gens de nos Cours de Parlement à Paris, Toulouse, Bordeaux, Digeon, Rouen, Dauphiné, & Prouence, nos Iusticiers & Officiers, & tous autres qu'il appartiendra, Que nosdites presentes Ordonnances ils facent lire, publier & enregistrer, icelles gardent, entretiennent & obseruent, facent garder, entretenir & obseruer de poinct en poinct, selon leur forme & teneur, sans faire ne souffrir aucune chose estre faite au contraire: Car tel est nostre plaisir. Donné à Villiers-costerets au mois d'Aoust l'an de grace 1539. Et de nostre regne le xxv. François, à costé Visa, & au dessoubs, Par le Roy, Breton. & scellé du grand seel du Roy en cire verd pendant à laz de soye.

Lecta, publicata, & registrata Parisiis in Parlamento, sexta die Septembris, anno Domini millesimo quingentesimo trigesimo nono. Sic signatum, Le Berruyer.

Collatio facta est cum originali.

C'Est peu de cas, dict la loy, qu'il y ait des loix en la cité, s'il n'y a gens qui les conseruent & facent garder & entretenir : attendu que l'effect de la loy se pert & s'euanouyt si elle n'est cõseruée & entretenuë.

FIN.

COMMENTAIRE SVR L'ARTICLE LIIII. DES ESTATS TENVS A Moulins, contenant que la preuue par tesmoins ne sera plus receue en chose qui excede cent liures.

Traduict du Latin de Iean Boiceau Sieur de la Borderie Iurisconsulte Poicteuin, ancien Aduocat au Siege Presidial de Poictiers, par Gabriel Michel Angeuin Aduocat en Parlement.

Extraict du Priuilege du Roy.

LE Roy par ses lettres patentes donnees à Paris le 27. iour de Nouēbre 159[illegible]. a permis à IEAN HOVZE', libraire Iuré à Paris d'imprimer ou faire imprimer vn liure intitulé *Paraphrase de Bourdin sur l'ordonnance trente neuf, & de nouueau adiousté le commentaire par M. Iean Boiceau Aduocat sur l'article 54. de l'Ordonnance de Moulins nouuellement fait François*, pendant le temps de dix ans: Et deffence à tous autres Libraires, Imprimeurs d'en imprimer ny faire imprimer vēdre ny distribuer autres que ceux que ledit HOVZE aura faict imprimer à peine de cent escus d'amende, la moitié appartiendra audict exposant & l'autre moitié aplicable aux pauures, & ce sur peine de confiscation des exemplaires qui se trouueront estre faicts par autre, & sans le consentement dudit exposant comme plus amplement est declaré en ses lettres.

Donné à Paris l'an & iour que dessus.

PAR LE CONSEIL,

DE LAVEXE.

SOMMAIRE DV CONTENV EN CE COMMENTAIRE.

La deuxiesme partie contient vnze chap.

ADVERTISSEMENT de Iean Houzé Libraire,

AV LECTEVR.

IL y a ja long temps, amy Lecteur, que i'ay mis en lumiere la Paraphrase de Monsieur Bourdin lors qu'il viuoit Procureur general du Roy en la Cour de Parlement sur l'ordonnance de l'an 1539. traduite en nostre vulgaire par feu maistre Anthoine Fontanõ Aduocat en la Cour, & augmentee par luy de plusieurs annotatiõs necessaires, laquelle Paraphrase auec ses additions a esté fort bien receuë de tous ceux qui frequentent le Palais: Et la voulãt remettre sous la presse pour la quatriesme Edition, i'ay estimé estre biẽ à propos d'y adiouster quelque chose de nouueau qui vous peust profiter: & ayant esté aduerty que le commentaire sur l'article

54. des Estats de Moulins touchant la preuue par tesmoins en chose qui excede cent liures, composé par defunct M. Iean Boiceau viuant sieur de la Borderie ancien & celebre Aduocat de Poictiers, estoit fort recherché, & que l'impression en estoit du tout faillie, ie me suis addressé à vn mien amy Aduocat en la Cour, lequel durant ces vacations dernieres à ma priere a traduict ce commentaire latin en nostre langue, lequel ie vous presente. Ie ne vous le recommanderay point pour la diuersité des matieres & questions de droict & de practique, qui y sont fort exactement traictées, & qui se presentent quasi tous les iours au fait de la iustice. Car par la lecture d'iceluy vous iugerez & cognoistrez qu'il s'estend non seulement à tous contracts & quasi contracts, obligations, testamens, & donatiõs, mais aussi presque à toutes pactions, promesses, & conuentions expresses ou taisibles qui se font entre les hõmes: contre, outre, & hors les contracts, deuãt, & apres, & à l'instant d'iceux, tant par deuant Notaires & personnes publiques, que sous escriture priuee, & autrement, & mesmes aux actes faicts iudiciairemẽt & hors iugemẽt, & generalemẽt à presque toutes les actions des hommes qui sont reglees par la iustice commutatiue. Il reste vne chose, que le traducteur desire n'estre passée sous silẽce: c'est

qu'il vous prie affectueusement de l'excuser, si en la traductiō de quelques endroits de ce traicté, il ne s'est voulu departir, que le moins qu'il a peu, de beaucoup de dictions latines, principalement de celles qui concernent plusieurs maximes & axiomes du droict, qu'il est fort difficile de bien traduire en autre langue : comme il se void és interpretes de droict, qui ont escrit en Grec, qui ont tousiours retenus les termes latins de plusieurs dictions, cōme de tutelle, emācipation, adoption, vsucapion, & autres semblables, parce qu'ils ont plus d'energie demourans ainsi, que si on vsoit de periphrase pour les interpreter. Et c'est pourquoy l'autheur mesme l'a cōposé en latin, combien que son intention premiere fust de le publier en François, comme il tesmoigne en l'Epistre suyuāte. Au surplus ie vous supplie prendre ce labeur en bonne part, & le receuoir d'aussi bonne volonté, que ie le vous presente, auec protestation que ie fais de continuer tousiours, aydant Dieu, de vous seruir & au public en ma vacation, si ie cognois que mō trauail vous soit agreable. De Paris le premier iour de l'an 1606.

EPISTRE DE IEAN BOICEAV A SES AMIS.

Mes amis, voyla presque tous les doutes & difficultez, que i'ay peu remarquer iusques à present auoir esté proposez contre ceste ordonnance du Roy Charles IX. desquels doutes & difficultez, ie vous apporte icy les responces & resolutions tirées pour la plus grande part, non de mō seul iugemēt, mais des plus saincts oracles. Car il y en a plusieurs prises de diuers Arrests de la Cour de Parlement, & mesmes de ceux qui ont esté dōnez dernieremēt aux grands iours, qui furent en ceste ville: plusieurs tirées des tres-graues plaidoyez qne faisoit lors presque en toutes causes plaidées en l'audiēce ce tres-grand iurisconsulte & tres-eloquent Aduocat du Roy,

& maintenant President de la Cour, duquel le nom est si celebre par toute la France :* quelques vns des tresfaconds Aduocats de la Cour, aux consultations desquels i'assistois quelquesfois: & quelques autres des iugemens de nostre siege presidial, & des aduis des Docteurs de ceste Vniuersité & des anciens Aduocats de ce Palais mes concitoyens, & d'autres doctes Aduocats desquels il y a grand nõbre en ce siege, & le reste, mais toutesfois peu, a esté tiré & extraict de mõ estude priuée. Toutes lesquelles choses i'ay redigé par ordre tel que i'ay peu, & confesse que ce a esté grossieremẽt, afin que par ceste facilité ie peusse profiter seulemẽt aux praticiens mediocremẽt sçauans, & non aux plus doctes, lesquels i'estime auoir long tẽps y a preiugé & premedité pareilles responces. Mais qui plus est, ma premiere intentiõ estoit de

* c'est Messire Bernabé Brisson.

les escrire en langage François: ce que i'eusse faict, si ie n'eusse veu estre icy traictez plusieurs Theoremes de droit, lesquels ne pouuoiẽt estre si propremẽt, ny si biẽ selõ leurs termes expliquez en François, qu'en latin. Toutesfois, s'il y en a quelques vns qui aymẽt mieux les auoir en François, & qui les puissent tourner de lãgue en autre, qu'ils les traduisent, ie ne leur en sçauray mauuais gré, & ne leur en porteray enuie. Ce pendãt ie desire & souhaitte que vous receuiez en bõne part, ce liure que i'ay briefuement ramassé & agencé en vostre faueur, ayant rõgné, & quasi dérobé ce loysir de mes principales affaires, en intention de vous en donner dauantage, si Dieu m'en faict la grace, lequel ie prie vous tenir en sa saincte garde. De Poictiers ce premier iour de Feburier. 1582.

Article 54. De l'ordonnance des Estats tenus à Moulins par le Roy Charles IX. en Feurier. 1566. expliqué par ce Commentaire.

POVR obuier à la multiplication des faits que l'on a veu cy deuant estre mis en auant en iugement, subiects à preuue de tesmoins, & reproches d'iceux, dont aduiennent plusieurs inconueniens, & inuolutions de proces : auons ordonné & ordonnons, que d'oresnauant, de toutes choses excedans la somme & valeur de cent liures pour vne fois payer, seront passez contracts par deuant Notaires & tesmoins: Par lesquels contracts seulement sera faicte & receuë toute preuue esdictes matieres, sans receuoir aucune preuue par tesmoins, outre le contenu au contract, ne sur ce qui seroit allegué auoir esté dict ou conuenu auant iceluy, lors, & depuis. En quoy n'entendons exclure les preuues des conuentions particulieres, & autres qui seroient faictes par les parties sous leurs sings, seaux, & escritures priuées.

PREFACE SVR LA CAVSE DE CESTE ordonnance, & diuision de l'œuure.

Pour obuier à multiplication &c.

Este Ordonnance du Roy Charles IX. sembla à plusieurs, dés aussi tost qu'elle fut faite & publiée, estre dure, odieuse, & contraire au droict.

Dvre, par ce qu'elle sembloit restraindre à certaine forme de contracts, les marchez & conuentions des hommes, lesquels toutesfois sont libres *a* entre les marchans & ceux qui trafiquent, veu qu'il ne leur est permis contracter de chose quelconque qui excede cent liures, s'ils ne menent tousiours auec eux vn Notaire ou tabellion quelque part qu'ils aillent. Ce qui semble certainement estre si difficile, qu'on le doit reputer chose impossible, *b* à laquelle personne ne peut estre obligé. *c* A quoy se rapporte ce que disoit Platon, qu'vn le-

a l. Nobiliores. C. de commerc. & mercat.
b l. cum heres. §. primo. D. de stat. liber. l. cum fatis. D. de his qui deiec. vel effud.
c l. impossibilium. D. de reg. iur.

gislateur *d* deuoit vser non seulement de puissance & de sagesse, mais aussi de temperance: car on a tousiours estimé que la dureté & seuerité estoient contraires aux bonnes loix, & qu'elles repugnoient à la debonnaireté & humanité des Princes: *e* dont est aduenu que les loix de Draco ont esté obrogées & delaissées, par ce qu'elles estoient trop rigoureuses, comme dit Plutarque *f*.

ODIEVSE, veu qu'elle semble limiter les preuues, que les Empereurs ont tousiours estimé deuoir estre amplifiées & accreuës, *g* de sorte qu'il n'est plus delaissé aucune foy entre les hommes.

CONTRAIRE au droict, d'autant que c'est chose toute commune & vulgaire en droict, qu'en tous differens, & principalement en vuidant les proces, les tesmoins font autant de foy que les instrumens. *h* Mesmes en tous les droicts on tient pour constant qu'il faut tenir toute parole pour certaine & asseurée en la bouche de deux ou trois personnes. *i* Ce que nous voyons tousiours auoir esté ordonné & suiuy indifferément, & en tous negoces, non seulement en la loy ciuile, & canonique, *k* mais aussi en la loy de Dieu, où l'on trouue communément, que toute la preuue depéd des tesmoins, mesmes en la discipline de l'Eglise, que nostre Seigneur Iesus-Christ a

d *liu. 4. legib.*

e *l. leges sacratissima C. de legi l. nulla. D. eod.*

f en la vie de Solon.

g *l. vltim. C. de haret. & Manic l. generaliter. C. de reb. credit. l. seruit. D. de testib.*

h *l. in exercendis. C. de fid. instrum l. proprietatis. D. de probat.*

i *l. vbi numerus. D. de testib. c. cũ esses. extr. de testamant.*

k *c. nouit. ext. de indic.*

voulu estre appliquee à la correction fraternelle. *l* Et nos iurisconsultes tãt anciens que nouueaux fondez sur ceste raisõ, presque en infinis endroicts des loix, des constitutions des Princes, & des Canons des Papes, *m* ont traicté & mis en auant les preuues de tesmoins, comme tres-asseurez fondemens de la conseruation des droicts d'vn chacun. Qui plus est, il semble que nos maieurs ont estimé la foy des tesmoins estre plus saincte & plus certaine, que des instrumens : principalement quand on estoit en dispute quelle preuue estoit plus forte des tesmoins, ou des instrumens : car ils faisoient plus d'estat des tesmoings que des instrumens, comme il semble Iustinian l'auoir ordonné en ces nouuelles constitutions *n* en ces mots. *Nos quidem existimauimus ea quæ dicuntur viua voce & cum iureiurando, hæc digniora fide, quàm scripturam ipsam secundum se subsistere.* Nous auõs estimé ce qui se disoit de viue voix, & auec serment, estre plus digne de foy, & plus stable, que l'escriture mesmes. Et ils se fondoient sur ceste raison, que le tesmoignage des instrumens est muet, & ne respond point à ce que l'on luy demande, mais que la preuue des tesmoins parle tousiours, ratiocine, & le plus souuent respond à ce dont on l'interroge, comme dit Cynus. *o* Delà est deriué cest ancien prouerbe tou-

l Ch. 18. de S. Mathieu.

m Tit. de testib. D. & C. & extra.

n In Auth. de instrum. caut. & fid. § si vero. collat 6.

o in l. in exercendis. c. de fide instrum.

chant les instrumens, rapporté par Erasme, *Surda testimonia*, p tesmoignages sourds.

p *Chiliad. 3. cent. 5. prou. 78.*

DAVANTAGE on pouuoit objecter contre ceste ordõnance, que la distinction & cognoissance des tesmoins est beaucoup plus facile aux Iuges, que des instrumens, parce que les instrumens sont presque tous d'vne mesme forme, signez d'vn Notaire, qui sera peut-estre du tout incogneu, & ne peut on sçauoir, s'il aura esté pratiqué & suborné par argent, ou non: ou seellez de quelque seau, qui estoit anciennement toute l'asseurance des instrumens sans qu'il y eust aucuns Notaires soubs-signez, cõme on peut remarquer dans Innocentius, quand il parle de la forme imparfaicte du seel authentique. *q* Et i'ay veu presque vne infinité de tels vieux instrumens, qui n'estoient signez du sing d'aucun tabellion ou Notaire, mais estoient seulement seellez de quelque vieil seau. Qui est doncques celuy qui ne die, que la foy de tels instrumens est du tout incertaine, & beaucoup plus subiecte à faulseté, estant sourde & muette, que des tesmoins, qui tesmoignent de viue voix, & qui rendent raison de leur dire, les Iuges les interrogeans vne & deux fois, afin que leur deposition ne demeure nuë, manque & defectueuse? *r* Et mesmes anciennement cest interrogatoire des tesmoins estoit tellemẽt

q *inc. inter dilectos, extr. de fide instrum.*

r *l. Solam. C. de testib.*

permis, que non seulement les Iuges, mais aussi les parties, & leurs Aduocats pouuoient interroger les tesmoins en presence du Iuge, comme remarque elegammẽt nostre Budée contre l'opinion de Bartole, s & le prouue par plusieurs exemples des anciens, & principalement de Quintilian, t & de Ciceron: v *Vbi enim est illa laus Patroni*, dit Ciceron, *bene testem interrogauit, callidè accessit, reprehendit, quò voluit adduxit, conuicit, & elinguem reddidit*. Où est ceste louange d'vn Aduocat? Il a bien interrogé le tesmoin, il est venu finement à luy, il l'a reprins, il l'a amené où il a voulu, il l'a conuaincu, & en fin il l'a rendu sans langue & sans parole. Dont on peut recueillir, que c'estoit vne coustume ancienne d'interroger exactement les tesmoins, & qu'il estoit permis aux Aduocats des parties aduerses de ce faire, ce que le mesme Budee estime auoir esté obserué par l'Empereur Iustinian. x Toutesfois cela n'a esté iamais receu ne practiqué en France és proces ciuils: mais és proces criminels on a veu souuentesfois que l'accusé, lors qu'on luy cõfentoit vn tesmoin, apres l'auoir reproché & leu la deposition d'iceluy, requeroit le Iuge qu'il luy fust permis d'interroger le tesmoin, à quel iour, à quelle heure, auec quel habillement, en quel lieu, en presence de quelles personnes, le delict, dont estoit question

s *in l. si postulauerit. D. ad l. Iul. de adult.*

t *lib. 5. instit. orator.*

v *in orat. pro Flacco.*

x *in l. si quando. C. de testib.*

question, auoit esté commis, & de l'enquerir sur autres circonstances. Ou bien il demande qu'il plaise au iuge interroger le tesmoin en sa presence, afin qu'on puisse cognoistre s'il chancelle & varie ou non, mesmes quelquesfois l'accusé requiert qu'en la confrontation on monstre auec luy d'autres hommes au tesmoin, ce qu'on appelle confronter en tourbe, afin qu'on puisse descouurir, si le tesmoin recognoistra l'accusé, ou si faussement il en accusera l'vn pour l'autre. Toutes lesquelles choses peuuent estre permises ou desniées par les iuges ainsi qu'ils verront bon estre, selon la qualité du crime qui se presente.

Doncques toutes ces choses sont dites, à fin de prouuer que le iuge peut par sa prudence & industrie tres-facilement iuger qu'il y a bien grande difference entre tesmoins & tesmoins, selon leurs dignitez, leurs moyens, leur pauureté & basse condition; car il estimera la deposition estre plus croyable d'vn homme noble, sage, riche, & puissant, & de ces hommes que le y mesme Budée met au nombre de ceux qu'il appelle *Classicos*, qui vaut autant, que du premier rang, lesquels sont reputez en la ville, & en la contrée estre de plus entiere renommée, dignité & hõneur, que ceux qui sont de la commune populace, que A- z gellius nõme *Proletarios*, qui n'ont autres

y *L. ad l. vltim. D. de pignor. act.*

z *c. 10 lib. 16. Noct. Atticar.*

biens que force enfans, & puis il distinguera les Plebeïens d'auec les plus viles & abiectes personnes, que le Budée au mesme lieu appelle *Capitecensos & Diobolaras*, qui sont de plus bas estat qui soit en la ville, & lesquels à cause de leur pauureté on estime estre plustost esmeuz par la faim que par la bonne renõmée. Le Iuge doncques bien aduisé distinguera sagement selon qu'il verra bon estre, les tesmoins du premier rang, c'est à dire exempts de toutes reproches, d'auec les Proletaires; & puis les Proletaires qui sont du commun peuple & subjets à estre le plus souuent reprochez, d'auec les plus vils & abiects, qu'on estime estre achetez à prix d'argent, & qui sont tousiours presque tenus pour suspects, comme les infames, & publiquement diffamez, & pesera & balancera leurs tesmoignages & depositions. *Tu magis scire potes*, escriuoit l'Empereur Adrian à Varus Lieutenant en la Cilicie. a *Quanta fides habenda sit testibus, qui, & cuius dignitatis & existimationis sint, & qui simpliciter visi sunt dicere, vtrum vnum eundemque præmeditatum sermonem attulerint: an ad ea quæ interrogaueris ex tempore verisimilia responderint.* Vous pouuez mieux sçauoir, quelle foy il faut adiouster aux tesmoins, quels ils sont, quelle dignité & reputation ils ont, lesquels d'eux ont deposé plus simplement & naifuement la ve-

a *l. testium. §. primo. D. de testib.*

rité, si leurs depositions sont toutes semblables & premeditées, & si estans interrogez, ils vous ont sur le champ respondu vray semblablement. Il sembloit doncques la preuue des tesmoins estre plus saincte, veu que par la prudence du iuge, elle pouuoit estre renduë plus certaine, que des instrumens, qui est la preuue des absens, & partant qu'elle ne deuoit estre preferee à la foy des tesmoins presens, d'autant que la foy des absens differe de beaucoup de celle des presens, cõme rapporte Callistrate, *b* & qu'en commun prouerbe on dit que le papier ou parchemin endure tout. Et pour ce les iuges prudens & aduisez se pourront bien donner de garde que les tesmoins ne soient subornez & corrompus, en reprenant la facilité des tesmoins, & les accordãt ensemble, selon la qualité du negoce d'entre les parties, afin qu'il ne donne lieu aux faulsetez, comme il est souuent touché en droict, *c* ou s'il y a de l'ambiguité en leurs depositions, les iuges les pourront recoler & repeter vne & plusieurs fois. *d* Ce que les iuges ne pourront faire des instrumens muets, sourds & morts, de sorte qu'ils sembleront estre plustost obligez de croire à l'antiquité d'iceux instrumens, qu'à la naifue verité des tesmoins parlans & rendans raison de leurs dires.

b *in d. l. testium.*

c *in l. testium facilitatate & ibi not. C. de testib.*

d *c. cum clamor. extr. eod. tit.*

TOVTESFOIS nonobstant tous ces

moyens, qui pourroient estre alleguez contre ceste ordonnance pour raisons de douter, il ne s'est trouué en tout ce siecle aucune constitution ou ordonnance Royale, qui ayt esté plus saincte, & qui plus ayt esté approuuée par messieurs de la Cour de Parlement que ceste cy, parce qu'elle a esté desia confirmée par presque infiniz Arrests. Mais nostre Prince au commencement de son ordonnance demonstre assez qui a esté la cause & l'occasion de faire ceste ordonnance, en ces mots, *Pour obuier &c.* Ce qui a esté tousiours gardé quand on a faict de nouuelles loix, afin que la Loy fust introduicte auec grande raison, *e* qu'on appelle tousiours l'ame de la Loy, ou par grande necessité, *f* comme l'euenement des choses, & l'occasion le requeroit. La raison doncques de ceste ordonnance est, afin d'obuier à plusieurs & diuers faits, qu'on ne pouuoit prouuer que par tesmoins, dont il naissoit tous les iours vne inuolution, & multiplication de proces, qui estoiët inuentez & recherchez plustost par les ruses & artifices des chicaneurs, que en intention qu'ils eussent de conseruer au vray le droict à vn chacun, ce qui se faisoit le plus souuent auec subornatiõ de faux tesmoins, & voyla les raisons qui ont faict abroger la preuue des tesmoins. Ceste ordonnance doncques ne doit sembler dure, ny odieuse, ny

... in ratio. ... lonis. ... D.de ...

contraire au droict, si ce qui estoit anciennement sainct, & ne nuisoit à personne, sçauoir la preuue par tesmoins, est maintenant rejecté & aboly comme dangereux & reprouué. Ce qu'il ne faut imputer à la saincteté ancienne, ny à l'equité de nostre Prince, mais il le faut attribuer aux mœurs tres-corrompus de cestuy nostre Siecle. *Damnosa enim*, dit Horace, *g quid non imminuit dies? ætas parentum pejor auis tulit nos nequiores, mox daturos progeniem vitiosiorem.* Car nous empirons tous les iours & deuenons plus meschans, l'aage de nos Peres pire que celle de nos ayeuls, nous a produits plus peruers, & nous laisserons encore apres nous de la posterité plus vicieuse. C'est pourquoy il seroit fort à propos d'vser en cest endroict de ceste exclamation, qui estoit si souuent en la bouche de Ciceceron, *h ô tempora! ô mores!* ô les temps! ô les mœurs, tellement s'est esuanouye la foy & la pieté de nos predecesseurs & deuanciers, & l'homme maintenant s'est rendu si dissemblable à soy-mesme, que celuy là, que Dieu, qui est la mesme verité, auoit creé à son image le visage tousiours esleué vers la verité supreme, & qui pour ceste raison est nommé des Grecs ἄνθρωπος, c'est à dire, tirant en haut, ou dressé vers le ciel, ainsi que Lactance discourt autant pieusement qu'elegamment, *i* que celuy là, dis-ie, est

g *lib. 3. Carminum.*

h *In orat. 1. contra Catilinam.*

i *c. 1. lib. 2. diuin. Instit.*

maintenant si eloigné de la verité, que son tesmoignage qu'on tenoit au temps passé pour tres-sainct, est à present recogneu pour tres-corrompu, comme l'experience nous le monstre quasi en tous les negoces & affaires de ce monde. Ce qui a tellement esmeu nostre Prince, qu'il a esté contraint de reiecter les preuues des tesmoins en certains cas qui sont exprimez par ceste ordonnance, & semble que Iustinian mesmes tesmoigne presque pareille ou semblable chose estre aduenuë de son temps, quand il parle de la facilité des tesmoins: k On ne doit doncques pas estimer estre chose digne de reprehension, comme disoient les Papes Innocent *l* & Honorius, *m* si selon le changement des temps, on change aussi la police & les statuts des choses humaines: & si pour le grand nombre des meschans & faux tesmoins, & des plaidans calomniateurs, on a restrainct & limité les preuues: tout ainsi, que pour la frequence des crimes & delicts, on a accoustumé d'exasperer & aggrandir les peines, comme dit le Iurisconsulte Claudius. *n* Par ceste raison doncques cy dessus, qui a induict le Prince à faire ceste ordonnance, on pourra aisément interposer iugement presque sur toutes les questions, & sur tous les doutes, qui tous les iours sourdent à cause de ceste ordonnance, qui seront vuidez suyuant la

k *In auth. de testib. collat. 7.*

l *c. non debet. ext. de consang. & affin.*

m *c. vlt. extr. de transaction.*

n *In l. aut. facta in fine. D. pœnis.*

Loy, s'ils conuiennent à la raison d'icelle: ou bien seront exceptez de la Loy, s'ils sont differens de la raison & intention de la Loy, o Et afin que plus particulierement on les cognoisse, & qu'on vienne aux especes, ie viens à la disposition de ceste ordonnance, qui commence par ces mots, *Auons ordonné que d'oresnauant, &c.* Laquelle disposition nous diuiserõs en deux parties, afin que par ordre & plus facilement elle soit esclarcie. La premiere, depuis ces mots, *Auons ordonné*, & en icelle, en laquelle il est traicté de la foy des instrumens publiques, & de l'abolition de la preuue des tesmoins, consiste la principale intention de toute l'ordonnãce, dont tous les iours naissent infinies questions. Et la deuxiesme partie est depuis ces mots, *Enquoy n'entendons*, En laquelle il semble estre seulement traicté de l'escriture des instrumens priuez dont viennent aussi quelques doutes & disputes, qui peuuent meriter d'estre expliquez, desquels sera parlé par cy apres en son rang & ordre.

o *l. metum. §. animaduertendum. D. quod met. causa.*

Generale diuision de l'œuure.

Auons ordonné que d'oresnauant, &c.

Que tous precisément furent obligez à l'obseruation de ceste ordonnance, du iour qu'elle fut publiée en la Cour de Parlement.

Chapitre. I.

Ceste premiere partie est subdiuisée en deux, Sçauoir, qu'il n'est loisible de contracter autrement que par escrit, de chose quelconque qui excede la somme de cent liures tournois; & l'autre, qu'on ne puisse rien alleguer, ny hors, ny outre, ny contre le contract, ny informer par tesmoins, qu'on ayt plus dict qu'escrit, ainsi qu'anciennement on disoit, & comme il se trouue fort souuent en droict, *a* de ce dont on conuenoit à l'instant ou peu apres le contract, desquelles conuentions il est amplement traicté en plusieurs endroits. *b* En l'vn & en l'autre cas la preuue par tesmoins est reiectée & abrogée. Ce qui se doit entendre auoir lieu seulement és proces & negoces auenir, & le monstre ainsi

a Toto. Tit. Plus valere quod agitur. &c. c.
b l. Iurisgentium §. quinimo. D. de pactis. l. petens. C. eod. l. lecta. D. de reb. credit. l. pacta conuenta. D. de contrah. empt.

ce mot, *D'oresnauant*, veu mesmes que toute loy nouuelle dispose seulement de ce qui est futur, c sinon qu'il s'agisse de chose qui concerne les mœurs, & de la matiere de peché, cõme par exemple des vsures. d Mais sur ce mot, *d'oresnauãt*, i'ay veu naistre vn doubte en vn proces sur vn faict qui aduint au mesme temps que ceste ordonnance fust faicte. Car il estoit question d'vne renonciation, qu'on pretendoit auoir esté faicte de parole à la proprieté de certaine donation, que le demandeur disoit auoir esté reduicte à vn simple vsufruict du consentement du donataire. Ceste renonciation fut alleguee au proces & apres la contestation, les parties firent leurs enquestes respectiuement, finablement interuint sentence au profit de celuy qui par tesmoins auoit informé de ceste renonciation, apres la prononciation, la partie aduerse n'appella pas seulement de la sentence, mais aussi de l'appoinctement de contrarieté, par lequel le Iuge auoit receu la preuue par tesmoins, & en cause d'appel, ayant obtenu lettres royaux pour estre receu appellant de l'appoinctement de contestation; l'vne & lautre appellation fut ioincte. L'appellant pour grief touchant ce point, qu'on auoit admis la preuue de tesmoins, allegnoit ceste nouuelle ordonnance. L'intimé au contraire remonstroit, que de bon-

c *l. leges C. de legib. l. præcipim⁹. C. de appellat.*
d. *l. penult.* & *vlt. C. de vsuris.*

ne foy il auoit informé de ses faits par permission du Iuge, & qu'on n'obiectoit point contre ses tesmoins qu'ils eussent esté subornez ou corrompus. Et pour le regard de ceste ordõnance, qu'elle estoit si recente & nouuelle, comme ayant esté seulement verifice & publiee en la Cour depuis vn mois que quasi personne n'en auoit cognoissance, & partant qu'il en pouuoit pretendre iuste cause d'ignorance, laquelle estoit plustost de faict que de droict, & que pour ceste raison on ne luy deuoit obiecter ceste ordonnance royale, principalement au pays de Poictou qui est esloigné de Paris à peu pres de cent lieues, & ainsi il sembloit que ceste ordonnance ne deuoit estre practiquee, sinon apres deux mois, ou plus long temps, pendant lequel vray semblablement elle peust venir à la cognoissance de tous, suyuant la nouuelle constitution de Iustinian, *f* de laquelle l'intimé en cause d'appel se defendoit du tout en tout. Toutesfois nonobstant ces defenses & raisons la Cour par son Arrest *g* iugea pour l'appellant, & par iceluy, la preuue des tesmoins estant reiectee, la proprieté des choses donnees fut adiugee à l'heritier du donataire, pour le regard des biens du donnant. Et par cest arrest nous auons appris, que la Cour a si bien receu ceste ordonnance & auec tant d'affection, qu'elle a voulu qu'elle fust gar-

f in aut. vt factæ noua constitutiones &c. coll. 5.

g du 7. Septembre 1575.

dee du iour qu'elle auoit esté publiee en icelle Cour,& partant que la susdicte nouuelle constitution de Iustinian *h* ne se pratiquoit en ce Royaume.

h *in d. auth. vt faciæ voua constit*

De toutes choses, &c.

En quelles choses, & en quels contracts & obligations ceste ordonnance royale doit auoir lieu.

Chap. II.

EN ces mots consiste toute la force de ceste ordonnance, qui parle generalement de toutes choses, de sorte que de premier abord il semble estre necessaire que nous traictions par escrit, de tous nos affaires & negoces. Ce que toutesfois se doit entendre des pactiõs, conuentions, & contracts, qu'ont les hommes accoustumé de faire entre eux, comme il se trouue en plusieurs lieux du droict en ces mots, *gesserunt contraxerunt, &c.* qui sont remarquez par le I. C. Vlpian, *a* & qui se rapportent à tous contracts entre vifs, *b* faicts soit par tradition de la chose, soit par

a *in l. labeo. D. de verb. signific.*
b *l. Verba gesserunt. D. eod.*

conception de paroles, soit par lettres, soit par consentement. *e* Puisque doncques ceste ordonnance parle generalement de toutes choses elle s'entend des choses mobiliaires, & immobiliaires, corporelles, & incorporelles, qui sont au commerce des hommes. Mais ceste question consiste principalement à sçauoir, si elle s'entend de toutes obligations de quelque genre qu'elles soient, & afin que ceste question soit traictee & examinee par ordre, en premier lieu nous parlerons de toutes les obligatiõs, qui prenent leur source soit de contract, ou quasi contract, soit de delict, ou quasi delict. Secondement des pactions tacites ou taisibles approuuees par la Loy ou par les hommes. Tiercement des instrumens perdus, ou consommez par le temps. En quatriesme lieu des testamens, codiciles, donations à cause de mort, & autres ordonnances de derniere volonté. Puis apres des qualitez ou accidens des choses, dont on fait proces. Et finablement des pactions, qui n'ont aucune quantité ou estimation certaine, & comme il faut faire telle estimation. Car ce sont les principaux moyens pour obliger les hommes : *d* & partant il faudra disputer par ordre en combien de ces moyens, & en quels ceste ordonnance Royale a lieu, ou non.

e §. *final instit. de obligat.*

Particuliere diuision de ce Commentaire.

d § *sequens. inst. eod tit. l. omnem D. de iudicijs.*

QVANT à la premiere section, qui est

des obligations qui prenent leur origine de cõtract, faut sçauoir si en toutes telles obligations la preuue par tesmoins est abrogee. A ceste question i'estime qu'il faut respondre que ceste ordonnance se doit principalement entendre des obligations qui naissent de contract, & qui sont contractees de l'expres consentement des hommes: comme en achapt & vente: location & conduction, societé, imprunt, eschange, & autres conuentions dont legitimement on contracte entre deux ou plusieurs personnes. e Toutes lesquelles sortes le I. C. Aristo, f comprenoit sous ce mot συνάλλαγμα, c'est à dire, qui sont faictes d'vn mutuel & cõmun consentement, non seulement par le droict des gens, mais aussi par le droict ciuil, cõme en toutes stipulations & autres conuentions qui engendrent action ou exception, tant de bonne foy, que de droict estroict, car ces deux especes different de peu en nostre France, & de mesme es donacions faictes entre vifs, stipulees & parfaictes, veu qu'elles sont comprises sous ce nom de contracts. g doncques pour tous ces contracts cy dessus, s'ils excedent cent liures, a esté faicte ceste ordonnance, afin d'obuier à vn nombre presque infiny de proces, & aux subornations de tesmoins, qui se faisoient tous les iours pour paruenir à la preuue de tels contracts: & par ce

e l. 1. D. de Pactis.

f l. iuris gentium D. eod. & l. Labeo D. de verb. signif.

g l. contractus. C. de fid. instru.

qu'on peut trouuer des Notaires en tous lieux, & que par ce moyen la preuue se fait plus aisémēt que par tesmoins, on imputera aux contractans, s'ils ne choisissent ceste sorte de preuue plus aisee que l'autre, & qui plus est ceux qui ne tiendront compte de cōtracter selon la disposition de ceste ordonnance, ne seront exempts de soupçon de fraude ou de fausseté. *h* Mais il y a quelques contrats ou pactions si expresses, desquels i'ay veu faire doubte, s'ils estoient sujects à ceste ordonnance ou non. Comme en matiere de depost, de mariage, & de cōuentions matrimoniales, aussi és cōtracts feints & simulez, esquels on escrit vne chose par fiction, & veritablement on demeure d'accord d'vne autre : Plus ès marchez qui se font es foires entre paysans ou autres, de choses qu'on y vend, on demande si de toutes ces choses excedans la valeur de cent liures, il faut faire dresser des contrats par escript. Pour auoir resolution desquels doutes il conuient d'en traicter en particulier & plus au long.

h *Not. in l. si quando. C. de inoffic. testam.*

Si ceste ordonn. a lieu au depost.

Chap. III.

QVANT au depost, la sainctete & bonne foy anciennement estoit si grande, que le plus souuent entre amis, parens, alliez & voisins quand on bailloit en depost quelque chose on n'y appelloit point de tesmoins, & pource en la primitiue Eglise, on remarquoit entre les chrestiens vne telle pieté & bonne foy, qu'ils ne desnioyent iamais ce qui leur auoit esté baillé en garde, comme tesmoigne Pline le ieune escriuant à Trajan a en ces mots. *Se sacramento non in scelus aliquod obstringere soliti erant, sed ne furta, ne latrocinia cõmitterẽt, ne fidem fallerent, ne depositum appellati abnegarent.* Ils n'auoient accoustumé de s'adstraindre par serment à faire quelque meschanceté, mais de ne commettre aucun larcin, de ne faire aucune vollerie ne brigandage, de ne manquer de foy en chose par eux promise, & de ne refuser ce qui leur auoit esté laissé en garde, quand on leur demandoit. Ceste foy du depost a esté longuement gardee entre les hommes, mais en fin peu à peu à l'occasion de la corruptiõ des bonnes mœurs elle a degeneré,

a *Epist.* 100. *lib.* 10.

de sorte que du temps de Iustinian *b.* on a reuocqué en doubte ceste façon de faire en matiere de depost de n'y appeller point de tesmoins, car voyant que plusieurs supposoient faussement, tels deposts sous pretexre d'amitié ou de parentelle, & au contraire, qu'aucuns hardiement les desnioient, parce qu'ils les auoient receuz en cachette, & hors la presence de tesmoins, comme il se practiquoit anciennement entre amis, & entre les gens de bien; Iustinian pour ceste cause fist vne nouuelle constitution sur la forme qu'il faloit garder en contractant en matiere de depost. *c* Qui n'a toutesfois esté gardee en ce royaume sçauoir qu'on ne pouuoit prouuer le depost, sinon par escrit & par trois tesmoins: au contraire le plus souuent ceste ancienne bonne foy y a esté practiquee de bailler en depost sans tesmoins & sãs escriture cõme on faisoit entre amys, & s'il aduenoit qu'on fist denegation de depost, on receuoit pour le verifier, toutes sortes de preuues soit par escrit, soit par tesmoins selon l'ancienne licence du droict commun. *d* Mais apres que ceste ordonnance Royale a esté publiee on a fait doute, si elle s'estendoit au depost, à cause de l'ancienne bonne foy dont on vsoit en iceluy, entre gens seulement qui estoient fort amys les vns auec les autres. Ceste question n'est sans

b *Notatur in auth. De instrum. cautel & fid. §. si quis. coll. 9.*

c *In Auth. si quis vult. C. qui potiores in pign. hab.*

d *l. in actione. C. de iureiurando.*

ſans diſpute, & partant afin que plus facilement elle ſoit entenduë d'vn chaſcun, il faudra preſuppoſer qu'il y trois ſortes de depoſt. L'vne, quand le depoſt eſt faict principalement en faueur du depoſitaire, afin qu'il vſe & ſe ſerue de la choſe baillée en garde, & cela s'appelle improprement depoſt, mais doit eſtre appellé pluſtoſt du nom d'emprunt, ou d'vne autre eſpece de contract, comme il eſt dict en pluſieurs loix du droict. *e* l'autre eſt quand le depoſt eſt faict en conſideration de l'vn & de l'autre, à ſçauoir, que celuy qui eſt depoſitaire puiſſe ſe ſeruir de la choſe depoſée moyennant certaine recompenſe qu'il a faicte à celuy qui la luy a baillée en garde, & ceſte ſorte eſt auſſi appellée improprement depoſt, veu qu'elle approche plus du contract de location. *f* Et ces deux genres de depoſt, ſont par Alciat appellez irreguliers. *g* Par ainſi il n'y aura point de doute, que ceſte ordonnance a lieu en ces deux eſpeces: Par ce que l'emprunt & la location, ſont contracts ordinaires de bonne foy, *h* pour leſquels excepter de la reigle de ceſte ordonnance on ne ſçauroit alleguer aucun priuilege. La troiſieſme eſpece de depoſt eſt, quand quelque choſe eſt baillée à garder en faueur & conſideration ſeulement de celuy qui la met en garde, ce qu'on appelle proprement depoſt: *i* & c'eſt de ce-

e *l. Lucius Titius. & l. Publia §. Lucius. D. depoſiti.*

f *l. 1. §. ſi veſtimenta & ſeq. l. Quintus. ceci & l ſi ſacculum. D. eod c. bona fides. extr. eod.*

g *Ad l. 2. D. ſi cert. petat.*

h *§. Actionum Inſt. de actionib.*

i *l. 1. & l. quod nerua. D. depoſit.*

ste espece dont on a faict doute, si elle deuoit estre subiecte à ceste ordonnance ou non, & non sans cause, d'autant que le plus souuent telle maniere de depost se pratique en temps de necessité, comme de guerre ou de peste, ou de telle autre vrgente occasion, par laquelle celuy qui met en depost, est necessairement contraint de s'en fuir, ou se retirer en pays lointain, ou mesmes se cacher, comme en ces dernieres guerres ciuiles on a veu estre fort souuent aduenu entre gens de l'vn & de l'autre party. Car les occasions estoient lors si chauues, qu'elles ne laissoient pas tant soit peu de loisir, & ne donnoient pas vn petit moment de temps, pour trouuer des Notaires ou tabellions, mais on empoignoit l'opportunité telle qu'elle se pouuoit presenter, pour mettre en depost ce qu'on vouloit conseruer, *in his enim*, dict le I. C. Vlpian, k *locus vel tempus non patitur plenius deliberandi consilium*. Car en ces extremitez là le lieu & le temps ne permettent de prendre conseil ny de faire longue deliberation, & par ces raisons il sembloit le depost estre tellement priuilegié, & sa faueur estre si grande qu'on le pourroit verifier estant reuoqué en doute, par toutes sortes de preuues, mesmes par tesmoins domestiques & proches de celuy qui l'auoit baillé en garde, & que le vray & simple depost ne de-

k *l.1.D.de exercit.action.*

uoit estre subiect à ceste ordonnance Royale, toutesfois nous auons appris de plusieurs anciens Aduocats de la Cour tres-dignes de foy, que ceste ordonnance comprenoit en soy le depost, & que n'agueres il auoit ainsi esté iugé par arrest de la Cour prononcé en robbes rouges. *l* Lequel neantmoins ie ne pense pas deuoir estre entendu, du depost baillé en garde tumultuairément & à la haste, pendant les necessitez, dont a esté parlé cy dessus, mais du simple & volontaire depost. Et partant i'estimerois sur nostre question qu'il faudroit vser de ceste distinction. Ou il s'agist d'vn depost simple, libre & volontaire, qui est faict de franche volonté & sans estre presé d'aucune necessité, pour en estre la garde plus asseurée, & par la denegation duquel ou demeure de le rendre, faicte par le depositaire, le iurisconsulte le condamne seulement au simple, *m* qui est à la restitution de la chose mesme, ou de la iuste valeur d'icelle, & en ce cas i'estime que l'ordonnance doit auoir lieu suyuant l'arrest de la Cour, veu qu'il est en la faculté libre de celuy qui baille quelque chose en garde sans estre contraint ny presé d'aucune necessité, de faire rediger solennellement & par escrit le cõtract du depost, & partãt il se doit imputer ceste faute, s'il n'a cõtracté ainsi & en la forme qui est prescripte par ceste ordonnance. *n* Ou bien on allegue

l l'an 1573.

m l. 1 § *Prætor ait. D. depositi.*

n *l. si quando. C. de inoffic. testam.*

le depost auoit esté faict par necessité, comme lors d'vn tumulte ou sedition, d'vn bruslement ou incendie, d'vne ruyne ou cheute de maison, ou d'vn naufrage, & d'autres semblables causes, où il n'est l'aisé aucun temps pour prendre conseil de ce qu'on doit faire, & pour exemple on a souuetesfois veu apres que les soldats & gens de guerre allans à la picorée qui ne laissent rien apres eux estoient arriuez en vn bourg ou village, que le simple laboureur paysan ou marchant sortant par la porte de derrierre de sa maison & s'enfuyant auec son thresor, & ses meubles plus pretieux, les mettoit en garde chez vn sien amy en cachette & tumultuairement, auquel cas si le depositaire desnie le depost, la loy le condamne au double. o Parce que doncques la faculté de faire escrit du depost, ou d'en contracter par deuãt Notaires, est en ce cas du tout desniée, aucun ne doit doubter, qu'on le peut verifier par preuue de tesmoins, nonobstant ceste ordonnance & l'arrest de la Cour, par double raison : l'vne que la denegation d'vn tel depost faict en necessité comprend en soy le crime de dol & de perfidie, dont la vengeance semble appartenir au droict publique : *cùm enim* dict le I.C. Vlpian, p *exigente necessitate deponitur, crescit perfidiæ crimen, & publicâ vtilitate coercendum est, vindicandæ Reipub. causa.*

o *d.l.1.D. de exercit. act.*

p *l.1.§.merito. D.deposit.*

Quand par necessité on est contrainct de bailler en garde quelque chose, en la desniant le crime de perfidie s'accroist, & le faut punir pour l'vtilité de tous, afin que la republique en soit vengée. Or est il qu'en matiere de crime, ou de chose qui ressemble & approche au crime, on doit receuoir toute sorte de preuue, consequemment ceste ordonnance ne sera pratiquee en ce cas. L'autre raison est, par ce qu'on a accoustumé de distinguer & separer les choses qui se font par necessité d'auec les actes volontaires, que quand la loy requiert quelque solemnité és actes volontaires, elle a de coustume de la remettre & se relascher en cas de necessité: q Car on dit vulgairement que la necessité ne sçait point de loy, laquelle auec ses grands & gros clouds, comme l'a descrit le poëte Lyrique r attache & lie tellement les hommes, & les precipite, que souuentesfois ils sont contraincts de passer par dessus les exactes preceptes & commandemens des loix. s Par ces raisons ie conclus que cest arrest de la cour, ne se doit estendre au depost faict par necessité, & par cas fortuit, & faut croire que ce grand Senat, dont l'intention est la mesme, ἐπιείκεια qu'on interprete equité ou moderation, n'a entendu parler de ce depost, crainte que si on prenoit ceste ordonnadce ric à ric ou à pied leué, d'vn droict

q l. cum pl. flu. lassem. D. de damn. infecto.

r lib. 1. carm. oda. 35.

s l. non solum. §. fin. D. de excus. tut. l. vnica. §. sanè D. de offic. Cons.

e l. si seruum. §. sequitur. D. de verbor. oblig.

trop dur & exact, il procedast vne iniustice. Demoure doncques pour resolu, qu'en matiere de depost volontaire on n'est receuable à le prouuer par tesmoins, mais que pour verifier vn depost necessaire & faict par contraincte on se peut seruir de toutes sortes de preuues, & mesme de tesmoins. Et pour dire vray, i'ay depuis n'agueres appris que cet arrest auoit esté donné en vn proces touchant vn depost fait par vne partie qui deliberoit de faire vn voyage lointain, & partãt qu'on ne le doit tirer en cõsequence pour le regard d'vn depost necessaire, toutesfois ce que dessus soit dict sauf la maiesté d'vn si grand Senat, & sous la correction, & tres-equitable interpretation de la Cour.

Si ceste ordonnance a lieu au mariage.

Chap. IIII.

LE mariage est le second contract duquel on faict doute, s'il est subiect à ceste ordonnance, en quoy il y a double cõsideratiõ : l'vne est du simple traicté de mariage, l'autre est des pactions & conuentions matrimoniales. Et en premier lieu nous disputerons de la simple promesse de mariage: car en cela est le plus grand doubte, d'autãt que souuentesfois les mariages ont esté faits & se font encores sans en dresser des cõtracts par escrit, & principalement entre les gens de vilage, qui ont accoustumé de se marier pour la pluspart auec leurs droicts, & sont fiancez en presence de leur Curé ou autre Prestre, faisans leurs accords & promesses de parole seulemẽt, en memoire dequoy, & pour se souuenir des nopces ils s'entredonnent des soufflets & coups de poing, comme anciennement on en dõnoit lors qu'on emancipoit quelqu'vn, & on les appeloit *Rhapismata*. a Si doncques pour le defaut

a Nota. in l. fin. c. de emancip. li. & in Auth. cõstit. qua dign. & Ep. coll. s. sti. bi Auct.

d'escriture, ces fiançailles & promesses de mariage ne peuuent estre prouuées, & qu'elles soient exactemẽt & sans exception subjectes à ceste ordonnance, combien en aduiẽdra-il de maux? car les jeunes filles en nombre infiny, & specialement les villageoises, par ce moyen pourront estre deceuës & abusées, & infiniz mariages mesmes contractés par paroles de present, estre rompus, pourront les ames tomber en beaucoup de perils & dangers, que les anciens canons ont tousiours eu soin d'euiter. *b* Et pour ce il sembleroit estre chose fort inique, si les preuues des mariages estoient tellement restrainctes, qu'on ne les peust verifier que par escrit. *Nuptias enim*, dit la loy ciuile, *c. consensus facit nõ concubitus*. Car c'est le consentement qui faict les nopces, & non le coucher ensemble. Aussi la loy Canonique asseure le mariage auoir si grande force, qu'estant contracté par personnes capables, pourueu qu'il apparoisse de leur nuë & simple volonté, mesmes sans le sceu des peres & meres & en leur absence, il ne peut estre aucunement rompu ne deffaict. *d* Mais au contraire on pourroit alleguer pour ceste ordonnance, que le contract de mariage est tres-celebre & remarquable entre les hommes, & qui n'a de coustume d'estre faict à la volee & sans y penser, & n'est d'vne chose de peu de du-

b c. ille. 22. q. 5. c. si habes. 24. q. 4.

c l. nuptias. D. de reg. iur.

d c. tanta vis. ext. qui filij sint legit.

ree ou pour vn peu de temps, mais d'vne perpetuelle compagnie & societé de maison diuine & humaine, e & parce qu'il s'agist de chose celebre & serieuse, & qu'en tous lieux on peut fournir tousiours de Notaires ou Tabellions, il faudra imputer aux contractans, s'ils ont negligé d'en faire dresser des contracts par escript, & s'ils n'ōt contracté suyuant l'ordonnance, f veu qu'on n'y peut auec verité alleguer de la precipitation, & qu'au contraire on tient pour commun & ordinaire entre tous, qu'en tel affaire, du moins entre gens sages & aduisez, il y faut penser trois & quatre fois. Et d'autant que le plus souuent és mariages il y a plusieurs & diuerses conuentions, qu'on a accoustumé de faire afin de pourueoir à la perpetuelle conseruation des familles, il sembleroit estre indigne, de se fier à la seule memoire & souuuenāce des hommes presens, & leur commettre choses de si grande importance, attendu mesmes que la memoire est fort labile, g & que la vie des hommes ne dure gueres. h D'auantage il semble que la subornation & corruption des tesmoins, pour à quoy obuier ceste ordonnance a esté faite, est beaucoup plus dangereuse en cest affaire, d'autāt que le lien & obligation en sont plus grāds & de plus grande consequence, c'est pourquoy aucun ne doute, qu'en tel affaire il y

e l. 1. D. de rit. nupt. §. 1. inst. de patria potest.

f l. si quādo. C. de inoff. testam. l. memo. D. de leg. 1.

g l. peregre. D. de acq. possess.

h l. vt inter. C. de sacros. eccles.

faut proceder plus prudemment qu'és autres. i Car si on y admet la preuue par tesmoins, il n'y a homme tant pauure soit il, qui ayant suborné deux tesmoins, ne paruienne au mariage d'vne fille tres-riche, & au contraire. Par ces raisons & plusieurs autres, il sembleroit que ceste ordonnance royale deuroit estre plustost obseruee és mariages, qu'en tous autres contracts, ce que i'ay veu estre tenu pour asseuré entre quelques hommes doctes, & non sans raison. Mais pour decider ceste question, i'estime qu'il faut distinguer en ceste sorte.

i c. vbi maius extr. le elect.

Ou il s'agist du simple traicté de mariage faict en public, ou de la promesse qui est faicte clandestinement. Nous dirons premierement de la promesse faicte en public: Comme quand Caius en presence des voisins & parens & de leur consentemēt promet prendre Caia pour sa femme par paroles de futur, ou la prend à femme par paroles de present, & que Caia promet le mesme à Caius, ou le prend pour mary, tellement que on puisse recueillir de ces paroles, qu'il y a entre eux promesse reciproque de mariage, comme anciēnement on vsoit de ces paroles en se mariant, k *Ego tibi Caius, & tu mihi Caia:* Ie te seray Caius, & tu me seras Caia : ou que deuant le Curé ou autre Pasteur Ecclesiastique il l'a fiancee publiquement : ou ces choses cessantes ; que

k Plutarc. in leg. connub. Xenoph. in œcon.

en public il l'a tenue & nourrie comme sa femme, au veu & sceu des voisins, & que la conionction charnelle s'en est ensuiuie: Car quand ie parle de mariage faict en public, i'entens de celuy qui est faict par l'vn de ces trois moyens: En ces cas certainement ie serois d'aduis, que ceste promesse non escrite pourroit & deuroit estre prouuee par tesmoins, & qu'elle ne seroit subjecte à ceste ordonnance pour plusieurs raisons. La premiere est, parce que les nopces sont du tout de droict diuin, ayant esté instituees de Dieu seul, l & luy seul en estant le gardien & defenseur, & partant il semble qu'en l'introduction des nopces ou mariage il n'y ait rien du droit des hommes. Puisque donc le mariage est purement de la Loy diuine, il sembleroit estre chose indecente, s'il estoit restrainct & limité par la loy humaine, & encores plus indigne si par faute de preuue, nouuellement introduicte par ceste ordonnãce royale, il falloit reuoquer en doute ceste diuine conionction, sous pretexte, qu'elle auroit seulement esté faite en presence de tesmoins, & si pour le defaut de l'auoir redigee par escrit, on n'auoit point du tout d'esgard à vne si saincte & si asseuree promesse de mariage. Et pour ce la loy d'vn Prince mortel ne peut & ne doit entreprendre sur la loy de Dieu, ny au contraire: Car *Diuisum Imperium cum Ioue Cæsar*

l *c. sicut 32. q. 2 c. omne. 27. q. 2 m c. nemo. 32. q. 4.*

n c.nouit. extr. de iudiciis.

habere. n L'Empire de César est diuisé d'auec celuy de Iupiter. La seconde raison est, parce que ceste cause de mariage doit estre intentee pardeuát le Iuge d'Eglise, vuidee & iugee selon les loix & Canons Ecclesiastiques, comme il a esté iusques icy practiqué en ce Royaume, de sorte que si ceste cause estoit iugee par autre droict, que par le droict Canon, le iugement n'en seroit point receu, & ne seroit soustenable, veu mesmes que les Canons & Magistrats Ecclesiastiques mettét le mariage au nombre des choses Sacramentelles, o & sur ceste seule raison les Iuges d'Eglise se sont tousiours attribuez la cognoissance des causes de mariage. p Mais ie vous prie, qui auroit-il de plus absurde, s'il n'estoit permis de faire sinon par escrit & en presence de Notaires, ce que les Iuges d'Eglise tiennent pour Sacrement, ou pour chose sacramentelle & mystique? Certainement cela derogeroit par trop à la police de l'Eglise & à la pieté Chrestienne, & principalement en ce traicté de mariage, duquel l'execution & solemnité a de coustume d'estre fait & celebré en public, & en la face de l'Eglise, q suyuant la tressaincte & treancienne façon de faire d'icelle, & sébleroit chose autát indigne que superflue d'y admettre necessairement des Notaires, attédu que la face publique & authorité de l'Eglise, en réd preu-

o d.c.omne.

p. c.licet.c.tertio. loco. ext. de probat.c.causam Qui filii sint legit.

q. c.cum inter. extr. qui fil sint legit.c.cum inhibitio.de cland. despons.

ue trop plus que suffisante, r mesmes veu qu'on a accoustumé de publier & proclamer au public s les promesses de mariage, afin qu'il soit notoire à tous. I'estime doncques ceste ordonnance royale ne deuoir auoir lieu en vn negoce & affaire si celebre & notoire, veu que la raison de l'ordonnance cesse, qui est la crainte de la subornation de tesmoins. Car il semble estre impossible de pouuoir corrompre toute l'Eglise qui rend tesmoignage de ceste saincte promesse. Cessant doncques la raison de la Loy, il semble aussi que la loy cesse. t La troisiesme raison est par ce que vne sentence donnee en cause matrimoniale, si elle est contre le mariage, ne passe iamais en force de chose iugee, par la disposition du droict Canon, v receue en ce Royaume. Ce qui peut certainement sembler estre merueilleux, veu que on tient pour tout commun en droict, que la chose iugee tient lieu de verité, x & qu'vne sentence faict reputer vne chose blanche, noire, & vne noire blanche: ce qui semble neantmoins n'auoir lieu en matiere de mariage, toutesfois & quantes on aura iugé contre le mariage dont on a faict denegation. Car si par sentence il est iugé, que le mariage n'est point, peut estre par faute de preuue, & qui plus est, s'il est iugé par trois diuerses sentences, de sorte que de droict il

r. c. ex tenore. qui fil. sint legit.

s. d. c. cum inhibitio

t. c. cum cessante de reg. iur. in 6. l. quod dictum. D. de pactis.

v. c. later presentium extr. de sent. & re iud.

x. l. res iudicata. D. de reg. iur.

y. C. ne tertio ne soit plus permis d'en appeller; y toutes-
preuoc. lic. fois s'il suruient pour le mariage vne preuue entiere & parfaicte, soit par tesmoins,
soit par escrit, lors tousiours on est admis &
receu à recommencer de nouueau la cause,
z. c. consangui- z mesmes si apres auoir deferé le serment,
nei, extr. de iur. on a iuré tant solennellement qu'on puisse
de re iudic. dire, qu'il n'y auoit point de mariage, & on
a iugé conformément à ce serment, enco-
res qu'il semble que ce serment ne puisse iamais estre retracté, mais qu'il faut en laisser
la vengeance à Dieu seul si on s'est pariuré.
a. l. 2. C. de reb. a. Neantmoins s'il suruient de la preuue,
cred. & iureiur. que i'entens estre entiere, & contre laquelle on ne puisse rien alleguer, on retractera
tousiours le premier iugement, ou on en
receuta l'appel. Et m'a esté rapporté par
M. de Reys fameux & ancien Aduocat à
ce siege, auoir ainsi esté practiqué & iugé
en ceste ville de Poictiers au Palais Episco-
pal, en vn procez de mariage entre deux
personnes nobles, dont il estoit lors iuge
Ecclesiastique, Car la femme, qui estoit
Damoiselle, soustenoit que vn certain gentilhomme luy auoit promis mariage par
paroles de present; & mesmes qu'il l'auoit
consommé par conionction charnelle, ce
qui estoit desnié par le gentilhomme, &
la femme n'ayant lors aucune preuue de
son dire, ny par escrit, ny par tesmoins; elle
s'en rapporta au serment que solennelle-

ment le Gentilhomme en feroit en l'Eglise, ce qui fut par luy accepté, & publiquement il iura qu'il n'y auoit point de promesse de mariage; & apres son serment, il fut enuoyé absouls. Quelque temps apres, il se presenta à la Damoiselle des preuues par tesmoins non reprochables & dignes de foy, & partant elle demande, sans auoir esgard au serment faict par le Gentilhomme, & à la sentence donnee en consequence d'iceluy, qu'elle fust receue à prouuer le mariage. Le Gentilhomme disoit que la Damoiselle n'estoit receuable en sa demande, la cause ayant esté desia vuidee sur le serment qui luy auoit esté deferé. En fin par sentence les preuues de la Damoiselle sont receues & admises, dont le Gentilhomme ayant interietté appel, la sentence fut par deux fois confirmee par les Iuges Ecclesiastiques superieurs & Metropolitains, & les parties furent renuoyees pardeuant le premier Iuge, lequel apres auoir ouy en enqueste les tesmoins produits par la Damoiselle, qui vnanimement deposerent qu'il y auoit promesse de mariage, il donna sentence au profit d'icelle Damoiselle, nonobstant & sans s'arrester à la premiere sentẽce qu'auoit obtenu le Gentilhomme. Puisque doncques la cause matrimoniale est tellement priuilegiee, à l'occasion de la sacree

& diuine promesse qu'on y faict, qui semble estre purement spirituelle, *b* selon les Canons, que les tesmoins qui deposent pour le mariage, ont plus de force qu'vne sentence donnee contre iceluy: à plus forte raison les tesmoins pour la preuue du mariage doiuent estre receuz, quand il n'y a point eu encores de sentence donnee au contraire, nonobstant ceste ordonnance royale. & ce par l'argument du plus grand au moindre, qui est tres-fort en droict. *c* Par ces raisons, & autres qu'on pourroit alleguer à ce propos, ie cōclus que la paction & promesse de mariage sacrée & diuine, & legitimement faicte, quoy qu'elle ne soit redigee par escript, ne doit estre subiecte à ceste ordonnance Royale, & qu'il ne faut estimer, que nostre Roy ait voulu extendre à vne chose pure ecclesiastique, & qu'on a accoustumé de iuger selon les Canons, & dont il ne se veut point entremesler. Ce qui semble auoir esté par luy introduict pour estre gardé és Cours seculieres, d'autant que les Princes delaissent ordinairement, voire tousiours à la disposition des Euesques les droicts episcopaux, *d* & ne mettent leur faucille en la moisson d'autruy. Et ce que dessus soit dict pour les mariages faicts en public.

b c. loci. §. his ita iūctis gloss. 35. q. 9.

c l. nec in ea. D. ad l. Iul. de adulter. l. cōuenticula. C. de sacros. Eccles.

d c. Nouit. extr. de iudiciis. l. nos reddentes. c. de sum. Trinit.

De

Du Mariage clandestin.

Chap. V.

QVE dirons nous des mariages, qu'on pretend auoir esté faicts en cachette, en l'absence & au desceu, voire souuent contre le gré des peres & meres, qui toutesfois semblent de droict Canon estre bons & valables, *a* dont i'ay veu naistre infinis proces? Car i'estimerois que ceste ordonnance doit auoir lieu en ces mariages clandestins & cachez, qui semblent n'estre iamais sans dol, ou soupçon de mal. Or afin que cest article soit bien parfaictement entendu, il faut auparauant expliquer, que c'est veritablement qu'vn mariage clandestin. Car il y en a de trois sortes. Premierement, quand il n'y a aucune preuue, ny par tesmoins, ny par escrit de ce mariage, & nous ne disputerons point de cestuy-là, car si on desnie qu'il y ait eu promesse de mariage, & qu'il ne puisse estre prouué par celuy qui soustient y en auoir, auquel la charge demoure de le verifier, *b* il ne doit estre mis au rang de mariage. En second lieu, quand vn fils ou vne fille su-

a. *c. cum causa. & c. cum sufficiat. extr. de rapt.*

b. *l. actor. C. de probat.*

bornez, mesprisans les vœuz & desirs de leurs peres & meres, de iour ou de nuict, en cachette, en presence de quelques tesmoins priuez & pratiquez, promettent mariage par paroles de present, comme on pretend, & souuentesfois par arres donnees: ou peut estre quand ils se font espouser en cachette par vn Prebstre simple & priué, & gaigné pour cest effect, hors la face de l'Eglise, sans aucune assemblee de parens & voisins, & le plus souuēt en vne chapelle particuliere, & la fille estant de son consentement rauie & enleuee de la maison de ses parens. Tiercement, quād sans aucune des solēnitez introduites du droict, on pretend vne simple promesse du mariage auoir esté faicte entre homme & femme libres, & n'estans sous la puissance d'autruy, en priué sans aucune ploclamation de bans, ou demonstration faicte publiquement qu'on soit marié, par l'vn des trois moyens cy dessus specifiez, quand nous auons parlé des mariages faits en public: comme pour exemple, Caius n'estant constitué en la puissance d'aucun, pretend que Titia fille, ou vefue estant dame de soy & de ses droicts, luy a promis mariage, soit par paroles de futur, soit par paroles de present, & ce en la maison de Titius, ou de quelque autre, & peut estre qu'il y a bagues donnees, mais sans aucunes solemnitez, ny proclamations, ny ceremonies introduictes par le droict Canon. *c* En ces deux cas on desnie la promesse. Car tout cela s'est faict clandestinement. D'auantage i'entens ce mot, clandestinement, quand il ne s'ensuit aucune chose faicte en public, par laquelle ceste clandestinité puisse auoir esté purgee, comme s'il ne s'ensuit aucun des trois moyens cy dessus mentionnez: Sçauoir, ou promesse faicte en presence des parens, ou vne solemnité publique en la face de l'Eglise, ou auoir habité & demouré l'vn auec l'autre sous le nom de mary & femme: Car par l'vn de ces moyens cesse le vice clandestin; *d* N'ayant doncques rien esté faict de ces trois choses, mais demeurant tousiours le vice de clandestinité & la simple promesse pretendue, estant desniee par la femme, ou au contraire, à sçauoir mon, si nonobstant ceste ordonnance il sera permis de la prouuer par tesmoins? I'estime que telle paction & promesse occulte doit estre subiecte à ceste ordonnance, & que pour la verifier on ne doit receuoir la preuue par tesmoins, par ce que les tesmoins, qui ont esté choisis pour cest affaire, semblent auoir esté tous subornez, & achetez à prix d'argent pour effectuer ces espousailles clandestines defendues & prohibees par les canons, sous peine d'excommunie: *e* & pour ceste consideration, ils semblent de plus en plus de-

c C. cum inter. qui fil. sint leg. c. cum inhibitio de Clandest. despens. ext.

d c. quod nobis extr. de clandest. despens.

e d. c. cum inhibitio.

uoir estre assubiectis & compris sous la raison de ceste ordonnance, c'est à sçauoir qu'ils doiuent estre soupçonnez de subornation, veu que tous ces tesmoins n'ont peu estre pris pour assister à vne chose defenduë & meschante, qu'ils n'ayent esté subornez & corrompus, & partant que tel mariage ne peut estre prouué par tesmoins par la raison de ceste ordonnance, laquelle milite en ce cas, hors mis si on mettoit en faict qu'il y eust eu conionction charnelle, qui peut estre verifiee par tesmoins : par ce que, à cause de ceste conionction qui s'en seroit ensuiuie, on admettroit plus facilement la preuue par tesmoins des espousailles ou promesses de mariages clandestines, pour euiter la matiere de peché : d'autant que la conionction charnelle ensuiuie principalement entre pareils, semble induire vne presumption de droict pour le mariage, si auec ceste conionction on verifie aussi quelque promesse de mariage, fust elle clandestine : f Car la seule copulation charnelle sans ceste promesse ne seroit suffisante pour faire naistre vne presomption de mariage. g Et sur cest article i'ay veu autresfois sourdre vne difficulté, touchant vn riche Gentil-homme de Xaintonge, qui auoit entretenu vne ieune femme de basse condition, par ce qu'il la trouuoit belle & iolie, & l'appelloit quelquesfois sa concu-

f. c. veniens. 2. & c. is qui. de sponsal.
g. c. tua nos eod & ibi Canoni. stae & late Deci' in l. nuptias. D de reg. Iuris. & c. 1. 30. q. 5.

bine, quelquefois aussi la tenoit pour sa femme finablement il eut des enfans d'elle: luy estãt mort, ceste ieune femme maintient qu'elle estoit sa femme, & que le mariage auoit esté celebré entre eux en cachette & de nuict, & le prouua par tesmoins, (mais ce cas estoit aduenu auparauant ceste ordonnance royale) tellement qu'elle fut iugée auoir esté sa femme legitime, & ce iugement estoit fondé principalement, sur ce que le defunct l'auoit souuentesfois entre ses voisins appellee sa femme. *h* Ne faisoit au contraire, que le defunct estoit noble & riche, & partant de franche condition, & que ceste ieune femme estoit Plebeienne, & quasi de seruile condition, & ainsi que par l'ancienne loy ciuile, il sembloit le mariage estre prohibé & defendu entre eux, mais que c'estoit plustost vn concubinage, ou societé de vie, que les Latins appellent *contubernium*. i Car ceste prohibition a accoustumé d'estre pratiquee en ce Royaume plustost par honnesteté que par necessité, attendu que les mariages sont si libres, k que souuent on a veu des Gentilhommes auoir espousé des femmes bourgeoises, voire des villageoises, cõme encores on en veoid qui tous les iours en espousent à leur fantasie, faisant peut estre plus d'estat de la simplicité & naifueté d'vne fille bourgeoise, que de la

h l. Si vicinis scientib. C. de nuptiis.

i. *l. Senatoris filia l. lege Iulia. D. de ritu nupt. l. libertam. C. de nuptiis l. in concubinatu D. de concubin.*

k. *l. Titia. D. de verb. oblig. c. gemma. c inter opera desponsal extr. auth. sed nouo iure. C. de nup. l. nec filiũ. C. eod.*

grandeur & du fard d'vne femme de tres-noble maison, inuitez à ce par ces carmes du Poete Satyrique, *l*.

l Iuuenal. Satyr. 6.

Malo Venusinam, quàm te Cornelia mater
Gracchorum, si cum magnis virtutibus affers
Grande supercilium, & numeras cum dote triumphos.

I'AYME mieux, dit-il, vne bourgeoise venusine pour ma femme, que toy, ô Cornelie mere des Gracques, si auec de grandes vertus tu m'apportes vne grãdeur sourcilleuse, & si pour ta dot tu mets en compte les triomphes de tes ancestres.

TOVTESFOIS i'estime cela estre chose indecente à la noblesse, & auec les anciens i'ay tousiours iugé qu'il estoit plus honneste de se marier auec son pareil: Car la disparité ou inegalité de mariage a presque tousious esté mal-heureuse, & l'egalité conserue le bon heur & l'amitié ensemble, suyuant ce vers de Iunon rapporté par Plutarque. *m*

m in legib. connubicalib.

Vos & amore pares iungam, thalamóq; locabo.

VOVS qui estes de pareille condition, ie vous assembleray par amour, & vous mettray en mesme couche. De là doncques ie clonclus, que la promesse de mariage clandestine ou priuee, s'il ne s'ensuit rien de public, & qu'il n'y ait eu copulation charnelle, laquelle ne seroit seule suffisante pour induire vne presomption de Mariage ne peut estre verifiee par tesmoins conformement à ceste ordonnance Royale, par les raisons susdictes. Toutesfois quelques vns doutent de la promesse clandestine faicte en presence d'vn Prestre mesmes au desceu des parens, à cause du mystere des fiances faictes par luy, combien que ce ne soit par le Curé ou vicaire, ains par vn Prestre estrãger, ce qui est souuent aduenu auec beaucoup d'abus. Car encores que telles fiances soient clandestines & abusiues, toutesfois on tient le mariage ainsi faict estre bon & valable à cause de la mystique entremise du Prestre, & partant que pour le verifier on doit receuoir toutes sortes de preuues. Ce qui n'est pas certainement sans dispute, attendu que le Prestre priué, qui est pris hors la paroisse pour assister à telles fiances au desceu des parens ne semble estre moins suborné & practiqué, que les tesmoins qui sont choisis pour ce mariage clandestin & defendu, & partant on les deuroit tous punir de pareille peine, & tel mariage fait contre les ordonnances deuroit estre annullé & reputé comme non fait. Toutesfois ie ne m'arreste icy, à cause de l'authorité des canons, *n* qui ne veulent

n c. cum causa c. sufficiat. extr.

pas tel mariage estre reprouué, corrigeans l'ancienne ordonnance des loix ciuiles, qui n'approuuoient iamais telles nopces. o Et certainement i'ay souuenance d'auoir ouy dire à nos ancestres, qu'il a esté autresfois, long temps y a, donné vn arrest par le sacré Senat de Paris, par lequel vn certain gentilhõme fut condamné à la mort pour auoir rauy & enleué vne fille de son consentement de la maison de ses parens, & l'auoir espousee de nuict en vne chappelle priuee par vn Prestre incogneu, & que par cest arrest, auparauant qu'il fust prononcé & mis à execution pour la condamnation de mort il fut ordonné qu'il espouseroit la fille publiquement en la face de l'Eglise, afin que par ce moyen l'honneur de ceste fille qui auoit esté seduicte & subornee demourast en son entier, & qu'apres la Messe dicte, & les espousailles solemnisees le rauisseur fut mené au supplice. Ce que toutesfois ie n'ose affermer pour veritable, l'ayant seulemẽt appris par ouy dire. Tellement que i'ayme mieux attendre le iugement des cours souueraines sur cest article que de iuger à la volee & temerairement de chose de si grande consequence. Mais quand le Prestre ne s'y est aucunement entremis, ains on pretẽd seulement y auoir vne simple promesse d'espouser, faicte en priué & sans escrit, lors i'estime, si on en faict denegation, qu'elle

de rapt. & d.c. cum inhibitio.
o §. 1. inst. de nupt l. 2. D. de rit. nup.

doit estre comprinse sous ceste ordonnãce, & la preuue par tesmoins estre reiectée, par la raison de ceste ordonnance; veu que ce n'est qu'vne simple promesse, qui n'est asseurée ny appuyée par aucun sacré ministere. Et l'année passée monsieur l'Official de la Primatie de l'Archeuesché de Bourges ayãt vne cause à iuger deuoluë par appel pardeuant luy de l'official de Caors en Quercy, il apporta le proces en ceste ville de Poitiers pour en prendre aduis & le iuger, peut estre parce que les Iuges de Bourges estoient recusez. En ce proces doncques, vn certain marchant de Tholose mettoit en fait qu'vne ieune veufue de Caors luy auoit donné parole de mariage en vn iardin, & mesmes en la maison, en presence de quelques tesmoins, & qu'il auoit enuoyé & donné à ceste veufue quelques ioyaux par nom de mariage, ce qui estoit desnié par la veufue, qui s'estoit desia mariée auec vn autre. L'official de Caors, veu les enquestes auoit absouz par sa sentence la veufue de ceste promesse de mariage, dont y auoit appel. Ceste cause d'appel estant mise sur le bureau & rapportee par monsieur l'official de Bourges pardeuant messieurs Rousseau de Reys, Baron, & Bouchet, fameux & anciens Aduocats de ce siege, auec lesquels i'estois, nous fusmes d'auis de confirmer la sentence, non seulement par ce que la preuue des tésmoins sembloit estre imparfaicte, mais aussi parce qu'il nous sembla que ceste simple promesse deuoit estre comprise soubs cest Edict de Moulins.

Des conuentions matrimoniales.

Chap. VI.

APres auoir doncques despesché ceste question touchant le simple traicté de mariage, que dirons nous des pactiōs matrimoniales, qui regardent le mariage, comme de la constitution de dot, de l'assignation de la donation à cause des nopces, que vulgairement on appelle doüaire, de la conuention de la communauté de la renonciation à icelle, & d'autres conuentions & accords qu'on a accoustumé de faire és traictez de mariage, sçauoir si on les pourra verifier par tesmoins nonobstant ceste Royale ordonnance ? Il semble qu'on le deuroit ainsi dire, veu qu'on estime qu'ils doiuent auoir pareille & semblable faueur, que la promesse principale, & le traicté de mariage, duquel ils sont accessoires, & partant on doit iuger qu'ils sont de mesme nature, comme il est tres-vulgaire en droit: a Qui plus est, la constitution de dot est tellement priuilegiée, que comme singuliere tousiours & par tout elle est preferable à toutes conuentions tant priuées que publiques, veu que la chose publique a plus d'interest que la priuée, que les dots soient tousiours conseruees & gardées aux femmes, comme il est touché par-cy par là aux loix tant ciuiles que Canoniques. b Si doncques on peut prouuer par tesmoins, & sans escrit le mariage quand il a esté fait publiquement, ou par assemblée de parens, ou en la face de l'Eglise, ou par cohabitation de l'vn auec l'autre, ioint la conionction charnelle, il s'ensuit qu'il faut conclure de mesmes pour la constitution de dot, & pour les autres conuentions par identité de raison. c Mais ie serois d'auis pour decider ceste question, de distinguer en ceste sorte: Ou l'on dict que ces conuentions matrimoniales sont faictes en la mesme assemblée, & mesme traicté où se font les promesses de mariage, comme i'ay souuent veu entre gens des champs, que au mesme temps que les parens estoient assemblez pour les fiances en presence du curé, on conuenoit de la dot, & d'autres promesses par mesme traicté, de sorte qu'il n'y a aucune discontinuation

a c. accessorium. de reg. iur. in 6.

b l. 1. D. solut. matri. l. assiduis C. qui pot. l. pro oneribus. c. de iure dotium. c. salubriter. extr. de vsur.

c l. illud. D. ad leg. Aquil.

des autres conuentions, d'auec le traicté de mariage, & en ce cas ayant esté permis de prouuer par tesmoins le traicté de mariage, on sera par mesme moyen receu à informer des autres pactions matrimoniales faictes au pour parler & à l'instant de la promesse de mariage : Car estant vn mesme acte continu & inseparable, il ne peut & ne doit estre reglé diuersement d Ou bien on dit que les pactions matrimoniales sont faictes separement d'auec le traicté de mariage, & par acte diuers, comme pour exemple, en l'assemblée des parens les promesses de mariage, & les fiances ont esté faictes par le Curé, mais il n'a esté aucunement parlé de la dot, ny d'autres pactions, comme souuentesfois il aduient entre gens champestres & rustiques : ou mesmes en la face de l'Eglise le mariage a esté solemnisé sans parler d'aucunes conuentions, mais on pretend que certain iour, deuant ou apres les fiances ou espousailles, les parties sont demourées d'accord de la dot, & d'autres pactions, qui toutesfois n'ont esté redigées par escrit, mais le mary les veut prouuer par tesmoins. Ie dis qu'il ne doit estre receu à ceste preuue, si telles conuentions excedent la somme de cent liures, ains qu'il doit en estre debouté, conformément à ceste ordonnance, par deux raisons, l'vne parce qu'on luy doit imputer, que

d *l. continuus. D. de verb. oblig. l. duos §. fin. D. de duob. reis. & not. in l. ratum. D. de solut.*

voulant contracter d'vne chose, pure, ciuile & profane, il ne s'est soucié de suyure la forme prescrite par ceste loy : *e* l'autre par ce qu'il ne semble incōueniét, que le mariage puisse estre faict sans dot : Car c'est chose receuë en droict, que la dot ne peut subsister aucunement sans mariage, *f* mais on a plusieurs fois veu, que le mariage subsistoit sans dot. *g* Ne faict au contraire, si on dict, que les mariez pourront souffrir de tres-grands dommages, s'il n'est permis de prouuer par tesmoins, que la dot leur a esté promise, & peut aduenir que ces ieunes & pauures mariez, seront despourueuz de toutes choses necessaires, & reduicts à extreme pauureté, veu que les dots sont coustumierement constituées pour suruenir aux charges de mariage. *h* Car à ce on respond, qu'ils ont vn tres prompt remede de la loy, qui est, que si la femme mariée a son pere ou sa mere, ou vn tuteur ou curateur, ausquels il est enioint de la doter, on les fera conuenir à ce que le pere, suyuant le deuoir paternel, ou la mere, si elle detient & occupe les biens du pere, *i* ou le tuteur, soient condamnez & contraincts de luy constituer dot raisonnable, laquelle constitution de dot, sera faicte eu esgard aux facultez du pere, & à la qualité, & dignité du mary. Car sans doute le pere, la mere, le tuteur, ou protuteur, seront tenus de constituer dot

e. Not. in l. si quis do. C. de inoff. testam.

f. l. 1. D. de con-dict. caus. dat.

g. l. 3 D. de iur. dot. l. fin. C. de dot. ante nupt. & in auth. de Triēte & semiss. § s. dnec. Col. 4

h. l. pro oneri-bus. C. de iur. dot.

i. l. fin C. de do-tis promiss.

à la fille, si elle s'est mariée legitimement, c'est à dire du consentement de son pere & de ses parens, comme il est tout notoire en droict. k

QVE si la fille s'est mariée auant que d'auoir attainct l'aage de vingt cinq ans, sans le consentement de son pere, le mary ne le sçauroit contraindre de luy constituer aucun dot, l qui se doit imputer à soymesme, de ce qu'il ne s'est marié selon les loix: m & si apres auoir passé & accomply l'an XXV. de son aage, la fille se marie sans le consentement & vouloir de son pere, neantmoins apres vn si long temps passé, son mary pourra contraindre son beaupere de luy constituer dot, fondé sur la nonchalance ou peu de soin, qu'a eu le pere de la marier, par argument pris du droict dernier, n qui semble auoir esté receu en ce Royaume par l'ordonnance de nos Roys. Doncques ceste ordonnance Royale ne pourra estre iugee apporter preiudice aux dots, d'autant que nostre droict nous a laissé par autre part vn remede propre pour la constitution de dot. Et de ce qui a esté deduict cy dessus on peut tirer ceste resolution certaine. Que les conuentions dotales faictes à part, & hors le traicté de mariage mesmes public, ne peuuent estre verifiées que par escrit, suyuant ceste ordonnance. A plus forte raison doncques,

k l. cum post. §. gener. l. quaro. D. de iur. dot. l. §. C. de dot. promiss.

l l. is coniunctione. l. vidua. C. de nupt. l. 2. D. de rit. nupt. l. in sponsalibus. 1. D. de rit. nupt. l. in ponsalibus. 1. D. de spons. l. si filium. C. de in off. testam.

m l. qui contra. C. de incest. nup.

n auth. sed si post. c. de inoff. test am. Auth. vt cum de app. cog. §. aliud quoque capitulum. col. 8.

il faut ordonner le mesme, ès pactions qu'on pretend auoir esté faictes en vne promesse de mariage priuée & clandestine, sans qu'elle ayt esté auctorisée ou diuulguée par aucun acte publique.

Des contracts feincts & simulez.

Chap. VII.

IL s'ensuit vne troisiesme dispute touchant ceste ordonnance, sçauoir des contracts simulez, esquels autre chose est escrite, & autre chose est conuenuë: ou bien il est promis d'auantage qu'il n'est escrit: ou bien on feint vne cause, & vne autre est entendue entre les parties, comme quād on vend en intention de donner, ou qu'on donne en intention de vendre, & ainsi d'autres semblables, dont il se trouue en droict plusieurs especes. *a* Desquelles il y en a quelques vnes de permises, *b* d'autres qui sont defendues, *c* & d'aucunes qui sont reputées & estimées

a. *in. l. si donationis. l. si non donationis. l. empti fides. C. de contrah. emp. in l. multum interest. C. si quis alt. vel sibi l. cū in venditione. l. si quis donationis. D. de cōtrah. empt.*

b. *toto ferè tit. plus valere quod agitur. C.*

c. *d. l. si quis donationis. §. fin. l. vir vxori. d. ad velleian. l. si res. D. de iur. dot.*

cōme non escriptes, ainsi qu'il semble equitable en droict ; selon la matiere proposée. Et il faut faire discussion de toutes ces especes, afin qu'on cognoisse quelles sont subiectes à ceste ordonnance, & quelles non. Car il semble que ceste ordonnance apporte vne reigle generale, en ces mots, *Sans receuoir aucune preuue par tesmoins, oultre le contenu au contract, ne sur ce qui seroit allegué auoir esté dict ou conuenu auant iceluy, lors & depuis.* Par laquelle elle veut appertement qu'aucune preuue ne soit receuë, sinon de ce que nommément & expressément est escrit au contract : & partant, si en vn contract d'achat, le vendeur allegue, qu'on luy a promis vn plus grand prix, ou l'acheteur, qu'on luy a vendu d'autres choses ; hors celles qui sont escrites au contract, il ne leur sera permis de prouuer tels faicts par tesmoins, combien qu'ils mettent en auant qu'à dessein, & du consentement des parties on a obmis de les escrire, ny mesmes encores que ce qu'on pretend prouuer outre ce qui est contenu au contract, soit de moindre prix & valeur, que la somme de cent liures tournois, afin qu'ō ne tombe tousiours en la raison de ceste ordonnance, sçauoir en multiplication de faicts, inuolution de proces, & subornation & reproches de tesmoins. Et nous dirons de mesmes en tous contracts ou de bonne foy, ou de ou de droict estroict cy dessus specifiez, & autres semblables, esquels ceste ordonnance Royale enioint de garder seulement ce qui est contenu par escrit, & qu'on ne peut rien demander ny alleguer entre les parties, fors ce qui est escrit. C'est vne reigle generale de ceste ordonnance, par laquelle il semble toutes les loix auoir esté abrogées, qui veulẽt que les pactiõs apposées incõtinent & à l'instant semblent estre en la principale promesse, & faire partie d'icelle, & que celles qui sont iointes & coherantes au contract soient vestuës, si elles estoient nuës & simples, desquelles il y a vne subtile dispute en droict. *d* Car ceste ordonnance reiecte toute ceste dispute és choses qui excedent cent liures, si toutes les pactions ne sont expressément escrites: car par ceste reigle generale, on ne receura la preuue par tesmoins, d'vne paction ou conuention, qui ne sera escrite au contract, encores qu'on allegue telle paction auoir esté apposée au contract, à l'instant, deuant ou apres iceluy, tellement qu'on reputera entieremẽt pour obmis & delaissé, ce qui n'aura esté redigé par escrit. Toutesfois i'estimerois que ceste reigle reçoit limitation en trois façons. Premierement, toutesfois & quantes il y a quelque chose qui depend de la nature du contract escrit, outre ce qui est escrit, & qu'elle est accessoire de la nature du cõtract

d *l. petens. & l. iuris gentium. §. sed cum nulla D. de pactis. in l. pacta conuenta. D. de contr. empt.*

principalement s'il est de bonne foy, cõme pour exẽple, au contract de vẽdition, si on vend vn heritage pour certain prix, & qu'il ne soit nullement parlé de la garantie en cas d'euiction, neantmoins si l'heritage est euincé on pourra tirer le vendeur à garand & agir contre luy, à ce qu'il garantisse la chose venduë, cõme si expressement il auoit esté conuenu & accordé par escrit, combien qu'il n'en soit point parlé au contract. e Aussi au contract de constitution d'vsufruict, qu'on peut faire par donation ou vendition & par autres moyens, s'il n'est point faict mention des charges ausquelles est obligé l'vsufruictier, comme de tenir les choses en bon estat, & en deue reparation, & d'autres semblables qui regardent la condition de l'vsufruict, toutesfois on pourra mettre l'vsufruictier en proces à faute de les auoir faictes, comme si telles charges eussent esté expressement couchées par escrit. f Et faut dire de mesme és autres contracts semblables, à cause de la bonne foy, que y doit estre plus abondante, qu'és cõtracts de droict estroit, g & partant ils ne sont tellement subiects à ceste ordonnance, qu'il semble que l'abondance de bonne foy soit abrogée, qu'on a accoustumé de considerer en ces contracts ayant esgard à la nature d'iceux, & à la religion de celuy qui iuge. h En second lieu, ceste

e *l. non dubitatur. C. de euict. l. 2. & l. cum in venditione. D. eod. l. vlt. C. de com. rer. alien. l. 1. C. de peric. & com. rei vend.*

f *l. hactenus. D. de vsufr.*

g *l. ex empt. D. de act. empt. doctor. in §. actionum inst. de actio.*

h *d. l. ex empto, & l. quia tan-*

regle cesse en tous contracts fictifs, ou actes, que doleusement on feinct en fraude de la loy, ou d'autre personne, pour exemple : Il estoit ordonné de droict ciuil, que mary & femme ne se pourroient rien donner, afin qu'ils ne se despouillassent de l'amour mutuel qu'ils se doiuent l'vn à l'autre, *i* lesquelles donations, sont aussi prohibées en plusieurs Prouinces de ce Royaume, comme en la coustume d'Angoulesme, k s'il y a des enfans, mesmes és coustumes de Paris, *l* de Tours, *m* & de Meaux, *n* mais on a veu souuentesfois entres personnes cōjointes, qu'elles mettoient en auant, & supposoient entre elles vne autre espece de contract qui n'estoit prohibé, pour frauder la loy, qui defend qu'elles se puissent entredonner, comme pour exemple vne femme mariée, qui ne pouuoit donner, vendoit à son mary, ou à vn autre pour luy, à la charge toutesfois que la chose vendue retourneroit au mary, par conuention secrette faite entre eux, de toutes lesquelles choses & semblables nous trouuons plusieurs exemples en droict. *o* Plus en quelques coustumes, comme en celle de Poictou *p* il est obserué, que le pere ou la mere, ne peuuent donner de leur patrimoine à aucuns de leurs enfans, outre ce qui leur peut eschoir legitimemēt, afin que l'esgalité soit gardée entre les enfans, *q* toutesfois on a veu plu-

tundem. D. de neg.gest. glosa in l. in bona fidei. C. de pact.

i *l.1. l. cum hic status. & pass. D. de donat. inter vir. & vxor.*

k art. 52. des donat.

l art. 55.

m art 243.

n art. 12. des donat. mutuell.

o *l. si donationis causa. D. de contr. emp. in l. multu interest C. si quis alt. vel sibi.*

p art. 215.

q *l. inter filios. C. famil. ercisc.*

sieurs peres & méres, qui donnoient à personnes supposées, & pour causes simulées ou feignoient vn contract de vendition, ou tel autre contract qu'ils aduisoient, afin d'auantager en fraude de la loy outtre la legitime celuy de leurs enfans qu'ils aymoiët le mieux, dont il y a aussi quelques exemples en nostre droict. r Attendu doncques que toutes ces choses semblent estre faictes doleusement & par fraude, & qu'elles se ressentent de crime, elles ne doiuent estre comprises sous ceste ordonnance, mais i'estime qu'on doit receuoir toute sorte de preuues, mesmes par tesmoins, pour descouurir telles trõperies, afin qu'il ne semble que ceste ordonnance qui ne veut nuire à personne, & qui est faicte pour obuier & oster les crimes de subornation, permette d'autres crimes au grand preiudice de la chose publique, sçauoir les fraudes, dol, tromperies & machinations contre les ordonnances, & au dommage d'autruy; Et ainsi d'vn droict rigoureux, & obserué à l'exacte, il en naistroit vne plus grãde iniure ou iniustice, ce qu'il ne faut presumer. f On peut apporter vn autre exemple en tous retraicts soient lignagiers, soient feodaux, soient conuentionnels, introduits par les coustumes. Car c'est chose notoire & sçeuë de tous, que tous les iours il se faict és venditions des fictions infinies, soit pour

lege XII. tab. de leg. hered. l. vt liberis. C. de collation.

r *in l. cum quis §. Titia de leg. 2. l. qui testamentum.* D. *de probat.*

f *l. si seruum.* D. *de verbo. oblig.*

empescher le retraict lignager permis à ceux qui sont de la ligne du vendeur de droict diuin & coustumier, t soit pour rendre illusoire la saisie feodale des seigneurs de fief. Et telles fictions ont accoustumé d'estre faites par beaucoup de tromperies,& de plusieurs sortes,Car quelquesfois on feint vn eschange, qui est toutesfois vendition : quelquesfois on voile ceste vendition du nom de donation en comptant & baillant deniers en cachette, quelquesfois on feint vne baillée à rente & toutesfois on baille deniers au mesme temps,qui excedent la valeur & estimation de la rente:quelquesfois on met au contract vn plus grand prix, que celuy qui est compté, afin par ce moyen de destourner le lignager du retraict : quelquesfois afin qu'il ne semble que soit vn contract de vendition, on le faict en forme d'vne transaction qu'on fonde sur vn proces feint & simulé, qui ne fut iamais, de laquelle fiction derniere il se trouue souuentesfois des exemples en droict. v En somme toutesfois & quantes, qu'vn lignager pour la conseruation de son droict, ou vn Seigneur de fief pour soustenir la saisie par luy faicte, ou pour descouurir les lots & ventes, & autres droicts feodaux à luy doubs,ou vn heritier pretendant que pour le frustrer de sa legitime, on a faict fraude

t *leuit. ch. 25. Ierem. ch.32* en toutes coustumes au tit. du Retraict lignager.

v *vt notatur in l cum hi.* D. *de trans.*

contre la loy ou la coustume, alleguent que les contracts sont fictifs, & qu'il a esté conuenu autre chose, que ce qui est escrit, ou qu'on à conuenu plus ou moins qu'il n'est escrit, deuant ou apres le contract, ou en faisant le contract, & qu'ils demandent à prouuer tels faicts par tesmoins : ie dis qu'on les y doit receuoir, nonobstãt la prohibition de ceste ordonnance, d'autant que toutes ces choses ont apparence de crime, & ce sont fraudes, tromperies, & menées faictes pour deceuoir autruy, qui ne doiuent apporter commodité à ceux qui les font, x & qu'il semble que toutes telles & semblables promesses & conuentions sont faictes contre les loix, & partãt reprouuées. y En troisiesme lieu, toutes & quantes-fois, qu'on obiecte contre vn contract escrit, quelque faict qui destruise la nature d'iceluy, comme la force, la crainte, erreur de droict ou de faict, induction frauduleusement faicte pour faire signer vn contract l'vn pour l'autre, & autres ruses & finesses pour paruenir à vn contract contre la loy, & finablement toutes sortes de faulseté: toutes ces choses ne peuuent estre comprises sous ceste ordonnance, par la raison cy deuant dite, qui est qu'elles ont apparence de crime. Car pour le regard de la force & de la crainte, c'est chose toute claire en droict. z Et pour le regard de l'ignorance

x c. ad nostram ext. de empt. & vend.

y l. Pacta quæ contra C. de Pact. l. non dubium. C. de legib.

z l. 1. & tot. tit.

ou erreur, si c'est erreur de faict qui soit tolerable, & qui a peu deceuoir vn homme sage & aduisé, il n'y a point de doute, qu'on peut debatre & impugner tel contract, & par tesmoins prouuer le vice d'iceluy, principalement si on descouure tant soit peu de dol en l'vn de ceux qui ont contracté, veu que celuy qui erre, ne preste consentement. *a* Quant à l'ignorance ou erreur de droict, ceste exception n'est pas permise à tous, mais seulement à ceux ausquels on pardonne coustumierement s'ils ont failly ou esté trompez par ignorance du droict, comme au mineur, au rustique & villageois à la femme, & au soldat. *b* Quant à ce qui concerne la frauduleuse & doleuse induction pour faire signer des contracts ou cedules les vns pour les autres, comme i'ay veu alleguer en certain proces, par vn defendeur, que n'ayant leu le contract il auoit signé l'vn pour l'autre, comme aussi i'ay veu vn proces, sur ce que vn certain voulant transiger auec sa partie, les parties estans demourées d'accord de ce qu'on deuoit mettre en la transaction, cest homme caut & ruzé fist escrire deux minutes, l'vne contenant les clauses & vrayes pactions de ce qu'ils auoient accordé, & l'autre beaucoup dissemblable, & qui en plusieurs articles luy estoit bien plus fauorable, laquelle il tint cachée en son sein, apres que

D. & C. quod met. caus.

a *l. si per errorē. D. de Iurisdict. l. error. D. de iur & fact. ing. l. 2. D. de iudic.*

b *l. regula. l. penult. D. de iur. & fact. ignor.*

la vraye minute de la transf-action fut leuë, cest homme fin & trompeur feignant de la vouloir signer, tire subtilement de son sein ceste faulsè minute, & la signe, puis la baille à sa partie pour la signer, lequel estimant que ce fust la vraye minute, de bonne foy la signa, & par mesme erreur elle fut signée des Notaires. Qui doute si on peut alleguer contro tel contract vne nullite, vn erreur, & faulse supposition, c & les prouuer par tesmoins, & monstrer, qu'on a conuenu & accordé autre chose que ce qui est contenu en ceste transaction, combien qu'il soit tres-difficile de le verifier? Il est doncques tout euident, que toutes les choses susdictes, & autres semblables, qui ont apparence de dol & fraude, ne doiuent estre contenuës sous ceste ordonnance par les raisons cy deuant deduictes.

c *l. fin. C. plus val. quod agitur &c.*

Des contracts, esquels il y a nullité en la forme.

Chap. VIII.

Mais que dirons-nous des contracts, esquels il y a nullite en la forme, & qui ne font foy par defaut de forme ou de solemnité, & toutesfois en faisant tels contracts, on a reellement compté deniers, mais la numeration a esté puis apres desniee doleusement par celuy qui les auoit receuz, preuoyant peut estre par vne part qu'on n'adiousteroit aucunement foy au contract redigé par escrit, & par autres, que la preuue par tesmoins n'en seroit receue, conformément à ceste ordonnance? Nous en mettrons vn exemple au faict qui s'ensuit, qui nous fut puis n'agueres proposé pour en donner aduis. Caius & sa femme vendirent à Sempronius certain fief, qui estoit du propre de la femme, & à ceste vendition furent presens des Notaires de dehors, lesquels estans en la maison du mary & de la femme, qui estoit hors leur territoire, minutterent le contract de vendition & receurent le consentement de la femme, & en ceste maison fut compté le prix en leur presence, mais parce que la maison, où se faisoit la vendition, estoit hors du destroict des Notaires, & que la femme à cause de la maladie dont elle estoit lors trauaillee, ne pouuoit se trãsporter en la Cour & iurisdiction de ces Notaires, ils, ayant pris le consentement du mary & de la femme, vindrent en leur territoire, & là signerent le contract, faisant toutesfois par iceluy mention qu'ils auoiẽt receu le consentement du mary & de la femme, qui demouroient en autre iurisdiction : le mary pour son regard signa ce contract, mais la femme qui ne sçauoit escrire, ne le soubs signa point. Il est tres-certain que tel contract est nul, & qu'il ne faict aucune preuue par ce que par la coustume de Poictou, a & par les ordonnances de nos Roys, les Notaires hors leur territoire ne peuuent iuger, ny faire aucuns instrumens & contracts valables, & s'ils en ont fait on n'y doit adiouster aucune foy: Or ces Notaires & Tabellions contreuenans à la loy Municipale, & aux ordonnances Royaux, n'ont seulement abusé de leur estat, mais aussi ils ont commis vn

a. arr. 378. des Notaires.

saux, asseurans que le contract auoit esté faict en leur Cour & iurisdiction, & toutesfois ils rapportent qu'ils ont pris le consentement des vendeurs au territoire d'autruy: Car ce consentement, auec la numeration du prix, & le transport de la chose qui auoient esté faicts hors leur destroict, donnoient la forme & perfection au contract de vendition: il estoit doncques impossible, voire il estoit faux que tel contract eust esté faict au territoire de ces Notaires. Par ces raisons il fut conclud, que cest instrument estoit du tout nul, & qu'il ne faisoit aucune preuue, par defaut de forme, de sollennité & de iurisdiction: *b* & toutesfois à la verité l'argẽt estoit entre les mains de ce mary & de sa femme, & par ce moyen l'acheteur estoit demouré sans la chose & sans son argẽt, ce qui estoit inique & contre raison, *c* Partant on demandoit, veu que la preuue de ce contract estoit nulle, si on pourroit prouuer par tesmoins le contenu en iceluy, nonobstant ceste ordonnance de Moulins, du moins pour demander & recouurer l'argent baillé, sur ce il fut respõdu, puis qu'il apparoissoit du dol des vendeurs retenans induement l'argent, que l'acheteur pouuoit les faire conuenir par action personnelle pour rendre ce qui ne leur estoit point deu, ou quils retenoient

b. *vulg. l. extra territorium.* D. *de iurisdict.*

c. *l. emptorem. § fin. vers. neque enim bonæ fidei.* D. *de act. empt.*

sans cause, *d* non pas en vertu du contract escript, mais par action, proposee selon le faict qui se presentoit, remonstrant au iuge, que les vendeurs auoiét par dol, & fraude tiré de l'argent de luy, sous pretexte d'vne vendition qu'ils luy deuoient faire, & qu'ils retenoient cest argent induement & sans cause, & partant qu'il pouuoit conclure à la condition & restitution d'iceluy, si mieux le mary & la femme n'aymoient luy passer contract de vendition qui fust authẽtique & en bonne forme: & que pour paruenir à ceste restitution, on pouuoit prouuer par tesmoins que l'argent leur auoit esté compté & nombré, & qu'ils le retenoiét induement, nonobstant ceste nostre ordonnance, laquelle ne doit estre estendue aux cas de dol & de fraude qui suruiennent hors les pactions & conuentions des hommes, ou lors mesmes qu'ils contractent ensemble, afin que l'iniustice ne prenne origine, d'où le droict doit naistre, *e* & afin que l'on ne prenne occasion de s'enrichir auec le dommage d'autruy. *f* Vn autre exemple m'a esté proposé, touchant le testament d'vne femme, laquelle estant malade, fist venir deux Notaires d'vne iurisdictiõ prochaine pour faire pardeuant eux son testament.

Ces Notaires ayant entendu la volonté de

d tot. tit. D. de cõdit. indeb. & tit. de cõdict. sine caus.

e l. meminerint C. vnde vi.

f l. nã hoc natura. D. de cõd. indeb. l. vlt. C. de reb. credit.

ceste femme, redigerent par escrit le testament, & prindrent verbalement son consentement, puis ils transportent sur le territoire de leur iurisdiction, qui estoit separé de celle de la testatrice d'vn petit ruisseau seulement, & là ils signerent le testament: Qui est ce qui ne veoid, que ce testament est nul, puisque l'auctorité de nostre coustume y repugne, par laquelle il est defendu aux Notaires d'instrumenter hors de leur Cour & territoire, & mesmes de receuoir les testamens, quoy qu'ils soent en tout & par tout fauorables? g Car par arrest de la Cour il a ainsi esté iugé contre vn testament faict en la maniere cy deuant dicte, & a esté cest arrest suiuy depuis peu par les Presidiaux de ceste ville en iugeant vn proces au rapport de M. Claude Brochard fils aisné de nostre Lieutenant general. Mais on a demandé, puisque la testatrice est decedee sans auoir faict vn autre testamẽt, sçauoir si les donataires & legataires lesquels estoient escrits en ce testamẽt, pourroiẽt prouuer par tesmoins, ce qui estoit contenu en iceluy. Et pour mon regard, i'en fais grand doubte, estimãt que la raison de ceste ordonnance de Moulins y resiste, qui oste la preuue par tesmoins, afin d'obuier aux subornations d'iceux, & à la multiplication de faicts, & in-

g. auth. de nupt. §. disponat. coll. 4. & l. 1. C. de sacros. eccles.

uolution de proces. Ne semble faire au cõtaire ce que disoient les legataires, si on prenoit ce testament comme non escrit, qu'on deuoit du moins le receuoir comme nuncupatif. Car il semble qu'on peut respondre à cest argument, par la commune raison du droict ciuil, par laquelle il se dit, quand nous ne voulons ce que nous pouuons, ou que nous voulons ce que ne pouuons, que l'vn & l'autre ne subsiste, *b* & ne doit tenir. Car la testatrice vouloit tester par escrit, mais elle n'a peu en la forme qu'elle auoit choisie, sçauoir pardeuant Notaires qui n'auoient iurisdiction : Aussi n'a elle voulu faire vn testament nuncupatif, ce qui estoit peut estre en sa puissance suiuant toutesfois la distinction dont nous parlerons cy apres lors que nous traicterons de l'article des volontez dernieres, & par ce qu'elle a voulu ce qu'elle ne pouuoit, & a peu ce qu'elle ne vouloit, il sembloit que tout ce qu'elle auoit faict deuoit demeurer cõme nul, par la raison de droict cy dessus alleguee. Toutesfois d'autant que ceste theorie regarde les contracts obligatoires de part & d'autre plustost que les dispositions de ceux qui meurent, i'estimerois qu'il faut laisser cela à l'arbitrage des iuges, ausquels il appartiẽt de prendre garde, si en ce cas on doit receuoir ceste preu-

b *l. multum interest. C. si quis alt. vel sibi. l. Si genero. C. de iure dotium. l. siue emancipati. C. de donat.*

ue par tesmoins, & ce selon la qualité des personnes, aussi selon la necessité du temps, ou du lieu, ou selon la condition de la disposition: comme s'il y a des legs pieux & fauorables, ou qu'en iceux il y ait quelque respect de pieté, ou de parenté, ou de conionction & proximité, car en ce cas, on a accoustumé de temperer & addoucir tant en droict ciuil, *i* que en droict Canon, k & en nostre coustume, *l* l'exacte obseruation & introduction des solennitez.

i *l. quidem. D. de legat. 2. l. si stichus. D. de legat. 3. l. casus. C. de testam.*
k *c. nos quidem extr. de testam.*
l. art. 269. & 270.

Des marchez & pactions faictes aux foires.

Chap. IX.

IL faut maintenant parler des pactions faictes aux foires. Car tesmoin Callistrate, *a* il n'y a personne qui ne sçache combien sont vtils & profitables aux villes les foires & marchez, la permission desquelles est mise au nombre des droicts Royaux & de souueraineté. *b* Plus, c'est chose notoire combien il y a grand nom-

a *l. 2. D. de nundin.*

b *cap. vnic. quæ sint Regal. in vsib. feudor.*

bre de foires & de marchez en ce Royaume, parce qu'il n'y a ville, ny presque bourg & bourgade, esquelles l'vsage des foires ne soit fort frequent: or en icelles on fait d'ordinaire entre marchãs, villageois & autres, infinies venditions & eschanges de choses tant meubles, que de celles qui se mouuẽt, comme de cheuaux, de bœufs, & de mules, desquelles le prix & l'estimation dont on conuient excede le plus souuent la somme de cent liures tournois: A sçauoir si toutes ces choses sont subiettes à ceste ordonnance? & de premier abord il sembleroit que non, veu que telles pactions & marchez se commencent & paracheuent plustost par tradition, que par conuention. Car on a accoustumé de liurer ce qui se vend aux foires de main à main, comme l'on dict. Or és choses qui commencent par la tradition & liuraison, & principalement és meubles & choses qui se mouuent, on ne recherche d'ordinaire vne si exacte solennité de droict, *c* comme il se practique coustumierement entre gentils-hommes qui se font des presens & liberalitez les vns aux autres. Car souuẽtesfois i'ay veu quelques gentilshõmes donner liberalement & liurer à d'autres gentilshommes leurs cousins, ou intimes amis ou compagnons d'armes, des cheuaux de prix de deux cens escus,

c vt notat. in l. siue emãcipatis l. si quis argentum & l. penult. C. de donat.

escus,ou bien d'autres semblables presens, &que lors on n'en faisoit aucun cõtrat,ains y auoit seulement la simple tradition & liuration : A sçauoir, si de ce que dessus il aduenoit qu'il y eust proces, si on pourra prouuer par tesmoins ceste donation,comme i'ay veu quelquesfois aduenir pour vn cheual,que le possesseur disoit luy auoir esté donné: ce qui estoit desnié par les heritiers du donateur:& il semble que la preuue par tesmoins deuroit estre receue,par ce qu'il s'agist en ce faict plustost d'vne simple liuraison,que de quelque contrat. D'auantage si pour tous les marchez & pactiõs qui se font aux foires, & pour autres semblables conuentions & liberalitez, qui sont parfaictes par la liuration qui s'en faict sur le champ, il faloit tousiours auoir recours aux Notaires,il n'y a personne qui ne voye combien cela apporteroit d'incommodité à tous les marchans & autres qui vont aux foires,& à tous ceux qui vendẽt & font trafic de meubles, & en ce faisant on contreuiẽdroit aux priuileges des foires. *d* Qui plus est,toutes les foires seront presque reduites à chose impossible,esquelles il ne se peut faire que de moment en moment, on ayt tousiours les Notaires prests à la volonté de ceux qui en aurõt affaire,& partãt en ce regard il semblera que ceste ordonnance soit reduicte à vne impossibilté, contre

d l. vnic. C. de nũdin. & merc.

la condition & nature de la loy, qui doit estre faicte seulement de choses qui se peuuent faire. e Toutesfois nonobstant toutes ces raisons, i'estime que ceste ordonnance a lieu en toutes conuentions qui se font pour choses mobiliaires dedans & hors les foires, si elles excedẽt la somme de cent liures, & me fonde sur les termes generaux de l'ordonnance en ces mots: *De toutes choses excedans la somme & valeur de cent liures &c.* Car l'appellation des choses s'estend fort loing, & partant elle comprẽd non seulement les immeubles, mais aussi les meubles & les choses qui se mouuent, & tous les droicts corporels, incorporels & mixtes: f Qui est cause que par identité de raison ie suis d'aduis, qu'en ces choses on garde & obserue vn mesme droict, afin d'empescher la subornation de tesmoins, g & pour vray dire, de ces cõuentions faites aux foires i'ay veu naistre & sourdre infinis proces & disputes. Car si vn paysan qui vend deux couples de bœufs pour quarante escus payables dans vn mois, ne fait riẽ mettre par escrit de ceste vẽte, comment est ce qu'il pourra faire conuenir l'acheteur en iustice, veu que la preuue par tesmoins luy est desniee? & de faict il n'y a pas long temps, que on me communiqua d'vn proces d'vn certain, qui aduoüoit deux mules & soustenoit qu'elles estoient

e *l. leges. C. de legib. l. impossibilium D. de reg. iu.*

f *l. Rei appellatio. l. Rei appellatione. D. de verb. signif. & ibi Accurs.*

g *l. illud. D. ad leg. Aquil.*

à luy, contre vn qui les auoit en sa possessiõ, & qui disoit les auoir acheptees cent dix l. d'vne tierce personne, laquelle appellee en iugemẽt pour les garãtir, desnioit les auoir vendues: Aussi i'ay ouy parler d'vn autre proces, touchant vn cheual vendu cent escus, auquel on desnioit que ce cheual eust esté vendu, mais on soustenoit que c'estoit vn autre cheual qu'on auoit vendu. A sçauoir si pour verifier telles venditions on pourra admettre la preuue par tesmoins? i'estime que non, parce que ceste ordonnãce generale l'empesche. N'est considerable la difficulté de recouurer tousiours des Notaires qu'on ne peut à bõ droict alleguer en ces venditions; pour autant que comme il y a des foires & marchez d'ordinaire, tant és villes, qu'és bourgs, aussi pour le iourd'huy en quelque lieu que ce soit, il n'y a point faute de Notaires: & partant ceux qui trafiquent és foires feront plus sagement, s'ils font passer pardeuant Notaires les conuentions qui excederõt cent liures, principalement s'ils font credit des choses qu'ils vendent: Car faisans aultrement, necessairemẽt ils seront assubiectis à la rigueur de ceste ordonnance, comme i'ay veu souuentesfois aduenir, & l'ay esprouué par plusieurs exemples. Toutesfois en ce trafic qui se fait aux foires, & es autres conuẽtions faictes pour choses mobiliaires ou qui se mouuent, i'ay veu donner vn bon & asseuré expedient comme il s'y faut comporter. C'est à sçauoir, si Titius, qui a vendu ses bœufs à credit, & sans en prendre escrit s'apperçoit que Caius l'achepteur vueille desnier la vendition, & que toutesfois il retient tousiours les bœufs, ou qu'il les a baillez à vne tierce personne, l'expedient est, que Titius procede par adueu sur ses bœufs, & qu'il soustienne que sans cause ils sont detenuz & possedez par Caius ou par ceste tierce personne, & partant qu'il conclue à la restitution des bœufs, si mieux n'ayme le detenteur bailler quarante escus qui est le vray prix d'iceux, mais sur tout qu'il ne parle aucunement de ceste vendition, afin qu'il ne soit astrainct d'en apporter preuue par escrit, ce qu'il ne pourroit faire n'en ayant point, & pat ce moyen ce detenteur frauduleux sera contrainct d'alleguer & confesser la vendition qui luy en a esté faicte, ou de rendre les bœufs. Au parsus il sera permis à Titius de prouuer par tesmoins q̃ ces bœufs luy appartiennẽt (car cela est tousiours loisible contre vn vsurpateur & iniuste detenteur, h) & que de n'agueres il les possedoit comme Seigneur & maistre, & qu'à present ils sont detenus sans cause de Caius, & ainsi ils pourront tousiours estre vendiquez, i Et partant si Caius ne prouue qu'il detient ces bœufs

h *l. Proprietatis C. de prob. tt.*

i *l. 1. & 3. C de rei vendicat. l. si fundum. C. de reb. alien. non alien. ind.*

à iuste tiltre, il sera cõtrainct de les rendre, & en ceste sorte se manifestera euidemment son dol & mauuaise foy. Et voyla ce qu'on peut pratiquer contre tous ceux qui doleusement detiennent des choses mobilaires, desnians le prix de la vendition, & peut estre industrieusement se confians en la rigueur de ceste ordonnance : Que s'ils desnient la vendition de la chose, ils ne pourront euiter qu'elle ne leur soit ostee par le moyen de l'adueu, d'autant qu'ils doiuent sçauoir ceste chose appartenir à autruy, puisque ils ne veulent pas confesser l'auoir achetee. K Mais que dira on si au cõtraire du faict cy dessus, Titius, qui a vendu ses bœufs argent comptant, doleusement les aduoue & vendique comme siens, & comme detenus sans cause par Caius, auquel il desnie la vendition d'iceux, & la numeration du prix? Que, dis-ie, fera maintenant cest achepteur de bonne foy, puisque il ne sera receu à prouuer par tesmoins ceste vendition, par ce que ceste ordonnance le defend, & que celuy qui procede par adueu doleusement sur la chose qu'il a vendue, pourra prouuer par toutes sortes de preuues qu'elle luy appartiẽt, cõme il a esté dit cy deuant? I'estime qu'en ce cas, il faut admettre la preuue par tesmoins, non pas veritablement pour verifier la vendition, mais pour informer des circonstances &

k l. vlt. C. vnde vi. l. si finita. §. cum vero D. de damn. infect.

indices, qui feront presumer que la vendition a esté faicte : à sçauoir que Titius a mené ses bœufs au marché, *l* qu'il les a exposé en vẽte à plusieurs, qu'on a veu Titius & Caius parlans ensemble de la vente de bœufs, qu'on a veu Caius compter & bailler de l'argent à Titius, & que depuis on a veu le mesme Caius qui emmenoit de la foire les bœufs en sa maison : Car ayant prouué ces faits, ioint la possession de Caius cela induira vne tres forte & preignante presomptiõ de la vente, veu que de la possession de Caius, on presume des ia quelque chose de sa bonne foy : *m* Et si les tesmoins tesmoignans de ces indices & coniectures, deposent mesmes de la vendition, il ne faudra pour cela les reiecter soubz pretexte qu'il n'est permis de la verifier par tesmoins, mais les tesmoins seront admis sur ce qu'ils ont esté produicts, qui est seulement sur les indices & coniectures cy dessus. Et en toutes ces choses la religion du iuge temperera & digerera le tout, afin qu'il interpose son office, *n* entre la rigueur de ceste ordonnance, & l'equité du droict, selon ce qu'il verra estre à faire par raison, eu esgard à la qualité, tromperie, & subtilité des parties, qui est souuentesfois oculaire entre ces gens rustiques, & finablemẽt il aura esgard à la dignité des tesmoins, & à la vray semblance de leurs de-

l argum. l. 1. C. de rer. permut. vbi doct.

m l. possessiones C. de probat.

n l. nulla iuris D. de legib. l. 1. C. eod.

positions, comme dit Vlpian. Et ce que dessus doit suffir pour les contrats & conuentions expresses.

o l. testium. §. 1. & § idem diuus Hadrianus. D. de testib.

Des quasi contracts, & obligations qui procedent de delict, ou quasi delict, & des actes faicts en iugement, & dehors.

Chap. X.

MAINTENANT il faut parler des quasi contracts, c'est à dire, des obligations qui procedent de quasi contract, & de celles qui procedent de delict ou de quasi delict, car c'est chose toute claire & euidente que ceste ordonnance ne peut s'estendre à tels contracts par les raisons qui s'ensuyuent. C'est à sçauoir, qu'on n'a accoustumé de conceuoir par escrit vn quasi contrat, par ce que s'il estoit escript, seroit vn vray contract, & non quasi contract, veu que telle obligation lie & oblige les

a §.1. inst. de obligat. quae ex quasi contr.

b l. D. de negot. gest.

c d. l. 1. & l 2. & 3. § interdu D. de neg gest. l. tutori l. vlt. C. eod.

d dict §.1. instit. de oblig. quae ex quasi cotract. & d. l D. de neg. gest.

e l. si mandatu C. de neg. gest. & l. 3 § apud marcellum. D. eod.

absens & ignorans. *a* Par exemple, Quand on gere & manie les affaires d'vn absent sans charge ny mandement, il n'y a aucune expresse conuention, il n'y a aucune escriture, mais vne seule cōtéplation de l'amytié qu'on luy porte & de son proffit: *b* donques par ceste seule raisō, par ce qu'il a faict vtilemēt l'affaire d'autruy, la loy & non le Preteur luy dōne action cōtre celuy qui est absent, & mesmes sans qu'il y ait presté consentement, comme il est tout commun en droict. *c* Si doncques ce quasi contract de negoces gerées ne pouuoit estre prouué que par escript, & non par tesmoings, celuy qui de bonne foy les auroit gerées en ressentiroit vn perpetuel dommage, & par ce moyen, les affaires des absens demoureroyent sans qu'aucun en voulust prendre soin, ce qui seroit contre toute equité de droict, & seroit la societé des hommes violée, qui est introduicte par nos loix: *d* Tellement que si vn mandataire à mandement expres, ce que nous auons cy deuant mis au rang des contracts escripts, & qu'il n'en puisse faire apparoir par escript, pour sa seureté il doit s'aider de l'action de negoces vtilement gerées, par ce que c'est en son choix de prendre l'vne & l'autre action: *e* Car s'il prenoit l'action de mandement, il ne pourroit agir que par escrit, mais prenāt l'action de negoces gerées, lors il se pourra ayder de la preuue par tesmoins. On practiquera de mesme pour vn tuteur, ou protuteur & en tous les autres quasi contracts, procedans de la seule equité du droict: *f* Quant aux obligatiõs qui naissent de malefice & de delit, c'est chose vulgaire qu'elles ne sont comprises sous ceste ordonnance, par ce qu'on n'a gueres accoustumé de malfaire par escrit, mais clandestinement, de nuict, & en lieux non frequentez les crimes sont perpetrez & commis le plus souuent, qui est cause qu'en toutes especes de crimes & meschans actes, on peut cõuaincre les mal-faicteurs par toutes sortes de preuues & de presomptions, autrement que par escrit, & faut dire de mesmes en toutes obligations qui naissent de quasi delict, par ce qu'il y a mesme raisõ qu'és vrays crimes & delits. *g* Il y a plus, cest qu'il faut dire le mesme de toutes choses doleuses, ou frauduleusement & scientement commises, mesmes en matiere ciuile, & qui meritent d'estre punies par la loy. Car en toutes ces especes, il est loisible de descourir la verité par toutes sortes de preuues, comme il se iustifie assez par le traicté des quasi delicts. Ceste conclusion doit doncques demourer ferme & stable, que ceste ordonnance ne peut & ne doit auoir lieu, sinon és obligations qui procedent de contracts expres, & és pactions & conuentions

f §. 2. *inst. de oblig. quæ ex quasi contr. l.* 1. §. *pro tutore.* D. *de eo qui prota.*

g toto tit. inst. de oblig. quæ ex delict. vel quasi.

expresses, & non pas ès obligations qui naissent de quasi contracts, ou de delict & quasi delict. Mais que dirons nous des actes qui en iugement, & en la suite d'vn proces, se font d'ordinaire entre ceux qui plaident, à sçauoir mon, si on les pourra verifier par tesmoins, de sorte qu'il ne soit point necessaire de les rediger par escript? Ce qui sembleroit deuoir estre dict, par ce qu'en iugement on est reputé quasi contracter, *h* encores que le iugement soit rendu malgré celuy contre lequel il est donné. *i* Or est-il que nous auons desia prouué, que ceste nostre ordonnance n'a point de lieu ès quasi contracts, les procedures doncques & les iugemens pourront estre prouuées par tesmoins, toutesfois i'estime que le contraire est plus veritable: Car c'est chose assez vulgaire en droit, *k* que les iugemēs n'ōt point d'autorité s'ils ne sont par escrit: & partant celuy qui met en auant que la cause a esté contestée, & qu'il a esté donné sentence interlocutoire ou definitiue, n'est receu à le prouuer sinon par escrit. Car les Iuges, comme dit l'Empereur, *l* doiuent lire aux parties les sentences ainsi qu'elles sont escrites en leurs tablettes. Et de là viēt que tous les Iuges de ce Royaume escriuēt le dispositif des sentēces en quelque fueillet de papier, pour les prononcer aux parties, que nous appellons, *dicton*, en nostre

h *l. licet. §. idem scribit. D. de pecu.*

i *l. inter stipulantem. §. 1. D. de verb. oblig.*

k *l. ne in arbitris D. de recept. arbit.*

l *l. 2. C. de sent. ex breuic. recitand.*

langage vulgaire, & en droict, *Breuiculum*, selon Alciat, *m* & autres Docteurs modernes plus curieux de l'elegance latine. *n* Et faut dire de mesme en tous les autres actes & procedures, qui se font en premiere instance, ou en cause d'appel; Car il est certain, qu'on n'en peut rien prouuer que par escrit, pour empescher toutes illusions de iustice, ce qui aduiendroit, si on estoit receu à prouuer par tesmoins les actes faicts & expediez en iugement, & n'importe que les proces soient de peu de chose, & partant i'estime que la nouuelle constitution de Iustinian, *o* qui veult que les petits proces & de neant puissent estre vuidez sans en rien escrire, n'est point practiquée entre nous, non plus que la loy de l'Empereur Arcadius, *p* qui ordonnoit la mesme chose. I'en excepte toutesfois vn cas, qui est, si les actes iudiciaires ont esté perdus soit par fortune de feu, soit par ruine, soit par naufrage, ou par autre cas fortuit: Car i'estime que on peut prouuer par tesmoins ceste perte, & consequemment la teneur des choses iugees, par ce que vne chose estant permise, ce qui en depend necessairemēt doit estre aussi permis, pour les raisons que nous allegueron cy apres lors que nous monstrerons que la perte des tiltres & instrumens peut estre prouuée par tesmoins: veu que la raison des cas fortuits n'est point en

m *lib. 1. dispunct cap. 16.*

n *ad tit. C de sent. ex breuic. recit.*

o *auth. nisi breues. C. eod. tit.*

p *l. quoties. §. sed si talis. de priuil. schol. lib. 11. Cod.*

la puissance des hommes, & ne peut pas estre preueuë, *q* & ont accoustumé de droict d'estre distincts & separez de la raison des contracts, *r* comme il sera ailleurs plus amplement declaré. Mais que dirons nous des actes, qui ont accoustumé d'estre faicts hors iugement, & le Iuge estant hors de son Siege, comme sont les insinuations, offres, protestations, certifications, & autres actes semblables, que nous faisõs d'ordinaire pour faire apparoir de nos diligences y estans adstrainctz par la loy. Desquels actes il est faict mention en plusieurs endroits, tant de nos coustumes, que des loix ciuiles: *ſ* A sçauoir si on les prouuera par tesmoins, ores qu'il soit question de chose qui excede cent liures? Ce qui sembleroit deuoir estre permis, par ce que tels actes ne sont couchez au rang des cõtracts, & n'ont accoustumé d'estre faicts du mutuel consentement des parties: Or ceste ordonnance royale ne parle que des contracts & pactions qui se font ordinairement, & en vertu desquels les loix nous donnẽt action. *t* Toutesfois i'estime que sur ceste question il faut ainsi distinguer. Où nous parlons des actes, que la loy enioint estre redigez par escrit auec certaine solemnité, comme sont toutes les insinuations en matiere beneficiale, qui doiuent estre faites par ordonnance royale *v* aux Greffes Ec-

q *l. qua. fortuitis. C. de pign. act.*

r *l. contractus. D. de reg. iur.*

ſ *l. acceptam. C. de vsur. l. Neseruius. D. de nego. gest.*

t *l. arrianus. D. de oblig. & act. l. iuris gentium. D. de Pactis.*

v Henry 2. 1550. en Iuin.

clesiastiques: Item les insinuations des achats & venditions, qui par les coustumes doiuent estre enregistrées aux Greffes auec certaine forme prescrite par la coustume, cõme il se void en celle de Poictou: *x* Aussi les actes de prise de possessiõ, que les acquereurs sont tenus de prendre en presence de Noitaire & de tesmoins qui soiẽt voisins, cõme és coustumes de Touraine, *y* & d'Anjou: *z* Item les insinuations des donations, *a* & autres choses sẽblables, esquelles l'escriture est requise pour forme expresse: en ce cas i'estime que la preuue se doit faire en forme specifique, c'est à sçauoir par escrit, & non par equipolẽt. Car encores qu'il n'importe que quelque chose soit faite par son equipollẽt; *b* Il a tousiours esté cõclud que cela se deuoit entendre des solemnitez legeres, & non des essentielles: *c* Ce qui doit principalement estre entendu de ces solemnitez prescriptes par la loy Municipale, comme distingue Bartole *d* assez amplement quand il parle du statut, & comme apres luy nostre cõpatriote Pierre Rat a elegamment traicté sur la coustume de Poictou: *e* & notamment és insinuations & denonciations, qui se font, non pas simplement pour en acertener autruy, mais afin que par icelles on soit aduerty de ce qu'il faut faire, comme sont les insinuatiõs, qui sont faictes pour admonester les pro-

x art. 320.

y art. 160.

z art. 347.

a *l. data iam. pridem.* C. *de donat.*

b *l. si mater.* C. *de instit. & substit l. 4.* D. *qui potior.*

c *de nupt.*

d *in l. 1. §. sed si plures* D. *exercit. in l. cum hi. §. si Prator.* D. *de transact. & in l gallus.* D. *de liber. & post.*

e art. 233.

ches parens, afin qu'ils s'aydent du retraict lignagier, ou qu'ils en soient exclus : Car en icelles il est requis qu'il y ait vn acte solennel & par escrit, encores que le lignagier par autre moyen en puisse estre rendu certain, comme il a esté par plusieurs fois iugé. Et faict à ce propos la distinction singuliere de Bartole, sur ceste reigle vulgaire de droict. *Certus certificari non debet.* *f* Celuy qui sçait vne chose, n'en doit estre d'auantage certifié. Car Bartole dit, *g* ceste reigle estre veritable, si la denonciation doit estre faicte seulement pour en certifier aultruy, mais si ce n'est seulement pour cela, ains afin que par là on doiue estre aduerty, qu'il faut faire quelque chose dans vn certain temps, lors la certificatiõ doit estre expresse & solennelle, selon la solennité prescripte par la loy. Laquelle distinction semble estre prise d'Vlpian, *h* & auoir tousiours esté gardée par nos praticiens. Ou bien il s'agist des actes, qu'on n'est tenu de mettre par escrit par aucune loy ny ordonnance, mais seulemẽt pour faire apparoir de nostre telle quelle diligẽce, ou pour purger nostre demeure, comme des offres reelles & verbales, qu'on faict pour empescher le cours des vsures, dont il est faict souuent mention en droit: *i* Et i'estime que telles simples offres, declarations ou protestations peuuent estre prouuées par tesmoins, & qu'elles ne

f l. nemo videtur fraudare. D. de reg. iur. l. 1. §. si intelligitur. D. de adilit. edict. l. & si legibus. C. de episc. audient.

g in l. 1 §. fin. D. de acti. empt.

h in l. denunciasse. D. ad l. Iul. de adult.

i l. acceptam. & in notat. C. de vsur.

sont subiectes à ceste ordonnance, par-ce qu'elles ne se ressentent en rien de l'espece d'aucun contract, comme il a esté cy deuant dict : Si ce n'estoit peut estre que en faisant telle offre il fust requis de cõsigner ou bailler en garde & depost au Greffe, ou en vne Eglise, ou en autre lieu prescript par la loy: Car en ce cas, d'autant que la consignation & le depost font vn contract entre le consignant & celuy qui reçoit le depost, il ne faut faire doute aucun, que l'acte d'vne telle offre est compris sous ceste ordonnance, parce que ceste sequestration & consignation semblent engendrer vne mutuelle & reciproque obligation. k Et en cest endroit soit expediée la question qu'on faisoit des actes qu'il faut faire hors iugement.

k l. ei apud quē. §. 1. D. depos. not. in l. sequester. D de verb. sign. l. si rem. §. vlt. D. de præsc. verb. c. 2. ext. de sequestr. poss. & fruct.

Des insinuations dont l'original ne se trouue, & actes semblables, & au contraire.

Chap. XI.

L y a deux questiōs à vuider touchant cest article. L'vne fut disputée n'agueres en iugement pour vn acte d'insinuation, qui estoit inseré au dos du contract de vendition, mais au registre du greffre il ne se trouuoit rien du tout de l'original ou protocolle de ceste insinuation, & vn lignagier se fonda sur ceste raison, de faire offre du prix à l'acheteur pour retirer la chose par droict de lignage, encores qu'il y eust plus de vingt cinq ans que ceste vendition auoit esté faite, par ce qu'il estoit porté par nostre coustume, *a* que l'an du retraict ne commence à courir, sinon du iour de l'insinuation du contract faicte au Greffre. Au contraire l'acheteur se defendoit de l'acte de l'insinuation qui luy auoit esté donné par le Greffier, & inseré au dos de son contract, & partant

a art. 320.

disoit

disoit qu'on ne pouuoit luy attribuer aucune faute ou negligẽce, & ne faisoit cõtre luy ce qu'on disoit n'y auoir point de minute de ceste insinuation, parce que ce defaut estoit aduenu par la negligence, & peut estre par la malice du Greffier ou de celuy qui tenoit le registre, ou bien il pouuoit estre aduenu à cause de la guerre, ou pour autre occasion de laquelle on ne se doubtoit. Or il disoit par ses defenses que toutes ces choses & semblables ne pouuoient estre imputées à vn acheteur diligent, & qui n'estoit en aucune demeure, veu que on se doit prendre à l'Officier qui a commis la faute & negligẽce, qui en peut estre actionné, & non à la partie, comme il est assez vulgaire en nostre droict: *b* Et qui plus est, l'imprudence du Iuge ne doit estre attribuée à la partie, mais au Iuge mesme, qui en peut estre pris à partie en son priué nom: *c* & l'absence & defaut du Iuge, ne peut nuire ny preiudicier à celuy qui a eu soin de se presenter & comparoir en iugement. *d* D'auantage on n'estime pas que nous soyons en aucune demeure, quand on ne nous peut imputer aucune negligence, & quand nous auons faict ce à quoy nous estions tenus, comme elegamment le monstre le I. C. Paule. *e* Or au faict proposé, l'acheteur auoit faict ce qu'il deuoit; Car, selon qu'il est prescrit par la coustume

b *l. argentarius §. cum autem. D. de edend.*

c *l. si per imprudentiam D. euict. l. si iudex. D. de var. & extraord. cognit.*

d *l. 2. § si quis iudicio. D. si quis cautionib.*

e *in l. si secundum. D. de verb. oblig.*

il auoit representé son contract d'acquest au Greffier afin qu'il l'enregistrast, ce que le Greffier attestoit auoir faict, escriuant au dos du contract l'acte d'insinuation; que pouuoit doncque faire l'acheteur plus diligemment? Que si le Greffier a esté negligent d'escrire ceste insinuation és registres publiques, ou qu'il l'ait faict par malice, ou par oubliance, l'acheteur ne deura-il pas estre exempt de toute faute, ayant faict ce qu'il deuoit? Plus disoit l'acheteur, que la minute en auoit esté faicte par le Greffier, en vn fueillet de papier, comme il auoit accoustumé de faire, iusques à ce qu'il eust transcrit cest acte aux registres du Greffe en son rang & ordre, comme on void que souuentesfois font les Greffiers, & que toutesfois il auoit obmis d'y escrire ceste minute, & cependant que ceste minute auoit esté perduë, peut estre par le tumulte des guerres, ou par mesgarde. Et partãt l'acheteur fut receu à prouuer par tesmoins, que la minute de l'insinuation auoit esté plusieurs fois veuë au Greffe, & ainsi le verifia. D'autre part, le lignager demandeur disoit l'acte d'insinuation n'auoir esté aucunement fait, puisque il n'en apparoissoit nullement, & partant qu'il faut faire mesme iugement des choses qui n'apparoissent point que de celles qui ne sont point. f N'estoit considerable que l'acte d'insinuation estoit escrit sur le dos du contract, veu

f l. in lege D. de contr. empt. l. duo sunt titij. D. de test. tutel.

que par iceluy le contract d'achapt n'estoit aucunement venu à la cognoissance des lignagers, qui partant n'ont esté constituez en aucune demeure selon la forme prescripte par la loy municipale, laquelle veut que non seulement l'insinuation soit endosée au contract, mais aussi qu'elle soit enregistrée en son rang & ordre aux registres & papiers du Greffe, afin que par ce moyen l'alienation soit notifiée aux lignagiers, & l'acheteur deuoit auoir eu soin, que l'insinuation fust faicte en ceste forme specifique, afin qu'on ne luy peust obiecter aucune sorte de demeure, qui a de coustume d'estre imputée à celuy qui est negligent, & qui faict seulement ce à quoy il est tenu, par maniere d'acquict. *g* Il adioustoit que cest acte d'insinuation est prescrit par la coustume comme indiuidu, & que celuy-là semble n'auoir rien fait qui a seulement fait partie de la chose indiuidue: *h* & pour monstrer par le demandeur, que l'acheteur n'auoit pas mis assez de diligence, & n'auoit eu assez de soin que l'insinuation fust bien faicte, il fist representer le registre du Greffe de ceste année là, en laquelle l'achat auoit esté faict, auquel registre il ne se trouuoit aucune chose de ceste insinuatiõ, & partant il soustenoit que le tesmoignage de ceux qui deposoiẽt auoir autresfois veu au Greffe la minute de ceste insinuation, ne

g l.2.§.si quis tamen cum posset. D. si quis caution.

h l.dicere.§.sed si de pluribus. D. de recep. arbitr. l. furiosum. C. qui test. facere poss.

luy pouuoit nuire, par ce que n'ayant esté escrite en son lieu & ayant esté faite moins solennellement selon la coustume, ne pouuoit seruir à l'achetteur, *i* nonobstant toutesfois ces raisons, apres auoir longuement disputé de part & d'autre, le demandeur en retraict lignagier fut debouté de son offre & de sa demande & l'acheteur enuoyé absous, par sentence donnée en nostre Siege Presidial, *k* au profict de Réné Arnoul, Eschéuin de Poictiers, laquelle sentence fut depuis confirmée par arrest de la Cour. *l* De là ie cõclus & tire vne resolutiõ, que la preuue par tesmoins doit estre admise, pour verifier l'acte d'insinuation, lors que la minute ne se trouue enregistrée dãs les registres du greffe, s'il apparoist, que le greffier ait escrit au dos du contract d'achapt, que l'insinuation a esté faite par l'acheteur. Car encores que la cause de ce proces ait commencé auparauant ceste ordonnance royale, toutesfois aduenant vn pareil cas i'estimerois que la preuue par tesmoins doit estre receuë, pour verifier, que l'insinuation a esté autresfois veuë au greffe, si desia il apparoist d'vn acte authentique, inseré au contract de vendition, par ce il appert desia de l'escriture, qui presuppose vne foy publique, pour laquelle on doit tousiours presumer, comme aussi pour le Greffier ou Notaire, ainsi que concluë Bartole, *m* Balde, *n* De

i. *d. l. dicere. D. de recept. arbit.*

k le dernier Iullet 1571.

l du 29. d'Aoust. 1573.

m *ad l. quoties. §. 1. D. de hered. instit.*

n. *ad l. errore. C. de testam.*

ce, *o* & autres, *p* touchant les Notaires, & autres personnes qui ont la foy publique.

L'autre question me fut proposée, concernant vne certaine donation faicte entre vifs, de laquelle on ne trouuoit l'insinuatiõ aux registres de la Cour, & mesmes on ne faisoit apparoir de la donation en forme authentique, ny de la minute d'icelle; Mais le donataire disoit que l'original de la donation auoit esté perdu, & ne sçauoit comment: Car il ne vouloit mettre en faict ny prouuer, qu'il eust esté bruslé, ne qu'il eust esté perdu par naufrage, ou par fortune de guerre, ne qu'il eust esté soustraict ou desrobé, ains il soustenoit, que le seul registre de l'insinuation estoit suffisant pour faire foy de la donation. De là il naissoit deux doutes. Le premier sçauoir si par ce seul acte d'insinuation, la donation estoit assez suffisamment prouuée. Le second, sçauoir si ceste acte d'insinuation ne faisant assez de foy, on y pourroit suppléer par tesmoins, nonobstant ceste ordonnance royale, lesquels tesmoins deposeroient auoir esté presens à la donation lors qu'elle fut faicte.

Pour le premier doute, i'estimerois qu'il faudroit distinguer en ceste sorte. Ou l'insinuation est faicte par le donateur mesme, & le donataire ensemble; Et en ce cas la chose est sans difficulté, par ce que c'est vne declaration iudiciaire, qui fera tous-

o ad l. si librarius. D. de reg. iuris.

p Decius consil. 15. Alciat. in tract. præsumpt. 13. præsumpt.

iours foy pour & contre ceux qui l'ont faite, par la vulgaire disposition du droict, qui nous a esté enseignée touchant les paroles enunciatiues : q Ou bien l'insinuation a esté seulement faicte par le donateur, & lors, s'il estoit present en personne en iugement, i'estimerois, sauf meilleur aduis, que le seul registre de l'insinuation faict assez de preuue de la donation, encores qu'il n'apparoisse de l'instrument d'icelle, sinon par la coppie qui en a esté transcripte au registre en presence du donateur, par ces raisons: Parce que l'Empereur dict, r quand il y a vn tesmoignage public qu'il n'est point de besoin d'auoir recours au tesmoignage des particuliers: Qui plus est telle insinuation faicte par le donateur pourroit estre prise, pour vne donation faite par luy en iugement, comme il est facile d'apprendre des mots de l'Empereur, que anciennement les donations auoient accoustumé d'estre faites pour le plus souuent en iugement, quand il dict: s *Data iampridem lege statuimus, vt donationes interueniente actorum testificatione conficiatur, &c.* Long tẽps y a que nous auons fait vne loy, & par icelle ordõné, que les donations se facent en iugement dont soit fait registre au greffe, &c. Et tout ainsi que les donations despendoient de la volonté des donateurs, aussi faisoient les insinuatiõs, t ou du moins elles estoient publiées par les donateurs

q *in l. optimã. C. de contrah. & cõmit. stipul.*

r *in l in donationibus. C. de donat.*

s *in l. Data. C. eod.*

t *l. in hac. C. eod.*

mesmes, & à ce propos sont les paroles expresses de Iustinian, quand parlant d'insinuer les donations pour cause de nopces, il dit, v qu'elles doiuēt estre insinuées par les marys mesmes. *Vt si principalia instrumenta pereant, quod facile est, per monumenta matrimonij, earum probatio maneat.* Afin, dit-il, si les principaux instrumens sont perdus, ce qui aduient facilement, que la preuue d'icelles donations demeure par les monumens du mariage. Or il appelle monumens les actes iudiciaires, comme à semblable faict l'Empereur Honorius, x en ces termes. *Gesta quæ sunt translata in publica monumenta, habere volumus perpetuā firmitatem, &c.* Nous voulons, dit-il, que les choses faites, qui sont escrites ès registres publiques, soiēt perpetuellemēt stables, &c. Aussi conuient à ce propos, que le testateur qui dict, ou enonce qu'il a par lettre missiue donné à Titius, il approuue la donation, encores que iamais il n'apparoisse de ceste lettre enoncée: y à quoy s'accorde ce que dict Vlpian. z *Ex hac scriptura sciant heredes mei, me vestem meam donasse, &c.* Que mes heritiers, dit-il, apprēnent par ceste escriture, que i'ay donné mes robbes, &c. Ioint que vne declaration ou confession faicte vne fois en iugement, ne peut pas estre infirmée par celuy qui a confessé, comme parle Papinian. a Par ces moyens il semble auoir esté assez prouué, la donation estant insinuée par le donateur

v §. illud autem. in auth. vt fratr. filij. Coll. 9.

x l. fin. C. de re iudic. not. in l. chirographis. D. de administ. tut.

y l. si donatio. C. de donat.

z l. ex hac scriptura. D. eod.

a in l. quidam in iure interrogatus. D. eod.

& enregiſtrée, ou bien incorporée au greffre, comme l'on dict vulgairement, que cela faict aſſez ample foy d'icelle donation, encores qu'il n'apparoiſſe autrement de contract authentique d'icelle. Mais ſi l'inſinuation eſt faicte ſeulement par le donataire, lors i'eſtime que ceſte ſeule inſinuation, ne faict pas preuue de la donation au preiudice du donateur, ou de ſes heritiers, par ces raiſons: par ce que telle inſinuation ſemble eſtre ſeulemẽt vne copie de la donatiõ, la collatiõ de laquelle copie ne peut faire foy cõtre ny au preiudice d'vn tiers, par la nouuelle de Iuſtinian. *b* Item vne copie collationnée meſmes par le iuge, n'eſt aucunement conſiderable, & n'a point de force, ſi elle n'eſt faicte la partie qui y a intereſt preſente ou appellee, par la doctrine de Bartole, *c* du Panormitan, *d* & du Cardinal d'Hoſtie. *e* D'auantage, l'inſinuation n'a eſté introduicte pour auoir effect de donner, mais ſeulement, afin d'obuier aux fraudes clandeſtines & domeſtiques. *f* Car ie vous prie, quelle fraude pourroit on trouuer plus grande, que ſi quelqu'vn ſuppoſant faulſement qu'on luy euſt fait donation, & tirant du Greffier vn acte d'inſinuation, pouuoit par ce moyen prouuer la donation? En ce faiſant il ſembleroit qu'il ſeroit teſmoin en ſa propre cauſe, ce qui ne doit eſtre: *g* & partant lors que

b *Auth. ſi quis in aliquo. C. de edendo. §. & hoc in auth. vt ſpõſal. larg. coll. 9.*

c *in d. auth. ſi quis. C. de edẽdo.*

d *in c. cum P. tabellio. extr. de fide inſtr.*

e *in c. ſignificaſti. ext. de teſtib. cogend.*

f *l. data. C. de donat.*

g *l. omnibus C. de teſtib.*

nous penserions euiter vne fraude domestique, nous tomberiõs tous les iours en vne tromperie publique, si on adioustoit foy à vne telle insinuation, faicte seulement par le donataire: & ce qui est induict de droict estroict à vn effect, seroit par nous tiré & applique à autre effect contre la commune regle de droict: *h* & par ceste raison on a veu souuëtesfois és procez de matieres beneficiales, que les insinuations des tiltres & capacitez faictes aux greffes ecclesiastiques, afin de les publier, & euiter les faulsetez, ne pouuoient auoir la force ny la forme des tiltres & prouisions, parce qu'elles n'ont pas esté mises en auant pour cest effect, ce qui est conforme à l'aduis & conseil des plus doctes consultans que i'ay souuentesfois ouy.

h *l. legata & ibi not. D de adim. legat l. si is qui D de vsucap. & ibi etiã not. l si vero remunerandi. §. 1 instit mandati.*

Reste le second doubte appartenant d'auantage à nostre ordonnance Royale, que le doubte cy dessus esclarcy: Car on a demandé, s'il se trouue seulement au Greffe vn acte d'insinuation qui soit tellement imparfait, que d'iceluy on ne puisse tirer preuue de la donation, par ce que l'insinuation a peut estre seulement esté faicte par le donataire, comme il a esté discouru cy deuãt, & qu'on ne monstre point d'autre autentique contract ou instrumẽt de la donation, A sçauoir si on pourra par tesmoins ayder & fortifier ceste insinuation, par tesmoins,dis-ie,qui afferment auoir esté presens lors que la donation fut faicte, & qui deposent de la teneur d'icelles? Et certainement il sembleroit qu'on ne doit receuoir la preuue par tesmoins, veu que la donatiõ principalement celle qui se fait entre vifs, est vn contract obligatoire, & qui est mis au rang des vrais contracts : *i* Or est il que ceste ordonnance Royale defend de prouuer les contracts par tesmoins, s'ils excedent cẽt liures, consequemmẽt en ce cas la preuue par tesmoins seroit nulle, ou du moins imparfaicte, d'autant quelle n'est receue par nostre ordonnance : comme l'insinuation semble estre imparfaicte quand le donataire seul la faict faire, & ainsi il est certain & veritable, qu'on ne peut faire vne chose parfaicte de deux choses imparfaictes, du moins es choses qui dependent de la solemnité de droict. *k* Toutesfois nõobstant ces raisons, i'estimerois qu'il sera plus equitable de fortifier par tesmoins ceste insinuation, si le Greffier tesmoigne auoir veu la donation en bonne & authentique forme, & l'auoir transcrite, & ce au cas que l'equité & authorité du iuge n'y aperçoiue aucune chose qui soit suspecte. La raison de mon aduis est, que ceste ordõnance Royale en sa seconde partie, excepté les preuues qui pourrõt estre tirees des escritures priuees : Or l'escriture priuee si

i l. contractus. C. de fid. instrũ.

k l. hac consultissima. §. si quis autẽ testamento. C. de testam. l. 1. D. de iniust. empto. & perit. &c.

on la desnie peut estre prouuee par tesmoins *l* & cõfortee par comparaisons, *m* & par autres semblables cõiectures, desquelles nous parlerõs cy apres au traicté des cedules : mais cest acte d'insinuation escrit en vn registre public, est quelque chose de plus que l'escriture priuee, veu qu'il est fait mention par le Greffier ou son commis, duquel la foy est publique, qu'il a esté enregistré en iugement les plaids tenans : & que le mesme Greffier tesmoigne qu'il a veu ceste donation conceuë en forme autentique, de laquelle transcriuant la teneur, il asseure & declare que l'acte a esté faict en bonne forme ; dont on presume, qu'il n'y a rien enoncé de faux, & partant la presumption de droict, est pour la foy publique d'iceluy comme il a esté desia dit des Notaires, & autres personnes publiques, pour les contracts & registres publiques, desquels on doit tousiours iuger, iusques à ce qu'on descouure qu'ils sont faux. *n* Doncques par ces raisons, & autres que nous deduirons cy apres lors que nous traicterons des escritures priuees, i'estimerois qu'il faut conclure, qu'en ce cas la preuue par tesmoins doit estre receue.

l l. contra qui propriam C. de non numerat. pecun.

m l. comparationes. C. de fid. instr.

n l. cum preci. C. de probat.

Du procureur qui n'a charge par escrit, & est desauoüé par sa partie.

Chap. XII.

PArce que nous auons cy deuant dict, que le Procureur qui n'a charge ny mandement par escrit, se peut ayder de l'action de negoces gerees : Il est certain que ceste action a seulement lieu, quand on a faict le profit de celuy contre qui on agist. Mais que dirons nous d'vn Procureur *ad lites*, qui sans auoir procuration par escrit, a intenté vn proces, & la partie preuoyant que l'affaire pourra mal succeder, est par elle desauoué, & la partie aduerse le faict conuenir pour soustenir sa charge, & à faute de ce faire, demande qu'il soit condamné en tous ses despens, dommages & interests, ainsi qu'il est permis de droict. a Et lors le Procureur met en faict qu'il a eu charge de sa partie de ce faire, & demande estre receu à le prouuer par tesmoins, à sçauoir si ceste ordonnance n'y met point d'empeschement ? Et certaine-

a *l. falsus Procurator. iunct. gl. & doctor. C. de furt. & seru. corrupt.*

mét il sembleroit qu'il n'y deuroit pas estre receu, veu ce qui a des-ia esté dict, que le mandement est du nombre des contracts expres, conuenu par vn mutuel & expres consentement, & que c'est vn contract de bonne foy comme il est tout notoire en droict: *b* Que si par tesmoins il est loisible de prouuer le mandement, on contreuiendra ouuertement à ceste ordonnance Royale, & les subornations de tesmoins, & inuolutions de faicts ne naistront pas moins de ce contract, que du contract de vendition, location, permutation, & d'autres semblables, du nombre desquels est le mandement. Ceste question aduient tous les iours, laquelle me semble deuoir estre decidee par vne iuris-prudence moyenne entre la rigueur de nostre ordonnance, & l'equité du droict, & partant i'estimerois qu'il ne la faudroit du tout iuger par les termes de ceste ordonnance, mais qu'vn bon & equitable iuge peut auec quelque distinction receuoir ou reiecter la preuue par tesmoins, principalement pour diuerses considerations. Comme s'il s'agist d'vn Procureur publique, & qui a le serment à Iustice, tels que sont les Procureurs des Cours souueraines & des sieges Presidiaux, & d'autres Cours, qui n'en reçoiuent point sans prendre d'eux le serment, veu qu'en luy il y a de la foy publique, il semble

b §. *actionem inst. de action. l.1. D. mandat.*

pour cela qu'il y a quelque peu de presomption, qu'il n'a cõmencé temerairement ny sans charge ce proces, car de prime face on a accoustumé d'adiouster foy aux personnes publiques, iusques à ce qu'il apparoisse du contraire. c Item le contract de mandement semble estre tant soit peu different des autres contracts : Car presque tous les autres contracts requierent le plus souuent la presence de ceux qui contractent, & leur consentement expres, comme il se veoid en plusieurs passages du droict, d mais le mandement peut aussi bien estre contracté entre absens que presens *Procurator enim*, dict Vlpian, *& absens dari potest.* e Car on peut constituer vn Procureur ores qu'il soit absent. Ioint qu'il semble que le mandement est tacitement contracté par la seule patience : f c'est pourquoy Accurse a tres-bien remarqué que le mandement estoit contracté en deux sortes, sçauoir expressement & tacitement: expressement si on le prouue par escrit, & tacitement, si c'est par la seule patiẽce, ou par autre semblable presumption : g Aquoy conuient ce que dict l'Empereur, qu'vn Procureur peut estre reuoqué aussi bien sans escrit, que par escrit. h De toutes lesquelles raisons on infere, qu'vn Procureur desauoüé par son client, peut prouuer par tesmoins sa charge: du moins ès cas

c *Speculat. in tit. de citat. §. 4 vers. nũquid crederetur.*

d *l. 1. cum simi-lib. D. de verb. oblig.*

e *l. 1. sub fin. D. de procur.*

f *l. si fideiussor. C. mandat.*

g *Glos. not. in d. l. si fideiussor.*

h *l. vlt. C. de negot. gest.*

esquels on a accoustumé de remarquer vn taisible mandement, comme si on trouue par deuers le Procureur les pieces & procedures de la cause, sans lesquelles on n'a peu commencer le proces, & que le Procureur n'a peu deuiner sçauoir l'exploit libellé de l'adiournement, faict par vn Sergent à la requeste du demandeur, quand il a faict conuenir en iugement le defendeur, & le contract de vendition ou d'eschange, ou autres tiltres & enseignemens semblables sur lesquels la demande de celuy qui plaide est fondee. Item si le Procureur allegue que les exploicts luy ont esté enuoyez de la partie par vn messager, & que le demandeur peut estre rustique, & qui ne sçait escrire, luy a souuentesfois verbalement recommandé la cause par messagers & que mesme il est quelquefois venu vers luy pour l'instruire de la cause, ou qu'il a prié quelque sien voisin d'aller veoir son Procureur, & luy bailler argent pour les expeditions d'icelle cause, & qu'il a faict tels autres actes par lesquels on peut prouuer tacitement qu'il en a eu charge, *i* lesquels actes on n'a pas accoustumé d'escrire principalement quand sont gens rustiques & ignorans, i'estime que toutes ces choses peuuent estre prouuees par tesmoins, nonobstant ceste ordonnance, à cause de la presumption qu'on a de la foy publique

i *l. si literas. C. mandat. l. 1. D. eod.*

du Procureur, & par ce qu'on le trouue garny des pieces & exploicts de la cause, qu'on presume luy auoir esté enuoyés par la partie, afin de se presenter & poursuyure en iustice, & par consequent ils demonstrent que verbalement on luy a donné charge de plaider, car ayant concedé vne chose, il faut aussi conceder ce qui en depend necessairement, principalement en ces cas, esquels d'vne chose on infere l'autre, k aussi est ce chose vulgaire en droict qu'vn Procureur est admis d'ordinaire sans qu'il ait charge, à plaider pour le defendeur, pourueu qu'il promette de se faire aduoüer, tant est grande la faueur des defendeurs: si doncques il y est receu sans auoir charge par escrit il est necessaire qu'il soit receu à prouuer sa charge, ce qui ne se peut faire que par tesmoins, veu que ès choses taisibles on n'a rien accoustumé de mettre par escrit, ains de les iuger & conclure par presumption de la loy, & par coniectures euidentes, selon la vulgaire doctrine des pactions taisibles, m Par ces moyens i'estime qu'il faut conclure, que les Procureurs receus publiquement à postuler, doiuent estre admis à prouuer par tesmoins leurs charges, s'ils sont desaduoüez par leurs cliens, principalement s'il apparoist des indices & coniectures, dont a esté parlé cy deuant, & d'autres semblables. Ce que i'entends

k l. ad rem mobilem cum l. seq D. de Procurat.

m doct. in l. Labeo. vers. Et ideo D. de pact.

l'entens toutesfois de la suitte & procedure ordinaire des causes, comme de proposer la demãde, fournir d'exceptions & defenses, de contester la cause, & ce qui concerne les preuues, & autres choses qui dependent de l'ordre iudiciaire : & non des choses, qui, hors l'instruction de la cause requierent procuration tres-expresse, & qui peuuent grandement preiudicier à la partie, comme de confesser volontairemẽt la chose demandee en iugement, ou de passer condamnation, ou de consentir deliurance ou main-leuee à la partie aduerse, & autres choses semblables, qui apporteroient vn notable & particulier preiudice & qui approchent de l'espece des contracts exprès, pour lesquelles la loy ciuile a tousiours requis vn mandement ou procuration tres-expresse. *n* Car en ces cas, i'estime que le Procureur, qui aura esté si osé de les faire sans procuration speciale, ne doit estre receu à prouuer sa charge par tesmoins, veu qu'il a excedé le pouuoir ordinaire de Procureurs qui ont serment à Iustice, d'autant que les Procureurs des Cours & iurisdictions Royales n'ont accoustumé de faire telles choses sans mandement special, & partãt celuy qui assayera de les faire sans charge expresse, sera plustost reputé auoir fait l'office d'vn preuaricateur, que d'vn Procureur, & semblera

n *l. si hereditatem. D. mãdat. l. illud. § talis. D. de minor.*

auoir abandonné la cause au desir de la partie aduerse, & luy sera à bon droict obiecté qu'il a trahy & delaissé sa partie, & qu'il a en ce faict vsé de collusion & intelligence, comme parle Vlpian, *o* & Marcellus, *p* partant, s'il n'a point de procuration speciale par escrit, i'estimerois qu'il ne luy doit estre permis de la prouuer par tesmoins, tant parce que ceste ordonnance Royale reiecte la preuue par tesmoins en tous contracts expres, qu'aussi parce qu'il sembla que ce Procureur a excedé sa charge, & qu'il commet vne espece de dol & tromperie, pour à quoy obuier ceste ordonnance a esté faicte. Quant aux autres Procureurs, qu'on a accoustumé de constituer pour certaines affaires, comme pour acheter, vẽdre, louer, ou passer & consentir tel autre contract, s'ils ont sans procuration par escrit contracté de chose qui excede la valeur de cent liures, pour autruy, par lesquel ils soient puis apres desauouez: nous dirons à plus forte raison, qu'ils ne seront receuz à prouuer leur pretendue charge par tesmoins, conformement à ceste ordonnance, veu que ceste espece de mandement, est du tout volontaire, & qui ne depend aucunement de la foy publique comme nous auons dict des Procureurs *ad lites*. On imputera doncques à tel pretendu Procureur, de ce que sans mande-

o *in l. athletas vers. itẽ prauaricator. D. de his qui not. inf.*
p *in l. 1. vers. prauaricatorẽ. D. ad Turpill.*

ment par escrit il a faict de son bon gré vn tel contract pour autruy, & de ce qu'il s'est submis volontairement à vne necessité, qu'il pouuoit librement refuser : Car on n'a pas accoustumé de fauoriser celuy, qui à son escient se met en peine, *q* veu mesmes qu'en ce cas on pourroit faire la condition d'autruy pire contre son sçeu, és choses qui ne se pouuoient faire sans son mandement special, *r* & par ce moyen on feroit fraude indirectement à ceste ordonnance, parce que celuy qui n'auroit peu induire vn autre à luy vendre sa terre, & en passer contract par escrit, pourroit feindre, qu'elle luy auroit esté vendue par Procureur, & si le Procureur estoit desadvoué, il essaieroit de prouuer par tesmoins subornez qu'iceluy Procureur auoit charge & pouuoir de vendre, & par ce moyen il luy seroit permis par vne voye indirecte, de prouuer par tesmoins ceste vendition, qu'il ne pourroit prouuer par voye directe ce qui ne doit estre permis contre l'intention de ceste ordonnance. *s*

q *l. si fideiussor. §. 1. D. qui satisd. cog. l. 2. §. si tamen. D. quis caution.*

r *l. ignorantis. D. de Procurat. l. si hereditatem D. mand.*

s *l. contra. D. de legib.*

Des pactions taisibles, qui procedent de la disposition de l'homme ou de la Loy.

Chap. XIII.

D'Avtant que nous auons dit que toutes les promesses & pactions expresses sont comprises sous ceste ordonnance, il faut maintenant sçauoir si les pactiōs taisibles qui procedent de la disposition de la loy, ou de l'homme, y sont aussi contenues: pour exēple le I. C. Paule dict q̄ par paction taisible la debte semble estre remise au debteur, quand la promesse ou obligation luy a esté rendue: *a* le debteur doncques qui a par deuers soy la promesse est-il tenu de prouuer par escrit, qu'elle luy a esté rendue par son creancier en remission de son deu? ou s'il suffist de monstrer que ceste promesse est en la possession du debteur? ou s'il est loisible de prouuer par tesmoins la restitution d'icelle nonobstant ceste ordonnance de Moulins? Ce-

a l. labeo. & l. seq. D. de pactis

ste question ne semble si legere, qu'on la doiue passer sans disputer. Car le Iuriscon-sulte semble estre d'aduis, que le debteur est quitte, s'il monstre que l'obligation ou cedule est en sa possessiō & entre ses mains, veu que la loy presume tellement de là, que le debteur est quitte, qu'elle ne semble admettre la preuue au contraire, *b* & ce en faueur de la liberation laquelle est tres-fauorable en droict, *c* mesmes quand quelqu'vn donne vn tiltre ou instrument, cela semble induire vne donation de la chose comprinse par iceluy, comme il est vulgaire en droict. *d* Toutesfois nonobstant ce que dessus, i'estime que pour la disposition de ceste ordonnance, il faut ainsi distinguer. Ou il s'agist d'vne obligation ou contract passé pardeuant Notaires publiques, & dōt y a la minute ou protocole qui est pardeuers eux, comme il se faict ordinairement en tous lieux: ou bien il est question d'vne simple promesse chirographaire, escrite ou signee seulement de la main du debteur. Pour le premier cas i'estimerois qu'on ne doit presumer que la reddition du contract ayt esté faicte en intention de quitter le debteur, pour cela seulement qu'on trouue entre ses mains iceluy contract. Car la minute en estant tousiours par deuers les Notaires, *e* le debteur mesmes pourra retirer d'eux le

b *d. l. labeo.*

c *l. tale pactū, D. de pact. l. arrianus. D. de oblig. & act.*

d *l. 1. C. de donation.*

e *c. cum P. tabellio extr. de fide instr.*

contract en forme, comme l'on dit; & ce pour frauder le creancier, afin qu'on presume le debteur estre quitte, parce qu'il a entre ses mains le contract en forme authentique, & partant la raison de la loy, qui presume la liberation par la reddition de l'instrument, pourra tres-facilement estre fraudee par les debteurs, lesquels souuentesfois par toutes cautelles & artifices dõt ils se peuuent aduiser, essayent à se liberer en fraude de leurs creanciers, comme on peut assez voir presque par tout le tiltre. *Quæ in fraudem creditorum &c.* Puisque dõcques il faut tousiours auoir esgard à la raison du Iurisconsulte, qui est l'ame de la loy, *f* que par la reddition de la promesse, on presume que le debteur est quitte, par ce qu'on ne presume qu'elle luy ayt esté rendue pour autre raison, que pour le liberer, & qu'õ ne peut trouuer vne autre promesse ailleurs, que celle qui est entre les mains du debteur: autre chose seroit, s'il se trouuoit qu'elle eust peu estre rendue à autre fin cõme dit Modestin d'vn gage rendu: *g* donques le Iurisconsulte ne semble parler des instrumẽs & contracts, desquels les minutes demeurent tousiours pardeuers les Notaires: Si ce n'estoit en vn cas, qui est, si on trouuoit la grosse du contract cancellee entre les tiltres & enseignemens du creancier: Car lors, comme dit Balde, *h* la

f l. cũ ratio. D. de bon. damnat.

g l. postquam. D. de pactis.

presomptiõ sera pour le debteur qu'il sera quitte, iusques à ce qu'on prouue le contraire. De là doncques il s'ensuit, que pour auoir trouué seulement en la possession du debteur vn contract grossoyé passé pardeuãt Notaires on ne doit pas inferer qu'il ait esté rendu au debteur, & qu'il soit quitte, mais qu'il est necessaire de prouuer qu'il lui a esté rendu par le creãcier en intention de le quitter, & ainsi cõclud Cynus. *i* Or est-il qu'il faudra prouuer par escrit, & non par tesmoins, que ce contract aura esté rendu à ceste fin, si la chose contenue en iceluy excede cent liures: & partant ceste espece sera comprise sous l'ordonnance de Moulins, veu que ceste reddition afin de liberer semble estre vne conuention expresse entre les parties, principalement si on allegue que la redditiõ ait esté faicte à la façon d'vn contract expres, comme nous traicterons cy apres plus amplement, au chapitre des quittances qui sera le dernier de la seconde partie de ce Commentaire. Pour le regard de l'autre cas, quand il est question d'vne promesse faicte sous sing priué, à sçauoir si le debteur sera quitte par presomption, de droict parce qu'on trouue la promesse entre ses mains? Il sembleroit qu'il faut dire, que par ceste reddition on presume la liberation du debteur, sans autre preuue, par les paroles de Mo-

h *l. vnic. §. ille autem. C. de latin. libert. tolled. num. 1.*

i *in l. si de possessione. C. de probat.*

k in l. si chirographum. D. de probat.

destin, quand il dict: k *Si chirographum cancellatum fuerit, licet præsumptione debitor liberatus videatur, tamen in eam quantitatem, quam adhuc sibi deberi manifestis probationibus creditor ostenderit, recte debitorem conueniri posse.* Si la cedule ou promesse sous sing priué est cancellee, ou rayee & biffee, combien que le debteur semble estre quitte par presomption, toutesfois il pourra bien estre poursuiuy en iugement par son creancier pour auoir payement de la somme, qu'il monstrera par preuues manifestes luy estre encores deuë. Dont il appert qu'on presume le debteur estre quitte sans qu'il soit besoin d'autre preuue, si la promesse est retournee entre ses mains, iusques à ce que le contraire soit prouué par le creancier. Toutesfois pour resouldre ceste question & l'esclaircir en tous ces cas, il faut vser de ceste distinction. Ou bien le debteur, par deuers lequel on trouue la promesse, est personne aucunement suspecte, duquel on peut facilement presumer, qu'il la soustraicte, ou par le moyen de la familiarité ou priuauté qui est entre le creancier & luy, qu'il la retiree en cachette, ou qu'il a par autre moyē mis la main sur ceste promesse: comme estoit anciennement vn esclaue, & maintenant vn seruiteur enuers son maistre, *l* ou autrement domestique, comme aussi vn facteur ou negociateur enuers celuy pour

l. l. vnic. §. Ille. C. de latin. libert. toll.

lequel il trafique : Item vn enfant enuers son pere, ou vne femme enuers son mary, ou vn Procureur, & Solliciteur des affaires d'autruy, qui ont d'ordinaire entre leurs mains les tiltres & papiers de ceux dont ils sõt les affaires, & autres semblables personnes, qui ont accoustumé de frequenter de long temps & priuément en la maison de leur creancier, & auoir cognoissance de ses affaires, tellemẽt que ce creancier se sert de leur conseil ordinaire en la conduicte d'icelles : Pour le regard de tous ceux là, s'ils sont redenables enuers celuy, auec lequel ils hantent si priuement, on ne presume pas qu'ils soient quictes de ce qu'ils doiuent, pour cela seulement, qu'on trouue pardeuers eux leur promesse ou cedule, combien qu'elle soit biffée & rayée de la façon qu'vn chascun indifferemment peut faire de sa main, & dont il est quelque-fois fait mention en droict, *m* Car la disposition du droict par ceste familiarité, & priuauté, & domestique conuersation presume que la promesse a esté soubstraicte plustost que rendue, *n* & partant tels debteurs seront tenus de prouuer qu'elle leur a esté rendue comme soluë & payée : comme aussi au cas suyuant, qui est s'il y a apparance, qu'elle leur ait esté rendue à autre fin & intention, plustost que de les quitter, ainsi qu'il est elegamment traicté par Alberic, &

m *Notat. in Tit. de his qua in testam. delent.*

n *d. l. vnic. §. ille de latin. libert. toll. & l. fullo. sub fin. & l. qui tabulas D. de furt.*

monstré par exemples, quand il parle de ceste matiere. o Mais quand tous soubçons de larcin ou de soubstraction cessent, si le debteur est homme de bien, & d'entiere reputation, non domestique, ny d'ailleurs suspect au creancier, & qu'il allegue payement, & qu'il en vueille induire preuue, par ce que sa promesse se trouue par deuers luy, i'estime qu'on le doit ouyr, & qu'il doit estre assisté de ceste presomption de droict : pourueu qu'il vueille asseurer par serment auoir payé, & partant qu'il n'a plus besoin d'autre preuue. Et combien que quelques Docteurs anciens, comme Iacques de Arena, p ne requierent point le serment, toutesfois i'estime que le Iuge fera mieux, si pour fortifier ceste presomption de droict il y adiouste le serment: Car, comme dict Caius, q en ces causes doubteuses les Iuges ayant pris le serment, ont accoustumé de iuger au profict de celuy qui a presté le serment, comme aussi en quelque cas on defere coustumierement le serment aux possesseurs. r Que si le debteur est mort, ayant delaissé vn heritier par deuers lequel on trouue ceste promesse estant entre les tiltres & papiers de son pere, ie pense qu'il faut iuger de mesme, pour la bonne foy de celuy qui succede en la place d'autruy, s principalement s'il est prest d'asseurer sa

o *ad d.l.labeo. num.1.& 2.*

p *in d.l.labeo. & sequ.*

q *in l.admonendi.D.de iureiur.*

r *§.Si quis se. Si.de inuestit. inter.dom.& vassisoriat.in vsib.feud.*

s *l.qui in alterius.cum simil. lib.D.de reg. iur.*

croyance par serment, sçauoir qu'il croid que la debte a esté payée par son pere, ce que la loy permet le plus souuent. *t* Il faudroit dire autre chose, si le debteur, qui a en sa possession ceste promesse, ne vouloit alleguer payement, mais qu'elle luy a esté rendue en intention de luy donner le contenu en icelle, ou qu'il a esté conuenu entre son creancier & luy, qu'il ne luy en seroit rien demandé, ou qu'il ayt esté faicte entre eux semblable conuention, qui approche de la nature d'vne donation, ou volontaire remission de la debte: car en ce cas presque tous les Docteurs sont d'accord, que le debteur n'est quitte pour cela, mais qu'il luy est necessaire de prouuer la cause pourquoy on luy a rendu sa promesse, par ce qu'il y a vne autre presomption de droict qui fait contre luy, sçauoir qu'on ne presume iamais vne liberalité ou donation si elle n'est prouuee. *v* Aquoy i'adiouste, qu'on ne presume iamais qu'il y ayt eu nouation, si expresséement on ne la prouue. *x* Or est il que chascun sçait, de quel genre de preuue il est permis d'vser: Car si pour estre quitte on met en faict vne donation ou autre liberalité, on ne produira point des tesmoins pour le verifier, par ce que ceste ordonnance le defend, veu que les donations & liberalitez sont mises au rang des contracts, comme plusieurs fois

t not. in l. generaliter. C. de iureiur.

v l. cum de indebito. D. de probat. l. filius. D de donat.

x l. final. C. de nouat.

y l. contractus. C. de fid. instrum.
z in l si de possessione. C. de probat.
a in l. vnic. §. 1lle C. de lat. libert. toll.
b in d. l. Labeo. & l. seq. D. de pact.

il a esté dict : y Et sont les resolutions de Cynus, z Balde, a Paul de Castre, d'Alberic & de Iason, b sauf toutesfois les distinctions dont nous vserons, lors que nous traicterons cy apres des quictances, & ainsi souuentesfois i'ay veu donner aduis quand il se presẽtoit de semblables questiõs. Mais faudra-il ainsi iuger, s'il s'agist d'vne obligation ou contract publique, signé des Notaires & des parties, dont la minute ou original soit demouré par deuers le seul creancier, comme il se faict souuentesfois, laquelle minute soit par apres trouuée entre les mains du debteur ? Doit-on pour cela presumer qu'il soit quitte, comme nous auons dict, quand nous auons parlé des cedules & promesses faites soubs sing priué? Sur ceste question i'ay veu quelques sçauans hommes en faire doubte : Car ils disoient l'auctorité & la force d'vn contract public estre telle, qu'il faut apporter pareille solemnité à le resoudre, qu'à le passer, c sçauoir qu'il faut monstrer quitance par escrit & qu'il ne suffit de dire seulement que la minute du contract a esté renduë, & que on n'est receu à prouuer par tesmoins qu'õ en soit quitte, attendu que ceste ordonnance y resiste. Toutesfois, sauf meilleur aduis, i'estime qu'il faut dire de mesme, au cas que la minute de l'obligation ayt esté renduë, que nous auons dit de la reddition

c l. nihil tam naturale. D. de reg. iur.

d'vne promesse chirographaire, & principalement, quand l'obligation est monocule, comme parlent quelques praticiens, c'est à dire, quand elle est faite seulement en faueur du creancier : comme quand Titius emprunte cent escus de Caius, auquel il passe obligation de ceste somme pardeuant Notaires causée de prest, dont la minute demoure par deuers le seul creancier, & les Notaires n'en retiennent rien, comme i'ay veu faire souuent, si quelque temps apres ceste minute se trouue cancellée entre les mains du debteur, par là on presume qu'il est quitte, tout ainsi cõme nous auons dit d'vne cedule rendue, veu qu'il semble y auoir mesme raison, & partant il faut iuger de mesme en l'vn comme en l'autre cas, & par mesme presomption de droict, ayant toutesfois tousiours esgard à la distinction, dont nous auons vsé cy deuant, des personnes suspectes, ou non. Mais ceste presomption est elle *iuris & de iure*, qui ne reçoiue point de preuue du contraire, *d* ou bien *iuris* seulement, de sorte que le creancier puisse prouuer le contraire, sçauoir qu'il a rendu le cõtract ou obligation, non pour quitter le debteur, mais à autre intention, & que pour autre cause le debteur l'a en sa possession ? Et ceste preuue peut-elle estre faicte par tesmoins, ou par escrit seulement, suyuant ceste ordonnance? A quoy

d *l. final. C. arbitr. tutel. & l. si possidetis. C. de probat.*

le respons, que ceste presomption, qui procede de la reddition du contract, ou de ce qu'il a esté trouué par deuers le debteur, est seulement de droict, & partant qu'elle reçoit preuue du contraire, comme toutes les autres presomptions de droit seulement. *e* Si doncques le creancier veult alleguer cõtre ceste reddition d'instrument, qu'il a esté rendu pour autre cause, que pour quitter le debteur, comme pour d'vne obligation en faire vne autre, *f* ou pour faire vne nouation, *g* ou en faueur de quelque autre conuention, ou s'il veut dire que cest instrument luy a esté soustraict, ou desrobé furtiuement, ou osté, comme pour exemple: durant ces guerres ciuiles, qui ont eu cours dernierement par nostre France, qui est-ce qui ne sçache, que infinies maisons ont esté volées & pillées, & que les papiers des particuliers, & mesmes des Notaires & Tabellions ont esté bruslez, perdus & dissipez, tout ainsi que les fueilles de la Sibylle, & peut estre pris par les debteurs, comme i'ay veu en quelques causes estre allegué par les creanciers contre leurs debteurs? Le creancier doncques ne pourra il pas alleguer contre le debteur, qu'on trouue saisi de l'obligation, quelque probité ou renommée qu'il ayt, qu'il a soubstraict ceste obligation, ou qu'il la receue de ceux qui l'auoient soubstraicte? Et il est certain que

e c.1. & c. final. extr. de præsumpt.

f l. singularia. D. Si cert. petat.

g l. final. C. de nouat.

si, comme i'ay veu souuentesfois iuger, & que ce faict doit estre receu, d'autant que la loy qui presume la liberatiõ pour le possesseur, n'a iamais pensé parler d'vne possession faicte pour autre cause, & moins pour vne possession fraudeuleuse, violẽte, & d'ailleurs reprouuée, qui ne peut estre dicte vraye possession : *h* Parce que le dol & la fraude ne doiuent iamais profiter à autruy, *i* & que toute paction faicte pour vn dol, & principalement pour l'aduenir, est inique & desraisonnable. *k* Mais comment se fera ceste preuue par le creancier, si l'obligation excede la somme de cent liures, sera elle receue par tesmoins, ou bien si elle deura se faire par escrit? Ie dis qu'il faut distinguer en ceste sorte : Ou le creancier allegue que l'instrument a esté rendu au debteur, non en intention de le quitter, mais pour l'innouer, ou pour le transferer en vn autre contract, ou pour autre cõuention expressément faicte entre le creancier & le debteur, ou leurs Procureurs & agens : & en ce cas, veu que ces causes procedent de l'expresse conuention des parties, elles doiuẽt estre prouuées par escrit, attendu que la preuue par tesmoins ne seroit receue ny admise, selon ceste ordonnance royale. Ou bien on allegue contre ceste possession de l'instrument, vne cause pretendue, qui est hors la conuention des parties, comme de

h *l. 1. C. vnde vi.*

i *l. fin. C. de iure iur. C. ad nostram. extr. de empt. & vendit.*

k *l. si vnus. §. illud. D. de pactis.*

larcin, de soubstraction, ou de l'auoir saué d'vn bruslement & incendie, d'vne ruine, ou naufrage, ou vne autre semblable cause: & lors ie dis que la preuue par tesmoins est receuë, nonobstant ceste ordonnance, qui semble seulement parler des pactions & conuentions des hommes, & non des actes faicts par dol, ou qui procedent de delict, ou quasi delict, ny des autres causes qui aduiennent fortuitement, *l* lesquels peuuent estre esclarcis & verifiez par toutes sortes de preuues, ce que i'ay veu auoir ainsi esté souuentesfois practiqué. Il y a en droict d'autres pactions tacites ou taisibles, comme quand le creancier faict adiourner l'acheteur de l'heredité pour vne debte hereditaire, & que l'acheteur volontairement reçoit ceste demãde & ne l'impugne point. Car en receuant ceste action, par vne pactiõ taisible, il libere l'heritier du debteur, comme il est vulgaire en droit: *m* A sçauoir si on prouuera par tesmoins, qu'il a receu l'actiõ? Ie dis que cela doit estre seulement verifié par escrit, par ce que la loy requiert que cela soit faict en iugement, & les actes iudiciaires ne doiuent estre prouuez autrement que par escrit. *n*

l l. contractus. D. de reg. iur. l. quæ fortuitis. C. de pign. act.

m l. 2. C. de pact.

n l. ne in arbitris. D. recept. arbitr.

Des

Des pactions taisibles des locations.

Chapitre XIIII.

L'Obligation taisible des choses qui ont esté apportées & mises en vne maison loüée est aussi comprise au rang des pactions taisibles, de laquelle obligation les Iurisconsultes font mention en plusieurs endroits. *a* Si doncques on denie que les meubles ayent esté apportez dans la maison pour seureté du loyer, on ne sera pas receu à prouuer le bail à ferme autrement que par escrit, s'il excede cent liures : Car ayant prouué qu'il y a bail, il semble que ceste taisible obligation est aussi prouuée, veu que ayant concedé vn point il faut conceder ce qui en depend, & ce qui vient en consequence. *b* Toutesfois en ce contract de location & conduction, si par negligence, ou pour la creance & mutuelle confiance qu'ont entre eux les parties contrahantes, on a obmis de le rediger par escrit, celuy qui aura loüé & afermé

a in l.item quia D de pact.l.vlt. C.in quib.caus. pign.tacit.

b l.cui iurisdictio.D de iurisdict. l.ad rem mobilem. D.de procurat.

son heritage pour sa seureté, n'agira pas contre le fermier ou locataire qui de mauuaise foy denie le bail, en vertu du contract de location, mais plustost il intentera vne action, qu'on appelle *in factum*, contre celuy qui occupe & detient l'heritage, à ce qu'il soit condamné rendre les fruicts indeüement pris & perceuz sous estimation commune, ou luy payer le prix de l'habitation de la maison qu'il a occupée, à la raison de ce qu'elle pouuoit estre loüée: Car ceste demande estant ainsi intentée, ne regardera aucunement le contract, dont la preuue par tesmoins ne seroit receuë, mais la simple, nue & iniuste occupation, qui semble auoir obligé le detenteur & occupateur, par obligation qui procede de quasi contract ou quasi delict: veu qu'il n'a peu faire les fruicts siens d'vne chose d'autruy qu'il occupoit de mauuaise foy. *c* Et partant si on denie qu'on ayt occupé ou ioüy de l'heritage, ou qu'on ayt logé & habité en la maison d'autruy, ou qu'on ayt retenu vne chose dont on demande restitution, on pourra prouuer le tout par tesmoins nonobstant ceste ordonnance de Moulins, parce qu'il ne s'agist pas de chose conuenue entre les parties, mais plustost d'vn faict aduenu hors la conuention d'icelles. Puisque doncques il est loisible d'intenter actiō contre vn vsurpateur quel qu'il soit pour

c l. malæ fidei. C. de præscript. 10. vel 20. annor.

recouurer la chose vsurpée, & afin qu'elle soit rendue : *d* seroit chose indigne, voire inique, s'il n'estoit permis de prouuer que par escrit vne vsurpation, contrectation, & iniuste possession ou prehension de fait, veu que cela se rapporte à vne espece de dol ou de delit. Mais il y a vne autre questiõ qui fut n'agueres disputée en nostre Siege Presidial : Titius auoit loué vne maison de Caius à cinquante liures par an, & le bail estoit par escrit pour trois années, apres le temps du bail expiré, Caius veut rauoir sa maison de Titius & en disposer : Titius se defend, & allegue que le premier bail luy a esté continué verbalement pour trois années, & pour pareil prix de cinquante liures payables par chascun an, ce qui estoit denié par Caius : Or Titius demandoit estre receu à la preuue par tesmoins, parce qu'il ne s'agissoit que de cinquante liures par an, & que c'estoient diuerses obligations, & diuers chefs, qu'il faloit considerer chascun à part & par le menu, & non en gros, comme enseigne le Iurisconsulte quand il traicte de la puissance attribuée à vn Iuge pour iuger iusques à certaine quãtité. *e* D'auantage il disoit qu'és legs annuels, & delaissez pour certaines années en ceste forme *annua, bima, trima die*, on deuoit seulement auoir egard à la premiere année, pour l'estimation du legs : *f* Item

d *l. officium. D. de rei. vendit.*

e *l. si idem cum eodem. D. de iurisdict.*

f *l. cum in annos. D. de annu. legat.*

qu'és stipulations *dandi annua, bima, trima die*, comme de payer dans vn, deux & trois ans par egales portions, ou de plusieurs choses promises, il y auoit autant de stipulations, qu'il y auoit d'années ou de choses. g Doncques il concluoit qu'en ce bail il faloit faire estimation à part de chascune année, & que par chascun an il n'estoit deu que cinquante liures, & partant que la preuue par tesmoins deuoit estre admise. Toutesfois il a esté iugé tout au contraire, & tres-bien comme i'estime, par ces raisons. Premierement, par ce que toutes fois & quantes és contracts & stipulations on met plusieurs années en gros & en bloc, & tout ensemble, ou qu'on promet quelque chose payable par certaines années, & limitées, c'est vne seule stipulation, dict Pomponius. h Secondement, par ce que, si en vn bail à ferme faict pour certaines années on a fourny de caution, il semble qu'elle est baillée pour toutes les années, & comme vne seule fideiussion est rapportée à vne seule obligation, comme traicte disertement Caius en ces termes. i *Si à colono stipulatus fideiussorem acceperit, vna stipulatio est plurium pensionum.* Si celuy qui a conuenu & stipulé auec vn fermier ou colon, a receu vne caution, ce n'est qu'vne seule stipulation pour tous les arrerages de la ferme. Et ce texte est tres-expres pour la

g *l. scire debem'* & *l. pluribus. D. de verb. obliga.*

h *in l. si stichũ. §. 1. D. de verb. oblig.*

i *in l. si à colono D. de fid. instrũ.*

question de ce bail à ferme, & partant il ne faut point doubter qu'il n'ayt esté bien iugé. Et ne sont au contraire les raisons & argumens de Titius ; Car és stipulations de plusieurs choses, ou pour plusieurs années, il semble qu'il ayt plusieurs stipulations, & que le mesme se veoid és diuerses demandes faictes en iugement, veu que la diuerse & multiple enumeration demonstre qu'il y a pluralité d'obligatiõs : mais és legs annuels, on ne peut faire certaine estimation des alimens, sinon de la premiere année, & l'estimation des années suyuantes est incertaine, parce qu'on ne sçait si le legataire viura long temps par apres, & partant on s'arreste seulement à l'estimation de la premiere année, veu qu'elle semble estre pure & du tout certaine, & les autres conditionnelles & incertaines, & voila cõme en cest endroict le Iurisconsulte distingue elegamment. k Et par ce qu'on pouuoit remarquer quelque antinomie & repugnance és droicts cy dessus alleguez, & qui sembloient auoir changé, il est vray semblable que Iustinian a accordé & concilié du tout ceste contrarieté par ceste distinction dont il vse, quand il parle d'insinuer les donations de quantitez certaines: l Car il dict, que si en diuers temps on a donné diuerses sommes, on estimera qu'il y a plusieurs donations faictes, mais si c'est

k l. si in singulos. D. de annu. legat.

l l. Sancimus. C. de donat.

en mesme temps & moment qu'on ayt dõné tous les ans certaine somme, si les ans n'y sont point designez ny specifiez, comme quand on donne la vie durant, lors il faut seulement faire estimation de la premiere année: Car au commencement de la premiere année, on doit faire le payement & aduancer les alimens, m & les autres années sont casuelles, fortuites & incertaines: Mais si les ans sont tellement determinez, qu'il apparoisse combien d'années on doit payer au donataire, ou à son heritier qui est adiousté à la donation, lors on estimera que ce n'est qu'vne seule donation ou stipulation, & on fera vne estimation seulement de toutes les années prescriptes & specifiées, & ce à cause de la certitude des années de la chose stipulée: n Et i'estime qu'il faut ainsi entendre le passage de Paulus, o par lequel il met difference entre la stipulation, mesmes faite à cause de mort pour certaines années, & les legs annuels, veu que l'vn est certain, & l'autre incertain. Or le bail à ferme faict pour trois ans est tres-certain, & ne se resout par la mort du preneur, & est transporté à ses heritiers. p Doncques il faloit faire vne seule estimation des trois années, laquelle excedant la somme de cent liures, à bonne & iuste cause, elle a deu estre reiglée suyuant ceste ordonnance. Mais que dirons nous du cō-

m *d. l. Si in singulos. D. de an. legat.*

n *d. l. sancimus. §. vlt. C. de donat.*

o *l. senatus. §. vlt. D. de dona.*

p *l. penult. C. de locat.*

tract d'emphyteuse ou de baillée à rente? Car sans doute ce contract doit estre faict par escrit, tant de droict ciuil, *q* Et peut estre que pour ceste raison il estoit anciennement appellé *libellarius*, selon l'opinion de Balde, *r* que par la disposition de ceste ordonnance, qui veut qu'on passe des contracts par escrit de toutes choses qui ont accoustumé d'estre faictes entre les hommes, & partant si on met en faict qu'il y a vn contract emphyteutique, ou de baillée à rente, si le prix de l'heritage baillé excede la somme de cent liures, il sera subiect à ceste ordonnance, mais pour cela ceste vulgaire theorique de droict est elle abrogée, qui veut que par la continuation du payement faict par dix ans, on peut prouuer vne rente annuelle, comme il est recueilly du droict en plusieurs endroicts? *f* Asçauoir si on denie ceste prestation decennalle, si on ne la peut prouuer que par escrit, veu que la preuue par tesmoins est reiectée par ceste ordonnance? Ie respons que la preuue par tesmoins doit estre admise, non pas pour vn contract, ou paction emphyteutique faicte sans escrit entre les parties, mais seulement pour la prestation decennale, qui a en soy vne espece de prescription. Or la prescription ne peut estre contenue au nombre des pactions & conuentions expresses des hommes qui sont

q *l. 1 C. de iure emphyteut.*

r *ad tit. C. de iure emphyt. num. 4.*

f *l. si certis annis. C. de pactis. l. cum de in rem verso. C. de vsu.*

comprises sous ceste ordonnance royale, d'autant qu'elle n'est pas parfaicte par les pactions des hommes, mais par le seul laps du temps elle est accomplie. t Et partant ce qu'on acquiert à tiltre de prescription, ne semble pas estre acquis par paction expresse, mais plustost par paction taisible qui procede de la longue patience du temps & de l'homme, & à ceste cause elle ne peut estre mise au rang de celles qui sont subiectes à ceste ordonnance, par ce que c'est vne chose inaudite en droit, que la prescription ne puisse estre verifiée que par escrit, au contraire il est certain qu'elle peut tousiours estre prouuée par tesmoins, & par toutes sortes de preuues. v Ie cõclus doncques, que la decennale prestation peut estre verifiée par tesmoins, combien qu'vn contract expres d'emphyteuse ne puisse estre prouué sinon par escrit, de laquelle prestation annuelle on presume qu'il y a eu contract de constitution ou de baillée à rente, & elle sera aussi reputée pour vn bon tiltre & valable. x Pource i'estime que ce cas doit estre rapporté entre les pactions taisibles, qui ne sont point subiectes à ceste ordonnance Royale, & qu'il faut dire de mesme d'autres semblables pactions taisibles, qui sont de mesme nature que celles dont nous auons traicté cy dessus.

t l.3. D. de vsucapion.

v l.1. C. de reb. alien. non alien. & ibi Bald.

x ex Accurs. & Bartol. in l. D. si certis annis. C de pactis.

Des instrumens, & tiltres perdus ou consumez par le temps.

Chap. XV.

Le troisiesme article, qui appartient à la premiere partie de ceste ordonnance, est des questions, qui naissent tous les iours de la perte des instrumens, ou quand par l'iniure du temps ils sont gastez, & effacez, & tellement vitiez & endommagez, qu'on ne peut plus les lire, sçauoir si en tous ces cas, la preuue doit estre permise par tesmoins, des pactions contenues en tels instrumens. Et il semble que non, afin que sous pretexte qu'on alleguera le contract estre perdu, on ne tombe indirectement en la raison de ceste ordonnance, c'est à sçauoir, que soubs ombre & couleur d'vn tiltre & instrument perdu, on ne produise des tesmoins subornez & corrompus pour verifier ces pactions, qu'il n'estoit loisible de prouuer directement par tesmoins, & que par ce moyen on ne face fraude fort aisément à ceste ordonnance, combien que toutesfois il ne doiue estre loisible de faire indirectement, ce qu'il n'est permis de faire directement. *a* Nonobstant toutes ces choses, i'estime qu'il faut receuoir la preuue par tesmoins en ce cas, & ie sçay que souuentesfois il a ainsi esté iugé, de sorte toutesfois qu'on permette seulement la preuue de la perte de l'instrument, & non simplement de la teneur d'iceluy: pour exemple, Cayus allegue au proces & met en faict, que Titius luy a vendu certain fonds pour le prix de cent escus, & que de ceste vente il en a esté passé vn contract, mais il dit qu'à l'occasiō des guerres, ou de la peste cest instrument, ou la minute & original d'iceluy, ayant esté deposé & mis en garde auec plusieurs autres, en certain lieu ou maison, il a esté osté, perdu ou cōsommé, & il pretēd verifier toutes ces choses par tesmoins. Certainement aucun ne doit douter, qu'on doiue receuoir ceste preuue, veu que c'est vn cas fortuit, qui est tousiours hors les pactions des hommes, & ne peut estre par eux preueu: *b* & partant il n'est subiect à ceste ordonnance. Mais il faut prudemment iuger en ce cas de la deposition des tesmoins, la force principale de laquelle doit consister en la preuue de la perte de l'instrument: Car si le tesmoin disoit seulement qu'il eust aul-

a *l. contra. D. de legi. & ibi Accurs. l. non dubium. C. eod.*

b *l. quæ fortuitis C. de pign. act. & l. contractus. D. de reg. iur.*

tresfois assisté à la celebration du contract, & s'il deduisoit disertement les conuentions & clauses d'iceluy, ou s'il asseuroit qu'il eust par plusieurs fois veu & leu cest instrument, & toutes les pactions y contenues, & qu'il ne dist rien de la perte d'iceluy, ou du moins qu'il en parlast fort obscurement, il n'y a point de doubte que tel tesmoignage n'auroit aucune vertu ny force de prouuer, parce que ceste ordonnance Royale y resiste. Ceux doncques qui doleusement mettent en fait la perte d'vn instrument, afin qu'ils puissent prouuer la teneur d'iceluy, n'y gaignent rien, parce qu'ils commettent fraude cõtre ceste ordonnãce. c Le tesmoin doncques doit clairement & disertement deposer du cas de la perte, & toutesfois n'obmettre pas en ce faisant la teneur de l'instrument, afin que par là certainement il apparoisse de quel instrument la perte a esté faicte, & ainsi il doit conioindre le cas fortuit, auec la teneur de l'instrument. Et lors ne fera au contraire ceste Theorique, par laquelle on tient qu'il ne fault faire indirectement, ce qui n'est permis par voye directe: Car ce qui est icy permis directement, c'est vn cas fortuit que les loix permettent de verifier par tesmoins. d D'auantage la teneur de l'instrument est tant accessoire au cas de la perte d'iceluy, voire tant necessaire, qu'en

c d.l. contra. D. de legib.

d.l. quæ fortuitis. C. de pign. act. l. sicut iniquum. & l. seq. C de fid. instr.

ayant accordé l'vn, il est necessaire aussi d'accorder l'autre, ce qu'autremẽt ne seroit pas permis cessant le premier cas, comme souuentesfois il a esté introduit par l'equité du droict, *e* comme il se void par exemple en vn testament perdu, soubstraict par vn larron : Car combien que la solemnité du testament ne puisse directement estre prouuee que par sept tesmoins, *f* toutesfois ie pourray bien prouuer par deux tesmoings le larcin & soustraction du testament, lesquels deux tesmoings, deposans indirectement de la teneur & solemnité du testament, prouueront qu'il y auoit sept tesmoings qui y auoient assisté. *g* Soit donques ceste question resolue, que par tesmoins on peut prouuer la perte de l'instrument, & par consequẽt la teneur d'iceluy, en obseruant toutesfois ce que nous auons dict, autrement non. Et par ce mot de perte i'entens tous les cas fortuits, & toute violence à laquelle on ne peut resister, comme brusle-mens de maisons, naufrages, guerres, courses de voleurs, & brigans, pillerie, rauages & degasts de maisons, & autres choses semblables qui appartiennent aux cas fortuits. *h* Et i'estime qu'il faut iuger de mesme, quand les instrumens & tiltres sont tellement gastez, effacez & corrompus qu'on ne les peut lire, ce qui arriue, ou

e l. testium facilitatem. in fin. C. de testibus.

f l. hac consultissima. C. de testam.

g l. non idcirco. C. eod. l. 1. § sufficit. D. de bon. poss. secund. tab.

h tota ferè l. 1. D. de posit.

par la longueur & iniure du temps, ou par l'humidité des lieux où souuentesfois ils ont esté cachez à cause de la crainte des guerres & autres necessitez, ou par ce qu'ils ont esté rongez par les souris & autre vermine, & quand il se trouue qu'ils ont esté consommez, pourris ou perdus par semblables accidens, desquels est faicte mention en plusieurs lieux du droict, *i* & desquels la verification a accoustumé d'estre faicte pardeuant le Iuge ordinaire: *k* Car de toutes ces choses i'estime qu'il est loisible de faire preuue par tesmoins, par mesme raison d'equité, ausquels on adioustera foy s'ils deposent qu'ils ayent autresfois veu l'instrument entier, ou qu'ils l'ayent leu ou ouy lire, rapportans la teneur d'iceluy, *l* & s'ils tesmoignent auoir veu le mesme instrument rayé, effacé, & corrompu par l'iniure du temps, & s'ils asseurēt affirmatiuement, & qu'il y ait preuue concluante que c'est le mesme corps de l'instrumē, dōt il est questiō, lequel autresfois on lisoit, mais qu'à present il ne peut plus estre leu. Mais en quelle maniere doit on prouuer la perte de l'instrumēt? les tesmoins doiuent ils deposer specialement qu'ils ont veu soubstraire, desrober, brusler ou rōpre & gaster l'instrument dont il s'agist par les voleurs ou par autres telles sortes de gens? ou s'il suffit en general tesmoigner de la

i c. licet. extr. de crim fals. l. si vn⁹ C. de testib. l. penult. D. de his qua in testa. dol. c cū venerabilis. extr. de relig. domib. specu. in §. restat. de instr. edit.

k c. inter dilectos & c. finali. extr. de fid. instrum.

l Accurs. in l. sicut in verb. facile. C. eod. & c. D. l. testiū. C. de testib.

perte de tous les tiltres, papiers & enseignemens? le respons, que la forme & maniere de ceste preuue a esté tresbien enseignee & prescripte par Cynus, *m* Bartole, *n* & les Docteurs, *o* non qu'il soit necessaire de dire en espece que l'instrument dont on est en dispute, ait esté desrobé, mais il suffira si le tesmoin dit qu'il a autresfois veu l'instrumēt, & leu, ouy ou entendu la teneur d'iceluy, & qu'il sçait où celuy à qui il appartient, auoit accoustumé de cacher & serrer ses tiltres & papiers, & que depuis n'agueres il a veu la maison ou le lieu auquel ils estoient, auoir esté consommée par feu, ou auoir esté prise, pillee & rauagee par les voleurs, ou par les gensdarmes, & que la cachette où estoient les papiers a esté ouuerte, & tous les tiltres pris, emportez, rompus, iettez au vent, ou bruslez, tellement qu'il soit vray semblable que l'instrument, dont est le proces, & qu'on auoit accoustumé de mettre en mesme endroit, ait esté perdu auec les autres. Voila la preuue, qui conclud necessairement que l'instrument a esté perdu, & qui resulte de ces deux extremitez, à sçauoir de la congnoissance du lieu auquel on auoit accoustumé de serrer cest instrument, & d'auoir veu brusler ou piller la maison & le lieu où il estoit: ce qui a tousiours esté obserué & ainsi practiqué par tous les iuges.

m *in d. l. sestiū. & in l. si de possessione. C. de probat.*

n *in d. l. sicut iniquum. C. de fid. instr & in l. quoties de naufrag. lib. 11. C.*

o *in aut. si quis in aliquo C. de edend. & in l. emancipatione. C. de fid. instr.*

Des teſtamens, codiciles, donations à cauſe de mort, & aultres dernieres volontez.

CHAP. XVI.

E quatrieſme article duquel on pouuoit faire doute en l'interpretation de ceſte ordonnance de Moulins eſt touchant les teſtamens, & autres dernieres volontez: Car puiſque ceſte ordonnance dict qu'on doit paſſer contracts de toutes choſes il ſembleroit qu'elle ne deuroit point eſtre eſtendue aux teſtamens & dernieres volontez, veu que ſous l'appellation des contracts, les teſtamens n'ont pas accouſtumé d'eſtre compris: *a* au contraire ils ont en droit vn traicté à part & du tout different, & ſont beaucoup plus fauorables que les pactions, contracts & conuentions qui ne concernent aucunement la derniere volonté des hommes, & partant il en faut du tout iuger diuerſemẽt. Neãtmoins i'eſtime que la raiſon de ceſte ordõnãce doit e-

a l. verbo. contraxerũt. D. de verb. ſignif.

ſtre eſtenduë aux dernieres volontez en quelques prouinces de ce Royaume qui ſont regies par droict couſtumier, mais qui plus eſt qu'il la faut plus eſtroictement garder, d'autant que le danger *b* & craincte de la ſubornation de teſmoins eſt beaucoup plus grande és volontez de ceux qui meurent, qu'es contracts & conuentions des viuans. Car, comme il ſe dict en commun prouerbe, *l'homme mort, ne mord plus*, parce qu'vn mort ne peut rien obiecter ny dire contre vn faux teſmoin, & ſemble que la cognoiſſance de la verité ſoit morte auec luy, l'heritier duquel a iuſte cauſe d'ignorance, & ne peut pas eſclarcir les actiõs du deffunct. *c* Que fera-il doncques contre vn faux teſmoin, impudent & effronté, qui auec d'autres teſmoins fabriquez de meſme hardiment depoſera auoir eſté preſent au teſtament nuncupatif ou verbal du defunct, par lequel il a donné ou legué à vn eſtranger tous les biens, dont il pouuoit diſpoſer, tellement que l'heritier preſomptif par ceſte faulſeté & ſubornation, ſera deſ-herité & priué de tous les biens paternels & de ſes ayeulx, ne ſçachant du tout par quel artifice ny par quel moyẽ il pourra deſcouurir ceſte faulſe ſuppoſition de la volonté du defunct? Et à ce propos Iuſtinian *d*, rapporte vn exemple de certains faux teſmoins eſtans en Bithynie, leſquels tenans

b *c. vbi periculũ de elect. in 6.*

c *l. qui in alterius D. de reg. iur.*

d *in auth. de teſtib. in princ.*

tenans au lict la main d'vne femme qui e-stoit desia trespassée, feignoient qu'elle faisoit le signe de la croix. Pour ces raisons i'estimerois, que pour les testamens la disposition de ceste ordonnance deuroit estre plus sainctement gardee, veu que le danger y est plus grand, qu'es contracts. Toutesfois par ce que la decision de ceste question, pour le reglement general des testamens en ce Royaume, & principalement au pays de droict escrit, peut estre par trop diuerse, ie pense qu'il sera meilleur d'attendre les iugemens des Cours souueraines pour la decision vniuerselle de ce subiect par les arrests desquelles on sera resolu, si ceste ordonnance Royale doit regler tous les testamens, soit en pays de droict escrit, soit en pays coustumier. Maintenant donques il me suffira de disputer, si ceste ordonnance doit auoir lieu en nostre pays de Poictou, la coustume *e* duquel nous prescript vne forme & maniere expresse de faire testamens, si aisee, qu'il ne s'en peut voir de plus facile & plus commode pour tester mesmes de parole. Car nostre coustume dit, afin qu'vn testament soit valable qu'il le faut faire en l'vne de ces manieres: sçauoir ou qu'il soit escrit & signé de la propre main du testateur, ou qu'il soit nommé, dicté, & soubs signé par luy en presence de deux tesmoins: ou receu par deux No-

e art. 268. & suyuans.

taires, ou par vn seul Notaire auec deux tesmoins, ou si le testateur ou testatrice demourent aux champs, où on ne puisse trouuer à propos des Notaires, qu'il soit fait en presence du Curé de la paroisse, ou de son Vicaire, assisté de deux tesmoins. Par lesquelles formes prescrites par ceste coustume, il semble que les testamens nuncupatifs ne soient point en vsage & ce pour deux principales raisons. La premiere, parce que la coustume dit, auant qu'vn testament puisse valoir, qu'il doit estre fait par l'vne des cinq manieres cy deuāt dictes en ces termes, *Auant qu'vn testament soit reputé bon & valable, faut qu'il soit escrit &c.* prescriuant cinq formes de tester tres-faciles, dont il semble que toutes les autres formes soient reiectees, d'autant qu'es formes qui sont limitatiuement introduictes & coarctees par la loy, quād il y en a vne prescrite, la loy exclud & reiecte toutes les autres : *f*. & celuy qui s'est choisi vne autre forme à sa fantaisie, est reputé faire testament contre la loy, *g*. & partant ce qu'il a fait n'est valable. La seconde raison est, que ceste introduction faicte par la coustume a du tout abrogé & aboli la forme & maniere tant difficile de faire testamens prescrite par le droict escrit, par laquelle vn testament ne debuoit estre fait qu'auec sept tesmoins citoyens

f l. cum Pretor. D. de iudicc.

g l. nemo potest. D. de legat. 1.

Romains, *h* âgez de quatorze ans, capables de tester, *i* presens soubs-signans, *k* masles, *l* non suspects, appellez, par exprés, *m* & non venus par cas fortuit & d'aduanture: & puis apres il faloit clore le testament du seau du testateur, & des tesmoins, s'ils auoient des seaux, *n* sinon, ils pouuoient se seruir du seau d'autruy, & apres la mort du testateur il le faloit ouurir en presence d'vn officier & magistrat qui s'appelloit *magister census*, *o* & recognoistre les sings & seaux des tesmoins: mesmes en vne forme imparfaicte de tester, qui auoit seulement lieu entre les enfans, il estoit requis vn certain nombre de tesmoins, & que les enfans signassent le testament. *p* Toutesfois par ce que toutes ces choses sembloiẽt par trop difficiles à ceux qui ont redigé nostre coustume, ayant relaissé ces solennitez si grandes, ils en ont introduict de plus faciles, voire de tres-aisees à faire testamẽt, de façon que celuy qui teste ne peut pretendre aucune excuse valable, s'il n'a choisi vne des manieres de tester portees par la coustume, soit en la ville, soit aux champs, veu que par tout il se trouue assez de Notaires, ou que le testateur a moyen d'escrire ou qu'il peut à ceste fin appeller à soy son Curé ou Vicaire. Celuy là doncques commet contre la coustume, qui veut & essaye de faire vn testament nuncupatif ver-

h *l. hac consultissima. C. de testam.*

i *l. 1. eod.*

k *l. cũ antiquitas. & l. iubemus eod.*

l *l. qui testamẽto. § cũ qui. D. eod.*

m *auth. rogati. C. de testib. l. heredes. §. fin. D. eod. & l. fin. C. de rend. indeb.*

n *l. si vnus. C. de testam.*

o *l. cõsulta. eod. & l. 1. C. quem test. aper.*

p *d. l. hac cõsultissima. § vlt. c. de testam.*

balement ou par escrit : mesmes quand on met en auant qu'vn tel testament nuncupatif a esté fait, il n'est point sans soupçon de faux, en ce qu'il n'est pas faict suyuant la coustume, *q* & partant il semble tomber en la raison de ceste ordonnance de Moulins, qui est faicte pour obuier aux subornations & reproches de tesmoins, & à la multiplication & inuolution de faits : & doit on imputer au testateur, de n'auoir faict son testament selon la coustume du pays où il demeure. Et i'estimerois qu'il faut iuger de mesme en toutes autres dispositions dernieres, comme és Codiciles, donations à cause de mort, & legs particuliers : Car comme souuentesfois i'ay veu alleguer tels legs auoir esté faicts de bouche par celuy qui estoit nouuellement decedé, & ce en presence de quelques tesmoins, qui estoient subornez & practiquez pour la plus-part, qui est cause que tels legs n'ont tousiours esté fort suspects. Et de certain, ie sçay qu'il a autres-fois ainsi esté iugé pour raison d'vn legs particulier, qu'vn heritier soustenoit luy auoir esté fait par vn testateur, qui auoit fait auparauant son testament par escrit, & auoit legué par iceluy à vn sien heritier qu'il aymoit par dessus les autres sess acquests & ses meubles : & ce secõd heritier suruenãt, fist en sorte auec le testateur, qu'en presence de deux

q *arg. l. non dubiu. C. de legib.*

ou trois tesmoins appellez pour cest effect, il luy donna & remist quelques debtes, & retrancha quelque chose de son testament premier, mais de parole seulement & sans escrit: apres le trespas duquel testateur il y eut proces intenté en ceste ville de Poictiers touchant ce dernier legs. Contre lequel, le premier legataire disoit, que le premier testament estoit par escrit, & fait du tout conformement à nostre coustume, & defaillant la solemnité prescripte par icelle en ceste derniere disposition, que le premier testament n'auoit esté reuoqué par vne ordonnance faicte seulement de bouche: & fust ainsi iugé par sentence de Maistre François de Lauzon Docteur regent és droicts & conseruateur des priuileges de ceste vniuersité, laquelle a depuis esté confirmee par arrest.[r] Par ces raisons deuant dictes, i'estimerois, qu'en Poictou on ne se peut departir de l'vne de ces cinq manieres & formes de tester, & que par la raison de ceste ordõnance, il faut reiecter toute dispositiõ verbale & nũcupatiue, & qu'il faut ainsi iuger en tous les autres pays, esquels vne certaine & expresse maniere de faire testamẽt est prescripte, comme és coustumes de Paris,[s] de Tours,[t] de Meaux,[v] de Sens,[x] de Chartres,[y] d'Angoulmois,[z] & autres semblables qui prescriuent certaine forme de tester. Car i'estime qu'il

r du 27. Iuillet 1571.

s art.96.
t art.324.
v art.91.
x art.82.
y art.194.
z art.112.

n'est pas permis se departir *a* de ceste forme limitee par la cou'stume, en ces mots, *auant qu'vn testament, &c.* Sinō que autrement on eust accoustumé d'en vser és prouinces cy dessus, ou en quelques vnes d'icelles. Toutes-fois i'estime que nostre regle doit receuoir exception en trois cas. Premierement en temps de peste, secondement quand on est à la guerre: & en dernier lieu quand le testateur ou testatrice decedēt en vne paroisse, ou en vn lieu, où il ne se trouue aucun Notaire, aucun Curé, ny Vicaire, ny mesmes vn seul Prestre, cōme pour le present il y a plusieurs endroits où il ne s'en trouue point. Car en l'vn de ces cas, à sçauoir si quelqu'vn qui est frapé de peste ne peut fournir d'aucuns Prestres ou Notaires, à cause du danger du mal contagieux, en presence de tesmoins appellez par expres il dispose de ses biens, & qu'il proteste du defaut de Notaires ou de son Curé, i'estime qu'on doit receuoir ceste disposition de derniere volonté, d'autāt que la loy a de coustume d'excuser telles necessitez: *b* & faut dire de mesme de celuy qui est au camp ou en l'armee, veu que la loy luy remet la rigueur des solemnitez ordinaires, à cause de l'vrgente necessité de la guerre. *c* Il faut aussi dire le semblable pour le troisiesme cas, qui est quand il ne se trouue aucuns Prestres ny Notaires. Car en tous ces

a *l. si quando C. de inoffic. test. l. nemo potest. D. de legat. 1.*

b *l. cum antiquitas. C. de testam. & not. per Iason. post Cynum & Alberic in l. hac consultissima. §. per nuncupationem eod.*

c *l. 1. & 3. D. de test. milit.*

cas les loix anciennes, & principalement les canons ont temperé & addoucy l'exacte solemnité du droict, de sorte qu'ils se sont contentez d'vne legere obseruation de solemnitez, comme il se veoid au droict Canon. d Toutesfois ceux qui sont malades & reduicts à ceste necessité feront mieux & plus seurement, si comme i'ay desia dict, ils protestent verbalement deuant les mesmes tesmoins qu'ils font ainsi leur testament par defaut de pouuoir fournir de Prestres & Notaires. Car ils monstreront par ceste protestation ou declaration qu'ils ont ainsi faict leur testament non par mespris de la coustume, mais plustost par necessité, laquelle protestatiõ declaratoire de leur volonté, a accoustumé de seruir beaucoup, e & les tesmoins ainsi appellez pourront tesmoigner & deposer de ceste protestation, veu qu'elle est accessoire au testament, & partant doit estre reputee de mesme nature. Ce qui a esté dict des testamens, ie pense deuoir estre aussi obserué és codiciles, donations à cause de mort, legs particuliers, & autres dernieres dispositiõs, sauf toutesfois en toutes ces choses meilleur aduis. De ce que dessus ie cõclus donques, que le testament nũcupatif, n'a point de lieu en ce pays coustumier, & autres semblables, mais qu'il doit estre faict selon la forme prescripte par la loy municipale,

d c. indicante. c. cum esses. c. relatum. extr. de testam.

e arg. l. Nesennius. D. de nego. gest.

& par les Notaires chacun en son propre territoire, comme nous auons rapporté f cy deuant auoir esté iugé par arrest, g

f. sup. cap. 8.
g du 28. Auril 1575.

Des qualitez & accidens des choses demandees en iugement.

Chap. XVII.

Le cinquiesme article qui appartient à la premiere partie de ceste ordonnance, est des qualitez ou accidés des choses desquelles on plaide, cõme de sçauoir de quelle condition & qualité est l'heritage ou la rente dont y a procés intenté, soit en demandant, soit en defendant, & si ceste qualité ou condition peut estre prouuee par tesmoins, si la chose excede cent liures. Pour exemple: deux heritiers succedent à Caius, l'vn qui est peut estre des ascendans succede aux acquests, & l'autre qui est peut estre collateral, seulement au propres & aux biens patrimoniaux & anciens, comme on peut voir en beaucoup de coustumes de ce Royaume.

Item, souuentesfois on faict des donations des acquests, de sorte que le donataire pretend tout ce qui a esté acquis par le donateur luy appartenir, & l'heritier tout ce qui est propre. En ces cas on demande deux choses, l'vne, lequel des deux doit faire preuue de ses pretensions, & l'autre de quel genre de preuue il est permis d'vser, & si ceste ordonnance royale a lieu en cest endroict. Quant à la premiere question, la resolutiõ en est si vulgaire & cõmune, qu'elle n'a besoin de plus long discours. Car encores que quelques Aduocats de la Cour de Parlement ayent esté autresfois d'aduis, qu'on deuoit reputer tous les biens estre d'acquest, si on ne prouuoit qu'ils estoient du propre ou du patrimoine ancien, fondez sur ceste raison, que l'homme naist au monde tout nud, par ce que Iob *a* disoit, ie suis sorty nud du ventre de ma mere, & partãt qu'on deuoit presumer tous les biẽs possedez par nous depuis nostre naissance estre d'acquest : Toutesfois la contraire opinion est plus veritable, à sçauoir qu'on presume tous les biens estre du propre & anciens, qu'on ne prouue point estre d'acquest, par ceste raison de droict, que par la possessiõ de present, on presume que nous auons iouy de l'heritage par le passé. *b* Car cela est practiqué principalement en la Seigneurie d'vne chose, qu'on estime estre

a cap. 1.

b l. siue possidetis, & ibi Bartol. C. de probat.

ancienne, & continuée d'vn predecesseur à son heritier. *c* D'autant qu'on presume vne chose estre ancienne, qu'on ne prouue point estre nouuelle, principalement pour le regard du possesseur, comme parlent les feudistes. *d* C'est doncques vne chose toute certaine & receuë sans difficulté, qu'à celuy-là conuient de faire preuue, qui maintient les biens estre d'acquest. Reste l'autre question, à sçauoir s'il est loisible de prouuer par tesmoins la chose estre d'acquest, si elle excede cent liures, & si on dit qu'elle ait esté acquise depuis le temps de ceste ordonnance, laquelle pour certain ne donne reglement qu'aux negoces & affaires futures, & non du passé; *e* ou bien si la preuue doit estre faicte par escrit, suyuant ceste ordonnance. Ie respons qu'en ces exemples nostre ordonnance Royale ne peut estre practiquée si à l'exact, mais qu'il faut plustost laisser ceste faculté de prouuer à l'arbitrage & equité des Iuges, lesquels par la nature de la chose dont est question, & par les circonstances de ce qui est allegué, pourront mieux sçauoir, de quelle sorte de preuues il faudra vser. Car il n'y a personne qui ne sçache, que les biens soient meubles soient immeubles peuuẽt estre acquis non seulement par escrit, mais aussi sans escrit, & sans aucune paction ny conuention des hommes. L'Empereur dit, *f* qu'on peut

c l. cum heredes. D. de acquir. possess.

d c. vnic. de content. interme & dem. de pert. § si vero dominus. de success. fratr. vel grad. succ. c. vnic. de vassal. decrept. in vsibus feudor.

e l. leges. C. de legib.

f l. Proprietatis C. de prob. et l. instrumentis C. de fid. instrum.

prouuer la Seigneurie de la proprieté, non pas seulement par tiltres & instrumẽs, mais aussi par tesmoins. Car nous acquerõs sans escrit, & sans aucune conuention, ce que nous auons prescrit par dix ans, ou autre plus long temps, veu que la prescription est vn moyen legitime d'acquerir, *g* & la prescription ne peut estre mise par escrit, d'autant qu'elle s'accomplit seulement par laps de temps. *h* Item si vne chose qui estoit tenuë pour delaissée, est occupée par vn nouueau possesseur, comme i'ay veu souuent és possessions superficiaires, lesquelles estans delaissées de l'vn, sont occupées par vn autre, & sont possedées publiquement par certain temps, au veu & sceu & sans contredict de celuy qui les possedoit auparauant, *i* comme il se faict souuentesfois entre ceux, qui par permission du fisque bastissent de petites loges ou boutiques, ou maisons superficiaires és Palais & lieux publiques, ainsi que parle le Iurisconsulte Caius: *k* Toutes ces choses sont d'aquest, & celuy qui soustient qu'elles en sont, pourra ratiociner en ceste façon. Le champ Cornelian estoit d'acquisitiõ faicte par Titius mon donateur, par ce qu'il a esté veu en iouyr de nouueau, d'autant qu'il estoit auparauant possedé par Sempronius, la possession doncques en a esté changée de Sempronius à Titius: Sempronius l'a veu

g tot. tit. C. de prescript. 30. vel 40. ann. § 1. tales. de vsu. cap.

h l. 3. D. de vsucap.

i l. 1. & 2. D. eod. tit. pro derelict.

k l. ult. D. de in. ersuib.

& ne l'a contredict ny empesché, & Titius est mort en possession de ce champ, & partant il s'ensuit, veu que Sempronius & ses heritiers ne se sont iamais opposez au chãgement de iouyssance, & que Titius en a eu tout nouuellement la libre possession; que ce champ a esté de nouueau par luy acquis, à cause du changement de possession, *l* & qu'il n'est venu de ses ancestres, & ne luy est escheu par succession. Car de ces deux extremitez prouuées, il resultera que le champ est d'acquest, si on n'allegue quelque chose au contraire. Or est-il que souuent ces changemens de possession se font sans aucune paction expresse des hõmes, selon les occurrences & occasions diuerses : ils ne peuuent doncques estre subiects à ceste ordonnance, qui semble seulement parler des conuentions expresses des hommes, par ce que la raison d'icelle cesse en ce cas. D'auantage il semble que ceste ordonnance parle seulement des pactions & contracts, en vertu desquels principalement on intẽte action, par ces mots: *Sans receuoir aucune preuue de tesmoins outre le contenu au contract* : Car elle semble parler principalement du contract ou de la conuention, dont il s'agist au proces, & non exactement de toutes les autres qualitez & accidens qui peuuent naistre & suruenir au proces touchant les choses litigieuses,

l *l. si profundo. C. de transact.*

d'autant qu'elles aduiennent ordinairemẽt sans escrit, & sans aucune expresse conuention des hommes, comme il a esté monstré par les exemples cy deuãt alleguez & semblables, esquels les Iuges par leur equité ne restraindront point les preuues, & principalement si on met en auant que l'heritage ou la rente dont il s'agist, soit d'acquest: mais ils pourront permettre generalement toutes preuues, veu qu'on peut acquerir la Seigneurie des choses par presque infinis moyens, & mesmes sans escrit, tant par le droict des gens, que par le droict ciuil, cõme dict le I.C. Caius; *m* & en ces cas ils ne seront tenus de garder estroictement ceste ordonnance. Toutesfois si on alleguoit ceste qualité estre acquise d'vne expresse & particuliere conuention des hommes, cõme de vendition, permutation, donation, & autres qui sont cõprises au rang des contracts, *n* & que on n'en articulast point d'autre cause, peut estre qu'en ce cas ceste ordonnance deuroit auoir lieu, & qu'il ne faudroit receuoir la preuue par tesmoins, veu que celuy qui plaide a voulu restraindre sa preuue allegant vn contrat, sauf toutesfois en cecy le bon plaisir du Iuge. I'en ay veu souuentesfois vn autre exemple és biens nobles & feodaux, & és biens roturiers: Car les heritages en fief & nobles sont autrement partagez que ceux qui sont en

m *l. 1. & 2. l. adeo. D. de acq. rer. domin.*

n *l. contractus. C. de fid. instru.*

rotute, par diuerses coustumes de ce royaume, mais il n'y a personne qui face doubte, que toutes choses sont reputées roturieres, comme plus libres, si on ne prouue qu'elles soient nobles & feodales, d'autant qu'on dict tout heritage estre libre & franc, si on ne monstre qu'il soit subiect à quelque seruitude. o Et combien que nos François soient presque tous de ceste opinion, qu'ils font plus d'estat & estiment d'auantage les maisons & heritages tenus en fief & à hommage, (ores qu'ils soiẽt chargez & obligez à vne seruitude personnelle plus grande, & subiects à vne infinité de cas de commises & de confiscations, comme on peut veoir ès liures qui traictent des fiefs,) p qu'ils ne font les heritages roturiers chargez seulement du cens reel enuers les Seigneurs, & nullement obligez à aucunes charges personnelles & seruiles, si expressément il n'en est parlé par les baillées à rente. Toutesfois i'estime que cela procede plustost du grand & genereux courage des Frãçois, que du profict qui en vienne. Or par le droict des fiefs que nous auons par escrit, la premiere preuue des fiefs se faisoit par instrumens & contracts publiez, ou par vn breuet attesté du seigneur qui auoit baillé les choses en fief: & cela defaillant, ou estans les instrumens perdus, la preuue s'en faisoit par les Pairs de la Cour, & s'ils n'en

o l. altius. in uerba glos. & l. si tib. C. de seruit.

p tit. quib. mod. feud. amitt. in vsib. feudor.

pouuoient tesmoigner, ou qu'ils l'ignorassent, on prenoit le serment du possesseur, q & quelquesfois on y adioustoit la preuue de douze tesmoins sacramentaux, desquels souuent est fait mention és loix feodales. r Toutesfois en ce Royaume c'est vne chose toute commune, que les hommages des fiefs ne se font & ne sont receuz que par escrit, & que les adueuz & denombremens sont renduz par escrit. Si quelqu'vn doncques soustient qu'vn heritage soit tenu en fief, veu que la teneure feodale ne peut estre faicte que par l'expres consentement & paction des hommes, s i'estimerois selon ceste ordonnance que ceste qualité peut estre seulement prouuée par escrit, autrement la chose sera reputée roturiere, ou censiue, ou de francalleu, qui est possedée sans qu'on soit tenu en payer aucun cens ny redeuance: cõme il se void en quelques Prouinces, principalement en celles qui se regissent selon le droict escrit: laquelle chose allaudialle á de coustume d'estre partagée egalement comme la roturiere: car pour ce qu'elle est de franc alleu, elle n'est pour cela reputée noble, au contraire on l'estime estre tres-libre, veu qu'elle n'a aucun seigneur dominant qu'elle recognoisse, ou auquel elle soit tenuë d'aucune redeuance, & est appellée allaudialle, comme elegamment l'enseigne le

q c. 1. quid sit inuestit. c. 1. si de feud. inuest. contr. fuer. in vsib. feud.

r C. 2. eod. & c. 1. si de inuest. ini. dom. & vass. iis orta. tur.

s c. 1. quid sit inuest. in vsib. feudor.

docte Budée, t du verbe *laudo* duquel vsent les iurisconsultes, v. pource qu'on dit appeller nostre autheur à nostre defense, que vulgairement nous disons appeller à garand, ou en gariment. Par ce qui a esté dict cy dessus, il semble que toutes qualitez feodales sont subiectes à ceste ordonnance Royale, si quelqu'vn peut estre n'en veut excepter les chasteaux, & maisons basties d'anciennété en forteresse, & ayans en soy toutes les marques de noblesse, qui ont tousiours esté partagées comme biens nobles entre personnes nobles, & qui ont esté tenuës & reputées de treslong temps estre de qualité noble, & d'autant que de ces choses il ne s'en peut rien verifier par escrit, & qu'õ ne peut prouuer par notoire renommée & tesmoignage des anciẽs voisins, la perte des tiltres qui en faisoiẽt mention, on pourra monstrer que ceste maison & chasteau ont tousiours esté possedez & partagez noblement, & qu'ils ont esté nommez & reputez tels par les Seigneurs suzerains, & par autres Gentils-hommes, & qu'ils ont esté recogneuz de tous pour estre nobles. Car i'estimerois qu'õ peut receuoir la preuue par tesmoins de ceste qualité, attendu qu'il apparoist de-ja des marques nobles du chasteau ou de la maison qui a tousiours esté possedée par Gentils-

t in Annot. in Pandect. ad l. herennius. D. de euict.

v in l. tenetur. §. si tibi iter. D. de act. empt. & in d. l. herennius.

Gentils hommes, & partagée noblement: & que le Iurisconsulte, *x* enseigne que par les marques & enseignes, les choses marquées sont signifiées, & principalement, si telles marques ressentent leur ancienne noblesse, comme sont les armoiries, les pont leuis, les tours anciennes, les murailles crenellées, les colombiers faits en terre, les garannes bien peuplées, & autres semblables indices, demonstrans l'ancienne noblesse de la chose, veu qu'ils ont en soy vne preuue oculaire, comme en cas semblable le I.C. Paule, *y* veut inferer par les armes & les noms qui sont d'ancienneté grauez & empraints és œuures publiques. Toutesfois ceste question ne pourra naistre que fort rarement, par ce que coustumierement vn chasteau ne peut estre sans subiects, & ainsi il ne se peut faire, qu'õ ne puisse recouurer quelque chose par escrit de la iurisdiction du chasteau, & de la iustice qui a accoustumé d'estre renduë aux subiects. Mais si dauanture ce cas aduenoit quelquesfois vn bon Iuge verra s'il deura receuoir la preuue par tesmoins, ainsi qu'il iugera estre plus equitable par la qualité des choses, & par ce qui sera allegué de part & d'autre. Puisque nous auons traicté iusques icy de la noblesse des choses litigieuses, on ne pourra pas moins doubter de la noblesse des personnes: Car en beau-

x in l. 1 §. si intelligatur. D. de adilit edict. arg. l. stigmata de fabricens. lib. 11. C.

y l. qui liberalitate. & l final. D. de operib. pub.

coup de proces & different, ceste qualité de noblesse est souuentesfois disputée : cõme pour exemple, Caius & Titius freres sont en proces pour raison de la succession de leur pere, dont la plus grande part consiste en fief, & est noble : Caius qui est l'aisné demande son droict d'aisnesse selon les coustumes de plusieurs Prouinces, par lesquelles il appartiẽt à l'aisné d'entre nobles plus grande part qu'aux autres : Titius desnie & impugne ceste qualité de noblesse: on demande qui est tenu de prouuer la noblesse, & s'il est permis de la verifier par tesmoins, ou par escrit seulement? Quant à la premiere demande, il n'y a point de doute, que celuy là doit prouuer la noblesse qui l'allegue & met en faict, z par ce que la qualité de noblesse est accidentale & extrinseque. Car on estime tous les hommes estre de mesme condition, pour le regard de la naissance, estans tous venus d'Adam nostre premier pere; mais ils ont esté distinguez d'entre les autres à cause de l'excellence de leurs mœurs, ou pour leur vertu ou saincteté de vie, & l'vn a esté estimé plus digne & plus noble que l'autre. Laquelle distinction aucuns pẽsent auoir esté faicte du temps des trois enfans du Patriarche Noé, dont l'vn nommé Cham, fut condamné par le tres-iuste iugement de son pere, de seruir ses deux autres freres, &

z l. is quis dicit. l. asseueratio. D. de probat. l. non ignoras. C. de his qui accus. poss.

de s'addonner à l'agriculture, parce qu'il n'auoit tenu compte de cacher la vergoigne de son pere, & fut declaré par le mesme Noé, que Cham seroit maistrisé & dominé par ses deux autres freres, ausquels la benedictiõ fut dõnée par ce qu'ils auoient auec pudeur recouuert les parties honteuses de leur pere : *a* & ainsi la noblesse à pris son origine de la sainctteté de mœurs. D'auantage il appert assez, que la noblesse est accidentale, parce qu'elle peut estre & n'estre pas en vn subiect sans la corruption d'iceluy, ainsi que dict Bartole, *b* comme aussi il apparoist en la femme roturiere, laquelle estant mariée auec vn Gentil-homme, est faicte Damoiselle & gentil-femme: *c* & se remariant puis apres à vn roturier, elle delaisse d'estre noble, & perd sa noblesse. *d* Itẽ vn gentil-hõme peut estre priué de sa noblesse par forfaicture, estant condãné pour crime, *e* & toutesfois il demoure tousiours homme, & peut derechef estre rehabilité par le Prince, obtenant de luy lettres de restablissement. *f* Finalement on pourroit monstrer par presque infinis exemples, la qualité de noblesse estre accidentale & extrinseque. Celuy doncques qui se dict estre noble, doit prouuer ceste qualité. L'autre question a beaucoup plus de doute, à sçauoir si ceste preuue doit estre reglée suyuant ceste ordonnance de

a *Genes.9.*

b *in l.1.C.de dignit.*

c *l.fœmina.C. de senator.*

d *l.mulieres.C. de dignitat.*

e *l.vnic.C.de infamib.iun.l. ad tempus,& l. iniuriarum. C. ex quib.caus.infam.*

f *l.quaris.& toto tit.D.de natal.rest.*

Moulins? A quoy ie respons, si on allegue la noblesse acquise par quelque tiltre & contract ou par acte qui ressente quelque espece d'vn cõtract, ou qui approche de la nature d'iceluy, & que soit depuis ceste ordõnance, que la preuue lors en doit estre faite par escrit, & non par tesmoins, conformement aux termes de l'ordõnance en ces mots, *Que de toutes choses excedans cent liures, seront faicts contracts*: Mais si on pretend estre noble, non par quelque tiltre ou contract, ou acte semblable, ains par ancienne prescription de temps, que la preuue de ceste noblesse ne doit estre reglée ny assubiectie à la raison de nostre ordonnance. Et afin que ceste distinction soit plus clairement entendue, nous diuiserons la noblesse Politique en deux especes, selon la plus commune vsance des François (par ce que nous ne pretendons pas traicter icy de la noblesse Theologique, mais nous en ensuyuant Bartole, *g* la laissons aux Theologiens,) c'est à sçauoir en la noblesse de race & anciẽne, & en la noblesse acquise & nouuelle.

g *in l. 1. C. de dignitat.*

LA noblesse de race est celle là, qui des predecesseurs anciens remarquables & illustres tant d'origine que de splendeur de beaux faicts paruient aux descendans & successeurs, de sorte qu'on dit les Gentils-hommes estre nais nobles, par ce qu'ils sont nez de parens nobles de pere en fils, dont faict mention Aristote, *h* quand il dit, la

h *lib. 2. Rhetoric.*

noblesse estre vne splendeur & excellence des maieurs, & honneur de races, & on la considere selon la vertu de la lignée & parenté, dont parle aussi Cassiodore, *i* affermant que nous ne sommes point annoblis par la noblesse & bonté de nos parens, si nous mesmes ne sommes aussi vertueux: A quoy est semblable ce que dit Iuuenal, k qu'il ne sert de rien, de racompter nostre genealogie de long temps, si la probité des mœurs nous defaut. Ceste noblesse de race est reputée la plus vraye par Felin, *l* & les Canonistes, comme aussi par Bartole, *m* & par Luc de Penna, *n* qui se sont fondez peut estre sur ceste raison, que ceste noblesse a en soy double lien, sçauoir l'ancienne splẽdeur & vertu plus excellẽte des ayeuls, dont on presume qu'elle a pris origine, & la continuation d'vn treslong temps, par lequel ceste anciẽne noblesse semble auoir esté perpetuée en ceste famille, & par ce que deux liens sont plus forts qu'vn, *o* ceste noblesse de race est estimée la plus digne & dont on fait plus d'estat, parce qu'elle procede non seulement de la vertu, mais par ce qu'elle a esté continuée par treslong temps en la famille.

i li[illegible] epist. 8.

k Satyr. 8.

l in c. super eo extr. de testib. & c. venerabilu. de prabend.

m in l 1. C. de dignit.

n in l. mulieres C. eod.

o §. sed hodie. inst. de adoption.

La noblesse nouuelle est celle qui a esté acquise ou par la proüesse militaire, ou par la science, ou par la splendeur de quelque autre vertu, par celuy qui n'agueres estoit roturier, de laquelle noblesse dict Ciceron, p *Interesse Reipub. clarorum virorum, & de Repub. bene meritorum, memoriam manere.* Que la Republique a interest, que la memoire demeure & soit eternelle des hommes illustres, & qui ont bien merité du public: & telle noblesse est en ceux, qui pour leurs prouësses & hauts & faicts sont recõpensez par le Prince du tiltre de noblesse, & de l'ordre de Cheualerie, comme aussi sont les Maires & Escheuins des Villes, qui estãs vne fois paruenuz à ceste dignité, acquierent ensemble la noblesse pour en iouyr par eux, & par leur posterité: q du nombre desquels sont les Escheuins de la Ville de Poictiers, qu'on appelle en latin *Scabini*, & seroient mieux nommez *Excauini*, tirant leur origine de ce verbe *Excaueo*. Or ces Escheuins sont tellement annoblis par ce priuilege, que ceste noblesse s'estend aux successions, & aux honneurs de quelque sorte qu'ils soient, & qu'il n'y a point de difference entre eux, & les autres anciens nobles, comme on peut voir en la coustume de Poictou, r & souuentesfois il a esté iugé en la Cour par Arrest. Qui plus est ceste noblesse n'appartient pas seulement aux enfans qui sont nez apres estre paruenuz à ceste dignité, mais aussi à ceux qui sont nez auparauant, par les termes expres du priuilege qui anciennement fut octroyé par le

p *in orat. pro Sextio.*

q *l. 1. & ibi Bartol. D. de decurion.*

r art. 238.

Roy Charles cinquiesme, *s* aux habitans de Poictiers, en recompense de leur inuincible fidelité, ce qui ne se feroit autrement, par ce que la disposition du droit y resiste. *t* qui ne veut pas que les enfans nez iouissent, & se ressentent de la dignité en laquelle leur pere a esté constitué depuis leur naissance. Ceste noblesse acquise se void aussi és autres dignitez publiques ornées du tiltre de noblesse par le benefice du Prince, comme és Conseillers des Cours souueraines, qui par arrest du Conseil priué du Roy, ont esté declarez nobles, eux & leur posterité. Mais ie ne comprens pas icy les dignitez, qui procedent des fiefs, car en nostre France, les fiefs n'ont pas accoustumé d'annoblir les roturiers, comme remarque Luc de Penna, *v* encores que soient Comtez, ainsi qu'on peut voir en plusieurs coustumes. Si doncques il se presente des proces pour ces noblesses, soient anciennes, soient nouuelles, & qu'on les desnie & impugne, ie conclus que pour la noblesse ancienne & de race nous pourrons vser de la preuue par tesmoins, veu qu'elle procede plustost de prescription, qu'on n'a pas accoustumé de rediger par escrit, ains est accomplie plus par le seul laps de temps, *x* que par aucune paction ou concession des hommes. Or il est assez amplemẽt traicté par Bartole, *y* & par autres

s l'an 1372.

t *l. final. C. de decurion.*

v *in l. cum neque* C. *de incol.*

x *l. 3. D. de vsucapion.*

y *l. 1. C. de dignit. ex notat. per Innoc. in c. de multa. extr. de prebend. est Rebuf. in tract. nomin. quæst. 12. num. 28.*

qui ont escrit de ceste matiere cõme il faut proceder à faire preuue de ceste noblesse, & partant ie ne m'arresteray pas plus long temps sur ce subiect. I'excepte toutesfois de ceste preuue par tesmoins qu'on faict pour la noblesse de race, vn seul cas, auquel il est besoin de dresser par escrit vn acte de la preuue d'icelle, à sçauoir quand il est question de la nomination aux Benefices, octroyee aux nobles graduez qui ont estudié par trois ans: Car en ce cas, il faut qu'il y ait necessairement vn acte de la preuue de la noblesse faict & escrit auec certaine solemnité, qui doit preceder, & qu'on doit signifier aux collateurs, par les Edicts & ordonnances Royaux, & par les concordats faicts entre le Roy & le Pape, z autrement ils n'auroient iamais aucun benefice par nomination. Mesmes s'il y a proces pour raison d'vn benefice conferé à vn noble gradué, si cest acte solemnel d'attestation de noblesse defaut, & ne se trouue par escrit, & s'il n'a esté insinué deuement en Caresme, ce noble gradué perdra sa cause, & ne luy sera permis de produire tesmoins pour prouuer sa noblesse, a à cause de la forme prescripte par l'ordonnance, de laquelle on ne peut tãt soit peu se departir, par ce qu'il la faut en tout & par tout accomplir : b Pour le regard de la noblesse nouuelle & acquise depuis ceste ordon-

z Louys 12. au tiltre des graduez simples art. 11. & §. *cum vero. de collat. in Concord.*

a §. *Teneantur & ibi Rebuff. de collat. in concord* b c. *pluralis. de reg. iur. in 6. & ibi Din⁹ l. quoties. D. qui satis. cogant.*

pance,si on en faict denegation, ie dis que necessairement il la fautprouuer par escrit pour deux raisons ; La premiere , par ce qu'elle procede de l'octroy,concession , & liberalité du Prince ou de la ville dont on est citoyen,& que tel octroy ou donation ressemble vn contract,c & mesmes est mis au rang des contracts : La seconde par ce que les speciaux priuileges du Prince , ou de la ville, n'ont point accoustumé d'estre octroyez que par escrit. Car on faict tousiours vn Tableau auquel on escrit solemnellement les noms & surnoms des Senateurs & Escheuins, & on en fait registre, d autremēt il sembleroit qu'ils n'en seroiēt du nombre,principalement si leur dignité est recente & nouuelle,& s'ils n'ont point de prescription de treslong temps de leurs maieurs,comme il a esté dict de la noblesse de race. Celuy doncques qui se maintient estre Senateur ou Escheuins , ou fils de Senateur ou Escheuin , afin qu'il partage noblement la succession escheue , ou qu'il vse & s'ayde du priuilege de noblesse , il la doit prouuer par escrit, comme par lettres du Prince, par lesquelles il a esté annobly, ou par les lettres de prouision d'vn estat de Conseiller en Cour souueraine,ou par l'acte d'election & concession escrit au registre de la maison de ville où il aura esté creé Escheuin,ou par telles & semblables preu-

c *l. contractus. C. de fide instrum.*

d *l. 1. & 2. D. de alb. scrib.*

ues par escrit, principalement quand on a accoustumé d'en faire registre & de les rediger par escrit, ce qui se faict afin de ne donner occasion de suborner & practiquer des tesmoins, si par tesmoins la preuue en estoit receue, contre l'intention de ceste ordonnance: parce que pour prouuer ceste nouuelle noblesse, il ne suffit pas d'asseurer nuement & simplement qu'on est noble, *e* & l'opinion du vulgaire n'est suffisante pour le faire croire, veu que la voix du peuple le plus souuent est tromperesse, faulse & vaine, *f* & quelquesfois sotte & impertinente, comme dict Ciceron. Toutesfois i'estimerois qu'il en faut excepter vn seul cas, sçauoir quand le Roy a donné à quelqu'vn l'ordre de cheualerie vn peu deuant qu'on donne vne bataille, comme on a veu souuentesfois, lors qu'vne armee est preste de choquer & cõbatre l'armee des ennemis, & qu'on cõmence de mettre les armes au poing, que le Roy faict plusieurs Cheualiers, afin de les rẽdre plus ardens & courageux au combat: Car personne ne doute, que par le moyen de cest ordre de Cheualerie, on ne soit faict noble, veu que ceux qui sont de ce nombre, sont mis au premier rang, apres le degré des Clarissimes, comme dit l'Empereur, *g* qui peut estre, aussi n'estoient nobles de race. Puisque doncques ceste dignité & nobles-

e arg. l. non mendis. C. de probat.

f l. Decurionum C. de pœn. l. diuo Marco. C. qui manum. nõ poss. l. si priuatus. D. qui & à quib.

g l. vnic. C. de Equest. dignit.

se n'est iamais mise par escrit, veu que lors & le Prince & les Soldats ont seulement intention de l'escrire de lettres teinctes de leur sang, i'estime que ceste noblesse acquise par les armes & par le sang, peut estre prouuee par tesmoins, à sçauoir par les soldats qui y estoient lors presens, attendu mesmes que les priuileges des gensdarmes sont si grands à cause de leur simplicité, *i* & qu'il est plus seãt aux soldats d'estre bons guerriers & valeureux, que de sçauoir le droict, *k* de sorte qu'ils semblent estre du tout exempts & n'estre obligez de garder les estroictes solemnitez des loix. Ioinct que tels Cheualiers ainsi annoblis ne doiuent pas estre adstrainćts à la necessité & rigueur de ceste ordonnance, principalement parce que la presence mesme du Prince doit estre plus digne, & faire plus de foy & de preuue, que tous escrits quels qu'ils soient, & que par icelle est suppleée & parfaicte toute solennité du droict, comme on dit és testamens qui sont faits en presence du Prince, *l* Car en ce cas, la presence du Prince n'y est pas seulement, mais le Prince mesme de sa main propre, confere ceste dignité. Ce seroit doncques chose tres-indigne, & il sẽbleroit, qu'on feroit tort & iniure à la liberalité du Prince, si on y recherchoit vne plus grande solennité, comme parle l'Empereur, quand il faict

i *l. 1. D. de testam. milit.*

k *l. scimus C. de iure de liber.*

l *l. omnium. C. de testam.*

mention des donations du Prince. *m* Autre chose peut estre, faudroit il dire des Cheualiers faicts par le Prince estant hors de l'armee, parce qu'ils ne iouyssent de si grande faueur, *n* que ceux qui par leur sang, & danger de leur vie, acquierẽt ceste dignité. Il faut dire le mesme des Cheualiers qui portent le collier, vulgairement appellez Cheualiers de l'ordre, & estime, si leur qualité & dignité leur est impugnee qu'ils la doiuent prouuer par escrit, d'autant que le Roy le plus souuent les faict au retour de l'armee, & lors qu'il est en repos, & qu'on a accoustumé de les escrire au tableau de Cheualiers.

m l. Sancimus. C. de donat. l. fin §. fin. C. de quadr. praescrip.

n l. ne quidam C. de test. mil l. Dinus. D. eod. §. illis. inst. eod.

Des demandes qui n'ont point de quantité certaine.

CHAP. XVIII.

LE sixiesme article appartenant à ceste ordonnance, sera d'vne question qui aduient souuent, à sçauoir quand vne paction est faicte sans estimatiõ certaine, de sorte qu'il est incertain ce qu'on demãde, ou ce qui est deu, & s'il faut dõner iugement sans aucune quantité certaine, & puis en execution d'iceluy discuter quoy, combien, & quelle chose il faut payer, comme nous trouuons souuentesfois en droict : *a* en ces cas comment & quand faut il receuoir ou reietter la preuue par tesmoins? Pour exẽple, Titius met en proces Cayus, & conclud contre luy aux dommages & interests tels qu'ils peuuent estre de droict & de raison, pour ne luy auoir basty vne maison, *b* suyuant l'accord & conuention faict entr'eux: Or Cayus demande que Titius l'acquitte & descharge des

a *in l. quanquã & in l. fin. C de sent. quæ sine cert. quant. & in l. vn. de sent. quæ pro eo quod. inter.*

b *l. si is qui insulam cũ simi-lib. D. de verb. oblig.*

despens, dommages & interests procedans d'vn proces intenté contre Cayus ou Sempronius, & qu'il le garãtisse: ou bien Cayus met en faict, que Titius & luy ont faict vne permutation ou eschange d'vne chose à vne autre, soit meuble, soit immeuble, & demande que l'eschange soit paracheué. c En tous ces cas il naist ceste question, de quelle valeur sera ceste paction & conuention non escrite. Et la mesme question se rencontre en tous autres exemples, esquels on faict demande de chose incertaine, par maniere d'interest: qu'il faut liquider toutesfois en fin de cause, & en execution du iugement: si ceste paction est desniee & qu'elle n'ayt esté escrite, à sçauoir si le iuge deura permettre la preuue par tesmoins? Ie respons que le iuge peut estimer sur le chãp, par la nature & qualité de la demande si elle excede la valeur de cẽt liures ou non, comme quand le faict qui est proposé consiste en peu de chose, en peu d'ouurage & en peu de despense, qu'on peut estimer ne valoir cent liures, ou quand la chose demandee, est notoirement petite, ce qu'on pourra aisément cognoistre de la qualité des personnes, du temps, ou de la chose dont il s'agist, comme il est tout vulgaire en droict, d & comme il a esté souuentesfois traicté par Bartole: e car en ces cas le iuge doit receuoir la preu-

c l. ex placito. C. de rer. per. mut.

d l. in rebus. §. possunt. D. commod.

e In l. sed & si susceperit. §. si

ne sommaire par tesmoins, par ce qu'il s'agist d'vne chose, laquelle doit estre vuidee sommairement, sans entrer plus auant en proces, & sans y obseruer l'ordre iudiciaire, ainsi que dit Vlpian. *f* Mais si l'affaire est tel, qu'il semble de sa nature exceder cent liures, lors si le demandeur estoit si peu fin & aduisé que d'auoir proposé sa demande, sans s'estre restrainct à certaine somme non excedant cent liures, i'estimerois qu'on ne le doit receuoir à en faire preuue par tesmoins, ceste ordonnance y resistant, afin qu'on ne tombe en la raison d'icelle, produisant des tesmoins, qui pourront estimer & priser la conuention dont on est en proces, plus de cent liures, & afin que par voye indirecte & oblique on ne face point de fraude à ceste ordonnance, contre son intention. *g* Et partant le iuge fera plus prudemment, si des le commẽcemẽt de la cause, ou du moins auparauant la contestation, ou auparauant qu'il permette aux parties de faire enqueste, il contrainct le demandeur de restraindre & limiter sa demande à certaine somme, afin que delà il sçache de quel genre de preuue il faudra vser au proces. Or il n'y a point de doubte, que le iuge peut contraindre les demandeurs de faire ceste restriction, veu que cela depend de sa puissance. Car puisque le iuge a son pouuoir limité à certain

libertis. D. de iudic. & auth. vt hi qui se oblig. perhib. coll. 6.

f in l. 2. D. de re iudic. & l. 3. §. ibidem. D. ad exhib.

g l. contra. D. de legib. l. non dubium. C. eod.

genre de causes, il s'ensuit bien, qu'il peult vser de contraincte à l'endroict de ceux qui plaident, pour limiter & restraindre leurs actions & demandes selon le pouuoir qui luy est donné, & iusques où sa iurisdiction s'estend. *h* Or est il que par ceste ordonnance Royale, l'office du iuge est limité tellement, qu'il ne doit receuoir la preuue par tesmoins au dessus de cent liures, il luy est doncques permis de pouuoir contraindre le demandeur de se restraindre à certaine somme, car ayant esté concedee vne chose, il faut necessairement en conceder vne autre, sans laquelle la premiere ne peut estre paracheuee ne accomplie, *i* comme nous auons desia dict plusieurs fois. De laquelle chose nous auons vn exemple en l'edict de l'erection des Iuges Presidiaux, dont le pouuoir est limité à certaine sõme pour en iuger en dernier ressort, ausquels consequẽment, k on a donné pouuoir de contraindre les parties, de se restraindre à certaine somme, dont ils veulent plaider, au commencement de la cause: Ce que nous voyons estre mal obserué tous les iours, & principalement par les Iuges subalternes, & des petits sieges, qui ne tiennent compte de faire faire telles restrictions, & quand le proces est instruict, quelquesfois lors que le proces est en estat & apres les publications d'enquestes les deman-

h *l. si idem eum eodem D. de iurisd.*

i *l. cui iurisdictio D. de iurisdict. l. ad rem mobilem. D. de procurat.*

k *dict. legib.*

demandeurs essayent à restraindre leur demande, & quelques vns apres la sentence donnée, le font en cause d'appel, & ce par dol & finesse, industrieusement, voyans peut estre qu'ils sont asseurez du iugement qui interuiendra: Ce qui a esté souuētesfois infirmé par la cour de Parlement, de sorte qu'à bon droit elle a receu des appellations en plusieurs causes dont l'estimation estoit incertaine, esquelles on ne s'estoit point restrainct au commencement d'icelles, & puis apres le demandeur s'estoit restrainct hors le temps, par le moyen de laquelle restriction il pensoit doleusement oster à sa partie aduerse condamnée le remede d'appel, qui est permis à tous d'equité naturelle, & qui luy estoit acquis par la contestation à cause que l'estimation de la chose dont on plaidoit, estoit lors incertaine, par ce que en iugement nous quasi contractōs, *l* & partant i'estime que les demandeurs ne peuuent apres la cause contestée & instruicte, & moins en cause d'appel restraindre leurs demandes au preiudice des defendeurs, autrement les demandeurs sembleroient estre plus fauorisez que les defendeurs, contre la loy, *m* lesquels esprouueroient de la haine au lieu de faueur, contre la reigle de droict. *n* Vne autre question depend de la precedente, sçauoir si ayant intenté vn proces pour vne somme

l *l. inter stipulātem. §. 1. D. de verb. oblig.*

m *l. Arrianus. D. de obligat. & act.*

n *l. quod fauore. C. de legib.*

non excedant cent liures, laquelle toutesfois procedoit d'vne conuention, excedant icelle somme, la preuue par tesmoins doit estre receue. Pour exemple, Cayus ayãt vendu vn cheual à Titius pour le prix de cent escus, met en proces Titius ou son heritier pour auoir payement de trente escus restans d'icelle somme de cent escus, cõme i'ay veu souuentesfois telles demandes entre marchans, si Titius ne desnie pas seulement les trente escus, mais aussi la vẽdition du cheual, & la conuention pretendue, qui n'a esté redigée par escrit, à sçauoir si la preuue par tesmoins sera admise en ce cas? ie pense qu'elle doit estre admise, encores qu'on en ayt fait autresfois doute, mais sans raison, par ce qu'en l'estimation de la chose dont il s'agist au proces, on considere plustost ce qu'on demande, que ce qui est, ou a esté deu. o Il se presente aussi quelquesfois vne autre petite question, sçauoir, si on comprend plusieurs demandes en vn mesme exploict & libelle, lesquelles estans assemblées en vne somme excedent la valeur de cent liures, & estans à part n'excedent icelle somme de cent liures, si la preuue par tesmoins sera receue? Ie respons qu'elle doit estre receue si les demandes diuisées & separées procedent de diuerses causes & pactions. Que si elles procedent d'vne mesme conuention, qu'el-

o l. cum quedã puella §. vlt D. de iurisd. l. obligationũ fere §. modus. D. de oblig. & act. l. qui hominem. §. stipulatus. D. de solut. & l. miles. §. decem. D. de re iud.

les sont subiectes à ceste ordonnance Royale, & que la preuue par tesmoins doit estre reiectée. Ce que nous pourrons apprendre tres-facilement par la vulgaire distinction de Cayus, p & d'autres Iurisconsultes, & partant i'estime qu'il ne faut d'auantage s'arrester sur ceste question, veu qu'elle semble trop vulgaire entre tous les practiciens. Et iusques icy s'estend la premiere partie de ceste ordonnance.

p *l. si idem cum eodem. D. de iurisdict.*

Fin de la premiere partie.

SECONDE PARTIE DE L'ARTICLE LIIII. DE l'ordonnance de Moulins.

En quoy n'entendons exclure les preuues des conuentions particulieres, &c.

Des escritures priuées en general.

Chapitre I.

LA seconde partie de ceste ordonnance Royale traicte des instrumens priuez, ou escritures qui n'ont point de foy publique, en ces termes: *En quoy n'entendons exclure les preuues des conuentions particulieres, & autres qui seroient faictes sous leurs singns, seaux & escritures priuées.* Par lesquels mots il semble que le Prince nous donne à entendre la necessité qui l'a induit d'abroger & restraindre la preuue des tesmoins, par ce qu'en ce siecle si depraué & remply de meschanceté, on voyoit tous les iours pratiquer & suborner des tesmoins si facilement, que souuentesfois on trouuoit que d'vne part & d'autre l'affirmatiue & negatiue d'vn mesme faict estoient esgalement prouuées, ce que nous auons veu souuentes-fois, assistant aux consultations & iugemens de plusieurs proces, de sorte que les iuges qui n'osent iuger autrement que selon ce qui est allegué & prouué, a estoient contraincts d'auoir recours à infinies preuues de reproches de tesmoins, & autres sentences interlocutoires. Nostre Prince doncques a voulu par ceste ordonnance & à bon droict que toutes conuentions fussent escrites au dessus de cent liures, & que la preuue n'en fust receuë par tesmoins. Que s'il y a quelque chose d'escrit par les parties sous sing priué dont on puisse tirer quelque preuue, il appert en ceste derniere partie, que son intention n'a pas esté que les iuges n'en fissent point de compte, & partant il n'a voulu exclurre toutes les actions qui procedent des cedulles & autres escritures priuées faisans quelque foy. Mais il semble que nostre Legislateur, qui craignoit en la premiere partie de ceste ordonnance les subornations de tesmoins, tombe en ceste derniere partie en

a *l. illicitas. §. veritas. D. de offic. Præsid.*

plus grand soupçon & crainte de subornation: Car c'est chose certaine, & tout communement receuë & vsitee en France qu'on n'adiouste aucunement foy aux cedules, & escritures priuees, sinon apres qu'elles ont esté recogneues, *b* Que si on les desnie, il faudra necessairement auoir recours aux tesmoins pour verifier le sing, ou le seau de celuy qui en faict denegation: *c* & en ce faisant on aura tousiours affaire de tesmoins, & y aura tousiours quelque danger & soupçon de subornation d'iceux, & à cause de ce il y aura infinies sentences interlocutoires, mille allegations & inuolutions de proces. Et par ce moyen ceste ordonnance Royale en ce regard semblera estre illusoire, & contraire à elle mesme. La response à ceste obiection est facile & aisee: car ceste nostre ordonnance n'entend pas oster du tout la preuue par tesmoins, mais celle là seulement, qui n'est aucunement appuyee ny confortee d'aultres adminicules, ou d'autres presomptions de droict, comme ès pactions & conuentions qu'on soustient seulemét auoir esté faictes en presẽce de tesmoins: Parce qu'ayant trouué par experiẽce qu'en telles & sẽblables conuẽtions plusieurs auoient practiqué & corrõpu presque infinis tesmoins, que tous les iours ils supposoient des causes d'obligations, ou

b l. exemplo & l. instrumenta. C. de probat.

c l. comparationes C. de fide instrum. l. contra qui propriam. C. de non numerato pecun.

pour vexer & molester autruy, ou pour assouuir leur auarice & conuoitise desordonnee: *d* ou s'il y auoit de vrayes obligations que les debteurs maintenoient les auoir acquitees, & par faux tesmoins le prouuoiēt, & de là naissoiēt des chicaneries & inuolutions de proces en nombre infiny, & partant nostre Prince a trouué qu'il estoit necessaire de reiecter toutes pactions probables seulement par tesmoins au dessus de cent liures. Que si ces pactions & conuentions sont tant soit peu appuyees d'escriture quelle qu'elle soit, laquelle toutesfois il soit besoin de fortifier quelquesfois par tesmoins, en ce cas nostre Prince reçoit ceste preuue, à cause de la presomption de droict qui semble tenir pour l'escriture, veu que la presomption du droict ressemble estre quelque espece de preuue escrite, combien qu'on reçoiue la preuue au contraire: *e* & partant si on desnie vne escriture priuee, on la prouuera fort bien par tesmoins & comparaisons de lettres & sings, *f* nonobstant ceste ordonnance Royale, d'autant qu'en ces cas la preuue par tesmoins & comparaison de lettres, semble estre seulement accessoire, à ce qui est desia principalement prouué par l'escriture: qui est cause, qu'on ne presume pas facilement icy que les tesmoins ayent esté corrompuz,

d *l. testium facilitatem. C. de testibus.*

e *l. siue possidetis & ibi Bartol. & Bald. C. de probat.*

f *l. comparationes. c. de fid. instrum.*

parce qu'il y a vne cause preexistête & vne espece de preuue, qu'on ne presume point estre fausse, si on ne la prouue telle, comme on a accoustumé de dire de la confession iudiciaire, qui a aussi vne preexistête cause selon l'opinion de Bartole. *g* Que ceste conclusion demeure doncques pour resolue, que toutes cedules priuees & manuscrites font foy, si elles sont recognues, *h* & si elles sont deniees, qu'on admet la preuue par tesmoins pour les verifier. Mais par ce que i'ay veu mouuoir plusieurs questions sur ceste derniere partie d'ordõnance, i'ay estimé estre à propos de traicter par ordre ce qui s'ensuyt. Premierement si sous ces mots, *& autres conuentions, qui seroient faictes sous les sings & seaux des parties*, sont cõprinses toutes choses escrites à la main, & non seulement ce qu'on appelle *Chirographa*, mais aussi *Opistographa, Syngrapha, & holographa*, desquels a doctement & elegammẽt traicté Alexander ab Alexandro. *i* Item si sous ces mots sont aussi contenues les escritures effacees & biffees, les quittances & contrequittances, appellees en droict *Apocha & antapocha*, les lettres missiues, rescriptions, & toutes autres sortes d'escritures, qui ne sont point faictes pardeuant Notaires & Tabellions, & ne sont approuuees d'aucun seau authentique. En second lieu nous parlerons des

g in l. vnic. C. de confess.

h l. scripturas C. qui potior. l. super chirographariis. C. si cert. petat. l. qui agnitu. D. de except.

Sommaire de ce qui est traicté en ceste derniere partie.

i genial. dier. lib. 2. c. 30.

escritures priuées qui ne sont point causées, & si on peut prouuer par tesmoins la cause qui defaut en icelles. Tiercement des contracts, obligations ou instrumens receuz & passez par Notaires hors leur territoire, escrits toutesfois ou soubs-signez par les parties, & si du moins ils sont aussi valables, qu'vne cedule priuée comprise sous ceste ordonnance. Quartement, des cedules ou quittances signées par erreur, par celuy qui pensoit signer autre chose que ce qu'il a signé, & s'il est loisible de prouuer cest erreur par tesmoins. En cinquiesme lieu nous traicterons du prest ciuil, & des promesses causées de prest, si & comment il est permis de prouuer que la cause en estoit autre que celle qui est exprimée en icelles. Et finablement des liures & papiers des marchans.

De toutes ſortes de cedules ou promeſſes eſcrites à la main, & ſous ſing priué.

CHAP. II.

POVR le premier article, ſçauoir ſi ſous ce mot de promeſſes priuées, ſont entenduës toutes ſortes d'eſcritures priuées, il eſt tres-certain que ouy, ſi tant eſt qu'on en puiſſe tirer quelque preuue. Puiſque doncques, ſous ce mot de Chirographe, ou manuſcript eſt compris tout ce qui eſt eſcript ou ſoubs-ſcript de main, ſoit d'vne partie ſeulement, ſoit de deux ou de pluſieurs *a* enſemble, ie ne fais point de doute que toutes telles eſcritures ſont contenues ſous ceſte ordonnance, ſans aucune difference des eſpeces & ſortes d'icelles. Car pour le regard de *l'opiſtographe*, dont parle Vlpian, *b* qui eſt pris pour vne fueille eſcrite des deux coſtez, comme l'explique le meſme Alexander, *c* ou peut eſtre pour ce qui eſt eſcrit de meſme main deuant & apres le ſing ou ſeau,

a notat. in l. ſcripturas. C. qui potior.

b *l. charta. D. de bon. poſſ. ſec. tab.*

c *d. c. 30. lib. 2. genial. dier.*

personne ne doutera, qu'il doit estre compris sous ceste ordonnance. Toutesfois i'ay veu faire doute de ce qui estoit escrit au dessous du sing, s'il estoit compris sous iceluy, & s'il faisoit foy aussi bien que ce qui est escrit au dessus du sing. En laquelle question i'estimerois qu'il faudroit vser de ceste distinction. Ou ceste escriture mise sous le sing est faicte de mesme main, en mesme temps, & y a suite de propos auec ce qui est au dessus, & c'est de mesme chose & matiere qui estoit escrite deuant le sing, en ces termes, *Plus sous mon sing cy deuant mis, i'ay promis à Titius outre ce qui est escrit cy dessus, faire telle chose, ou luy payer la somme de, &c.* Ou semblables, qu'on iugera vray semblablement faire partie de l'escriture precedente, faisant toutesfois mentiõ du sing auparauant mis & apposé, & lors ie pense que cest escrit ou *episiographe* engendre action, & est compris sous ceste ordonnance, veu qu'il semble que c'est vn mesme propos continué, & pareillement rapporté au mesme sing, *d* & qu'on dict faire partie de l'obligation desia escrite, ce qui y est incontinent adiousté. *e* Ou bien ce qui est escrit apres, ne se rapporte point au sing, & n'est faicte mention d'iceluy, & n'est pas escrit de mesme main, ou n'est de mesme matiere que l'escriture premiere, & lors i'estimerois, qu'on ne peut tirer aucu-

d *l. cõtinuus D. de verb. oblig.*

e *l. pacta conuẽta D. de contr. empt. l. petens, & l. iuris gentium. D. de pact.*

ne promesse ny preuue de ceste escriture mise au dessous du sing, [f] mais que c'est vne nuë & imparfaicte escriture, en laquelle celuy qui escriuoit n'a voulu perseuerer peut estre, par ce qu'il ne la derechef signée ny parafée, & partant que d'vne telle chose imparfaicte, on ne peut agir valablement. Quant à ce qu'on appelle *syngraphum*, qui est escrit ensemble ou signé par deux ou plusieurs personnes en mesme page ou face de papier, dont parle Plaute, [g] i'estime qu'il en faut iuger de mesme, que des autres promesses & cedules priuées: comme aussi de ce qu'on nomme *Autographum*, qui est vne promesse non seulemēt signée, mais escrite entierement de mesme main, qu'on appelle aussi *holographum*, tesmoin S. Hierosme, [h] combien que aucuns entendent *autographum*, d'vne chose faicte entre vifs, & *holographum*, d'vne chose faicte par ceux qui se meurent, & depuis entieremēt escrite. Quoy que soit tous ces escrits sont mis au nombre des promesses & cedules priuées, & si on desnie l'escriture ou le sing apposé en iceux, la preuue par tesmoins sera receuë pour les verifier, nonobstant la premiere partie de ceste ordonnāce, comme il a esté desia dict. Il faut dire de mesme des quittances par lesquelles on recognoist sous sing priué auoir esté payé d'vne debte & des contre-quittances ou contre-lettres

f *arg. l. titia. §. 1. D. de verb. oblig.*

g *in Asinar.*

h *in tract. contra Ruffin.*

par lesquelles on monstre quelque chose estre deu, comme il est vulgaire en droict. *i* Car toutes ces choses sont comptées entre les promesses chirographaires, ou escritures manuscriptes. Pour le regard des epistres ou lettres missiues, si elles emportent obligation ou non, on distingue: Ou la missiue contient vne recognoissance absoluë, comme il y en a vn exemple dans Paule, en ces mots: *k Titius Sempronijs salutem. Habere me à vobis auri pondo, plus minus, decem, & discos duos, & saccum signatum, ex quibus mihi debetis decem, quos apud Titium deposuistis: item quos Trophimati decem: item, ex ratione patris vestri, decem, & quod excurrit.* Titius donne salut aux Semproniens. Vous serez aduertis que i'ay receu de vous dix liures d'or ou enuiron, peu plus, peu moins, & deux plats & vn sac cachetté & seellé, dont vous m'en deuez dix, que vous auez mis en depost chés Titius: plus dix, que vous deuez à vos nourriciers, plus dix qui restent du compte de vostre pere, & ce qui est au parsus: & y a beaucoup de semblables exéples en droict. *l* Et lors par ceste recognoissance faite purement & simplement par lettre missiue, il y a preuue de l'obligation, par ce qu'il est tout commun en droit que par lettres missiues nous pouuons nous obliger. *m* Ou bien la missiue ne porte point de recognoissance ny de promesse pure, mais peut

i *l. plures apochis. C. de fid. instrum. l. 1. C. de apoch. publ.*

k *l. Publia. § fin. D. de pos.*

l *l. emptor. § lucius. D. de pact. l. creditor. § lucius. D. manda. l. lucius. titius. D. de donat.*

m *l. imperatores D. de probat. l. labeo. D. de pact. l. 1. D. de procurat.*

estre conditionnée, en ceste sorte: *si de vostre part vous faictes cela, ie vous donneray cent escus*: Et lors par telle promesse on ne peut prouuer qu'il y ait obligation, si on ne mõstre que la condition ait esté accomplie de l'autre part, par ce qu'il s'agist icy de l'obligation nommée, *do ut des, do ut facias* ou *facio ut facias*. ie donne afin que vous donniez, ie donne afin que vous faciez, & ie fais afin que vous faciez: pour lesquelles l'actiõ *præscriptis verbis* ne peut estre donnée si on n'a fait ce qu'on deuoit & estoit on tenu de faire, cõme il est notoire en droict. n On agist doncques à bon droit en vertu de ces missiues suyuant ceste ordonnance, & si le sing apposé en icelles n'est point recogneu ou si on denie le faict couché en vne missiue conditionnelle, il sera loisible de prouuer par tesmoins toutes ces choses estre vrayes, ores qu'il soit question de somme qui excede cent liures, nonobstant la premiere partie de ceste ordõnance, qui semble reiecter la preuue des tesmoins en ce cas, où il n'y a rien par escrit. Car puisque en ces cas de missiues, il apparoist qu'il y a desia quelque chose d'escrit, & partant qu'il y a quelque preuue taisible contre celuy qui a escrit, à bon droict le Prince a ordonné, qu'il faloit excepter ces cas de la rigueur de la premiere partie de ceste ordonnance. Il y a aussi d'autres sortes de

n *l. naturalis. D. de præsc. verb. l. ex placito. C. de rer. permut. l. 1. D. eod.*

missiues portans recommandation, dont Iustinian faict mention, o desquelles il ne procede d'ordinaire aucune obligation. Toutesfois i'ay veu quelquesfois suruenir vne difficulté touchât certaines lettres missiues de recommandation, qui auoient esté escrites à vn habitant de Poictiers par vn pere pour & en faueur d'vn sien fils qu'il enuoyoit en ceste ville pour estudier: lesquelles lettres estoient conceuës en ces mots. *I'enuoye mon fils pour estudier, ie vous supplie auoir soin de luy, ie le vous recommande par l'amitié qui de long temps a commencé entre nous deux.* Car cest habitant & citoyen de Poictiers desboursa quelques deniers pour cest escolier, selon qu'il estimoit luy estre necessaire, comme pour quelques liures & habits: Le pere decede, relaisse sa veufue, laquelle estant pourueuë tutrice de son enfant denie à ce citoyen de nostre ville, qui l'auoit mise en proces en vertu de ceste missiue, qu'il eust fourny aucune chose à son enfant, & qu'il eust faict ceste despense pour ses estudes, & soustint que de ceste missiue on ne pouuoit tirer aucun mandement obligatoire: nostre concitoyen mist en faict, qu'il auoit desboursé ses deniers pour cause necessaire, pour le fils de ceste femme, & que mesme, quand il n'y auroit point eu de missiue du pere, qu'il

o *in l. fin. C. quod cum eo &c.*

pouuoit à bon droict luy redemander son argent, estant cestuy cy l'vn des cinq cas esquels on peut agir contre le pere pour la despense de son fils, nonobstant le Macedonien. *p* Et ainsi fut respondu par nos anciens consultans, & i'ay entendu qu'il a depuis esté iugé conformement à cest aduis. Doncques en ces lettres missiues portant recommandation, si on allegue auoir esté faicte quelque chose en consequence de ceste recommandation, il depend de l'office du Iuge d'admettre ce faict, & d'en receuoir la preuue par tesmoins. Ce qu'il iugera facilement & à l'aise par la coniонction des personnes, par la necessité des deniers desboursez, & par autres circonstances, par lesquelles son equité pourra estre induicte & persuadée de receuoir la preuue par tesmoins, sur ces lettres missiues de recommandation, nonobstant la premiere partie de ceste ordõnance, comme nous auons desia dict.

p l. zenoderus. C. ad macedo. & l. macedoniani. eod.

Des

Des escritures priuées, qui ne sont point causées.

Chapitre III.

LA seconde question qui se presente souuent sur la derniere partie de ceste ordonnãce, est de l'escriture priuée, qui n'est point causee, comme on a veu souuentesfois des cedules cõceues en ceste sorte. *Ie Caius confesse deuoir à Titius cent escus, que ie luy promets payer à sa volonté.* Car il est certain que telle recognoissance est totalement nuë & simple, veu qu'elle n'a en soy aucune cause qui soit exprimee. *a* Et il semble que telle est la vraye definition de la paction nue, quoy qu'en ayent tant disputé & si long temps entr'eux les Docteurs & Glosateurs du droict. Parce que Vlpian *b* appelle vne paction nue, qui n'est nullement causee, & n'a ceste paction aucune efficace pour agir valablement : & partant i'ay souuentesfois veu contre tels escrits priuez & sans cause, obiecter en iugement le vice de nullité,

a l. 1. D. de condict. sine caus.

b l. iurisgentiũ. § sed cum nulla. §. quinimo. §. adeo. D. de pact. l. petens. C. eod. l. pacta conuenta. C. de contr. empt.

par ce que la cause n'y estoit exprimee, & à ceste fin quelques vns ont accoustumé d'obtenir lettres en Chancellerie pour faire rescinder telles promesses, afin que la confession portee par icelles soit cassee & annullee, comme estant escrite induement & sans cause. c En ces cas doncques, à sçauoir si le creancier pourra prouuer par tesmoins la cause qui defaut, & n'est escrite? Ie pense qu'il le pourra par la disposition de ceste ordonance, par laquelle il est dit, que le Prince ne veut preiudicier ny exclurre les escritures priuees, de sorte que les creanciers se peuuent aider de telles escritures priuees, & si on les denie, les prouuer par tesmoins, comme nous auons discouru cy deuant. Doncques par mesme raison quand en vne cedule soubs sing priué, ou par negligence, ou par oubliance, ou par imprudēce de celuy qui escrit on a obmis la cause, comme il se faict souuēt entre quelques marchans rustiques & peu aduisez, i'estimerois estre chose tres-inique, si on reiectoit en ce cas la preuue par tesmoins, veu qu'il apparoist desia de l'escrit qui emporte auec soy vne grande presomption, principalement s'il y a quelque conuersation & negotiation entre les contractans, comme entre marchans, associez, coheritiers, amis familiers, & autres auec lesquels on a accoustumé de negotier, d & il

c l. cum est soluta, C. de condict. indeb.

d vt not. in l. si quis ex argentariis. §. ratione. D. de edend.

semble que Paule est de ceste opinion, *e* qui est toute certaine & resolue par le droit Canon, *f* & pourront les circonstances cy dessus deduites estre plus diligemment considerees selon que le Iuge verra bon estre. Il faudra iuger de mesme en vne autre question, qui depend de la precedente. sçauoir si celuy qui a payé vne somme. en vertu d'vne cedule non causee, la pourra repeter & redemander comme indeuemẽt payee, comme il semble estre porté par la disposition du droict: *g* Car le demandeur dira, puisque la promesse estoit nue, dont il ny auoit aucune action, & qui plus est, puisque ceste promesse pouuoit estre redemãdee comme nulle, *h* le payement doncques en a esté indeuemẽt faict: mais par ce que le defendeur pourra se defendre, & dire quoy que ceste promesse fust nue, & qu'elle n'engendrast point d'action, qu'elle luy dõnoit toutesfois vne exception bonne & vtile, *i* & partant veu que le defendeur a receu ce qui luy estoit deu en vertu de ceste promesse sans estre causee, qu'il a vne legitime defense & exception contre ceste pretendue repetition, si on ne prouuoit qu'il y eust vne ignorance toute euidente & manifeste de la part de celuy qui a payé. Quelqu'vn peut estre demandera si la cause de la debte peut estre prouuee par tesmoins, & qui est celuy qui en debura

e *in l. cum de indebito. D. de probat.*

f *in c. si cautio quam. vbi canonista, extr. de fid. instrum.*

g *l. cũ est soluta iuncta glos. C. de condict indeb.*

h *l. 1. D. de cõd. sine caus.*

i *l. iuris gentium. §. adeo. D. de pact. l. pacta conuenta. D de contr. empt.*

faire preuue: ou le defendeur qui allegue quelque cause de ceste debte, ou le demandeur qui met en auant son ignorance, son erreur, & la cause iniuste de la promesse, ou tous les deux? Quant au premier point, il a esté desia dict que la cause qui defaut és obligatiōs peut estre verifiee par tesmoins. Pour le second poinct, ie pense qu'il conuient à l'vn & à l'autre d'informer de leurs dires, & non pas au seul defendeur, qui en ce cas est appuyé de double presomption. La premiere par ce que desia l'escriture soubs-scripte & soubs-signee s'est trouuee par deuers luy: L'autre combien que ceste escriture ne soit causée, que toutesfois elle a esté confirmee par vn payemēt volōtaire, & partant qu'il a vne recognoissance geminee & vne confession, dont on presumera de droict, que la promesse ou obligation n'a esté faicte ny par facilité, ny par legereté, ny par erreur, *k* Ioint aussi, veu que le debteur a payé volontairement ceste debte qu'il semble auoir eu cause de donner & d'exercer sa liberalité, parce qu'il a ce faict sans qu'il y fust contrainct de droict, *l* principalement si sont personnes conioinctes & liees ensemble d'vn lié d'affectiō & de parenté, *m* comme le pere & l'enfant, les proches parens, les associez, & les amys intimes, comme parle le I.C. Paul, *n* & autres semblables. Item on presumera

k l. si mulier. a. c. ad vellei. l. vnic. C. de plus petit. l. in cōtractibus. §. 1. iuncta glos. C. de non num. pecun. l. cum notissimi. § sed & si quis. C. de præsc. 30. vel. 40. ann.

l vulg. l. campanus D. de oper libert. l. sed & si §. fin. D si quis cautionib.

m l. affectionis. D. de donat. l. 1. D. de tut. & rat. distrac.

n in l. lata. §. amices. D. de verb. signif.

peut estre vne cause suffisante entre marchans, qui ont accoustumé de traffiquer ensemble de certain genre de negociation, comme entre des artisans qui logent ensemblement, ou bien chascun à part, si c'est toutesfois de chose concernant la negotiation & traffic de leur mestier. Car en ces cas on coniecturera facilement que telles promesses & cedules sans cause, ont tant de faueur à cause qu'ils sont de mesme mestier & vacation, qu'on les estimera plustost auoir esté faictes pour cause d'ouurages de leur estat, *o* que de presumer qu'elles soient nulles, comme enseignent Bartole & Balde. *p* Et i'estime qu'il faut dire le mesme entre freres soldats de mesme compagnie, *q* à cause de l'estroicte amitié qui est entre eux. Doncques en la questiõ proposée il s'ensuit par ces moyẽs, que le demãdeur, qui plaide pour la repetition de la debte qu'il a payée, est chargé de prouuer, que par erreur, ou ignorance, ou sans cause il a payé, & qu'il est receu à informer de cela par tesmoins, par les raisons susdictes. Que s'il ne prouue rien du tout, ie serois d'aduis d'absoudre le defendeur, cõme estant en ce cas le plus fauorable: *r* aussi qu'en pareille cause la condition est meilleure de celuy qui est en possession. *s*

o *arg. l. socium. §. fin. D. pro socio.*

p *in Tract. de duob. fratrib.*

q *not. in l. cum allegas. C. de castr. pecul.*

r *l. Arrianus. D. de oblig. & act. l. fauorabiliores D. de reg. iur*

s *l. 2. C. de condict. ob turp. caus. l. ea qua. C de donat. ante nupt.*

D'vn contract ou instrument receu par Notaires hors leur territoire, qui est toutesfois signé des parties.

CHAP. IIII.

LA troisiesme questiõ est d'vn instrument obligatoire passé pardeuant Notaires hors leur territoire, & toutesfois signé par le debteur : Car il est certain que tel instrumẽt n'a aucune foy publique, veu que les Tabellions estans hors leur territoire, sont reputez du tout comme gens priuez, ainsi que les Iuges : *a* le creancier doncques se pourra-il seruir d'vn tel instrument contre son debteur, comme il feroit d'vne cedule sous sing priué ? En ceste maniere, ie requiers que Titius recognoisse son sing apposé en tel contract, par lequel il a confessé me deuoir cent escus, & en tesmoin de ce il l'a signé, afin que la recognoissance estant faicte, il soit contrainct

a *l. extra territorium. D. de iurisdict.*

me payer. Ie pense que ceste action seroit bonne & qu'il seroit bien fondé en icelle, non pas que l'authorité des Notaires y soit considerable, mais en vertu seulement du sing apposé par le debteur, lequel il seroit indigne à vn homme de bien de desnier, aussi qu'il est permis de verifier par tesmoins estre le sing d'iceluy debteur, au cas qu'il fust par luy denié, encores qu'il s'agist de somme excedant cent liures, mesmes les Notaires comme particuliers, & appellez à cest affaire, *b* pourront estre produits en tesmoignage comme plus dignes, pourueu qu'on ne les puisse reprocher de soupçon, & le sing estant par eux verifié, il y aura lieu de condamner le debteur, parce qu'il n'y a point de raison de diuersité entre vn sing apposé à vne simple cedule, & celuy qui est mis en vn contract qu'on estimoit public & estre bon & valable, & que par consequent il faut iuger de mesme. *c* Car on donne action en vertu d'vn simple sing ou soubscriptiõ du debteur, d'autant qu'on ne peut trouuer en ces escrits priuez, autre espece de preuue, que le sing escrit de la main du debteur : Ce qui a lieu, encores qu'à ceste cedule il ne soit interuenu trois tesmoins, selon ce que desiroit l'ancienne constitution de Iustinian, *d* ou cinq, comme il estoit requis par sa nouuelle. *e* Car en France ces deux constitutions ne sont en

b *arg. auth. rogati. C. de testi.*

c *l. 2 § 1. D. de admin. rer. ad ciuit pertin. vulg l. illud. D. ad l. Aquil.*

d *l. super. chirographariis. C. si cert. pet.*

e *auth sed nouo iure cod. & in iure cod. & in auth. de instr. cautel & fid. §. oportet collat. 6.*

vsage, mais l'obligation y est receuë, qui procede de la seule recognoissance du sing du debteur, ou de la preuue d'iceluy quand il est denié. Puisque doncques l'action depend de la seule soubs-sciption, le sing apposé à vn instrument qu'on reputoit public doit autant operer, que celuy qui est apposé à vn escrit priué. Et ne peut on valablemēt obiecter la nullité qui est en l'instrument pour le regard des Notaires. Car ceste nullité ne preiudicie point à la verité du sing priué, & n'empesche point, qu'on puisse agir en vertu d'iceluy, comme on feroit en vertu d'vn escript priué, auquel il y eust vn sing apposé, veu que la mesme raison & verité y sont tousiours, & que ce qui est vtile n'a pas accoustumé d'estre vitié par l'inutile, f principalement és contracts, & pactions licites : & ainsi ie l'ay veu practiquer quelquesfois, & en donner aduis.

f l. certi cōdictio §. quoniam D. si cert. pet. l. 1. in fine. D. de verb. oblig.

De la verification des sings priuez, & comment on y procede.

CHAP. V.

C'EST vne chose que tous les bons praticiens sçauent bien, comment on doit verifier le sing apposé és cedules, ou manuscripts, que l'Empereur Leo appelle ἰδιόχειρα, a ou és instrumens publiques : Car il se doit faire par tesmoins de l'vn de ces trois moyens. Ou les tesmoins deposent auoir esté presens, quand la cedule ou contract ont esté faicts & signez, & disent auoir veu faire le sing, dont est question, à celuy qui l'a faict de sa propre main. Et lors ceste preuue sera indubitable, comme estant oculaire & confirmée par la presence des tesmoins, & qui n'a point de besoin d'aultre tesmoignage, parce qu'elle consiste au seul sens corporel, selon Accurse & les Docteurs. b Et par-

a in l. Scripturas C. qui potior.

b in l. Solem. C. de testib.

tant ceste deposition assez claire de soy mesme, n'a que faire d'aucune comparaison de lettres. c Ou bien les tesmoins disent n'auoir pas veu escrire ny signer, mais ils affermẽt qu'ils cognoissent parfaictement le sing du deffunct, ou de celuy dont il s'agist, parce qu'ils l'ont veu souuentesfois signer & soubs-crire, & peut estre ont signé quelquefois auec luy, comme font les Tabellions, & partant ils tesmoignent le sing dont il y a proces, auoir esté fait de sa main, par ce qu'il a tousiours vsé de mesmes figures & characteres, dont est composé le sing duquel il s'agist. Car ceste preuue semble estre cõcluante, selon Bartole, d Balde, Paule & Alberic. e Toutesfois les Iuges feront mieux, si à ceste preuue, ils adioustent la troisiesme maniere de verification de sings, qui se faict par cõparaison de lettres: laquelle comparaison, n'a pas accoustumé d'estre faicte par tesmoins qui ayent veu escrire, comme és manieres precedentes, mais par des maistres escriuains experts, & appellez à ceste fin, f & apres auoir pris serment d'eux, on regardera les escritures, dont il est question, & ils iugeront entr'eux selon leur art, si le sing est semblable, & fait de mesmes lettres & characteres, desquels sont composez les sings produits pour faire comparaison des autres, & dont les parties sont de-

c *vt notat. per Accurs. in auth. sed nouo iure. C. si cert. pet. & per text. in § oportet. in Auth. de instr. caut. & fide. collat. 6.*

d *l. comparationes. C. de fide instr.*

e *d. l. comparationes. eod.*

f *l. semel. de re milit. lib. 12. C. § quod autem auth. de non alien. reb. eccles. coll. 1. & l. 1. D. de ventr. inspiciend.*

mourées d'accord, & s'il est notoire que soyent les sings de celuy, qui auparauant les a desniez. Car nous ne suyuons point du tout les nouuelles de Iustinian, g qui vouloient qu'on ne peust faire cõparaison, qui fist foy, sinon d'instrumens tirez des archiues & tresors publics, ou de cedules & escritures priuées, ausquelles il y a pour presẽs & soubs-signez trois tesmoins: mais il suffist que ceux qui sont en proces conuiennent des sings & contracts, sur lesquels on veut faire comparaison, & qu'ils consentent & demourent d'accord que ceux qui sont representez pour icelle comparaison, ont esté escrits de la main de celuy qui a desnié le sing, de quelque sorte & espece qu'ils soient, selon l'aduis de Balde: h ou si les parties ne voulans y consentir, que ces instrumens soient faits & renduz notoires par vn seau publique & authentique i ou par autre preuue: Car si on fait autrement, la comparaison sera manque & defectueuse, & par la collation de choses incogneues, l'escriture de laquelle on est en dispute, en demourera moins cogneue, dont se doiuent donner de garde les Iuges. k Et parce que Balde a traicté fort exactement, tout ce qui est requis pour faire ceste comparaison de lettres, l ie n'en diray d'auantage. Toutesfois ie n'obmettray point vne autre question, en laquelle

g *Auth. ad hec. & auth. at si contractus. C. de fid. instrum.*

h *in l. comparationes. C. de fide instr.*

i *c. cum. P. tabellio. extr. de fide instr.*

k *in auth. de testib. §. si vero ignoti. coll. 7.*

l *in d. l. comparationes. qu. 6. num. 17.*

plusieurs se sont trompez, à sçauoir, si la seule comparaison fait pleine preuue? Car, quand les deux premiers moyens de verification defaillent, à sçauoir des tesmoins oculaires qui ont veu faire le sing, dont il est question, & des tesmoins qui ont veu escrire, de mesme le debteur qui a denié son escriture, quelques hommes sçauans ont pensé, que la comparaison en ce cas auoit vne suffisante preuue. En quoy toutesfois i'estime qu'il faut distinguer. Ou il s'agist d'vn instrument public, & qui a vne forme ou figure publique, comme parce qu'il est seellé d'vn seau authentique: ou les nõs de celuy ou de ceux qui ont soubscrit, sont notoires & cogneuz en la Prouince, ou en la ville où on fait ceste comparaison, & lors à cause de la foy publique des autres instrumens, desquels la figure est de mesme & semblable, le iugement des experts fera plaine preuue & entiere pour l'instrument dont on plaide: mais s'il s'agist seulement d'vne simple cedule, ou simple escriture priuée, la seule comparaison ne faict entiere preuue, si elle n'est aydée & fortifiée d'autres adminicules, & ce par ce que la comparaison peut deceuoir & tromper, à cause de la diuersité d'escrire, qui a accoustumé de changer és hommes le plus souuent par le temps, par l'aage, par maladie, & par autres accidens. *m* Et voila

m *in auth. de instr. cautel. & fide.*

la belle resolution de tous ceux presque qui en ont escrit, & principalement d'Accurse, *n* Bartole, Balde, Paul de Castre & d'Alberic. *o* Et ainsi ie l'ay veuë obseruer & practiquer, soit en iugeant, soit en consultant.

n in auth. at si contractus ad verb. Soli. C. de fid. instr.
o d. l. comparationes. C. eod.

D'vne promesse soubs-signée par erreur.

Chap. VI.

EN la quatriesme question il est traicté des promesses ou cedules qu'on a signées par erreur quand quelqu'vn pésant signer vn escrit, en signe vn autre se rapportát à la foy d'autruy, & ne lisant peut estre ce qu'il signe, *a* on demande si luy sera permis de prouuer son erreur par tesmoins. Il semble que nous auons cy deuant vuidé ce doubte, quand nous traictions des contracts feints & simulez, auquel lieu nous auons faict distinction des contracts soubs-signez par erreur de droict & de faict, des autres contracts & pactions, qu'on soustient auoir esté

a vt inl. fin. C. plus valere quod agit. &c.

adioustées sans toutesfois auoir esté escrites deuant ou apres, ou hors le contract, & auons amplement discouru en quels cas on en peut faire preuue par tesmoins, nonobstant ceste ordonnance. Et d'autāt que toutes ces choses doiuēt à mon iugemēt auoir lieu és soubscriptions des cedules & promesses priuées, parce qu'il y a mesme raison d'equité, *b* i'estime qu'il ne faut icy repeter ce qui a esté dict des contracts solennellement receuz pardeuant Notaires. Toutesfois ie pense qu'il faut y adiouster vn point, qui peut estre n'a esté assez éclarcy au precedent, qui est touchant la diuersité du consentement des parties en soubssignant, comme pour exemple. Cayus auoit intention de bailler à Titius à tiltre de loier quelque chose, & Titius estimoit qu'on la luy donnoit gratuitement, & à ceste fin il presenta à Cayus vn contract de donation lequel n'ayāt leu, il signa pēsant que fust vn bail à ferme. Il est certain que cest acte n'est donation ny bail à ferme ou location, à cause du diuers, dissemblable, & erronee consentement des parties, comme il a esté decidé par plusieurs loix. *c* Partant si ce cas aduient, & que les parties demourent d'accord, que leur consentement a esté dissemblable, par ce que l'vn pensoit que fust vne location, & l'autre vne donatiō, la decision en sera toute claire: car on iugera cō-

b *l. illud. D. ad l. aquil.*

c *l. in venditionibus D. de contr. empt. l. emptis fides C. eod. l. cum Aquiliana. D. de transact. l. nec ignorans. C. de donat.*

me si du tout il n'auoit esté faict aucune chose entre les parties, à cause de l'erreur de l'vn & de l'autre. [d] Mais si cest erreur, ou erronée soubs-scription mise & apposée en vn contract solennel ou priué est deniée par l'vne des parties, sera-on receu à en faire preuue par tesmoins? Comme si l'escrit ou contract porte que c'est vne donation, & que partie aduerse soustienne que son intention estoit de bailler à ferme, & que par erreur on a faict vne donation au lieu d'vne location, on demande s'il luy sera loysible de le prouuer par tesmoins? Ceste question n'est pas sans dispute: Car si le contract est solennellement faict, comment se pourra-il faire qu'on admette la preuue par tesmoins contre vn contract authentique? Parce qu'encores que Pierre, Cynus, & apres eux Bartole ayent bien au long traicté que les tesmoins peuuent renuerser vn contract, [e] toutesfois ie ne voy point, que cela se puisse faire ciuilement. Car par la pratique & vsage commun des Cours de ce Royaume, on n'a iamais accoustumé de receuoir preuue contraire diametralement à vn contract authentique, si ce n'est par inscriptiõ en faux [f] & criminellement, & non pas par voye ciuile, comme il estoit permis de droict escrit. [g] Ce qui a tousiours esté gardé entre nous auec tres-grande raison & equité:

d *l. final. C plus val. quod. &c.*

e *in l in exercendis. C. de fid. instrum.*

f *l. libellorum. D. de accusat. l. vbi. C. de fals.*

g *l. damus. l. licentiam. l. si decueris. l. si lis C. de fals.*

par ce qu'autrement il n'y auroit aucune asseurance és contracts authentiques, si contre la teneur d'iceux on admettoit la preuue de tesmoins par voye ciuile: mais il n'y a point de doubte, que par inscription en faux, on peut par tesmoins verifier la faulseté, veu que en ce cas il s'agist de crime. I'estime doncques qu'il faut distinguer sur cest article en ceste sorte. Où il s'agist de faire preuue contre vn instrument authentique ou contre vn escrit priué: au premier cas, il fault vser de ceste subdistinction, on allegue contre vn contract authentique vn faict non simplement erroné, par ce que l'erreur est plustost vn dissentemẽt, qu'vne faulseté, *h* mais vn fait diametralement contraire, & par ainsi on le pretend faux euidemment: auquel cas on ne doit receuoir la preuue de tesmoins que par voye criminelle, par inscription & accusation, afin que la foy publique des instrumens & contracts ne soit tousiours variable, doubteuse & incertaine, cõme l'ãnee passee i'ay veu disputer d'vn cõtract faict entre vn Gentil-homme d'vne part, & vne vefue d'autre: Car le Gentil-homme auoit vendu & constitué sur tous ses biens cinquante escus de rente annuelle perpetuellement rachetable pour six cens escus cõptez & nombrez, actuellemẽt en presence de Notaires, & receuz lors manuelle-

h *l. 1. l. error. D. de iur. & fact. ignor. l. nec exẽplum. C. de fals.*

manuellement par ce Gentil-homme, car ce sont les termes du contract, par lesquels cest acte de numeration reelle exclud toute exception de pecune non euë ny receuë. i Peu de temps apres deceda ce Gentil-hõme debteur, aussi deceda ceste fẽme vefue, les heritiers de laquelle demandent aux heritiers du debteur payemẽt de ceste rẽte, qui se defendent, & obiectent que le contract est vsuraire & reprouué, par ce que par plusieurs & diuerses fois ceste femme veufue, & son mary homme de Palais lors qu'il viuoit, & non pas marchand, ce qui est à noter, au parauant ce contract de constitution auoient presté de l'argent à ce Gentil-homme, & tous les ans auoient tiré proffit & interest d'iceluy, & par ce que lors du contract cest argent presté estoit encores deu, & qu'il restoit des interests à payer, ceste veufue ayant ramassé les sommes d'argent presté, auec les interests qui restoient, fist ceste somme de six cens escus & extorqua ce contract de constitution de rente du debteur, duquel les heritiers maintenoient qu'il y auoit de l'anatocisme reprouué, k qui est regeneration d'vsure, & qu'on auoit fait vn sort principal des interests d'interest dont traite amplement du Moulin. l D'auantage ils representoient quelques cedules cancellées & biffées auparauant ce contract, & partant ils deman-

i *in l. cum fidem C. de non numer. pecun.*

k *l. improbum C ex quib. caus. infami rog.*

l *in tractat. vsur. num. 44.*

doient que ce contract fust rescindé, & qu'ils payassent seulement, ce qui auoit esté veritablement presté, nonobstant la numeration reelle, escrite au contract, qu'ils disoient estre feincte, simulée & imaginaire. Au contraire les heritiers de la veufue soustenoient le contract estre veritable, & qu'il y auoit eu reelle numeration, & partant qu'on ne pouuoit dire auec verité qu'il fust fictif ou imaginaire, veu qu'il apparoissoit que le prix auoit esté actuellement compté, comme infere Vlpian, *m* & n'empesche, disoient ils, ce qu'on propose que auparauant le contract ceste veufue & son mary pẽdant qu'il viuoit, auoiẽt presté souuentesfois de l'argent à ce Gentil-hõme duquel ils estoient amis, d'autant qu'on presumeroit, que tout cest argent auoit esté payé, & que finablement ce Gentil-homme desirant trouuer argent pour ses affaires, & n'en voulant plus prendre de ceste veufue, qu'à constitution de rente au prix de l'ordonnance, il auoit fait ce contract auec elle, & que les deniers auoient esté reellement comptez en presence & au veu des Notaires, & partant que les cedules representées faisans mention des prests precedens, n'estoient argumens suffisans pour monstrer qu'il y auoit de la simulation, par ce qu'on n'en demandoit plus rien, tellement qu'on ne pouuoit reuerser ce cõtract

m *in l. imaginaria. D. de reg. iur.*

de constitutiõ si on ne se pouruoyoit contre icelui par accusatiõ de faux, parce que le fait de fiction & simulation est diametralement cõtraire au faict de numeration faicte reellement : & i'estimerois qu'il en faut ainsi iuger par double raison : l'vne desia touchee, qui est, que la fiction ne peut compatir auec la verité de la chose en mesme subiect : n Car on ne peut dire que le prix ait esté manuellement & oculairement compté & nombré, & toutesfois que de verité il ne l'a esté, veu que ces choses sont diametralement opposites, & incompatibles. L'autre raison est, qu'il y a grande difference entre ce qui est simulé & feint, & entre ce qui est faux. Car on dit vne chose feinte quand on escrit d'vne sorte, & qu'on pense d'vne autre, comme on peut veoir en celuy qui donne en intẽtion de vendre: car l'vn & l'autre est compatible, veu que l'on peut escrire la donation, & auoir intention de faire vne vendition. o Mais si quelcun vouloit dire, qu'il n'a pas receu l'argẽt, que toutesfois reellement il a touché, ces choses seroient totalement contraires & opposites, comme desia a esté dict, & ainsi ne pourroient pas estre destruictes & renuersées par vne simple simulation: car la simulation est outre ou hors le contract, ayant seulement vne ombre ou image de verité, p mais la verité reelle se tient tellement au contract, qu'il semble qu'elle ne peut ia-

n l. nulla. D. de contrah. empt.

o l. emptis fidei. C. eod.

p notat. in l. emptione. C. plus val. quod agit. l. si is qui pro emptore. D. de vsu. cap.

mais estre destruicte, si ce n'est par contraire accusation de faux, principalement par la practique & vsage de nostre France cy dessus allegué, par lequel on n'est receu à debatre & impugner diametralement vn contract, si ce n'est par accusation & inscription en faux, attendu que ce qui est faux simplement, ne peut pas estre appellé du nom de verité simulée, parce que la verité & la simulation ne peuuent subsister ensemblement, q comme i'ay desia dict. Toutesfois i'estimerois qu'il faudroit excepter vn seul cas de ceste decision, en vne questiõ qui m'a autrefois esté proposée, sçauoir quand la reelle numeration a esté faicte veritablement, comme il apparoist par le contract, & que toutesfois il a esté auparauant conuenu entre les parties contractantes, que l'argent seroit compté en presence des Notaires & tesmoins, mais qu'eux s'estans retirez, l'argent seroit rendu, & ainsi celuy qui receuroit l'argent nombré actuellement, le rendroit peu apres, & seroit par ce moyen & par ceste monstre d'argent voilé & couuert vn contract vsuraire en comptant reellement les deniers, pour les rendre puis apres. Car i'estime que ce faict doit estre receu, & en ce cas la preuue de tesmoins estre admise, en procedant ciuilement, & alleguant la simulation & fiction par maniere d'exception, par ce que

q l.contractus. D.de oblig. & act. l. imaginaria. D. de reg. iur.

ce faict n'est pas diametralement contraire au contract, mais hors & apres le contract: & encores que la verité de la numeration demeure, si est ce qu'elle est aneantie par autre conuention d'vne feincte & simulation, & n'est point inconuenient qu'vn faict demeure veritable, & qu'il y en ait vn autre fictif, *r* car encores que ceste conuention de faire monstre d'argent, & de le reprendre puis apres, soit vne paction, toutesfois elle approche & se ressent de dol & de crime, veu que par icelle on soustient auoir esté voilé & couuert le vice d'vsure: Ou bien on allegue contre le contract & instrument, non pas proprement vne fausseté ny diametralement, mais vne fiction & simulation faicte entre les contrahans, pour certaine autre cause non escrite, *s* & lors si elle a quelque presomption de fraude ou de dol, ie pense qu'on le peut alleguer & prouuer par tesmoins, comme en tous contracts où il n'y a qu'vne confession du receu, & non pas vne reelle numeratiō: *t* Car souuentesfois sur ces confessions d'auoir receu argent, on faict des contracts de constitution de rentes annuelles, qui ont desia quelque marque de nullité, suyuant les constitutions canoniques, *v* qui veulent que ces constitutions de rente soient faictes en baillant argent contant: Car telle confession a esté tousiours plaine

r l. quod autem §. si vxor. D. de donat. inter vir. & vxor.

s l. 1. C. plus val. quod agit &c.

t l. 1. & l. si ex cautione. C. de non num. pec.

v in c. regimini in extrauag. de empt. & vend.

de soupçon entre le creancier & le debteur, veu que le debteur contrainct & necessité, se vendroit presque plustost, afin de tirer secours & ayde d'vn dur creancier : principalement pour le regard des marchans, telles confessions sont fort suspectes, par ce qu'ils ont accoustumé de bailler à credit leur marchandise aux Gentilshommes, & parce qu'ils donnent terme, leur vẽdre plus cher, y adioustans quelques-fois l'interest de ce qu'il leur est deu, & quand ils ne sont payez à iour nommé, ils exigent & tirent de leurs debteurs d'autres confessions, par lesquelles ayant fait compte ensemblement les debteurs recognoissent leur deuoir de grãdes sommes, dont la meilleure partie prouient d'interest d'interest, comme il a esté souuentesfois iugé par de bons iuges, & dernierement par arrest de la Cour furent examinées & iugées plusieurs obligations portans confession & recognoissance du receu entre vn certain Gentil-homme d'vne part, & vn tres-riche marchand de ceste ville d'autre, par lequel arrest la Cour subtilement distingua & iugea par les diuerses & reiterées confessions qui estoient au procès, quelles estoient les sommes principales, reduisant par son equité accoustumée l'interest à la raison legitime, selon la disposition des loix anciennes, *x* ayant esgard à la qualité des personnes, & des af-

x l. si ea pactione. l. cum non frumentum. C. de vsur.

faires, & aux confessions reiterées. Car ie ne fais point de doute, que ces simulations & fictions doiuent estre iugées par telles confessions & circonstances, & prouuées par tesmoins si elles sont desniées, à cause de la presomption qu'on a de l'vsure illicite & reprouuée, principalement quand les personnes sont suspectes, & que la forme de contracter ou de disposer est odieuse.

y Et ce que dessus soit dict pour les instrumens authentiques. Ou bien il est question de cedules, & promesses faictes souz sing priué, lesquelles on a signées par erreur & inaduertance, pour vne cause, & on auoit intention d'vne autre, & lors cest erreur qui empesche le consentement, z pourra estre verifié par tesmoins, principalement si par le dol & circonuention de la partie aduerse, ce sing a esté practiqué, par la regle generale, que nous auons tenuë en tout ce traicté, parce que il est permis d'alleguer & mettre en faict le dol, ruse & artifice d'autruy pour impugner & debatre les contracts mis par escrit, & les prouuer par tesmoins nonobstant ceste ordonnance, par les raisons cy deuant deduictes. Il faut dire le mesme, si le sing a esté apposé, non par le dol de la partie, mais par ignorace de droict ou de fait, ou par erreur manifeste, principalement si ceux là ont signé,

y arg. l. cum quis decedens. §. tertia. D. de leg.

z & in l. qui testamentum. D. de probat. l. ab anast. sio. l. per diuors. ss. C. mandat.

ausquels l'ignorance de droict ne peut nuire, *a* ou ceux ausquels l'erreur tollerable de faict n'est point imputé, ayant accoustumé d'estre excusé par la loy dont il y a en droict plusieurs exemples. *b* Car en tous cas, contre la cedule soubs-signée, & contre l'escriture priuée soubscrite, de quelque genre qu'elle soit, i'estimerois qu'on peult alleguer le dol, l'erreur & l'ignorance, & les prouuer par tesmoins, mesmes sans s'inscrire en faux, parce que ces promesses priuées ne sont appuyées d'aucun priuilege d'authorité publique : & partant leur tesmoignage priué n'est si fort, ne si necessaire, que par tesmoins le contraire ne puisse estre verifié : Car nous voyons tous les iours, les sings priuez estre deniez, & par tesmoins produicts de part & d'autre, ou par comparaison d'escriture faicte respectiuement, tels sings manuels estre prouuez ou reprouuez, *c* mesmes sans y mesler l'accusation de faux. Ie conclus doncques, que les causes de dol, d'erreur, d'ignorance, ou d'vne autre iuste & legitime exception, peuuent estre prouuées par tesmoins, és promesses & escritures priuées.

a *l. regula. D. de iur. & fact. ignor.*

b *l. 1. l. si à patre l. si per ignorantiam. l. fidei commissum. C. de cōdict. indeb. l. error. C. ad l. falsid. l. cum quis. C. de iur. & fact. ign. l. sed addes §. si cum. D. locat.*

c *l. contra qui propriam. C. de non numer. pecun. l. comparationes. C. de fide instrument.*

Du Preſt ciuil.

Chap. XVII.

C'Eſt maintenant qu'il faut traicter du preſt ciuil, duquel il y a quelques exemples en droict, a & de la promeſſe qui contient vne cauſe pour l'autre, quand & comment il eſt permis de mettre des faicts contre les cauſes eſcrites, & les prouuer par teſmoins, nonobſtant ceſte ordonnance royale. Pour exemple, Titius debuoit pour quelques cauſes de l'argent à Caius, peut eſtre parce que Caius auoit geré & manié ſes affaires, b ou à cauſe de vendition, ou pour deſpenſe commune faicte ſous le nom de l'vn & de l'autre, & n'ayant argent pour preſter à Caius, il luy bailla vne vaiſſelle d'argent, ou vne robbe, ou quelque autre choſe, c afin de la mettre en gage chez vn autre creancier, & de trouuer de l'argent deſſus: Depuis Caius paſſa à Titius vne promeſſe ou breuet, par lequel il recognoiſſoit luy debuoir la ſomme de cent eſcus à cauſe de preſt, qu'il confeſſoit luy a-

a *l. ſi ex precio. l ſi pro mutuo. C. ſi cert. petat.*

b *l. qui negotia. D. mandat.*

c *l. rogaſti. D. ſi cert. pet. l. peteti D. de pign. act.*

uoir esté fait reellement, renonçant à ceste fin à l'exception de preuue non eue, non receue, ny comptee. Personne ne niera que cela est vn prest ciuil, ou quasi ciuil, pour vne ou plusieurs causes tournées en cause de prest, comme il se faict tous les iours entre marchans, lesquels combien qu'ils trafiquent entre eulx de leur marchandise, toutesfois souuent ils changent & commuent leur marchandise en causes de prest. Et ce prest, qui est appellé ciuil par Bartole, *d* & nos Docteurs, n'a pas moindre authorité, que le prest naturel, qu'on appelle ainsi, par ce qu'il est contracté par vne naturelle, corporelle, & vraye numeration d'argent, *e* & contre iceluy on ne peut iamais alleguer l'exception de pecune nõ eue ny comptee. *f* Mais le prest ciuil est ainsi appellé, parce qu'il n'a accoustumé d'estre fait par la numeration reelle d'argent, ains par la simple cõfession qu'on l'a receu. *g* Contre ce prest ciuil, pourra-on obiecter qu'il n'a iamais rien esté presté, mais qu'il a esté faict pour autre cause: & sera il permis de le preuuer par tesmoins nonostant ceste ordõnance royale? Touchant ceste question, i'ay veu naistre presque infinis proces & differens, & partant i'estimerois qu'il faudroit distinguer en ceste sorte. Ou bien contre ce breuet portant confession de prest, soit public, soit priué,

d in singularia. D. de reb. cred.

e vt not. in l. nõ omnis. eod. tit. & l. 1. §. si iusserim. D. de acquir. possess.

f vt not. in l. generaliter. C. de non nura. pec.

g l. adner. C. eod.

on allegue seulement, qu'il n'a iamais esté presté aucun argent, mais qu'il a esté faict & dressé pour autres certaines causes, non exprimees entre les parties, & n'ayās point la cause de prest: & ainsi on obiecte que la cause de prest inseree & apposee au breuet est fausse, & par consequent, qu'on ne peut agir en vertu d'icelle, par ce que le prest n'a esté iamais contracté. Et ie dis que ceste exception n'est valable ny pertinente, & qu'elle ne preiudicie aucunemēt à l'instrument auquel est ceste confession de prest expressement apposee, si on ne passe point plus outre: *h* Car encores que ceste confession de prest ne soit vn prest reel, toutesfois c'est vn prest ciuil, authorisé & approuué par la loy. *i* Et partant les Iuges errent qui pensent qu'il faut prouuer vne autre cause auoir esté tournee en prest, & qu'il ne faut pas iuger par la seule confession de la debte, comme ie sçay auoir esté iugé par vn certain Iuge: car le demandeur ayant produit son breuet causé de prest, le defendeur denia qu'aucun prest luy eust esté faict, & le demandeur es[illegible] pris à serment confessa ingenuement, qu'il n'auoit point à la verité compté d'argēt, mais qu'il y auoit eu entr'eux d'autres causes de l'obligation, pour lesquelles le defendeur luy estoit redeuable, dont le demandeur l'auroit quitté moyennant l'obligation causee

h *d.l.generalit. & d.l.aduersus.*

i *toto tit. C. de nō numer. pecū. & Inst. de liter. oblig.*

de prest que le defendeur luy fist, combien qu'à la verité il n'y eust point eu de prest faict. Le iuge, parties ouyes, enuoya le defendeur de la demande auec despens, esquels il condemna le demandeur, monstrant par là qu'il ignoroit du tout, quelle chose estoit le prest ciuil. Car il n'y a personne qui ne voye, qu'il a esté mal iugé & contre le droict. Par ce qu'il y a, dict Vlpian, *k* des preceptes singuliers touchant l'argent presté, de sorte que ie puis vous ceder à cause de prest, ce qui m'est deu par vn autre, & ce que vous deuez pour cause de mandement, vous pouuez confesser l'auoir receu à cause de prest : mesme la confession de prest peut estre faicte d'vne espece en vne autre, *l* comme d'vn contract en vne autre cause de contract, *m* & est appellé prest ou emprunt par fiction de la loy, laquelle fictiõ est de pareille vertu que la verité. *n* Ie conclus doncques, si contre vn tel instrument faict de la confession de prest, on n'obiecte autre chose, sinon que l'argent n'a pas esté reellement compté, que le defendeur ne fait à ouyr, & qu'on ne doit receuoir la preuue par tesmoins pour verifier son exception que l'argent n'a pas esté nombré, tant par ce qu'on ne peut quasi limiter ceste negatiue, & ainsi naturellement elle ne peut estre cõfirmee par preuue, *o* que par ce qu'il n'est

k in l. singularia D. de reb. cred. si cert. pet.

l l. eos quod. C. si cert. pet.

m l. certi condictio. §. final. D. eod.

n l. si is qui pro emptore. D. de vsucap.

o l. asseueratio. C. de non. numer. pec. l. actor. C. de probat.

besoin ny necessaire qu'il y ait numeration reelle d'argent, pour causer vn prest, mais il suffit au demandeur, s'il asseure vne autre cause auoir esté commuee & transferee en cause de prest, & ne peut estre contrainct à prouuer les autres causes, par ce que l'instrument est valable & bon, *p* s'il n'est argué & impugné de faux, *q* comme il a esté touché cy deuant. Toutesfois les creanciers feront plus seurement, si changeans vne cause en vne autre cause de prest ils font quelque mention au preface de l'instrument de la precedente cause, & s'ils expriment, que le debteur a consenty, que l'argent qu'il deuoit pour vne ou plusieurs autres causes, fust commué & transferé en cause de prest par acceptilation, comme il se faisoit anciennement es stipulations Aquiliennes. *r* Car par ce moyen on retrâchera beaucoup de difficultez, qui tous les iours naissent de ces confessions faictes à cause de prest. Mais toutesfois, quoy que soit, i'estimerois qu'il faut tousiours iuger pour l'instrument, si contre iceluy on n'obiecte autre chose sinon le defaut de reelle & actuelle numeration. Que si le defendeur passe plus outre, & maintient que ceste cause precedente changee en cause de prest estoit faulse & supposee, *s* faicte par dol, *t* ou pour tromper, ou bien vsuraire, ou dressee par quelque autre

p *l. in contractibus. C. de non numer. pec.*

q *l. si veteri.. C. de fid. instrum.*

r *§. est autẽ. inst. quib. mod toll. oblig. l. aquiliana stipulatio D. transact.*

s *l. si aduersarius. C. de fid. instrum.*

t *l. & elegãter. D. de dolo.*

circonuention, ou faicte en esperance qu'on compteroit argent, ce qui n'a depuis esté faict, & que par ce moyen, n'y ayant point de vraye obligation, on a finement couuert & coloré ceste cause de prest, & que le demandeur a extorqué du defendeur, facile & peu aduisé, vne obligation causee de prest, soubs cause faulse ou qui n'est point, de laquelle obligation le defendeur demande la cassation & rescision, ayant à ceste fin obtenu du Prince lettres pour en estre releué, il n'y a aucun qui face doute, que le defendeur ne doiue estre ouy, & partant qu'il peut prouuer par tesmoins la cause de l'obligation auoir esté faicte par dol, v ou estre nulle, ou supposee, ou bien qu'il y a en icelle quelque artifice ou tromperie, ou de la nullité, attendu que toutes ces choses ressentent quelque chose de dol & de crime, lesquelles estans prouuees il n'y aura point de cause, qui ayt peu estre conuertie en cause de prest : & partant ayant osté le premier fondement, il est necessaire, que la cause de prest, qui a esté bastie dessus, tombe par terre, selon le vulgaire argument du droit. x Et i'ay tousiours veu ainsi conseiller & iuger és consultations & iugemens où ie me suis trouué.

v *l. si dolo C. de rescind. vendit.*

x *l. 1. C. de condict. ob. caus. dator. & ibi Baldus.*

Des liures & papiers des Marchands.

Chap. VIII.

LA sixiesme question sera des papiers de raisons des marchãs, qui tous les iours escriuent en leurs liures, ce qui a esté par eux vendu, ou pris à credit, sçauoir s'ils sont compris soubs la derniere partie de ceste ordonnance en ces mots: *En quoy n'entendons exclure les preuues des conuentions particulieres, & autres qui seront faictes par les parties, soubs leurs sings, seaux, & escritures priuees.* Car personne ne doubte, que sous le nom des escritures priuees est contenu ce que les marchans escriuent ou font escrire en leurs papiers iournaux, veu que tels escrits sont seulement priuez & domestiques. a Mais c'est vne question qu'on faict tous les iours quelle foy on peut tirer de ces papiers, & s'ils font preuue contre les debteurs, ou si pour supplement de preuue ils peuuent estre fortifiez par tesmoins. Car s'il est ve-

a *l. rationes. C. de prob. et.*

b *l. instrument. C. eod.*

ritable ce que dit l'Empereur, *b Instrumenta domestica, seu priuata testatio, seu adnotatio, si non alijs quoque adminiculis adiuuentur, ad probationem sola non sufficiunt.* Les instrumẽs domestiques, ou les testations & marques priuees ne sont seuls suffisans pour faire preuue, s'ils ne sont aidez & soustenus par d'autres adminicules: il s'ensuiuroit doncques, qu'il ne faut pas du tout croire aux liures des marchans. Or afin que ce doute soit esclarcy tout à faict, il faut mettre difference entre nos marchãs, & ces anciens changeurs, argentiers, trapezites, & fœnerateurs qui par droict & authorité publique exerçoient le change, & prestoient argent à vsure, desquels souuentesfois il est faict mention en nostre droict: *c* Car il semble que telles gens auoient pouuoir public de dresser des liures de raisons, *d* & libre exercice de bailler argent à vsure, laquelle charge, qu'on appelloit lors argenterie *e* ou traffic & change d'argent estoit defendue & interdicte à quelques vns, & principalement à ceux qui estoient pourueuz d'estats pour vn certain temps seulement. *f* Et par ce que ces charges, sembloient estre introduictes par auctorité publique comme des offices, pour ceste raison on adioustoit foy à ces liures par la representation qui en estoit faicte tant pour que contre ceux qui auoient escrit dedans ces

c *l. eos. C. si cer. pet. & l. principalibus. D. eod. l. institoria. C. de institor. act.*
d *vt not. in l. si ventri D. de priuil. credit. l. quedam § penult. l. si quis ex argẽtariis. § pretor. ait D. de eden.*
e *not. in l. ait Praetor. D. de edend.*
f *d. l. eos. C. si cer. pet.*

ces liures, & les papiers & registres de ces argentiers estoient appellez liures des raisons publiques, tesmoin Sceuola: *g* Or cest exercice public d'vsure permis auparauant le Christianisme, a depuis iceluy esté peu à peu corrigé & reduit à vne raison legitime, & principalement du temps de l'Empereur Constantin, *h* comme on peut voir és loix ciuiles, & anciennes constitutions Ecclesiastiques, *i* & en fin du tout abrogé & aboly, estant seulement restée vne licence & permission, de bailler argent à rente constituée, rachetable & admortissable à la volonté de celuy qui la constitue, comme il est assez notoire par les deux extrauagantes de Martin V. & Calixte III. *k* On ne doit doncques pas iuger des liures & papiers de nos marchans, comme on faisoit de ceux des argentiers du temps passé, par ce que les liures des marchans semblent estre du tout priuez, mais toutesfois vn marchand pourra-il agir en vertu de tels papiers? Pour exemple, Titius bon & fidele marchand, ayant bonne renommée en ville, a vendu à Caius son voisin pour son vsage ordinaire, ou pour autre cause qui n'est point exprimée, des draps de laine & de soye, pour le prix de cent escus, dont il n'a tiré aucune recognoissance ny promesse, estant en ce peu fin & aduisé: car pour le present les marchans plus sages & mieux preuoyans à leurs affaires,

g in l. filia. D. de solut. & not. in l. si hominem. D. depositi per Budaeum.

h in l. eos. C. de vsur.

i in c. regimini. in extrauag. de empt. & vend.

k in c. regimini. 1. & 2. eod. tit.

demandent des cedules, ou font arrester & signer les parties de ce qu'ils ont fourny, mais il a escrit sur son papier iournal par le menu ce qu'il auoit vendu à Caius, depuis par ce que Caius vsoit de longueur à payer ce qu'il deuoit, Titius le fait adiourner pour auoir payement, Caius ou son heritier denie la debte, à sçauoir si Titius sera receu à le prouuer par son papier? Ie pense que non, puisque la debte n'est point arrestée ny les parties signées par Caius, ny son sing recogneu, parce qu'vn instrument du tout priué, & vn escrit domestique ne proffite point à celuy qui le produit de sa maison, par la theorique du droict cy deuant alleguée. l Mais si le marchand dict qu'il a des tesmoins, par lesquels il prouuera que Caius a accoustumé de se fournir de marchandise en sa boutique pour son vsage, & que souuent il en a pris à credit, ou par lesquels il monstrera que Caius a porté long temps des habits & vestemens faicts du drap ou de la marchandise que Titius luy auoit baillée, & telles autres choses semblables qui confirment & approuuent les parties contenuës en son papier iournal: Sçauoir si luy sera loisible de prouuer par tesmoins ces indices, nonobstant ceste ordonnance royale? I'estimerois qu'il faudroit ainsi distinguer. Où il est question de marchans iurez, & demourans en ville iurée, & reputez gens de bien, & qui sont en bonne ré-

l *l. exemplo. C. de probat. l. rationes. eod.*

nommée par la ville, & qui y ont continuellement exercé le traffic de marchandise, & lors il n'y a point de doubte, que les liures de tels marchans ont vne bonne presomption, voire qu'ils font vne preuue semiplene, comme dit Bartole, *m* apres Accurse, *n* laquelle presomption, ou preuue semiplene, peut estre supplée par tesmoins, qui pourront tesmoigner des indices susdits, nonobstant ceste ordonnance royale, par ce qu'il apparoist desia d'escriture, laquelle, quoy qu'elle soit priuée, si est-ce toutesfois qu'elle a quelque presomption de droict, & partant il semble que ceste ordonnance en parle, quand elle faict mention des escritures priuées. Il faudra dire de mesme, si le marchand est mort, & que ses papiers soient escrits d'ordre & trouuez en sa boutique, & que l'escriture soit recogneuë & approuuée. A tous lesquels indices on peut aussi adiouster le serment pour ayder ceste preuue semiplene. Et de toutes ces choses on peut tirer vne parfaite preuue, selon l'opinion commune de Bartole, Balde, Paul de Castre, *o* & d'Alexandre, *p* & d'autres Docteurs. Et à plus forte raison il faut iuger le mesme de marchant à marchant, comme on dict vulgairement: Car leurs liures & papiers iournaux, semblent faire beaucoup de foy & de creance entre eux, & principalement s'ils sont aydez de

m *l. nuda ratio. num. 3. D. de donat.*

n *in l. admonendi. in verb. exacto iureiurando. D. de iureiurãd.*

o *in l. admonendi. D. de iureiur. in l. bonæ fidei. D. de reb. cred.*

p *consil. 62. lib. 5. num. 1. & consil. 33. lib. 1. num. 1.*

quelques adminicules, à cause de la presomption qu'on tire de leur traffic ordinaire, & negociation accoustumée, pour laquelle la loy a accoustumé de presumer. q Aussi j'ay veu vn autre exemple d'vn Apothicaire, qui auoit assisté vn certain Gentilhomme en sa maladie, & luy auoit fourny plusieurs drogues & medecines excedans cent liures, apres le deces duquel l'Apothicaire demande le prix de ses drogues, si on luy en faict denegation à sçauoir si on en adioustera foy à son papier? Ie pense qu'ouy si tant est que l'heritier confesse le defunct estant malade auoir esté medicamenté par l'Apothicaire, ce qu'il suffira de prouuer par tesmoins, s'il est denié. Au parsus, pour les drogues qui ont esté fournies, on adioustera foy à son papier iournal, pour deux raisons: L'vne, par ce que le secours & assistance qu'il a donné au malade, faict desia qu'il y a presomption pour son papier, comme dit Bartole parlant des marchans; Voire l'Apothicaire semble plus fauorable qu'vn autre marchant, par ce que pour la santé & necessité des corps des hommes, il a le serment au public, & ce qui a esté fourny par luy, semble auoir esté baillé pour la conseruation du corps, & pour euiter le danger de la mort, tellement qu'ils peuuẽt tousiours demander ce qu'ils ont fourny. r L'autre, par ce que ayant bien

q l. fin. C. de fideiussorib.

r arg. l. si pupilli. §. si Titij seruũ. D. de negot. gest.

faict les affaires d'autruy, celuy qui les a faictes a tousiours action, *f* pour estre remboursé de ce qu'il a despensé pour le malade, & ainsi il y a vne obligation qui procede de quasi contract, qui semble n'estre subiecte à ceste ordonnance, comme nous auons dict cy dessus quand nous auons parlé des quasi contracts: ioint que les Medecins, desquels les Apothicaires sont coadiuteurs & comme appariteurs pour les assister, sont tenus bon gré mal gré de medicamenter les malades, & par consequent ils les peuuent contraindre par l'office du Iuge pour estre payez de leurs medicamens & salaires. *t* Toutesfois on a accoustumé de taxer & moderer les parties des Apothicaires, escrites dans leurs papiers iournaux, par gens qui s'y cognoissent, comme i'ay veu souuentesfois iuger, quand il s'est presenté quelque proces de ceste matiere. Ou bien il s'agist de petits mercadans, desquels la preud'hommie & loyauté n'est encores assez esprouuée, & qui ne sont point encores enrollez en la communauté & au corps des marchans, comme nous voyons à present presque en toutes les bonnes villes de ce Royaume, par ordonnance du Prince y auoir des communautez des marchans establies, & entre eux y auoir des Iuges & Consuls des marchans créez *ad instar* de ceux qu'on auoit accoustumé de

f l. Pomponius D. eod. l. si seruum. C. eod.

t vt not. in can. prouidendum. iunct. 1. gl. s. 83. distinct.

faire en Italie: desquels Balde fait mention.
v in Rubric. de constit. pecun. C. v Et ie dis que les papiers & liures de raisons de ces marchans, qui ne sont du corps des iurez, n'ont aucune presomption de droict, par ce qu'ils n'ont encores aucune foy au public, par l'argument des contraires pris de ceux qui sont desia publiquement esprouuez. x Car estans hors la communauté & corps des marchans ils ne doiuent iouyr du priuilege & authorité de ceux qui en sont. y Et ainsi i'estimerois qu'il faut conclure, que ces petits marchans faisans demande de chose qui excedast cent liures, ne peuuent estre aydez par tesmoins, combien qu'ils eussent escrit en leurs papiers par le menu, les parties dont ils demandent payement, par ce qu'ils ne font du tout aucune foy. z De ces questions il en naist vne autre touchant les memoires escrits és tablettes ou bordereaux, & papiers iournaux domestiques, és tablettes portatiues de boys ou de cuyure, ou cóme dict Vlpian, a en certain codicille ou liuret, en escorce de tilleul ou d'autres arbres, en yuoires ou en autres matieres, ou bien en cas de necessité, ou en temps de peste, ou de guerre, en vn test, ou en vne tuille, ou en des fueilles d'arbres, comme anciennement les Ægyptiens escriuoient en des fueilles de palmes, tesmoin Pline, b & les Siracusains escriuoient l'ostracisme

x arg. d. l. quedam. § nummularios D. de edend. l. nuda ratio. D. de donat.

y l. cessante. C. de commer. & mercat.

z d. l. rationes. C. de probat.

a in l. librorum. D. de legat. 3.

b chap. 11. liu. 13. de l'histoire naturelle.

ou bannissement en des fueilles d'oliuier, & c'est pourquoy il estoit appellé Petalisme : à sçauoir si ces escritures ont quelque force de preuue, de sorte qu'il soit permis de les fortifier par tesmoins? comme, Titius homme priué, & d'autre qualité & cõdition que de marchand, a escrit en ses papiers priuez, qu'il deuoit cent escus à Caius à cause de prest, ou bien en temps de peste, il l'a escrit sur vne tablette, ou en vne fueille d'arbre pour la descharge de sa conscience. Ie respons qu'il faut icy distinguer auec Bartole. c Ou il a escrit contre soy, ou pour soy, ou bien indifferemment, si c'est contre soy, ie pense que ces brouillards & memoires domestiques font foy, si tant est qu'ils soient signez, que s'ils ne sont point signez, mais seulement escrits, ils font quelque preuue, mais non pas entiere, s'ils sont faicts pour obliger : & partant que par adminicules de tesmoins, ou autres indices on doit prouuer la cause de la debte, pour deux raisons : L'vne par ce que ceste escriture non signée, semble estre seulement encommencée & non paracheuée, car quand quelqu'vn a peu signer ce qu'il a desia escrit, & ne l'a pas signé, il semble s'estre repenty, tirant en argumẽt ce qu'on dict du testateur, qui a laissé son testament imparfaict, ou l'a effacé, ou cancellé, ou a monstré par quelque autre sorte auoir chã-

c in l. exemplo perniciosum. C. de probat.

gé de volonté. *d* L'autre, parce que telle confession, quand elle est faicte en intention d'obliger, hors iugement & partie aduerse absente, n'est pas estimée auoir assez de force pour l'effect d'vne obligation: *e* autre chose seroit, si telle confession, ores qu'elle ne fust point signée, inclinoit à liberation, veu que pour la faueur d'icelle liberation, on y adiouste foy plus aisément, *f* & principalement si celuy qui a escrit telle chose en ces tablettes ou memoires, comme escrit le I. C. Paule, *g* estoit homme diligent, & bon mesnager, duquel on ne puisse croire qu'il se soit facilement abusé ou mespris: Car la reputation qu'on a acquise d'estre diligent & exacte en ses affaires exclud toute presomption d'erreur. *h* Mais si ce qu'il a escrit en ses tablettes, faict pour luy & est pour son proffict, il est certain qu'on n'en peut tirer aucune preuue, & qu'on n'y doit du tout adiouster foy, non plus qu'à vn tesmoignage entieremẽt domestique, comme il est vulgaire en droit. *i* Et partant quand il s'agist d'vne paction ores qu'elle soit liberatoire, il ne sera loisible d'vser de tesmoins pour la verifier, parce qu'elle n'est appuyée d'aucune presomption de droict qui soit escrite. Et quant à ce qui est escrit indifferemment és tablettes memoriales, à sçauoir ny pour, ny cõtre celuy qui a escrit, comme souuentesfois il

d *not. in l. si vnus l. testamentum § non indeb. l. nostram. C. de testament. l. 1 § 1. D. de his quæ in test. delent.*

e *l. certum. § si absent. D. de confess. l. 1. § fin. & l. fin. D. de interrog. act.*

f *l. tale pactum. D. de pact. l. publia. § fin. D. de pos.*

g *l. cum de indebito. § fin. D. de probat.*

h *l. 1. C qui & aduers. quos l. vlt. C. arbitr. tutel. l. quisquis. C. de rescind. vendit.*

i *l. exemplo. l. rationes. C. de probat. l. inter chartulas de cõueniend. fisc. debit. lib. 10. cod.*

aduient, que plusieurs pour memoire escriuent ce qui se fait en priué & en public, cela fait quelque peu de foy ou de presomption, mais elle n'est pas necessaire, & partant il faut laisser tout cela à la discretion du Iuge. Toutesfois i'excepte vn seul cas, auquel on peut de telle escriture tirer certaine preuue, sçauoir quand vn pere ou vne mere, ou l'vn & l'autre escriuent de leur propre main en leurs liures concernans leurs affaires, ou en leurs liures de prieres le iour de la naissance de leurs enfans : Car si on est en peine touchant l'aage des enfans, ie sçay qu'il a esté souuent iugé q̃ ceste escriture recongneue faict beaucoup de preuue, veu que c'est vne attestatiõ des pere & mere, le tesmoignage desquels pour l'aage de leurs enfans, est reputé certain & irrefragable, tout ainsi comme des proches parens & des sages femmes, la disposition du droict le persuadant ainsi, k & principalement, si apres le deces de ceux qui ont escrit, ceste escriture est trouuee en leurs coffres entre leurs papiers, & recognue, par ce qu'on ne peut pas presumer, qu'elle ait esté supposee pour tromper autruy, principalement si celuy qui a faict ceste escriture est reputé homme de bien & d'honneur: & il semble que Bartole l & Balde m soient de ceste opinion. Mais parce que ceste article n'appartient pas proprement à

k *l.3.§. dua. D. de Carbõ. edict. l. de tutela. C. de in integ. rest. minor l filium. D. de his qui sunt sui vel alien. iur. & per Bartol. in l. de atate. D. de minorib.*

l *in l. admonendi. C. de iureiur.*

m *in l. bona fidei C. de reb. cred.*

ceste ordonnance, où il s'agit seulement des contracts & pactions, ie ne passeray point plus outre.

Des obligations non escrites, mais qui se contractent de choses prises en detail par certaines marques & enseignes de recognoissance, qu'on appelle vulgairemeut coches, tailles & marreaux.

Chap. IX.

Diuerses questions m'ont faict de la peine, desquelles sur cest article, i'ay esté souuentesfois enquis. Car il y a quelques obligations, quon n'escrit point, & qui ne sont expressement contractees en presence de tesmoins, & toutesfois par vne coustume gardee de long tẽps entre marchans, elles semblent auoir grãde asseurance: à sçauoir celle dont on contracte par certaines marques de bois, ou de plomb, & par enseignes baillees l'vn à l'autre, que les marchans & autres qui trafficquent appellent entr'eux en commun langage tailles, coches, ou marreaux, & que l'Euesque Sipontin en son commentaire sur Martial, *a* estime pouuoir estre appellees en langue Latine, *Taleas*. Pour l'esclarcissement de laquelle difficulté, ie mettray en auant vn exemple d'vn certain proces qui m'a esté proposé, entre quelques bouchers, lesquels ayans ramassé toutes les peaux de moutons, de cheure, & d'autres bestes par eux tuees, tout le long de l'annee les bailloient en detail & par le menu à vn certain courroyeur ou marchand de peaux à diuers temps pour vn prix dont ils auoient conuenu entr'eux, ayans retenu chascun d'eux des tailles ou marques de bois, esquelles estant ioinctes ensemble, ils faisoient autant de coches auec vn cousteau, qu'on liuroit de peaux tous les iours à ce marchand, & auoient chascun leur taille ou marreau comme anciennement auoient accoustumé de faire les hostes, ainsi qu'il est rapporté par le Plaute, *b*: en fin apres qu'vn tresgrand nombre de peaux fut liuré à ce courroyeur, il deceda sans auoir payé le prix d'icelles, dont la quantité & le nombre apparoissoit par la taille commune. Et par ce que il fut trouué en sa maison entre ses biens meubles grande quãtité de peaux & qu'il ne possedoit aucuns biens immeu-

a *epigram. 2. in cornucop.*

b *in Penulo.*

bles, les bouchers demanderent pardeuant le Iuge que ces peaux & la laine qui en auoit esté ostee leur fust rendue, par ce qu'elles n'auoient point esté payees, ains il appareissoit seulement de la quãtité d'icelles par les coches & tailles, qu'à ceste fin ils representent, & requierent que les heritiers exhibent celles que le defunct auoit de sa part, afin qu'on les conferast ensemble: Ce qui fut faict par authorité du Iuge, tellement qu'il n'y auoit point de doubte, que le defunct courroyeur estoit redeuable à ces bouchers du prix de toutes les peaux contenues en ces tailles, qui excedoit presque la somme de cent escus. D'autre part suruient vn creancier du defunct, & produict vne obligation par laquelle il apparoissoit que ce courroyeur luy deuoit deux cens escus, & demande que ces peaux & laines soient vendues pour des deniers qui prouiendront de la vente, estre payé de son deu, disant que les bouchers debuoient estre deboutez, qui n'auoient aucun instrument authentique, ny mesmes aucune cedule. Les bouchers alleguoẽt la coustume dõt ils vsoient en la vente de leurs peaux, & qu'ils n'auoient accoustumé de s'obliger les vns vers les autres que par ces tailles, & disoient n'auoir vendũ autrement ces peaux, sinon à cõditiõ qu'elles leur fussent payees, qu'auparauant le payement d'icelles, ils en estoient tousiours demourez seigneurs, & partãt qu'ils les pouuoiẽt aduouer & vendiquer, iusques à ce qu'ils fussent satisfaits de ce qui leur estoit deu, & ce par vne condiction commissoire, *c* tellement qu'ils soustenoient deuoir estre preferez pour le regard de ces peaux & laines à tous autres creanciers protendans leur estre deu pour autre cause, & se fondoient sur l'expresse coustume qu'ils auoiẽt de trafiquer, qu'ils disoiẽt deuoir estre reputee pour vne loy & instrument authentique: comme il est assez vulgaire, qu'on doit tousiours auoir esgard aux coustumes: *d* ioinct que les marchans auoient accoustumé de contracter plustost par tradition de la chose, & par vne conuention nue & simple, que par vne solennité de paroles, selon l'opinion de Bartole. *e* Au contraire le creancier disoit, que par instrument faict par escrit & authentiquement il auoit presté son argent à ce marchand courroyeur, dont il auoit acheté toute sa marchandise, comme il est vray semblable par presomption de droict, qui veult qu'on presume l'argent auoir tourné & estre employé pour le traffic & marchãdise dont se mesle celuy qui emprunte, & partant que *f* c'estoit chose desraisonnable, que ces bouchers, qui n'auoient aucune recognoissance ny promesse soit publique soit priuee, ains pour toute

c l. 2 & 3. D. de lege commiss.

d auth. de defens. ciuit. §. quia vero col. 1. auth. de sanctiss. episc. §. pro consuetudinibus coll. 9.

e i. l. Quintus D. mand.

f l. fin. §. fin. antẽ. c. ad Macedon. Bald. ad l. Macedoniani & d. l. fin. cod.

preuue auoient des tailles & marques de bois seulement, fussent preferez à luy qui estoit fondé en contract & obligation authẽtique. De ceste dispute naissent deux questions, l'vne sçauoir si on doit receuoir le faict de ces bouchers qui disent n'auoir point vendu leurs peaux, sinon au cas qu'ils fussent payez, & qu'on a ainsi accoustumé de le practiquer entr'eux, & si on admettra en ce cas la preuue par tesmoins: l'autre, si ces bouchers pourront estre preferez à ce marchand, ou au contraire. Quãt à la premiere question, ceste ordonnance Royale semble beaucoup y resister, qui ordonne, que de toutes choses qui excederont cent l. on face des contracts & obligations par escrit. Or le prix que demandent ces bouchers pour leurs peaux & laines, excede de beaucoup la sõme de cẽt l. & toutesfois ils n'ont rien par escrit, mais seulemẽt mostrẽt leurs tailles & coches: Il sembleroit doncques que ce faict ne deuroit point estre receu. Toutesfois i'ay tousiours pensé le contraire par ces raisons. La premiere, parce que ceste ordonnance Royale parle des choses seulement desquelles on a accoustumé de faire des contracts par escrit, à laquelle ordonnance ces bouchers ne semblent auoir doleusement cõtreuenu, d'autant qu'en ceste espece de marchandise l'escriture n'est point necessaire, parce qu'on les liure & reçoit par le menu: Car autrement s'il estoit necessaire de dresser contracts toutes fois & quantes on reçoit ces peaux, il faudroit que ces menus marchans fussent contraints d'auoir tousiours vn Notaire pendu à leur ceinture, dont les frais & la despense surpasseroient de beaucoup la commodité & le proffict qu'ils en tireroient. D'auantage chacune reception particuliere de ces peaux, est au dessous de cent liures, parce que chacun iour peut estre on en reçoit quatre ou cinq seulement, & ainsi de iour en iour: mais par traict de temps, ceste reception & liuraison, est tellement augmentee & accreue, que ce qui est marqué en ces coches & tailles excede cent liures. Les commencemens doncques de ceste debte ne sont compris sous ceste ordonnance, & la fin d'icelle n'est accomplie ne paracheuee que par ces tailles & marques de bois: & par consequent, ie disois qu'en ce cas ceste ordonnance ne doit auoir lieu, comme nous auons monstré cy deuant, quand nous auons traicté des acquisitions, qu'on faict par prescription & laps de tẽps. Ces tailles & coches estans doncques recogneues en iugement, i'estimerois qu'on deuroit receuoir ce faict, & le prouuer par tesmoins, par ce qu'on tire desia quelque preuue de ces tailles, ce qui n'est pas chose nouuelle en droit. Car anciennement, le commissaire des viures qui estoit appellé *Præfectus annonæ*, deliuroit aux soldats vne certaine mesure de froment sur certaines marques, qu'on appelloit *tesseras frumentarias*, desquels Vlpian, *g* & Paule *h* font mention, & mesmes Budee, *i* rapporte apres Suetone, *k* qu'au temps passé on se seruoit de telles marques pour la vente des cheuaux, pour les habits & vestemens, & pour les heritages, qu'ils appellent *tesseras iumentarias, vestiarias & agrarias.* Il y à plus, c'est que ceste sorte & maniere de traffiquer, ne peut estre practiquee autrement, veu qu'on ne peut liurer ces peaux que par le menu, & selon que les bouchers tuent quantité de bestes, donques par necessité on doit permettre, ce qui autrement ne seroit pas permis. *l* Et cela ne se practique pas seulement entre marchands, mais aussi entre autres personnes, comme entre les Chanoines & Prebendez, qui en la distribution de leur gains & proffits, deubs à cause du seruice qu'ils font, se seruent de marques de plomb, qu'ils appellent vulgairement *mereaux*, car par ces marques de plomb ou de carte, les receueurs de l'Eglise ou prouiseurs leur sont obligez, en vertu de la commune vsance & coustume de l'Eglise, qui a entre eux force de la loy. *m* Et entre quelques ouuriers & artisans on a accoustumé de s'entre-communiquer certaines marques par lesquelles on cognoist leur ouurage, &

g in l. sed & si susceperit. §. si libertis. D. de iudic.

h in l. mortuo. D. de legat. 2.

i ad d. l. sed & si susceperit. §. si libertis.

k in Nerone.

l l. 1. § sed excipiuntur D. de ven. l. Senatusconsulto § si quid D. de offic. præsid. l ait. Prætor § si debitorem. D. quæ in fraud. credit.

m c. cum ad monasterium extr. de stat. monac. c. in his c. Catholica. distinct. 11.

& par icelles ils sont conuaincus & punis, si aucun d'eux fait faute en son ouurage, principalement entre les Orfebures. Dont il s'ensuit la resolution de la premiere question, à sçauoir que ces bouchers doiuent estre receuz à poser leur faict, & à le verifier par tesmoins, nonobstant ceste ordonnance de Moulins, qui ne peut pas regler telles obligations, par ce qu'elles sont contractées plustost par traict de temps, & par diuers momens, que par vn seul acte, & partant elles ne peuuent estre mises par escrit, comme nous auons dit cy deuant, quand nous parlions des preuues des prescriptions. *n*

n *arg. l. 3. D. de vsu. et ep.*

POVR le regard de la deuxiesme question, à sçauoir si ces bouchers ayant verifié leur demande doiuent estre preferez à cest autre creancier qui est fondé en instrument authentique, ou au contraire. Encores que ceste question n'appartienne pas à ce traicté, toutesfois i'en diray en passant ce qui me semble. Si ces bouchers donques ont verifié n'auoir vendu ces peaux, qu'au cas qu'ils en fussent payez, & qu'on ayt ainsi accoustumé d'en vser entre tels marchãs pour la vente de telles marchandises : I'estimerois estre raisonnable que les bouchers fussent admis à aduoüer & vendiquer ces peaux, par la raison d'Vlpian, *o* qui escrit en ces mots : *Enimuero si non in cre-*

o *in l. procuratoris. §. plane. D. de tribut.*

Q

ditum abij, quia res vendita non, alias desinunt esse mea, quamuis vendidero, nisi ære soluto, vel fideiussore dato, vel aliâs satisfacto, dicendum erit vindicare me posse, Veritablement, si ie n'ay point laissé ma marchãdise à credit, il faudra dire que ie la puis tousiours auoüer, par ce que les choses vẽduës, ne delaissẽt point autrement d'estre nostres, ores que la vendition en soit faicte, sinon en paiant le prix, ou baillant caution & respondant, ou que nous soyons autrement satis-faits. Car il semble que ces termes expriment assez que l'adueu & vendication de ces peaux & laines est conforme au droict, principalement si on peut faire apparoir que soient les mesmes peaux que les bouchers ont baillees. Et si ceste raison n'est bastante, i'estimerois au moins que ces bouchers doiuent venir à contribution, au cas que le deffunct courroyeur ne se trouuast soluable. Car combien que on mette bien de la difference pour le payement des debtes entre les creanciers hypothecaires, & les simples Chirographaires, *p* toutesfois quand il est question de marchandise dont la vente est incertaine, & l'hypotheque aussi, on n'a pas accoustumé d'vser de ceste difference en matiere de desconfiture ou tributoire, encores qu'vn creancier soustienne la marchandise auoir esté acheptée de ses deniers, & semble que c'est selõ l'opiniõ d'Vl-

p *l. vnic. C etiã. ob chirogr. pecũ. l. creditor.* 2 §. *si primus*. D. *qui potiores.*

pian, *q* mais entre tous les creanciers il se fait contribution au prorata de ce qui est deu à vn chascun, suyuant l'aduis du mesme Vlpian, *r* Et ainsi i'estimerois qu'il faudroit ainsi iuger d'equité & de raison, sauf meilleur aduis.

Des choses qui dependent de l'execution des contracts, ou pactions desia mises par escrit.

Chap. X.

I'AY veu touchant cest article mouuoir plusieurs questions: Car il y a infinis contracts, tellement conceuz, que cōbien qu'ils ayent vne pactiō certaine, si est ce toutesfois qu'ils semblent depēdre de l'execution du contract, de sorte qu'ils desirent de necessité vn autre contract. Pour exemple, la promesse de vendre n'est pas vendition, & la promesse de loüer, n'est pas location, & il faut dire ainsi d'autres semblables pactions qui requierent vn autre contract pour leur execution : *a* desquelles il est parlé en plusieurs lieux de droict, *b* & en est faict mention par Balde, *c* & par les autres docteurs : Ce qu'on peut voir en tous contracts, desquels l'execution est remise au vouloir d'autruy, dont il y a infinis exemples en droict. *d* Et tous ces contracts presque requierent vn autre contrat: Comme, ie promets vous vendre mon heritage pour le prix de cent escus : Car il n'y a aucun qui doubte, qu'on doit escrire ceste promesse par ceste ordonnance Royale : mais apres que ceste conuention aura esté escrite, & que celuy, auquel on auoit promis de vendre, se trouue en possession de cest heritage certain temps apres, & estant vendiqué sur luy par vn tiers, il excipe & dict que l'heritage luy a esté vendu pour la somme de cent escus, & toutesfois il n'a point de contract de vendition par escrit, A sçauoir s'il pourra prouuer par tesmoins que la vendition luy a esté faicte, veu que desia il a vne promesse par escrit que la chose luy seroit venduë ? Ce qui de premiere face sembleroit ne deuoir auoir lieu, par ce qu'en ces promesses de vendre, d'affermer, de permuter, & autres semblables conuentions imparfaictes, il semble que le repentir en est permis iusques à ce que le contract en soit parfaict par la vul-

a *l. si heres. D. de act. empt. l. numerationibus C. de solut.*

b *l. si cum fundum. D. de pactis.*

c *l. quamuis C. de transact.*

d *l. fin. C. de contr. empt. l. si coita & l. societatem. D. pro socio l. si libertus. 2. D. de oper. libert. l. si quis arbitratu. D. de verb. oblig.*

gaire constitution de Iustinian, *e* qui ne repute point les contracts estre parfaicts, iusques à ce qu'ils soient mis au net. Toutesfois nonobstant ces choses, i'estime que la preuue par tesmoins doit estre admise en ces cas par double raison. L'vne par ce que le possesseur a desia pour soy vne promesse par escrit de la vendition de l'heritage, & partãt on presume facilement qu'à ce tiltre la seigneurie de la chose luy a esté transferée, pour la cause préexistante de la vendition dont il appert desia par escrit, laquelle cause préexistante faict subsister, ce qu'autrement seroit reuoqué en doubte, comme en cas semblable monstrent Accurse, *f* & Paul de Castre, *g* parlans de la confession faicte par vne partie hors iugement, laquelle induit vne preuue, si elle a desia sa cause préexistante prouuee. Ce que l'Empereur *h* par equité pareille semble confirmer, quand il parle de la confession causée. L'autre raison est prise de la possession de la chose qui est trouuée pardeuers celuy auquel la promesse de vendre auoit esté faicte. Car ceste possession induit vne presomption de seigneurie contre celuy qui vendique, par la constitution de l'Empereur Antonin *i* D'autant que ceste possession faict presumer que la seigneurie de la chose est par deuers celuy qui en iouist, par la raison d'Vlpian, k lequel

e *in l. contractus C. de fid. instrum.*

f *in l. vnic. C. de confess.*

g *in l. 1. D. eod.*

h *in l. generaliter. C. de non numer. pecun.*

i *l. possessiones. C. de probat.*

k *in l. circa. C. eod. cum simil.*

lors que le defendeur est en possession donne la charge de prouuer la seigneurie au demandeur : & partant si le demandeur, qui vendique l'heritage possedé par autruy, essaye peut estre à prouuer, que la susdicte promesse de vendre, a esté reuoquée par penitence, ou qu'autrement on s'est desisté & departy d'icelle, il n'y a point de doute, que le possesseur pourra prouuer par tesmoins, la vendition auoir esté depuis accomplie verbalement, suyuant ce qui auoit esté promis. Mais ie dis d'auantage, que si ce possesseur est mis hors de la possessiō qu'il auoit prise en vertu de ceste promesse de vendre, il ne sera pas seulement admis à demander à estre remis en possession par l'action Triticaire, *l* mais aussi il pourra agir en vertu de l'action Publicienne, à quasi vendiquer la Seigneurie : *m* & s'il est contraint de prouuer la vendition, il pourra vser de tesmoins à cause de la presomption du droict, qu'il a acquise par ceste promesse escrite. N'empesche la vulgaire decision, qui veut, que nous pouuons impunément resilir, & nous repentir d'vn contract imparfaict, & qui n'est encores mis au net, *n* par ce que ceux là s'abusent & mesprennent, qui estiment que ceste Theorique ayt lieu és contracts susdicts, ayans promesse de vendre, de bailler à ferme, de permuter, & de faire sem-

l l. sed & ei. D. de cōdit. Tritic.

m l. 1. & sequēt. D. de Public.

n in l. cōtractus. c. de fide instrū.

blables cõtracts, & que d'iceux on est receu à se repentir, & en resilir, ce qui est du tout faux: Car ces contracts sont parfaits en leur paction & conuention, encores qu'ils requierent l'accomplissement d'vn autre cõtract. Et partant Bartole & Balde, *o* appellent ces contracts, *innominatos*, sans nom, esquels la penitence n'est point admise, combien que regulierement des contracts sans nom, qui ne sont reuestus de stipulation, on puisse resilir si on s'en repent. *p* Toutesfois ceste regle reçoit exception en ceste espece de contracts sans nom, par ce qu'ils sont conioincts à vn contract, qui a vn nom, duquel l'execution est necessaire, selon l'aduis de Celsus, *q* quand il dit, que il a esté plustost promis pour cause, que vẽdu, & partant vn contract semble desirer l'accomplissement & perfection d'vn autre contract qui luy est conioinct, *r* on n'est doncques pas receu à s'en repentir. *s* De là ie conclus que la preuue par tesmoins peut estre facilement admise, és pactions non escrites, qui dependent du tout de l'execution des autres contracts desia escrits, veu qu'il y a desia pour elles vne conuention escrite, s'il ne suruient au contraire vn mauuais & sinistre soubçon: Ce qu'vn bon Iuge pourra aisément iuger selon la qualité des affaires ou des personnes. Mais que dirons nous des choses qui de-

o *in l. quamuis.* C. *de transact.*

p *l. ex placito.* C. *de rer. permut. l. si pecuniam.* D. *de condict. causa data.*

q *in l. fin.* D. *eod. Bartol. in l. exempto. num.* 6. D. *de act. empt.*

r *l. si sterilis.* §. *si tibi.* D. *eod.*

s *l. labeo scribit.* D. *de contrah. empt.*

pendent de l'execution des escritures priuées, ne faudra-il pas iuger de mesme? Comme voicy vn exemple d'vn faict qui m'a esté proposé. Vn marchand de Nyort a baillé ceste cedule à vn marchand de Languedoc contenant ces mots, Ie confesse deuoir cinquante escus à vn tel marchand pour douze sacs de pastel, que ie dois receuoir à Nyort: Quelque tẽps apres ce marchand decede, celuy de Languedoc demande à ses heritiers les cinquante escus: les heritiers pour deffenses disent que le pastel n'a point esté receu, & partant que la cedule n'a point eu d'effect: A sçauoir si on pourra prouuer par tesmoins qu'il a esté receu? I'ay respondu qu'ouy, tant par ce que la reception est seulement l'execution d'vne promesse desia escrite, par les raisons deduictes cy dessus: que par ce que telle execution pouuoit estre parfaicte & accomplie, mesmes sans contract par les facteurs du marchand, ou par vn voicturier ou messager, comme on a accoustumé de faire entre marchans, qui ont de coustume d'obliger & d'estre obligez par leurs facteurs, agens, & messagers, comme il est par trop vulgaire en droict. *t* Et i'estime qu'il faut iuger de mesme en d'autres semblables affaires & negoces qui conuiennent & regardent l'execution des conuentions desia escrites, pourueu qu'vn bon Iuge

t in l. sed & si pupillus §. item si plures. & §. fin. & toto fere titul. D. & C. de instit. act.

n'apperçoiue quelque poinct d'iniquité, qui puisse faire tourner son intention & iugement en vne equité contraire.

Des quittances & pactions liberatoires.

Chap. dernier.

La derniere question sera des quittances & pactions liberatoires, dont nous auons desia quelque peu traicté, quãd nous parlions des pactions tacites: mais non pas assez amplement ny exactement, si doncques les liberations excedent cent liures, sera-il loysible de les prouuer par tesmoins? Ce qui ne semble pas estre certainement sans grande dispute: Car tous sçauent combien en droict est grande la faueur des liberations, *a* mais au contraire, personne ne niera, que par la regle commune de droict, il n'y a rien plus naturel que de deslier vne chose du mesme lien dont elle est liee. *b* Si doncques vne obligation a esté contractee par escrit, il sembleroit qu'on n'en peut monstrer la liberation, sinon par escrit, & semble que Pomponius soit ouuertement de ceste opinion,

a *l. Arianus. D. de oblig. & act.*

b *l. nihil tam naturale. D. de reg. iur.*

c in l. Prout. D. de solution. c'en ces termes, *Prout quisque contractus est, ita & solui debet.* Tout ainsi qu'vn contract a esté fait, aussi doit il estre desfaict de mesme sorte. D'auantage il semble que la raison de ceste ordonnance royale est pareille à liberer, comme à obliger, à sçauoir afin d'obuier aux longueurs des proces, à la multiplication & inuolution de faicts, & aux subornatiõs de tesmoins: Car vn debteur, qui ne desire pas moins sa liberation, que le creancier l'effect de son obligation, essayera par tous les moyens qu'il pourra, se retirer & eschapper du lien & de l'ennuy auquel son creancier le tient, & à ceste fin chercher toutes sortes de preuue, contre la naifue intention de ceste ordonnance. Par ces raisons & plusieurs autres, qui seroient longues à deduire, il sembleroit qu'il faut dire indistinctement, que ceste ordonnance du Roy Charles IX. doit estre entierement extendue aux pactions liberatoires, & principalement par ce que toutes nos ordonnances royaux, & coustumes municipales, qui disposent des solemnitez qu'il faut garder és contracts sous certaines formes ne font aucune distinction des contracts liberatoires d'auec les obligatoires, quant à la forme & solemnité, & partant il sembleroit qu'on n'en deuroit faire distinction en ceste ordonnance. Toutesfois nonobstant ces choses, i'estimerois qu'il ne faut prendre ceste ordonnance si à la rigueur és pactions liberatoires, qu'és obligatoires : mesmes i'ay ouy dire à quelques vns auoir esté autresfois iugé par arrest de la Cour, que ceste ordonnance n'a poinct de lieu en quelques liberations & quittãces, ce que toutesfois ie n'oserois pas encores asseurer. Mais afin que ceste question soit plus amplement traictée & plus clairement entenduë, il faut considerer les priuileges infinis, qui sont attribuez en plusieurs lieux du droict, aux liberations, & combien elles different de la forme & substance des obligations, desquelles la substance, comme dict le I. C. Paule, *d* ne consiste pas seulement en paroles, & afin que ce qui est à nous soit transferé à vn autre, mais consiste à contracter en ceste intention, qu'expressemẽt vn autre soit obligé à nous. Et quant aux liberations, elles ne requierent pas vne forme de droict si exacte, ny vne telle solemnité, par ce qu'elles se font presque en infinies sortes, par lesquelles il ne se faict aucune obligation : car l'obligation ne se faict communément que par contract expres, & la liberation par vsage commun receu entre les hommes se faict par contract & sans contract, mesmes la loy reçoit infinis autres moyens de liberation sans contract expres, comme par enonciation faicte entre les parties, *e* item

d *l. obligationũ substantia. D. de oblig. & act.*

e *in l. optimam. C. de contr. & commut. §. 1.*

par confessiõ receuë hors iugement, voire sans cause, *f* selon l'aduis de Bartole & de ceux qui l'ont suiuy : *g* Item par vn simple message ou lettre missiue, *h*. Item par le papier domestique & priué du creancier, qui a accoustumé de faire preuue contre luy : *i* Item par le chãgement & innouation d'vn contract en vn autre, auquel cas on presume qu'on est deschargé & liberé du premier contract : *K* Ioint qu'vn debteur peut estre liberé sans son sçeu, & mesmes contre son gré & volonté, & ne peut estre obligé en ceste sorte : *l* D'auantage la liberation se fait de plain droict par delegation, confusion, acceptilation, compensation, *m* & par autres moyens presque infinis. Car tous les iours entre marchans on fait des quittances verbalement & de parole, & en rayant les parties contenuës en leurs liures & papiers iournaux, & par lettres missiues qu'ils enuoyẽt les vns aux autres, qu'ils appellent entr'eux vulgairement, parties tournées, ou acquittées, & pour la plus grand part on n'a pas accoustumé de faire des contracts par escrit quand il est question de bailler telles quittances & descharges, comme on faict d'ordinaire lors qu'il faut passer & consentir des obligations. I'adiouste à ce que dessus, si ceste ordonnance Royale estoit estroictement & à la rigueur obseruée pour

ſi, tale pactum. D de pact.
g *l. creditori. C. eod.*
h *l. publia. §. fin. D. de depos.*
i *ex notat. in l. n·da ratio. D. de donat. l. rationes & l. instrumentis. C. de probat.*
k *l. 1. l. si Stichum. D. de nouat.*
l *d. l. si Stichum § fin.*
m *l. delegare. D de nouat. l. debitori. C de pact. l. sicut. D. de nouat. §. item per acceptilationem inst. quib. mod. toll. oblig.*

les liberations, comme elle est pour les obligations, presque infinis marchez, negoces, & trafiques seroient trauersez tous les iours de mille incommoditez & de mille proces, lesquels negoces toutesfois se font ordinairement entres les hommes de bonne foy & sans controuerse, & qu'on a accoustumé de faire librement, nuement, & sans y entẽdre finesse: & ainsi, lors qu'on voudroit garder à l'exacte ce droict estroit il en naistroit vne grande iniustice entre les hommes, ce qu'on ne doit permettre, *n* & principalement entre les marchans si la preuue des quittances & liberations estoit tellemenc limitee, qu'on ne les peust verifier que par escrit. Et partant, sauf meilleur aduis, i'estimerois qu'il faudroit distinguer en ceste sorte. Ou le debteur soustient auoir payé ou estre quitte, & allegue ce payement ou liberation auoir esté faict par cõtract expres: ou bien qu'il est liberé & deschargé non par cõtract, mais par l'vn des moyens diuers cy deuant specifiez, ou semblables, dõt par chose qui equipolle on peult conclure qu'il est quitte: au premier cas, sçauoir, quand on allegue y auoir quittance par contract expres, il me semble qu'on ne peut prouuer tel contract que par escrit, par la raison de ceste ordonnance royale, qui veut que les contracts faicts d'vn mutuel consentement ne puis-

n *l. meminerint c. unde vi l. 2. C. de indict. viduit. toll. l. 1. C. de his qui ven. atat. impetr.*

sent estre verifiez autrement que par escrit, par ce que, cóme desia il a esté dict ailleurs, celuy qui a choisi la voye d'vn contract expres, se doit imputer, de ce qu'il n'a suiuy la forme de contracter prescrite par la loy, & ne peut estre exempt de mauuaise foy d'auoir mesprisé la forme introduicte par la loy, o qu'il n'a peu ignorer, par ce que tous sont tenus de sçauoir, ce qui est publique & notoire. p Au second cas, quand on allegue la liberation auoir esté faicte, non point par contract expres, mais par accident, & par vn des moyens de se liberer cy deuant declarez, ou semblables, i'estimerois qu'on deuroit receuoir toute sorte de preuues, non seulement par escrit priué ou public, mais aussi par tesmoins, nonobstant ceste ordonnance du Roy Charles IX. par ce que, comme nous auons dict cy dessus que les escritures priuées, si elles sont deniées, peuuent estre verifiées par tesmoins, par comparaison de lettres, & par autres adminicules, ainsi ie serois d'aduis que pour verifier les descharges, quittances & liberations faictes autrement que par contract expres, on doit admettre tout genre de preuues, & qu'elles ne doiuent point estre limitées ny comprises sous la rigueur de ceste ordonnance, par double raison; L'vne à cause de la faueur de la liberation, tant recomman-

o l. nebibores C. de commerc. & merc. l. non dubium. C. de legib.

p l. lata culpa. D. de verb. signif.

dée par le droict ciuil & Canon, q qu'on ne peut rien trouuer de plus fauorable: de sorte que la rigueur, qu'on a accoustumé de garder exactement és obligations, est presque du tout remise & relaschée es acquits & liberations, comme on peut voir en l'exception de pecune non comptée, laquelle de droict auoit force & vigueur iusques à deux ans, s'il estoit question de s'obliger, mais s'il s'agissoit de descharge ou liberation, elle ne duroit au plus que trente iours. r L'autre raison est, parce que ceste ordonnance Royale, qui corrige le droict commun, & contre iceluy restraint les preuues, s doit estre obseruée seulement en ces termes, & en ses limites des contracts & dispositions, & ne doit estre estenduë aux choses qui n'ont accoustumé d'estre faictes communemẽt par contracts: car Vlpian t defend, qu'on extende vne loy nouuelle faicte contre le droict commun, & principalement s'il y a diuersité de raison, comme en ce cas. Et l'Empereur v est de mesme aduis quand il dict, que ce qui n'est point specialement exprimé par vne loy correctiue, ne doit changer les droicts anciens. Or est il que ceste ordonnance a esté principalement introduicte pour tous contracts & actes obligatoires, qui ont accoustumé d'estre faicts entre les hommes: & par ce que lors qu'ils n'estoient

q c. ex litteris ext. de probat.

r l. in contracti-bus. § super ceteris. C. de non num. pec.

s l. final. C. de heret. & manich.

t l. si vero § de viro. D. sol. matr.

v l. præcipimus. C. de appell.

mis par escrit les parties essayoient de les prouuer par tesmoins, de là s'ensuyuoient plusieurs inuolutiõs de faits, mille destours & circuits de procés, & plusieurs pratiques & subornations de tesmoins, pour à quoy obuier il a esté ordonné qu'on ne pourroit verifier aucun contract sinon par escrit. Mais nous auons desia enseigné qu'il peult naistre infinies obligations entre les hommes sans contract expres, comme en toutes pactions taisibles, plus au mandement en certains cas deduicts cy dessus, & en plusieurs autres negoces, où le plus souuẽt on n'a accoustumé de se seruir de contracts, entre lesquels si nous mettons la liberation, nous ne dirons rien qui soit dissemblable & different d'idendité de raison, par ce que nous auons desia prouué que la liberation & descharge se peut acquerir sans contract expres par moyens presque infinis. Dont il s'ensuit necessairement, que tous les cas, esquels on se peut liberer sans contract, ne doiuẽt estre compris sous ceste ordonnance. Et afin que la chose soit rendue plus claire par exemples nous adiousterons vne question qui souuentesfois a couru par nostre Palais, qui est telle qu'il s'ensuit: Titius estoit obligé enuers Caius de cinq cens escus par obligation sollennelle, ce creancier ou son heritier faict adiourner Titius pour se voir cõdamner

damner payer ceste somme, lequel se defend, & soustient auoir pour la plus grande part satisfaict à Cayus par diuers payemens, & entre autres il allegue, que Caius son creancier a receu en son acquict de plusieurs ses debteurs diuerses sommes de deniers par le menu, sçauoir vingt escus de Sempronius, trente de Lucius, cinquante de Cornelius, & d'autres sommes de plusieurs autres personnes, plus trête ou quarante escus de son seruiteur, & ce de bonne foy, tant en vertu de lettres missiues, que sans escrit & de parole seulement: d'auantage Titius met en faict que Caius son creancier luy estant redeuable de vingt escus, pour quelque affaire qu'ils auoient ensemble, les auoit compensez verbalement ou precomptez & deduicts sur ce qui luy estoit deu, & partant le debteur demande qu'ils viennent à compte l'vn auec l'autre, offrant de payer sur le champ, ce que par l'issue du compte il se trouuera deuoir de reste à Caius. Mais Caius denie presque tous ces payemens, & soustient que Titius ne les pouuoit verifier que par escrit, par ce qu'il s'agissoit de somme excedant cent liures, & combien qu'on mist en faict qu'elle auoit esté acquitee par diuers menus payemens, que toutesfois tous ces payemens dependoient d'vne mesme somme, & d'vne mesme cause qui excedoit cent liures, & partant que ce n'estoit qu'vne mesme chose, & non diuerses, parce que de disposition de droict, on ne tient pas que les sommes soyét diuerses, qui ont leur source & origine d'vne mesme chose, x ny que les stipulations soyent aussi diuerses qui sont faictes d'vne mesme cause par le menu & par parcelles. y On demandoit, si en ce cas on deuoit admettre tout genre de preuue : Ie fus d'aduis par les raisons cy dessus deduictes, qu'on deuoit receuoir la preuue par escrit & par tesmoins, principalement entre personnes qui auoiét accoustumé de negocier ensemblement, comme entre marchans, entre amys, entre parens & voisins, qui ont souuentesfois accoustumé de s'entre-prester argent, & entre lesquels on n'apporte point d'ailleurs aucun sinistre soubçon : tant par ce qu'on allegue que ces payemens n'ont pas esté faicts par contract expres, mais pour diuerses causes pour lesquelles on n'a accoustumé de faire contracts expres, à cause de la foy & creance qu'ont les parties entre elles, que pour la faueur de la liberation qui se peut acquerir & faire en plusieurs sortes sans contract, comme nous auons cy deuant monstré par diuers exemples. Et ne fait au contraire la reigle, z *nihil tam naturale &c.* ny la theorique de Paule, a qui veut, qu'vn contract soit deffaict par

x *l. si idem cum eodem* D. *de iurisdict.*

y *arg. l. scire debemus.* D. *de verb. oblig.*

z *l. nihil tam naturale.* D. *de reg. iur.*

a *in d. l. Prout.* D. *de solut.*

mesmes moyens qu'il a esté faict. Car ces choses, doiuent estre entendues de la substance du cõtract, comme du consentemẽt, de la chose, & du prix de la vendition dont on ne peut se departir, sinõ par vn cõtraire consentement, en rendãt la chose, & remboursant le prix: *b* Mais nõ pas des formes & solemnitez, qui ne sont pas gardees de mesme façon en payant, comme elles sont en s'obligeant, pour ceste raison principalement, qu'on destruict plustost vn contract, qu'on ne le faict, comme en cas semblable parle le Pape Innocent, *c* quand il distingue les choses corporelles d'auec les spirituelles. Ioinct que ceste reigle n'enseigne pas qu'on garde du tout vne pareille forme à deslier qu'on faict à obliger: Car ce seroit chose absurde, que celuy qui seroit obligé à cause de delict, se liberast par autre delict. Et partant, certainement il faut entendre ce mot, *dissolui*, par acte qui equipolle, qui est que tout ainsi que l'obligation a esté faicte d'vn commun consentement, qu'on s'en deporte aussi d'vn mutuel consentement. Car c'est tout vn, qu'vne chose soit faicte par equipolent, si les parties en sont d'accord, *d* ce qu'explique assez amplement Accurse en interpretant la regle du I.C. Paule, *e* par laquelle il dict, *fere quibuscunque causis obligamur, iisdẽ nos liberari*, que nous sommes liberez & des-

b l. 2. C. quãd. liceat ab empt. disced. l. ab ẽptione. D. de pact.

c in c. inter corporalia. ext. de transl. episcop.

d l. 4. & ibi Bartol. D. qui potior in pign.

e l. fere. D. de reg. iur. & c. omnis 27. q. 2.

chargez presque par mesmes causes, par lesquelles nous sommes obligez. D'auantage quand la resolution d'vn contract depend de la seule volonté de l'vn des contractans, il ne faut point tant de solemnité à payer, qu'il faut à s'obliger, parce que le contract est resolu, & on s'en depart, par la volonté de celuy là seul qui y a interest, cõme on void en celuy qui possede seulemẽt en son esprit, car delaissant d'auoir ceste volonté, on dit qu'il cesse de posseder. *f* Or la liberation & descharge de l'obligation consiste principalement en l'affection & volonté du seul creancier, si doncques de faict ou de parole il recognoist le debteur estre quitte, *g* & ne luy estre plus obligé, il n'y a point de doute que le debteur, orés qu'il ne le vueille pas sera liberé & acquité. *h* Il s'ensuit donques, qu'on ne doit garder la mesme forme és liberations, qu'on fait és obligations, veu que les liberations dependent seulemẽt de la volõté d'vne personne: Autre chose seroit és choses qui dependent de la volonté & du cõsentemẽt de l'vne & l'autre des parties, & ainsi distingue tresbiẽ Alberic en l'explicatiõ de ceste reigle. *i* De ce que dessus dõc i'infere & conclus que la liberation & quittance peut estre prouuee mesmes par tesmoins, si on allegue qu'elle ayt esté faicte autrement que par contract expres, com-

f l. 3 §. in amittenda. D. de acq. poss.

g gl. l. tale pactum D. de pact.

h l. si Stichum. §. fin. D. de nouat.

i l. nihil tam naturale D. de reg. iur.

me il a esté monstré par les exemples proposez cy deuant & autres semblables. Et tout ce qui est traicté cy dessus, soit dict, sauf meilleur aduis, & iusques à ce que nous ayons eu sur ce le sainct iugement & resolution de la Cour.

EPILOGVE, OV RECAPITVLATION DE TOVT ce Traicté.

EN somme, de tout ce qui a esté traicté en ce commentaire, nous recueillerons cinq reigles, & maximes, par lesquelles on pourra cognoistre quelles causes appartiennent à ceste ordonnance Royale, & quelles non. La premiere. Que tous contracts de bonne foy, & de droict estroict, toutes conuentions qui ont nom, & qui n'en ont point, & autres expresses, dont faict mention le I. C. Vlpian, *a* qui ont accoustumé d'estre faictes entre les hommes par expres con-

a in l. iurisgentium D. de pactis.

sentement,& en intention d'obliger, doiuent estre compris sous ceste ordonnance: à quoy on adiouste aussi toutes les procedures iudiciaires, actes, sentences interlocutoires & definitiues des iuges, & partant toutes ces choses ne peuuent estre faictes ne prouuees que par escrit, dont toutesfois il faut excepter le mariage, le depost & le mandement en certains cas cy deuant expliquez en leur lieu. La secōde, que sans doubte ceste ordonnance a lieu en toutes donations faictes entre vifs, mesmes aussi és donations à cause de mort, & és dispositions testamentaires, principalement és Prouinces, où la coustume & loy municipale a prescrit vne certaine forme de tester par escrit, cōme on doit faire en Poictou, exceptez toutesfois quelques cas de necessité és testamēs & codiciles, que nous auōs specifiez en leur lieu. La troisiesme, qu'en tous quasi contracts, & pactions taisibles procedans de la loy ou des hōmes: item en toutes fistions, simulations, tromperies, & doleuses cautelles, & autres negoces, esquels on descouure quelque espece de dol ou de crime, encores qu'ils soient alleguez contre vn contract escrit, la raison de ceste ordonnance n'a lieu, mais qu'il sera loisible en toutes ces choses d'vser de tesmoins pour conuaincre le faict de simulation, de fiction, de dol & de fraude ou de crime. La quatriesme, que toutes les escritures priuees ne sont subiectes à ceste ordonnance pour l'ayde & confort desquelles il est requis d'auoir tesmoins, pour la recognoissance d'icelles, & pour les prouuer par comparaison de lettres, ny pareillemẽt toutes autres semblables preuues qui ont besoin d'estre confirmees par tesmoins, & mesme les papiers de raisõs des marchãs, & les marques & enseignes par lesquelles ils ont accoustumé de traffiquer ensemble, ne doiuẽt estre reglez selon ceste ordonnance. La cinquiesme & derniere, que ceste ordonnance a lieu és qualitez des choses, dont on plaide, & és executions des contracts escrits, & és quittances & liberations, si on maintient qu'elles ayent esté faictes specialement par contract celebré depuis le temps de ceste ordonnance, mais si on soustient qu'elles soient aduenues par diuers accidens & sans contract, lors il faut receuoir tout genre de preuue, soit par escrit, soit par tesmoins, par les raisons cy deuant deduictes particulierement sur ces trois articles. Par lesquelles regles on pourra facilement decider toutes les questions qn'on ne trouuera point auoir esté expressement traictees en ce commentaire.

FIN.

TABLE DES MATIERES.

A

B

C

H

I.

L

M

N

O

P

Q

R

S

T

V

FIN.

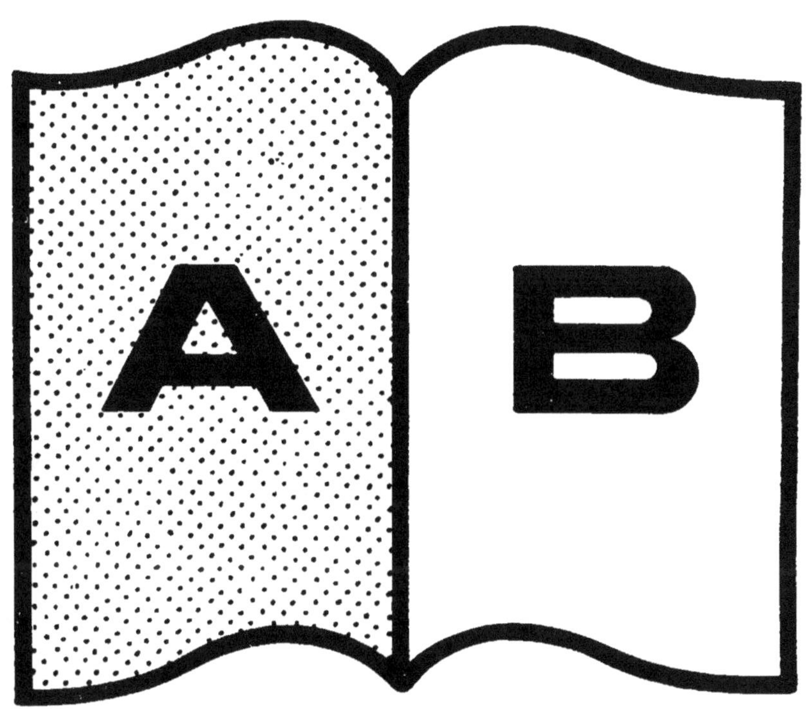

Contraste insuffisant

NF Z 43-120-14

www.ingramcontent.com/pod-product-compliance
Lightning Source LLC
Chambersburg PA
CBHW061956220326
41599CB00015BA/2009

* 9 7 8 2 0 1 1 3 0 4 7 8 0 *